패기 넘치던 시절, 배우로서는 "예술과 삶을 일치시키는 일"을, 신앙인으로서는 "신앙과 삶을 일치시키는 일"을 꿈꾸며 살았다. 돌아보니 턱도 없이 모자란 삶이 었다. 진리도 끊임없이 자라고 역사도 쉼 없이 진화하는데 어느 것 하나 삶 속에 제대로 구현하지 못한 채 가장 기초적인 것에 머물러 있었다. 책을 대하며 각 분 야 전문가의 깊이 있는 연구와 통찰이 큰 도전과 깨우침으로 다가온다. 이 황망한 시대 이 책이 뿌리 깊은 상처를 치유하고 용서와 화해의 시대로 나아가도록 하는 데 바른 길잡이가 되길 기대한다.

강신일 | 배우, 모두를위한기독교영화제 집행위원장, 동숭교회 장로

용서하고 싶지만 회개의 고백이 뒤따르지 않을 때, 화해하고 싶지만 자기 탐욕으 로 과대 포장되어 있을 때 상대방을 절대 용납할 수 없다. 갈등하고 편 가름하면 서 정당하다고 기를 쓰며, 혐오하고 저주하면서 오만에 빠진 시대, 하지만 이런 갈등과 혐오를 해결하려는 중재자가 어디에서도 쉽게 눈에 띄질 않는다. 치유가 불가능한 것처럼 보이는 사회, 어찌하면 좋을까? 이런 시대의 저미는 통증이 독 자에게 전달되고 공감을 불러일으키는 소중한 메시지가 이 책에 담겨 있다. 그것 은 위기를 절감하며 자기 통증을 느끼고 있는 신학자, 전문가, 실천가들의 부르짖 음이다. 자아 성찰과 반성이 필요한 적절한 시기에 출간되었다. 시대적 아픔 속에 서 무엇인가 해결책을 모색하고 있는 분, 무엇보다 하나님 사랑을 실천하고 싶은 신앙인에게 일독을 꼭 권하고 싶은 책이다. 이런 말이 떠오른다. 용서는 빨리, 화 해는 천천히, 그러나 치유는 끊임없이 반복되어야!

김지철 | 미래목회와말씀연구원 이사장, 전 소망교회 담임목사

2024년 12.3 쿠데타 이전에 이 책이 기획되고 집필되었다. 책의 출간은 쿠데타 이후다. 혹시 예언의 은사라도 있는가, 이 책을 기획한 사람이. 아니, 이 책의 주제가 오래전부터 우리 사회에 절실했는지 모른다. 1945년 10월 독일 슈투트가르트에서 독일교회가 고백한 내용이 마음을 찌른다. "우리가 더 용감하게 고백하지 못했고, 더 신실하게 기도하지 못했으며, 더 기쁘게 신앙하지 못했고, 더 뜨겁게 사랑하지 못했던 우리 자신을 고발합니다." 한국교회와 그리스도인이 자신을 고발할 때다. 성경 말씀이 가르치는 용서, 화해, 평화에 따라 살지 못한 죄 말이다. 하나님의 공의와 평화는 모순 너머의 땅에 있다.

지형은 | 말씀삶공동체 성락성결교회 담임목사

『용서와 화해, 그리고 치유』 첫 번째 책이 출간된 지 2년 만에 제2권이 나왔다. 제1권이 용서와 화해와 치유를 학문적·종교적·역사적으로 접근했다면, 제2권은 신학적·실천적 적용을 중심으로 구성되었다. 2권에서 돋보이는 것은 설문 조사를 통한 시대 진단, 특별히 한국교회의 갈등과 용서에 대한 인식 조사 결과와 분석이다. 용서와 화해와 치유를 가장 많이 발언하고, 그것이 곧 기독교의 정체성이라고 소리 높이 외치지만, 가장 독단적이고, 폐쇄적이며, 배타적인 집단 또한 한국 개신교라는 것이 사실이다. 그러나 동시에 타자에 대한 열린 마음과 배려, 경계를 넘어선 용서와 화해를 증언하는 교회들도 있다. 그런데 모두 성서에 근거를 두고 제각기 자기주장을 펼치고 있다. 그래서 신학적 접근이 필요하다. 올바르고 정확한 성서 해석에 근거한 신학이 중요하다. 용서와 화해 그리고 치유를 신학적으로 조명하고 실천적으로 적용하는 제2권이 그 길잡이가 되리라 믿는다.

채수일 | 크리스천 아카데미 이사장, 전 한신대학교 총장

용서와 화해 그리고 치유 2

신학적이고 실천적인 적용

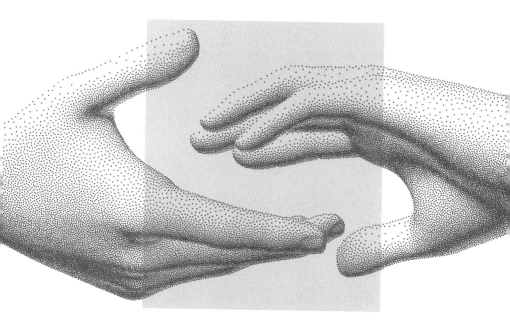

용서와 화해
그리고 치유
2

책임 편집
고재백 김상덕 문우일 허고광

새물결플러스

목차

용서와 화해 그리고 치유를 향한 기독교인의 염원

1. 갈등과 혐오의 시대에 용서와 화해 그리고 치유에 대한 염원을 연구 프로젝트에 담다

우리 사회가 몹시 아프다. 많은 이들이 전쟁을 방불케 하는 갈등과 혐오 속에 살아간다. 한국 사회가 "초갈등 사회"라는 말은 이제 새삼스럽지 않다. 우리 시대를 "대(大)혐오 시대"라 부르기도 한다. 아울러 다른 주요 국가들에 비하여 우리 사회 갈등 지수가 매우 높다는 보고서들이 잇달아 발표되고 있다. 예컨대 2018년 영국 BBC 방송 보고서와 2021년 전국경제인연합회 발표 등이다. 2021년 영국 킹스 칼리지 런던 정책 연구소와 국제 여론 조사 기관 입소스가 세계 주요 국가의 "문화 전쟁"에 관하여 실시한 여론 조사에서도 우리 사회의 갈등 정도는 극심한 것으로 나타났다. 28개국에 12개 항목을 적용하여 얻은 결과였는데, 여기서 12개 항목이란 이념, 빈부, 성별, 학력, 지지 정당,

나이, 종교, 도시와 농촌, 계급, 이주민, 인종, 권력이다. 이 가운데 한국은 앞의 7개 항목에서 1위를 기록했고 "계층" 및 "도시와 농촌" 항목에서는 각각 2위와 3위를 기록했다. 설문 조사 결과는 다양한 계층의 사람들이 일상에서 느끼고 인식하는 정도를 수치와 비율로 환산하여 보여주는 지표인데, 그처럼 많은 조사 결과가 이구동성으로 한국 사회를 세계 최고 갈등 국가로 지목하는 것이다. 이뿐 아니라 빅데이터 분석 기관 타파크로스의 2022년 분석 결과와 다양한 연구 결과들은 우리 사회의 갈등 양상이 갈수록 심화되고 있다고 경고한다.

이처럼 초갈등 사회에서 한국교회와 성도들은 그리스도의 용서·화해·치유를 효과적으로 선포하고 있는가? 안타깝게도 최근 실시한 한국 그리스도인의 인식 조사 결과는 한국교회와 성도들이 우리 시대 아픔에 침묵하거나 방관하며 소극적 태도를 보이는 것으로 나타났다.[1] 설문에 참여한 대다수 그리스도인은 사랑과 용서가 가장 중요한 기독교적 가치와 덕목이며, 우리 사회의 갈등이 매우 심각하다고 인식했다. 아울러 많은 그리스도인은 교회를 포함한 종교계가 갈등 해소를 위해 적극적으로 노력해야 할 주체라 생각하고 종교계가 노력해주기를 기대하고 있었다. 그런데 현재 교회가 갈등 완화를 위해 노력하고 있는가에 대한 평가는 반반이었다. 한국교회가 갈등을 해소하기 위해 기울이는 노력이 한국 그리스도인들의 기대치에 미치지 못하고 있다는 것이다. 이는 한국교회가 그리스도의 용서·화해·치유를

---

1   이음사회문화연구원, 지앤컴리서치 공동 설문 조사 결과, 「우리 사회 갈등과 용서와 화해에 대한 개신교인 인식 조사 결과 보고서」 2024. 02.(비매품). 이 책의 김상덕 교수의 글 참고 요망.

충분히 선포하지도 실천하지도 못했다는 뜻이며 기독교 차원에서 용서·화해·치유를 공론화하고 실천할 필요가 절실하다는 뜻이다.

"이음사회문화연구원"은 한국교회의 일원으로서 시대적 요청에 시의적절하게 대응할 방안을 모색하던 중에 2021년 봄부터 "용서와 화해 그리고 치유"를 주제로 하여 연구 프로젝트를 진행하게 되었다. 이 프로젝트의 공동 주관자 "(주)에이치투그룹"과 허고광 회장님은 우리 프로젝트가 실행될 수 있도록 시작 단계부터 물심양면으로 지원하셨고, 2차 프로젝트 마무리 단계까지 긴 여정을 함께하셨다. "이음사회문화연구원"은 우리 사회가 이념과 계층과 지역으로 분열하여 대립하고 기독교조차 교단과 개교회로 나뉘어 갈등하는 상황에서 "이음"의 가치를 천명하며 설립되었다. 우리 연구원은 개인과 사회, 사회와 교회, 교회와 세계, 교파와 교단이 이어져 공존하고 협력하는 세상을 꿈꾸며 다양한 활동을 이어가고 있다. 용서·화해·치유 프로젝트 또한 "이음"의 가치를 실현하려는 우리 연구원의 꿈과 노력의 발로다.

첫 번째 연구 프로젝트는 2021년 봄에 시작하여 2022년 가을에 마쳤다. 연구 방향은 용서와 화해 그리고 치유에 대한 다 학문적 접근이었다. 다양한 학문 분야의 연구자들이 우리 사회의 갈등 문제에 접근하여 연구했다. 우선 구체적인 갈등 해소 방안을 도출하고 제시하기에 앞서 각 학문 분야가 갈등과 용서와 화해를 어떻게 이해하고 접근하고 있는지를 살펴보는 것에 방점을 두었다. 다음으로 이론적 논의에서 한발 더 나아가 구체적인 사례를 다루었다. 이를 바탕으로 향후 구체적인 갈등 해소, 용서와 화해 그리고 치유의 방안을 구체적으로 제시해보고자 했다. 이 연구 프로젝트를 통해 다양한 학문 분야에 소속된 연구자들이 용서와 화해에 관한 학제별 담론을 소개했다. 그리고 이러한 논의들을 묶음으로써 학제 간의 공통점을 발견할 수 있었다. 이 연구의 결과물은 2022년 10월에 『용서와 화해 그리고 치유』(새물결플러스)로 출간되었다.

이번 두 번째 연구 프로젝트는 기독교에 초점을 맞추어 2023년 봄에 시작되었다. 당시에 다양한 갈등 양상이 교회에도 크게 영향을 끼치고 있는 것을 여러 징후를 통해 확인할 수 있었다. 더욱이 한국교회의 일부가 이런 갈등을 뒤에서 부추기거나 앞장서서 조장하는 사례들을 목도하게 되었다. 종종 이런 사안을 다룬 언론의 보도들은 한국교회를 책망하는 듯 보였다. 보도된 장면들은 같은 신앙인들을 낯부끄럽게 만들었다. 이런 부끄럼 탓에 일부 교인들은 교회를 떠났고 또 그들 중 일부는 아예 신앙을 버렸다고도 했다. 이런 상황을 접하면서 그리스도인의 용서와 화해와 치유에 대한 문제의식을 더욱 절실하게 느끼게 되었다.

기독교는 용서와 화해와 평화의 종교이고, 이 세 가지 정신은 그리스도의 가르침의 핵심이기도 하다. 그런데 한국교회가 이 정신을 간과하거나 잃어버린 것은 아닌가? 그래서 한국교회가 이 정신을 다시 주목하고 이 정신을 실천하는 것이 절실한 시대가 아닌가? 교회가 공적 영역에서 소금과 빛의 역할을 잘 감당할 때 사회의 믿음과 신뢰를 되찾지 않을까? 여기에 덧붙여 한국교회의 다수가 그동안 개교회 중심으로 교회 성장에 집중하느라 교회와 신자들의 내적 성숙 및 공적인 신학과 신앙에 소홀했다는 것도 사실이다. 그러다 보니 사회적으로 미숙한 태도를 보이고 사회적 평화에 역행하는 모습을 보이기도 했다. 특히 오늘날 우리 사회에서 한국교회와 교인들이 공적인 신앙과 역할을 요청받고 있다. 이에 이 연구 프로젝트는 한국교회와 교인들이 용서와 화해와 치유에 앞장섬으로써 공적 역할을 잘 감당하도록 돕고자 한다. 그리고 이후 용서와 화해와 치유가 하나의 신앙 운동으로 확산하기를 소망한다.

2. 다양한 기독교적 시선으로 용서 화해 치유를 논하다

두 번째 연구 프로젝트의 결과물을 묶어 세상에 내어놓는다. 다양한 분야의 그리스도인들이 용서와 화해와 치유 주제를 연구했다. 그리고 프로젝트의 일환으로 "갈등과 용서와 화해에 대한 그리스도인의 인식 조사"를 실시했다. 이 연구와 설문 조사가 12편의 옥고를 엮은 책으로 열매를 맺게 되었다.

　　이 책은 몇 가지 특성과 의미를 담고 있다. 첫째로, 이번 연구는 현재 한국 그리스도인의 현실 인식 및 생활 현장의 경험과 유기적으로 연결하면서 더욱 실제적으로 진행할 수 있었다. 한국 사회에서 "용서와 화해 그리고 치유"에 관한 그리스도인들의 인식에 대한 설문 조사를 진행했고, 그 결과를 바탕으로 연구가 마무리되었기 때문이다. 또한 목회 현장과 사회생활의 다양한 영역에서 경험하는 갈등 및 용서와 화해에 대한 그리스도인들의 시선들을 담았다는 점도 의미가 적지 않다. 둘째로, 이번 연구 프로젝트가 이론적 접근과 더불어 목회 현장과 일터 현장의 실천적 고민을 아우르는 내용으로 채워졌다는 점에 주목할 만하다. 우리가 신앙생활과 사회 영역의 활동에서 경험하게 되는 주제들을 다루었다는 점에서 이 책의 내용들이 독자들에게 피상적이지 않고 현실적으로 다가갈 수 있으리라 기대한다. 셋째로, 기독교와 관련된 다양한 학문 분야를 아우르는 연구 주제와 집필진이 망라되었다는 점도 주목할 만하다. 물론 좀 더 다양한 영역과 필자들을 포괄하려고 노력했지만, 계획대로 실행하지 못한 한계가 분명하다. 우리의 신앙생활과 사회 영역이 그만큼 넓고 다층적인데 이를 모두 아우르지 못한 것은 알면서도 실행할 수 없었던 여러 실제적 한계 때문이었다. 마지막으로 필자 구성에 있어서 최대한 가능한 선에서 소위 진보와 보수 교단 소속, 성별 비율, 청·중·장년 연령대, 목사와 평신도의 구성에 균형을 맞추려고 노력했다. 결과적으로는 아쉬운 대목이 많았다. 향후 이런 프로젝트가 지속되면서 부족함을 채울 수 있기를 소망해본다.

글의 전체적인 구성과 주요 주제는 다음과 같다. 총론에 이어서 세 가지 영역으로 글이 편성되었다.

총론에서 차정식 교수는 "기독교의 용서와 화해 그리고 치유: 어떻게 이 시대의 희망일 수 있는가?"라는 제목으로 연구 주제에 관한 문제의식을 환기시킨다. 오늘날 우리 사회에서 한국교회는 무엇을 어떻게 용서하고 화해하며 치유할 것인가를 포괄적으로 물으며 답하기를 시도한 것이다.

제1부는 이 프로젝트의 일환으로 실시한 설문 조사에 대한 결과 및 분석이다. 김상덕 교수의 "우리 시대 진단: 통계로 본 한국교회의

갈등과 용서에 대한 인식"은 설문 조사를 토대로 한국 그리스도인이 용서, 화해, 치유에 관하여 실제로 어떤 입장을 취하고 어떻게 인식하는가를 통계적으로 분석하고 주제별로 진단했다.

제2부는 신학 분야별로 용서, 화해, 치유를 예시적으로 논한 것이다. 다양한 분야의 신학자들이 각자의 영역에서 독특한 시각으로 "용서, 화해, 치유" 주제를 논했다. 김회권 교수는 "구약성서 속 용서와 화해 그리고 치유"를 탐구했다. 사실상 용서와 화해는 구약성서의 본류에 속하지 않는데, 용서와 화해 그리고 심지어 치유가 동시에 일어난 드라마로서 요셉과 그의 형제들의 사례를 주목하고 이를 통해 구약성서의 메시지를 전한다. 채영삼 교수는 신약성서 속 "군대 귀신들린 자의 치유 사건"을 통해 예수가 제시하신 용서와 화해를 향해 가는 길을 탐색했다. 이 사건을 통해 우리 사회가 귀 기울여야 할 대화와 포용 및 통합을 위한 희망을 이끌어냈다. 문우일 교수는 2세기 말엽에 태어나 3세기 초반부에 기독교 신학을 주도했던 오리게네스가 주기도문의 용서를 어떻게 이해했으며 용서받을 수 있는 죄와 없는 죄의 경계를 어디에 두었는지를 소개했다. 오리게네스 신학에 대한 오랜 비평과 수용의 역사도 함께 소개하므로 신학의 깊이와 넓이를 더할 것이다. 홍인식 박사는 "해방신학의 관점에서 바라보는 용서와 화해 그리고 치유"를 다루었다. 이 글은 해방신학 특유의 용서 및 화해 개념을 소개하고, 주기도문의 용서를 해석하며 엘살바도르에서 발생한 국가 폭력 사태 피해자들을 사례로 용서, 화해, 치유를 논했다. 마지막으로 이도영 목사는 "목회 관점에서 본 개인과 공동체 그리고 사회 차원의 용서"라는 제목으로 목회자가 목회 현장에서 경험

할 수 있는 다양한 상황을 심도 있게 논했다. 신자 개인은 단순한 개인의 차원을 넘어 교회 공동체 및 사회와 복잡하고 유기적으로 연결된 존재다. 따라서 그 신앙생활은 다차원적으로 복잡하게 펼쳐질 수밖에 없다는 사실을 이 글은 여실히 보여준다.

제3부는 다양한 직업군에서 활동하는 그리스도인 전문가들이 실제 현장에서 경험하고 터득한 것들을 신앙적 관점에서 논한 것이다. 다섯 분의 필자는 각자 전문 분야의 고유한 접근 방식과 시선으로 용서와 화해에 대한 다채로운 이야기를 들려준다. 현직 법률가인 천종호 판사는 "형사법적 정의와 용서"를 다뤘다. 형사법적 정의 체계에서 용서란 무엇인지, 가해자와 피해자 사이에서 용서가 어떤 방식으로 작동되는지, 유대인의 테슈바 법칙이 어떻게 유용하게 적용될 수 있는지 등 여러 질문에 대해 형사법적 정의와 용서의 관점에서 답을 탐색했다. 고재백 교수는 역사학자로서 기독교 역사 속 사죄와 용서와 화해의 사례로 "독일교회의 나치 시기 과거사 극복의 역사"를 주목했다. 그리고 나치 시기에 독일교회의 소수가 저항했지만 다수가 부역한 점, 나치 패망 이후 교회가 과거사를 극복하는 과정의 의의와 한계, 독일교회의 과거가 한국교회의 현재에게 주는 교훈을 제시했다. 이희철 교수는 기독교 상담학자의 입장에서 "용서와 화해: 기독교 상담의 시선"에 초점을 맞췄다. 구체적인 사례를 배경 삼아서 용서의 개념과 이해, 용서의 조건과 종류, 용서의 과정에 담긴 가치 등을 소개하고, 한국교회가 해야 할 일을 구체적으로 제시했다. 이어서 최은 영화 평론가는 근래에 개봉된 네 편의 영화를 선정해서 "깨어진 세상이 교회에 기대하는 것: 영화로 만나는 용서와 치유"를 논

했다. 영화가 다루는 국가와 사연은 다르지만, 네 작품에서 용서와 화해가 가져올 변화의 가능성과 희망을 읽어냈다. 정치학자 정지웅 교수는 국가적 현안인 통일을 주제로 삼아 한국교회가 통일을 위하여 어떤 용서와 화해와 치유의 노력을 기울였는지를 분석했다. 한국 기독교 내의 다양한 대북한 시선들을 살펴보고, 용서와 화해 및 사랑과 치유를 위한 구체적 노력들을 소개하면서 통일을 위한 기독교의 역할을 제안했다.

끝으로 감사의 말씀을 드릴 분들이 있다. 먼저 (주)에이치투그룹의 허고광 회장님께 진심을 담아 감사드린다. 허 회장님은 프로젝트의 제안에서부터 진행 과정 동안에 여러 가지로 건설적인 의견을 제시하고 실질적인 진전을 뒷받침해주셨다. 회장님은 경영인이자 기독교 철학 박사로서 우리 사회와 한국교회가 당면한 문제에 대해 고민하며 탐구하고 답을 찾는 일에 한결같이 정진하고 계신다. 그 발걸음과 동행하면서 이 연구 프로젝트가 시작되어 열매를 맺게 되었다.

특별히 새물결플러스 출판사의 김요한 대표님과 책이 나오기까지 힘써주신 직원 여러분께 진심으로 감사의 인사를 드린다. 날이 갈수록 더욱 어려워지는 출판계 상황에도 불구하고 김 대표님은 연구 프로젝트 시즌 1에 이어서 시즌 2를 응원하는 마음으로 선뜻 출간을 허락해주셨다. 그리고 오랜 작업 기간에도 불구하고 애정 어린 수고와 협력을 아끼지 않으신 편집자님 덕분에 저자들의 수고의 열매가 훌륭한 작품이 되어 세상에 나올 수 있게 되었다.

수많은 매체와 도서들 속에서 이 책을 펼쳐 든 독자들께도 마음을 담아 감사드린다. 초갈등 사회에서 용서와 화해를 통해 치유에 이르는 과정이 어려울 것이 분명하다. 그러니 이 책에서 다룬 논의가 갈등의 현장에서 실제적인 대답과 해결책을 제시하지 못한다는 독자의 평을 듣게 될 수도 있겠다. 그래도 독자들이 우리 사회 속 갈등과 혐오 현상을 진솔하게 대면하고, 용서와 화해와 치유의 물결을 만들어가도록 이 책이 용기와 힘을 복돋울 수 있기를 소망한다.

2024년 12월
고재백 국민대학교 조교수
김상덕 한신대학교 연구교수
문우일 성결대학교 객원교수
허고광 (주)에이치투그룹 회장

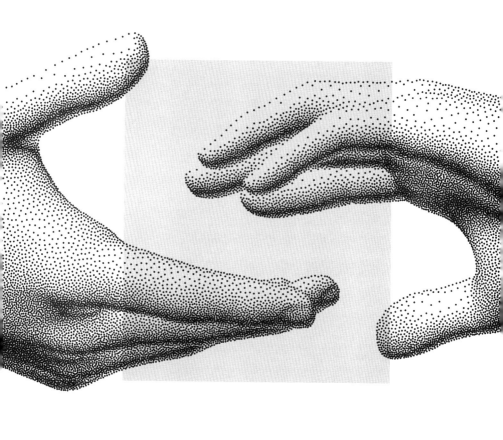

총론

기독교의 용서와 화해 그리고 치유

어떻게 이 시대의 희망일 수 있는가

차정식

망가진 삶의 현장, 세상의 후미진 골목들

우리 사회는 갈등 공화국이라고 칭할 정도로 구성원들 간에 갈등이 심각하다. 날마다 뉴스로 보도되는 사회 구석구석의 소식들이 갈등을 주제로 메아리치고 각자가 일상 가운데 경험하는 일들도 절대 다수가 갈등과 직간접으로 연계된 관심사다. 2022년 전경련이 발표한 한 통계에 의하면 우리나라의 사회적 갈등 지수는 OECD 국가 30개 중 3위를 기록했고 갈등을 관리하는 능력은 27위로 기록되었다. 한편 2021년 영국의 킹스 칼리지가 28개국 시민들의 설문 조사 결과를 발표한 보고서는 대한민국을 갈등 1위 국가로 선정했다. 이 보고서에 의하면 우리나라는 12가지 갈등 항목 가운데 7가지 항목에서 갈등이 가장 심한 것으로 조사되었다. 이와 유사하게 27개국의 갈등 지수를 비교 조사한 영국의 BBC 공영 방송 보고서에서도 한국은 8개 갈등 항목 중 남녀 갈등, 세대 갈등, 빈부 갈등 등에서 각각 1위, 2위, 4위를 기록했다.

갈등이 발생하면 그 갈등을 관리하거나 해소해야 하는데 모든 것을 경제적 이해관계의 수치로 계산하기 좋아하는 관점에서는 여기에 소요되는 비용을 추산하기도 한다. 삼성경제연구소에서 추산한 그 갈등 관리 비용은 적게는 80조 원이고 많게는 246조 원까지 달한다고 한다. 그 최대치를 기준으로 잡으면 1인당 GDP의 약 27% 정도가 사회적 갈등 관리 비용으로 낭비되고 있으며, 이는 국가 경쟁력과 경제 성장률을 갉아먹어 엄청난 해악을 끼친다는 사실이 확인되었다. 죽어라 일하여 돈 벌고 경제적 성장을 이루어도 그 4분의 1정도는 공동체의 창조적 역량을 키워 실현하는 데 투여되지 못하고 오히려 그 구성원들 사이의 다양한 갈등을 관리하고 풀어내는 데 소모된다는 이야기다. 참으로 끔찍한 부조리가 아닐 수 없다. 우리 사회를 점점 더 망가트리고 그 구성원들 사이의 신뢰도를 좀먹으며 결국 모두의 삶을 훼손하는 이 시대의 얼룩이며 그늘이 아닐 수 없다.

워낙 다양하고 많은 사람이 복잡다단한 이해관계로 얽히고설켜 살아가는 세상이다 보니 갈등은 어떤 점에서 불가피할 수 있다. 그리하여 그 갈등의 본질을 성찰하고 상황을 개선하기 위해 필요한 제반 윤리 도덕적 규범과 장치로 공동체의 선순환을 도모하는 데 나름의 역할을 하도록 기대하는 곳이 종교다. 특히 기독교는 그 창시자인 예수의 십자가 사건으로 이 세상의 모든 갈등의 원천인 죄악을 단숨에 해소하는 구원론적 효능을 발휘하여 누구든 예수를 믿고 따르는 자들은 갈등의 현실 한가운데서 그것을 가뿐히 넘어 살도록 권고받곤 한다. 그러나 오늘날 제도권 종교의 일각으로 자리한 기독교가 한국 사회의 갈등 해소에 중요한 역할을 하며 크게 이바지하고 있다고 장담할 수 있을지 의문이다. 오히려 그 역의 현실이 더 사실에 가깝지 않은가 싶다. 기독교도 종교적 권력과 그로써 빚어낸 각종 인적·물적 자원의 축적으로 이른바 "부흥 성장"이란 미명 아래 적잖은 이권 요소들을 형성했고 그것을 매개로 숱하게 분열하며 자체의 다양한 분파 사이에 갈등을 부추기는 데 오히려 앞장서온 측면을 부끄럽지만 부인할 수 없다.

그렇다고 기독교의 본래적 사명으로 그 갈등을 완화하고 해소하는 책무를 소홀히 할 수 없는 노릇이다. 복음의 원형이 제대로 작동한다면 이 세상의 빛이 되고 소금처럼 본연의 역할을 해야 할 기독교가 원상태로 회복되길 애쓰면서 이 시대의 제반 문제 현장에 관여하여 하나님 나라의 목표를 추구해야 하는 지상 과제를 포기할 수 없기 때문이다. 무엇보다 공적인 기관으로서 오늘날 기독교회의 존재 의미를 "타자를 위한 존재"에 설정하는 데 동의한다면 타자의 생명이 멍들고 그 생존이 갈등의 틈바구니에서 위협받는다면 적극적으로 나서서 이 사안을 면밀하게 진단하고 정치하게 분석, 통찰하여 그 돌파구를 열어나가는 일은 긴요한 과제가 아닐 수 없다. 이 글은 그 과제에 직결되는 핵심 주제로 다소 진부한 감이 있긴 하지만 용서, 화해, 치유란 주제에 초점을 맞춰 그 본래 함의를 조명하되 그것이 오늘날 21세기의 현장에 맞춤하게 적용될 수 있는 방향으로 그 의미론적 자장을 확대, 심화하고 조정함으로써 "새것과 옛것을 그 곳간에서 내오는 집주인"(마 14:52)처럼 온고지신의 실천적 지혜를 곱씹어보고자 한다.

용서와 화해 그리고 치유의 순환적 상호 관계

용서와 화해 그리고 치유라는 추상 명사가 구체적인 내용을 담고 인간 세상과 개체 인간의 내면에 실질적인 효능을 갖기 위해서는 어떻게 발현되고 실천되어야 하는 걸까. 이 세 가지 중 한 가지라도 제대로 파고들어 그 결실을 거두려면 적잖은 고뇌와 탐구, 심도 있는 구조적 인식이 필요하다. 하물며 서로 연관되는 듯한 이 세 가지의 과제는 어떻게 서로 접목되고 어떤 상호 작용을 하는지 따져볼 필요가 있다. 흔히 상대방의 허물과 죄과를 용서해야 상호 간에 화해가 가능하다고 생각한다. 그러나 화해하려는 마음이 전혀 동하지 않는데 자신에게 해를 입힌 상대방을 흔쾌히 용서하고자 다가설 사람이 있겠는가. 불가능한 일이다. 아울러 용서의 선결 요건으로 철저한 사과와 참회가 필요하고 그것도 해를 입은 상대방이 "괜찮다", "이제는 되었다"고 말하기까지 그 사과와 참회가 지속적이고 반복되어야 한다고 할때 용서 자체가 만만찮은 과제임을 실감하게 된다.

특히 역사적 범죄로 인한 돌이킬 수 없는 손해를 입은 경우 그 용서는 거의 불가능한 지경이 된다. 가령, 12.12 군사 반란으로 살해되거나 만신창이가 된 군인의 가족, 광주 민주화 항쟁 가운데 참혹하게 죽임을 당한 희생자와 그 유가족에게 지금까지 가해자들이 철저한 참회와 사과를 하여 이른바 "회개의 열매"를 맺은 적이 없다. 상황이 그런 터에 그들에게 "눈에는 눈, 이에는 이" 식의 공정한 보복을 하여 사형에 처한다고 해도 그 상처와 원한은 좀처럼 치유되지 않는다. 어떤 용서의 불가능성은 이러한 맥락에서 거론될 수밖에 없다. 더구나 가해자의 회개 없이 그 가해자가 한때 권력의 상층부에서 한자리 차지했다는 이유로 정치적으로 사면, 복권되거나 "국민 통합"이라는 명분으로 아무런 이해 당사자가 아닌 "국민"의 추상적인 가면을 내세워 피해자의 씻을 수 없는 피해를 덮어 "용서"와 "통합"을 떠드는 것은 퍽 역겨운 현실이 아닐 수 없다. 우리 근현대사에 용서와 화해가 얼마나 값싼 이데올로기의 볼모로 사로잡혀 그 피해 당사자들에게 강요되어왔는지 그 저변의 실상을 제대로 헤아릴 줄 안다면 섣불리 이런 말을 입에 담아 반윤리적인 행태를 반복해서는 안 될 것이다. 남북이 분단된 지 70년이 넘었지만 남북 관계에서 화해와 치유가 어려운 이유도 이런 맥락에서 이해된다. 6.25라는 동족상잔의 전쟁을 치르면서 회복 불가능한 피해를 보고 한을 품은 원혼과 그 유가족이 이 땅에서 제대로 해원이 안 되었기 때문이다. 그리하여 세대가 변해도 그 가족을 통해 대물림되는 그 부정적인 역사적 유산이 각종 파괴적인 에너지로 분출하여 이 나라 이 민족의 갈등과 대립, 분쟁을 부단히 부추겨온 것이다.

그렇다면 거꾸로 이 모든 갈등을 넘어 우리가 서로 용서하고 화해하기 위해서는 치유가 우선적인 과제가 되어야 한다고 주장할 수 있다. 이는 개인의 상처에 대한 치유는 물론 그동안 서로 진영을 나누면서 죽고 죽이기의 극한 대립을 일삼아온 집단들끼리의 공동체적 치유가 이루어져야 영호남의 동서 화해도 가능하고 남북한의 원한을 씻고 서로 용서하며 하나로 통합될 가망이 있다고 보는 관점이다. 이 관점도 일리 있다. 피해와 가해의 당사자가 확연하게 한 울타리 안에 공존하고 있고 어떤 사태로 인한 상처의 고통이 여전히 잠재되어 있는데 그것이 없는 것처럼 눙쳐버리고 용서와 화해를 떠드는 것은 무의미하다. 문제는 그 치유라는 것이 또 심히 어려운 과정을 거쳐야 하고 또 웬만큼 치유된 상태에 이르렀다고 해도 그 상처의 기억만은 오롯하게 남아 있어 어떤 계기가 생기면 덧나기도 하고 그로 인해 일상적 삶의 질이 현저하게 영향을 받는다는 점이다. 흔히 "시간이 약"이라고 하여 세월이 흐르면 아무리 지독한 상처와 원한도 둔감해지고 자연스럽게 치유되는 것으로 생각한다. 여기에는 가해 당사자의 철저한 사과와 참회가 물론 전제되어야 할 것이다. 그러나 전문적인 치유 의학의 관점에서 보면 상담과 약물을 통한 치유는 잘해봐야 일상생활을 무리 없이 감당할 정도로 현상 유지 수준에 묶어두는 경우가 대부분이다. 무균질의 진공 상태로 완벽한 인큐베이터에 들어가지 않는 한 이 세상의 거친 세파에서 우리는 거의 운명적으로 "상처와 함께 견디며 상처를 넘어가야 하는" 삶이라는 고통의 바다를 헤쳐가야 하기 때문이다.

그리스도인이라면 혹자는 예수의 비유(마 5:23-24)에 의거하여 누구든지 마음에 적대적인 원한을 품은 상대방이 있어 예배의 자리, 하나님께 예물을 바치는 제의의 자리에 나아가기 전 그 사실이 떠오르면 그 예물과 예배의 자리보다 더 급선무로 그 당사자를 찾아가 그 원한을 풀고 화해하는 것이 중요하다고 보기도 할 것이다. 화해가 이루어져야 온갖 법적인 처벌을 면할 수 있고 도덕적·윤리적 차원의 용서 가능성도 높아지며 관계의 치유가 실현될 수 있으리라는 논리가 이런 관점에서 정당성을 띤다. 이러한 상황은 상처와 원한이 불거지는 인간관계의 다양한 곡절 속에 그 가해/피해의 주체와 대상이 물과 기름처럼 확연하게 분리되기 어려운 모호한 사회적 실존의 자리를 연상시켜준다. 가령 A라는 피해자와의 관계에서 B의 대체적 가해 책임을 인정하더라도 그 B가 C라는 사람과의 관계에서 피해자의 위치에 설 수 있고, 나아가 그 C가 맺은 A와의 관계에서는 C의 입장이 피해자가 되는 미묘한 순환 관계가 우리 일상 현장에 다반사로 생겨나더라는 것이다. 이러한 피해/가해 관계의 모호성은 꼭 복잡한 다층적 관계가 아니라 1:1의 관계에서도 종종 나타나 우리 개체 인간은 다양한 삶의 경험 속에 상대방에게 의도하든 의도하지 않든 어느 날 문득 가해자가 되기도 하고 피해자로 돌변하기도 한다. 이렇듯 항존하는 가능성의 차원에서 가해자이면서 피해자인 우리가 상대방을 향해 취할 수 있는 또는 취해야 하는 자세는 그 엄연한 가해와 피해의 사실을 확인하게 될 때 하나님과의 종교적인 경건의 행위마저도 뒤로 제쳐두고 그 당사자를 찾아가 언제든지 화해의 손길을 먼저 내미는 것이다. 그 화해의 손길은 가벼운 잘못의 경우 "미안하다"라는 사과의 말일 수 있고, 재산상의 손해를 입힌 경우 그 피해를 충분히 배상하는 것이며, 생명의 위해를 가한 경우는 처벌을 자처하면서 용서를 구하는 수순을 밟는 것일 수 있다. 그것은 잘못을 저지른 가해자의 양심을 치유하는 행위이면서 동시에 피해를 본 상대방의 상처를 치유하는 행위로 인식된다. 이러한 관점에서 보면 인간관계의 뒤틀림과 어긋남 가운데 불거지는 크고 작은 갈등은 가해자의 위치에 선 사람이 먼저 화해의 마음으로 그 꼬인 상황을 풀고자 하는 적극적인 노력이 중요하다는 점을 상기시켜준다.

이러한 논리적인 순환 관계 속에 용서, 화해, 치유는 그 한 가지

씩 독립적인 항목이 아니라 그 상호 작용 가운데 영향을 끼치며 앞서거니 뒤서거니 하면서 역동적으로 순환하는 흐름을 짚어볼 수 있다. 그것이 선순환이 될지 여부는 그 항목을 실천하는 당사자의 태도, 즉 그 마음의 중심을 움직이는 선한 양심의 동력이 얼마나 발현되고 어떻게 현명하게 상황을 갈무리하며 피해 당사자에게 감동을 줄 수 있는지 여하에 따라 결정될 것이다. 그 과정에서 성공보다 실패가 잦은 이유는 인간들 절대 다수가 이심전심으로 통하고 염화미소로 화답하는 성인군자가 아니라 무수한 욕망의 결을 지닌 복잡한 존재이기 때문이다. 아울러 이해타산에 민감한 현대인으로서 누구든지 자기 이익을 추구하며 손해를 보지 않기 위해 최선의 노력을 기울이려 한다. 세속 사회의 이런 사정으로 사람마다 저러한 미덕을 실천하는 데 인색해지고 반대로 최소한의 비용으로 최대의 효율을 거두려는 개인적 욕구들이 부대끼면서 서로의 마음이 순전하게 만나기보다 거칠게 부대껴 오히려 관계와 상황을 더 악화시키는 일이 비일비재한 것이다.

불가능한 용서는 어떻게 가능성의 빛을 보는가

"용서는 불가능을 행하는 것"이라는 데리다의 말이 아니더라도 인간 안팎의 사정, 특히 관계의 상황을 정밀하게 뜯어보면 용서란 지극히 난해한 과제임이 분명하다. 말로 일단 "용서한다"라고 표현해도 마음이 그 말을 따라가지 못하는 경우는 얼마나 많은가. 또 마음이 자신에게 피해를 준 사람을 용서하는 아량을 발휘한다고 해도 행동이 그 용서하는 마음에 상응하여 일관된 지속성을 갖고 그 당사자를 응대하기란 쉽지 않다. 그리스도인에게 "사랑의 원자탄"이란 별명으로 널리 알려진 손양원 목사의 용서, 그러니까 여순 사건 때 자신의 아들을 잔인하게 학살한 "빨갱이" 원수를 용서하여 자신의 양자로 입적한 지극한 용서의 미담이 많이 회자되어왔다. 그러나 그 용서 이후의 긴 시간 내내 양자로 들어온 그 용서받은 빨갱이와 손 목사의 다른 자녀들이 한 가족으로 순연하게 섞이지 못한 채 서로 간에 이루 형언할 수 없는 서글프고 통렬한 사연이 있었다는 사실은 극소수에게만 알려진 또 다른 사실이다. 그 사정을 두루 파악한 연후 그 가해자의 복잡한 내면과 피해자 가족의 깊은 실존적 심연을 속속들이 헤아린다면 차라리 그때 그 살인 빨갱이를 용서하지 말고 양자로 입적하지도 않은 채 죄과대로 중벌을 받게 하는 것이 "인간적으로" 더 나았을는지 모른다. 이와 다른 관점에서 우리는 〈밀양〉(이창동 감독)이라는 영화가 남긴 용서의 신학적 문제를 연상해볼 수 있다. 자신의 외아들을 유괴 납치하여 살인한 범죄자가 감옥에서 하나님의 은혜로 용서를 받고 구원을 얻어 평안한 자태로 피해자를 대하며 던진 말이 그 문제의 핵심을 담고 있다. 아들을 잃고 오래 고통의 수렁에서 신음하다가 기독교 신앙의 힘으로 간신히 심신을 추슬러 그 살인자를 용서해보려 찾아갔는데 그 범죄자가 자신이 용서하기도 전에 하나님의 용서를 받았다고 마냥 평온한 미소를 짓는 장면은 아들을 잃은 어미에게 퍽 당혹스럽고 충격적으로 다가왔다. 피해자의 용서 없이, 피해자를 향한 가해자의 통렬한 참회 없이 오로지 하나님께 회개하여 용서받는 것이 가능한가라는 문제가 대두되기 때문이다.

이러한 복합적 인간의 실존적 심연을 나름대로 통찰한 한 심리 상담학자는 용서는 "하는 것"(doing)이 아니라 어느 날 문득 자신도 모르게 발견되는 것(all of sudden it happens to be discovered)이라고 말했다. 세월의 흐름 속에 상처가 아물고 자신에게 피해를 준 당사자에 대한 감정적 원한이 증발하여 제로에 가까워질 때 그 당사자를 용서하고 안 하고가 더 이상 문제시되지 않고 아무런 의미도 없게 되는 상태를 염두에 둔 통찰이다.

우리는 이러한 통찰이 잘 적용되는 성서적 신앙의 사례를 구약성서 요셉의 경우에서 발견할 수 있다. 주지하듯 그는 부모의 편애로 인해 형들의 질시를 받았다. 나아가 그가 꾼 꿈의 메시지를 잘 새겨 은밀히 간직하기보다 어린 나이에 자랑삼아 형들 앞에서 떠벌리다가 적대감을 더 키웠다. 그 결과 그는 형들에 의해 살해 위협에 처하게 되고 우여곡절 끝에 이집트의 노예로 팔리게 된다. 자신의 경솔한 행동, 부모의 부당한 편애가 이러한 가족사적 비극을 유발한 것이겠지만, 그렇다고 단순히 한시적인 질투의 감정에 사로잡혀 친동생을 죽이려 들거나 외국에 노예로 팔아넘기는 짓은 예나 지금이나 패륜에 해당하는 비인간적이고 중한 범죄다. 요셉이 세상 물정에 익숙한 성인으로 자라나는 동안 이 서글픈 현실을 체감하면서 형들에 대한 원한의 감정이 없었다고 볼 수 없다. 그의 성실한 행실로 신임을 얻고 나서 보디발의 아내가 유혹하여 함정에 빠져 고생한 일이나, 그의 특유한 장기인 꿈 해석으로 왕의 신임을 얻어 총리로 발탁되어 권좌에 오른 일이나 그 모든 고난과 극복의 과정은 요셉에게 자신이 믿어온 하나님 신앙으로 모든 고통을 승화하여 성숙하는 훈련의 계기로 점철되었을 것이다. 그 궁극에서 그가 깨달은 것은 오늘날 "섭리"라고 부르는 하나님의 뜻 같은 것이었다. 그래서 그는 훗날 야곱 일가의 식량난으로 자신을 찾아온 형들을 대할 때 불타는 복수심이 아니라 그 모든 것을 승화하여 더 이상 용서할 필요조차 없어진 상태에서 형제애와 가족애로 말미암는 통곡의 눈물이 먼저 찾아온 것이다. 힘들게 고민하며 용서를 "행하려" 한 것이 아니라 자신도 모르는 사이 문득 자신의 감동하는 내면에서 용서란 개념조차 필요 없이 그런 마음이 "우발적으로 발견된" 경우라 할 수 있다.

기독교의 범주에서 용서를 말할 때 또 한 가지 중요한 관건은 그것의 개념적 특징이다. 온전한 용서, 용서의 무제한적 필요성과 관련하여 베드로의 질문에 예수가 건넨 답인 "일흔 번씩 일곱 번이라도 용서하라"는 말씀이 종종 인구에 회자되곤 한다. 이 어록의 문자적 의미를 벗어나 그 뜻을 조명하면 우리끼리의 용서가 우리를 향한 하나님의 용서를 닮아 온전해야 한다는 "하나님 닮기"(*imitatio Dei*)의 차원에서 교훈되고 있음을 알 수 있다. 이러한 용서의 신학적 논리를 정당화하는 맥락에서 우리는 또한 주기도문에서 "우리가 우리에게 잘못한 사람의 죄를 용서해주었듯이 우리의 죄를 용서해주옵소서"라는 구절을 당위적 명제로 고백하며 기독교적 용서의 시금석으로 삼곤 한다. 이 또한 문자적인 논리에 치우쳐 기계적으로 수용하면, "우리가 하나님의 용서를 받기 위해서는 우리끼리의 용서가 선결 요건이 되어야 한다", "만일 우리가 서로 용서하지 못하면 우리가 하나님 앞에 용서를 구할 수 없고 용서를 받을 수도 없다"는 식의 경직된 관점으로 해석될 여지도 없지 않다.

여기서 해석의 요체는 예수가 언급한 용서의 개념이 오늘날 우리가 자연스레 생각하듯 형이상학적·도덕윤리적·종교적 차원의 죄과에 대한 용서와 좀 편차가 있다는 사실이다. 주기도문의 원래 버전을 담아낸 죄(ὀφείλημα)의 본래 뜻은 사회경제적 맥락의 "채무", 곧 "빚"이다. 물론 금전적인 채무가 가장 먼저 연상되고 그것이 오늘날 자본주의 사회에서 가장 부담스러운 빚인 게 맞지만 좀 더 개념 범주를 확장해보면 모든 인간관계에서 누구나 예외일 수 없이 각종 유형 무형의 "은혜"를 매개로 빚어지는 비대칭과 불균등의 상황이 이 범주에 포함된다. 각기 다양한 인간 존재들이 다양한 상황에서 맺는 관계의 본질이 바로 비대칭이고 불균등이다. 이 세상에 똑같은 인간은 아무도 없기 때문이다. 게다가 예외 없이 우리는 태어나서 부모, 형제, 이웃, 선생, 선후배, 친구 등 다양한 사람과 맺은 다양한 인연 속에 은혜를 주고받으면서 비대칭과 불균등의 채무/채권 관계를 형성한다.

그 꼭짓점에 존재하는 최상위의 채권자가 바로 우리 생명의 근원이신 하나님이고 그 앞에서 모든 인간과 생명체는 누구나 채무자일 수밖에 없다. 따라서 이러한 거시적인 "용서"의 맥락을 살펴보면 하나님과의 관계에서 우리가 진 빚은 아무리 적은 것처럼 보이는 경우라도 수치로 환산할 수 없을 만큼 거대하고 이 기준에 비추어보면 우리 인간들끼리 진 빚은 아무리 큰 것처럼 여겨지더라도 하찮고 사소한 것으로 축소된다. 따라서 우리가 용서를 실현한다는 것은 불가능에 가까운 듯 보이는 심리적 차원에 머물 필요가 없고 종교적·도덕윤리적 맥락에 한정하여 그 개념 범주를 협소하게 이해해서도 안 된다. 오히려 구체적인 이득과 손실의 상황에서 가장 민감한 금전적 매개를 축으로 각종 은혜의 주고받음이란 관계에서 내가 항상 채무자이면서 동시에 간헐적으로 채권자의 위치에 서기도 하기에 우리는 누구든지 스스로 용서받기 위해서라도 용서라는 과제를 수행할 수밖에 없다는 채무적 존재로서의 실존을 의식해야 할 것이다.

이러한 관점에서 용서의 맥락적 함의를 확장해보면 우리 인간 사회에서 누구도 용서할 수 있는 사람이 되지 못할 만큼 빈약한 존재는 없고 누구도 용서받을 대상이 될 수 없을 만큼 거창한 존재도 없다. 채무자 의식에 기반을 둔 복합적인 신학적 인간론에 입각하여 우리는 언제 어떤 상황에서든지 용서할 준비가 되어 있어야 하고 용서받을 상태가 되어 있어야 한다는 것이다. 그렇지 않으면 배은망덕의 패륜을 견딜 수 없고 하나님 앞에 가차 없이 엄혹한 심판을 피해갈 수 없기 때문이다. 성서에서 말하는 온전한 용서는 이와 같이 치열한 생존의 문제로 제시된다. 그것이 왜곡되거나 외면되면 피해자/가해자의 악순환 속에 채무자/채권자의 억압적 관계의 족쇄를 벗어날 수 없고 해방의 복음을 은혜의 선물로 얻어 누릴 수 없다. 반대로 그 용서의 지평을 수락하면 우리는 개인과 개인 사이, 개인과 집단 사이, 집단과 집단 사이를 망라하며 이 땅에 만연한 비대칭과 불균형의 구조에 저항하며 싸울 수 없고 그 부조리한 현실을 넘어 해방의 복음을 이루어내는 하나님 나라의 일꾼으로 나설 수 없다.

적극적 상호주의: 화해의 묘책

화해는 기독교의 최상 가치인 평화를 이루는 데 필요한 가장 중요한 선결 요소다. 화해 없이 평화 없다. 예수 그리스도가 이 땅에 성육신하여 십자가를 지고 뭇 인간의 죄를 대신 짊어지심으로 대속했다는 교리 신학적인 명제는 한마디로 "화해"의 사역으로 조명된다. 하나님은 이 땅의 타락한 인간들을 구원하고자 실낙원 이후 끊임없이 당신의 종들을 세워 그들로 당신의 말씀을 전파하게 했다. 그 정점에서 독생자 아들을 보내 그로써 인간의 모든 죄과를 담당할 희생제물을 삼아 십자가에 달려 죽게 하심으로 당신의 공의와 사랑을 확증했고, 그렇게 십자가를 통해 하나님과 인간 사이에 막힌 담을 허물어 화해의 길을 열어놓으셨다는 게 그 핵심 메시지다. 이런 화해의 사명을 실현하기 위해 예수는 사람들이 만들어놓은 각종 인위적인 경계와 배타적인 관계의 장벽을 허물어 당시 유대교의 관행에 어긋나는 언행으로 종종 종교 기득권자들과 부대끼며 갈등을 유발했다. 화해의 사역을 추구하면서 갈등을 유발했다는 것은 어찌 보면 역설적 상황이다.

그 표피적 역설을 무릅쓰고 메시아 예수는 인간들 사이의 강고한 장벽을 허물고자 과감하게 당대의 금기와 충돌했다. 그것이 가장 극명하게 드러난 것은 무엇보다 정결 예법을 비롯한 모세 율법의 경직된 규범을 혁파하여 그 본래 취지와 알짬을 회복시키는 변혁적 실천이었다. 예수는 당시 유대교 신앙의 정체성을 표상했던 안식일에 제자들이 곡식 이삭을 따서 비벼 먹은 "일"에 대한 바리새파의 힐난에 맞서 "인간이 안식일을 위해 있는 것이 아니라 안식일이 인간을 위해 있는 것"(막 2:27)이라고 혁명적인 선언을 했다. 또 손을 씻지 않고 음식을 먹는 것과 관련하여 무엇이 중하며 무엇이 경한지 그 가치 기준을 뒤집어 다시 세웠고, 세리와 창녀, 부정한 나병 환자 등과의 경계도 과감하게 허물어 그들과 더불어 먹고 마시는 파격적인 행동을 통해 인간들 사이의 소통과 화해를 원천적으로 가로막는 잘못된 인식과 편견을 교정하고자 고군분투했다.

사도 바울도 예수 그리스도의 이러한 화해 사역을 이어받아 더 넓은 선교 무대로 진출하여 유대인과 이방인, 유대인 그리스도인과 이방인 그리스도인, 남자와 여자, 노예와 자유인 등의 강고한 배타적 장벽을 그리스도 안에서 허물었다. 오로지 하나님의 은혜로, 믿음으로 세례 받은 모든 신자가 출신 배경의 온갖 차이와 차별을 넘어 형제와 자매이고, 언약 백성으로 대등한 신분을 얻도록 열린 신학적 비전으로 구원의 탄탄대로를 개척했던 것이다. 이러한 개방적이고 보편적인 바울의 신학적 사유 방식은 만유 가운데 만유와 함께하시며 만유를 통해 존재하시되 그 만유의 충만한 경지로 구원을 완성해가시는 무한 광대하신 하나님의 존재를 상상할 수 있게 했고, 그와 나란히 기독론과 교회론도 우주적인 차원으로 확대되고 팽창되기에 이르렀다. 그 모든 차이를 무릅쓰고, 그 다양한 차이를 넘어 만유를 하나 되게 통일시켜나감으로 마침내 하나님의 충만한 구원을 실현하리라는 구원론의 비전도 애당초 그리스도의 화해 사역의 연장선상에서 정초된 것이었다.

그러면 어떻게 화해를 이루어야 할 것인가? 화해라는 명제의 아름다운 원론 뒤에는 수많은 좌충우돌의 조율과 타협, 절충과 양보, 전적인 굴복과 수용 등 복잡한 곡절의 실천적 각론이 있음을 부인하지 못한다. 우선 신약성서에 "화해"를 뜻하는 원어로 종종 나오는 카탈라소(καταλλάσσω)라는 그리스 원어에 어떤 암시적 지혜가 깃들어 있지 않을까 싶다. 화해를 가리키는 대표적인 단어인 이 동사는 접두사 카타(κατά)와 알라소(ἀλλάσσω)라는 일반 동사가 결합된 형태로 전자는 보통 "아래"(down)를 의미하고 후자는 "교환하다", "바꾸다"라는 뜻으로 해석된다. 이 단어의 분석적 함의를 근거로 살피자면 화해는 무엇보다 자기의 것을 내놓고 상대방과 교환하는 행위다. 물물교환하듯 자신의 내면에 응어리진 어떤 앙금, 이를테면 분노의 잔해, 서러움과 섭섭함의 응어리, 상대방을 향해 품었던 질시와 증오와 상처의 경험 등을 내어놓고 상대방의 경험과 감정의 창고에서 꺼낸 비등한 것들과 바꿈으로 상쇄하여 그 부정적인 것들을 털어내며 막힌 것을 뚫어버리고 응어리진 것을 풀어버릴 때 화해가 가능하다는 것이다. 그런데 둘 중 한 사람이라도 조금 낮은 자세로 겸손하게 상대방을 경청하며 수용할 마음을 품지 못한 채 조금도 손해 보지 않으려고 팽팽하게 각을 세우며 대립할 때, 그래서 에누리 없이 자기중심적인 공정함만을 고집할 때 그 교환은 성사되기 어렵다. 장사의 예를 들면 판매자는 좀 더 비싸게 물건을 팔아 이익을 많이 보려 하고 구매자는 좀 더 싸게 사려고 자꾸 깎으려 하는 상황에서 그 어느 쪽도 거래의 성사를 위해 절충하고 매매가를 조정해보려는 낮은 자세로 내려가지 않으려 할 경우 결국 그 거래가 성립될 수 없는 것과 마찬가지 이치다.

이러한 화해의 기독교적 진리를 명쾌하게 보여주는 것이 예수의 황금률이고 거기에 반영된 적극적 상호주의 원리다. 원문을 직역하면 그 황금률은 다음과 같이 읽힌다. "그러므로 만일 사람들이 너희에게 무엇이든 해주기를 너희가 원한다면 그 모든 것을 너희 또한 그와 같이 그들에게 행하여라"(마 7:12). 이 어록에서 가장 먼저 확인되는 사실은 인간은 누구나 자신에게 남들이 좋은 것을 베풀며 선대하길 원하며 욕망하는 존재라는 것이다. 그 욕망은 자기 삶을 아끼는 인간의 본성에 합치되는 자연스러운 생명의 에너지다. 그것이 창조의 결과로서 인정된다면 누구든지 사랑받고 싶어 하고 친절하게 환대받고 싶어 하며 온갖 좋은 것으로 존중받길 원한다는 사실도 인정할 수 있다. 이러한 사실에 입각하여 상대방에게 행하고 상대방이 원하는 것이 곧 내가 상대방으로부터 원하는 것이라는 인식 아래 가급적 좋은 말, 좋은 태도, 좋은 행동으로 응대한다면 갈등을 줄일 수 있고 부득불 생기는 오해와 갈등도 순순하게 풀어갈 수 있다.

그런데 그러한 대화와 소통, 화해의 과정 또한 비대칭과 불균등의 상호 관계로 인한 함정이 있음을 알아야 한다. 화해를 위해 누가 한쪽에서 먼저 손을 내밀지 않고 말을 건네지 않으면 화해를 위한 개방적 만남 자체가 성립되지 않기 때문이다. 그래서 하나님 나라의 복음을 먼저 배우고 그 진리를 깨달은 예수의 제자들이 "먼저" 손을 내밀고 타인에게 "먼저" 말을 건네는 적극적인 상호주의의 자세가 필요하다는 것이다. 그 "적극성"은 때로 위험한 모험이 되기도 하고 급진적인 결단을 요청하기도 한다. 왜냐면 한쪽에서 먼저 손을 내밀고 화해를 신청하고 또 선한 마음에서 은혜를 베풀며 많은 것을 양보하는데도 상대방이 그것을 역이용하여 은혜를 원수로 갚는다든지, 그 화해의 손길을 팽개치며 자신의 자존심을 세우는 수단으로 악용할 가능성도 충분히 존재하기 때문이다. 그래서 이런 경우 화해가 교착되어 진도가 나가지 않을 때 일방적인 "퍼주기"라고 비난받곤 하는 것이다. 그러나 그와 같이 손해를 볼 수 있는 예외적인 가능성을 무릅쓰지 않으면 적극적인 상호주의에 따른 화해는 불가능해지고 갈등의 악순환은 더 깊어지게 마련이다.

이렇듯 화해는 쌍방향의 소통으로 그 물꼬가 트인다. 그 시도를 시작하기 위해 조금이라도 더 여유 있는 쪽에서 조금 더 큰 도량과 연민의 마음을 품고 1초라도 먼저 다가서는 사람이 있어야 한다. 물론 무관심의 냉정한 화해라는 것도 존재한다. 공자의 어록 기소불욕 물시어인(己所不欲 勿施於人)에 나타난 대로 이것은 상대방이 싫어하는 것을 하지 않는 부정적인 황금률에 입각해 현 상태에서 더 이상 관계를 악화시키지 않으려 할 때 필요한 선택이다. 그러나 예수는 여기서 한 걸음 더 나아가 그 현 상태에 안주하기보다 그것을 극복하여 더 나은 관계, 즉 하나님과 인간의 온전한 화해를 모델 삼아 얼굴과 얼굴을 마주 보듯이 친밀하게 어울리며 소통하는 기준으로 하나님 나라의 비전을 피워 올렸다. 그 핵심 중 한 가지 목표가 화해라면 우리는 갈등 많은 우리 시대 현실의 한가운데로 파고들면서 화해가 구체적으로 결실하여 개인과 개인의 관계는 물론, 동서의 지역주의, 남북 분단 체제의 적대 관계, 나아가 세대와 계층, 성별 간에 벌어지는 다양한 갈등을 타개하며 하나님의 충만한 구원사를 향해 한 걸음 더 진보해갈 수 있을 것이다.

치유와 회복이 지향하는 궁극적 목표

치유가 구원이다! 구원이 치유다! 이 호환적인 두 가지 명제는 성서적 토대 위에서 기독교적 진리로 손색이 없다. 이 땅에 메시아로 오신 예수께서 자신의 메시아직 취임에 갈음하는 회당 설교에서 인용하여 선포한 메시지도 대체로 치유로서의 구원이었다. "주의 성령이 내게 임하셨으니 이는 가난한 자에게 복음을 전하게 하시려고 내게 기름을 부으시고 나를 보내사 포로 된 자에게 자유를, 눈 먼 자에게 다시 보게 함을 전파하며 눌린 자를 자유롭게 하고 주의 은혜의 해를 전파하게 하려 하심이라"(눅 4:18). 이른바 희년의 복음으로 알려진 이 메시지의 기본 내용은 정치 경제적 수탈로 인한 가난과 그로 인한 정신의 억압(포로 됨)과 신체적 장애(눈 멂), 이로 인한 생명의 총체적 억압(눌림)의 현실을 전제하고 있다. 그 망가진 생명에게 자유와 해방을 선사하는 복음이 바로 희년의 복음이고 하나님 나라의 복음인 것이다. 최초 복음서로 공인된 마가복음의 내용 70% 정도가 육체적 질고와 정신적·영적 질환에 사로잡혀 공동체의 변두리로 밀려난 병자들을 예수께서 기적적으로 치유한 이야기로 채워진 것은 바로 이러한 배경에서 비롯된다.

우리가 신앙의 최종 목표로 상정하는 구원이란 개념을 이런 견지에서 조명해보면 놀랍게도 치유의 메시지와 잇닿아 있다. 신약성서에서 구원을 뜻하는 대표적인 어휘가 "소테리아"(σωτηρία)인데 이는 고대 그리스에서 신체적 질병과 정신의학적 질고에서 해방되는 것을 의미했다. 여기서 파생하여 대적의 괴롭힘에서 벗어나는 구원이란 뜻이 보태졌고 종교윤리적 측면에서 신적인 도움을 받아 실현하는 총체적인 의미의 구원이란 함의로 이 개념이 진화해간 것이다. 이런 연고로 그리스어-영어 사전에서 "소테리아"를 찾아보면 "salvation"과 나란히 "healing"이란 어휘가 발견되며 그 어원론적 배경 아래 구원을 뜻하는 독일어 "die Heilung"에도 "구원"과 "치유"가 동의어적 개념으로 나온다.

오늘날 생태 환경의 파괴와 오염이 극심해짐에 따라 그것이 인체의 호르몬 변화에도 영향을 끼치면서 예전에 없었던 신종 질환이 많이 생겨나고 있다. 더구나 후기 산업 정보 사회의 자본제적 체제에 치이고 눌리면서 그 신경계가 착란을 일으키고 정신 회로가 왜곡되다 보니 우울증, 공황 장애를 비롯해 각종 불안증, 신경증, 분열증 등의 정신의학적 병자들이 급증하면서 통제 불능의 상태에서 사회 문제로 부상하고 있다. 기독교계에서는 언제부턴가 성령 운동이란 이름 아래 성령의 초월적인 권능에 힘입어 이러한 질병을 치유하려는 치유 사역이 힘을 받았고 지금도 일각에서 지속적으로 이러한 벼랑 끝 신앙의 분투 어린 노력이 이어지고 있다. 한때 괴로운 세상의 고달픈 삶을 위무하는 구호로 "아프니까 청춘이다"라는 명제가 우리 사회에서 유행을 탄 적이 있지만 아픔, 특히 질병으로 인한 고통은 그렇게 낭만적으로 미화할 수 있는 성격의 현실이 아니다. 죽을 만큼 아파 본 사람이라면, 그것이 신체적 고통이든, 정신적 억압이든, 아픔으로 인한 설움은 죽음만큼 지독하다는 것을 실감할 수 있을 것이다. 여하튼 이러한 기독교 안팎의 현상에 대하여 지금은 좀 시들해진 감이 있으나 여전히 "힐링 열풍"이라는 시대적 풍조가 유행을 타고 있다.

교회도 그 흐름에 보조를 맞추듯이 각종 힐링 프로그램을 활성화하여 시대적 질병에 신앙적으로 대응해왔다. 특히 초기에 성령 운동을 주도한 오순절교회 계통에서는 성령의 권능에 의지한 질병 치유의 열풍을 교회 성장의 동력으로 삼으려는 시도가 강렬했고, 일각에서 성공적인 열매를 거두기도 했다. 그러나 전체를 통찰해보면 한 생명을 치유하고 건강한 상태로 회복시키는 일은 이벤트성의 일회적 사건을 넘어 평생에 걸쳐 지속적으로 감당해야 하는 사안이다. 그렇지 않으면 치유 사역이라는 것이 교회 성장이라는 목표를 위해 동원되는 도구적 성격에 머무르며 한 생명을 수단화하면서 변질될 가능성이 항존한다. 실제로 예수 당시 1세기 전후 지중해 연안에서 적잖은 종교 치유가 상당한 인기를 끌면서 흥행을 이루었고 아스클레피오스 제의처럼 치유를 전문화한 대중 종교가 생겨나 각지에 종교 치유를 앞세운 종합 병동 센터를 건립하며 사업적으로 큰 성공을 거두기도 했다. 요즘 기독교의 간판을 내걸고 병원도 고치지 못하는 병을 고쳐준다면서 벼랑 끝에 선 가난한 심령을 미혹하여 금전적인 대가를 요구하는 사례가 간간이 탐지되는데 이는 예수의 힐링 사역과 전혀 무관한 예의 이교도적 전통에 잇닿아 있다고 볼 수 있다.

그렇다면 예수의 치유 사역과 이런 전통을 이어받은 기독교의 신학적 비전은 무엇이었을까? 그것은 하나님의 창조 결과로 이 땅에 내신 생명들, 그것도 당신의 형상대로 지음받은 인간들이 이 세상살이에 치여 망가진 생명을 창조 질서의 원상태로 회복시키는 것에 최종 목표가 있었다. 하나님이 지으시고 보시기에 좋았더라고 감탄한 그 원초적 생명답게 풍성하게 그 생명을 향유하고 공동체의 건강한 성원으로 회복시켜주는 것, 바로 그것이 예수께서 보여준 치유 사역의 본질이었다. 나아가 그들이 그렇게 생명의 질서를 회복하여 그 생명의 근원이신 창조주 하나님 앞에 기쁜 심령으로 경배하며 더불어 샬롬을 누리고 그 샬롬의 질서 안에서 이 땅의 어그러진 생명 세계를 원상태로 되돌리는 것, 그 비전을 역사와 자연을 아우르는 이 세상의 현실로 실현해내는 것, 바로 거기에 최종 목표가 있었다.

바로 이러한 배경 아래 "치유"(θεραπεύω)와 "회복"(καταρτίζω)을 가리키는 신약성서의 어휘들은 통전적 생명 회복과 신실한 하나님 경배라는 공통의 목표 지점에서 만나는 깊은 함의를 내포하고 있다. 전자의 단어는 낮은 자세로 "시중들다", "섬기다"라는 뜻과 함께 "신을 숭배하고 추앙한다"는 의미를 동시에 담고 있다. 요컨대 건강한 심신의 상태로 고침을 받는 것은 구체적인 섬김과 돌봄의 행위로써 의학적 신앙적 맥락에서 구현되는데 그 결과는 하나님을 온전히 경배하는 데 초점이 맞추어져 있다는 것이다. 후자의 단어도 마찬가지다. 의학적인 용어로 사용된 이 단어는 몸의 각 지체들이 어그러지고 뒤틀린 것을 다시 원상태로 끼우고 맞춰서 원래의 건강한 질서로 복구한다는 함의를 띠고 있다. 개체 생명이 교회 공동체든, 사회 공동체든, 그 기계적인 부품으로 이용되는 물신 자본의 세상과 현격하게 차이 나는 목표가 기독교의 치유 신학에 내장되어 있는 것이다.

이러한 사실을 논증하는 대표적인 증거가 예수의 기적 이야기에서 당신의 심적인 상태를 표현하는 단어로 사용된 "스플랑크니조마이"(σπλαγχνίζομαι)다. 한글개역성서에 "불쌍히 여기다"로 번역되어 있지만 이 어휘는 그 어근이 되는 단어 "스플랑크논"(σπλάγχνον)의 의미를 고려할 때 그렇게 간단히 새길 수 있는 개념이 아니다. "내장"을 뜻하는 이 명사를 동사화한 예의 단어는 내장이 뒤틀려 찢어질 듯한 통증을 수반하는 치열한 연민의 심정을 내포하고 있기 때문이다. 흔히 "심장이 터질 듯한 고통"을 말할 때 그 고통을 예수가 병자를 대하면서 느꼈다는 것이고 그것이 병자를 치유하는 유일하고 순전한 동기였다는 것이다. 예수는 병자를 치유하여 그들에게 금전적인 대가를 요구하지 않았고 그들로 자신을 따르게 종용하여 제자 그룹을 확대하고 세력을 키우려는 동기가 전혀 없었다. 그들은 각기 하나님의 형상으로 지으심을 받은 고귀한 생명체로서 그 형상을 본래 창조의 질서에 맞게 회복하여 건강하고 행복하게 그 생명을 누리면서 잘 사는 것이 하나님의 뜻이었고 하나님 나라 운동을 통해 이루고자 하는 목표였기 때문이다. 오늘날 기독교가 이 점을 소홀히 여기면 각종 힐링 사역은 빈껍데기로 공전하면서 애당초 선한 의도와 무관하게 성서와 복음의 본질에 걸림돌이 될 위험이 있다.

용서와 화해 그리고 치유로 이루고자 하는 세상

용서는 용서 그 자체가 목표가 아니다. 화해도 그 개념의 충분한 이해만으로 좋은 결과를 낳는 것이 아니다. 때로 선한 동기와 목표가 악한 결과를 낳는 것이 아이러니 넘치는 세상사의 곡절이다. 자신의 몸이 치유되고 건강을 회복한 생명이 또 그 건강한 에너지로 몹쓸 짓을 하는 데 관여할 수 있고 한 망가진 관계의 치유와 회복이 또 다른 관계의 파괴를 막지 못하기도 한다. 우리는 격절되고 배타적으로 구획된 조직 사회의 일원으로 살고 있다. 그러므로 내가 속한 조직이 원만하게 조화를 이루며 평안하게 살고 있는 그 순간에도 이웃하는 다른 조직은 갈등이 악화하여 결국 파탄지경으로 마지막 숨을 몰아쉬고 있는 경우가 빈번하다. 기업이 그렇고 교회가 그러하며 각종 이익 단체와 크고 작은 동아리들이 그러하다. 그 모든 조직체가 사람들이 모여 이루어가는 터라 자기중심적인 인간의 본성과 본성이 부대끼며 만들어내는 복잡다단한 집단적 신경 회로의 예측 불가한 뇌관을 모두 다 예견하고 온전하게 예방할 수 없는 것이 동서고금 인간 사회의 현실이다. 그래서 용서를 외치는 곳에도 갈등이 허다하고 화해와 치유가 이루어지는 틈새로 또 다른 분열과 해악이 치고 들어온다.

　20세기 미국의 대표적인 신학자 라인홀드 니버는 『도덕적 인간과 비도덕적 사회』라는 책에서 이 문제를 고민했다. 개체 구성원을 한 사람씩 살펴보면 나름대로 기본 상식과 도덕성을 갖추고 있는데 그들이 모여 이루어가는 사회는 왜 비도덕적이며 참담한 갈등과 분열, 불의와 부조리가 만연하는가라는 질문을 던지며 그는 그 해법을 탐색했다. 니버는 개인과 개인 사이의 관계에서는 사랑의 법이 우선적인 기준으로 활성화되어야 하지만 집단 내의 사안에서는 구성원들 사이에 얽히고설킨 이해관계가 복합적이므로 정의가 우선적인 판단 준거가 되어야 한다는 이분법적 해법으로 이 질문을 평정하고자 했다. 그러나 집단 내의 정의를 활성화하기 위해 가령 평등의 가치를 고양한다든지, 냉엄한 법적인 정의에 인간적인 훈기를 살려낸다든지 하는 측면에서 사랑의 법이 기여할 수 있는 여지를 남겨두면서 니버는 이를 "불가능한 가능성"(impossible possibility)이라고 명명했다.

흔히 "기독교적 현실주의"로 불리는 이 사회 윤리는 예수 그리스도를 통해 하나님의 "의"가 나타났다는 로마서의 신학적 관점에서 보면 일견 타당한 듯 보인다. 신학적 개념으로서 그 의(righteousness)가 오늘날의 사회 정의(social justice)라는 개념보다 더 포괄적이고 넓은 개념이지만, 사도 바울은 로마서에서 그 의의 개념을 최고 상위의 신학적인 기준으로 삼았다. 그 하나님의 의에 응답하는 사람들의 반응에 따라 그것이 부정적으로 발현될 때 정죄와 심판, 징벌의 형태로 귀결되고 긍정적으로 발현될 때는 자비와 긍휼, 사랑의 형태로 귀결된다고 보았다. 반면 고린도전서 13장에서 사도 바울은 "사랑은 불의와 함께 기뻐하지 않는다"라는 진술로 아가페의 숭고한 사랑 속에는 불의를 멀리하고 정의를 추구하는 속성이 내포되어 있다는 암시와 함께 정의보다 사랑이 더 상위의 미덕이라는 또 다른 기준을 제시한 바 있다.

이 질문은 21세기 지평에서 좀 더 세련되고 세밀한 방식으로 재구성될 수 있는데 그 관점에 따라 해법도 매우 상식적인 수준에서 도출해낼 수 있다. 요컨대 인간의 욕망은 복합적이고 다층적이며 그 주어진 상황에 따라, 또 다양한 이해관계의 층위에 따라 자아가 분열하면서 다중 인격적으로 반응하며 그 욕망 체계도 굴절되어 복합적으로 작동한다는 것이다. 그리하여 한편으로 "용서한다"라는 마음의 작용과 함께 용서하지 않는 복수의 칼을 가는 또 다른 마음의 구석을 은폐할 수 있다. 마찬가지로 화해를 선언하면서도 화해 이후의 손익 계산에 분주해지는 게 욕망의 이면에서 얼마든지 가능하다. 치유와 회복을 경험한 심신의 자아는 그 이전과 이후의 삶을 구상하면서 마치한 귀신이 나갔다가 깨끗해진 그곳에 다시 일곱 귀신을 데리고 들어온다는 예수의 비유처럼 또다시 더 끔찍한 상황을 자초하는 게 인간이란 존재이고 관계라는 미로다. 따라서 이러한 인간의 사회적 실존 가운데 항존하는 부정적인 요인과 비관적인 전망을 염두에 두면서 더 이상 악화하지 않는 상태로 지속 가능한 범위에서 최소한의 조화와 균형의 상태를 유지하는 것이 현실적으로 겸손한 목표일 수 있다.

그러면 그 최소 공배수의 공리주의적인 용서와 화해, 치유의 공동체로 꿈꾸는 세상은 어떤 세상이며, 어떤 것들이 그 삶의 구성 요건으로 채워져야 하는가? 또 그것을 이루어내며 무난하게 유지, 관리하기 위해서는 어떤 방법이 절실하게 요청되는가? 이제 이러한 실용적이고 실천적인 문제에 천착하는 것이 필요하다. 이는 단순히 신학 윤리적인 차원의 관심사로 국한되지 않고 실천적인 각론상의 전략적인 과제일 수밖에 없다. 그럴 만큼 우리 사회는 급변하고 있기 때문이다. 이런 방향으로 무엇보다 시급한 것은 우리 사회에 근대적인 가치를 발양하여 일상의 삶 가운데 착근하는 것이다. 천부 인권, 양성평등, 통전적 복지, 남북 화해 통일, 경제적 양극화 해소, 지방 소멸 방지와 수도권 집중 해소, 기후 생태 환경 위기 극복 등은 오래된 난제이면서 동시에 서둘러 타개해야 할 한반도 민족 공동체의 다급한 문제다.

이를 위해 정치의 위기도 타개되어야 한다. 2023년 12월 현재 지난 31년간 우리나라 최대 교역국으로 무역 수지 흑자를 지탱하는 경제적 블루 오션이었던 중국이 올 한 해 180억 달러의 적자를 안겨줌으로써 31년 만에 최초로 무역 수지가 역전되었다. 미국과 일본

외교에 올인하면서 외교의 다층적 현실을 외면해온 아마추어 정권의 둔감한 정책이 초래한 참사다. 그런가 하면 당장 내후년부터 여성 1인의 평생 출생아 수가 0.65명으로 떨어지고 향후 10년간 생산 가능 인구(15-64세)가 332만 명 줄어든다고 한다. 그런 추세로 나가면 2033년 우리나라 인구 5천만 명이 무너지고 50년 뒤 2072년에 이르면 3622만 명으로 추락하는데 그중 절반 정도가 65세 이상의 노인 인구가 된다는 시뮬레이션 결과가 발표되었다. 이는 근대국가로서 도저히 지속 가능한 나라라고 할 수 없으며 대한민국은 초스피드로 소멸해가리라는 전망이 국내외에서 나오고 있는 형편이다. 2006년 이후 저출산 종합 대책을 수립하고 나서 지금까지 380조 원의 국가 예산을 투입했는데 아무런 성과 없이 악화일로의 현실을 초래한 것이다. 이 모든 것이 정치와 정책이 만들어내는 결과이고 권력을 통해 이루어지는 왜곡된 분배의 지형으로 말미암는 비극적 현실이다. 그 권력은 민주공화국 내에서 결국 국민이 창출하는데, 국민의 근대적 민주주의 의식이 여전히 미흡하고 전근대적 습속과 미망에 사로잡힌 유권자들이 많다 보니 정치는 퇴행하고 각종 난제는 산적해 있으나 그 타개 속도는 굼뜨고 그 방향은 오락가락하곤 하는 것이다. 이러한 비관적 매트릭스 속에 용서와 화해, 치유와 회복의 시대정신을 아무리 부르짖은들 되돌아오는 메아리는 회의와 냉소, 각자도생의 야수적 정글 논리와 정신 승리의 구호일 뿐이다. 따라서 용서와 화해, 치유와 회복의 가치를 통해 이루어내고자 하는 바람직한 공동체의 합리적 인프라 구조를 짜고 더 이상 용서와 화해, 치유와 회복을 치열하게 부르짖지 않아도 되는 안전하고 평온한 문화 국가가 우리가 이러한 외침으로 꿈꾸는 세상으로 전제되어야 한다. 따라서 고도로 문명화된 개인주의 사회에서, 더구나 그 개인의 탐욕이 각자의 내면에 똬리를 틀고 있는 상태에서 공동체 정신이 희박한 매트릭스라면 용서와 화해, 치유와 회복의 논리가 더 많이 가진 자들, 노블리스 오블리주의 기상을 망실한 기득권자들이 기존의 유리한 체제를 정당화하기 위해 이데올로기를 견고하게 뒷받침하는 수단으로 오남용될 수 있음을 깨달아야 할 것이다.

예수라면 어떻게 할 것인가

기독교 신앙의 정중앙에 위치한 최종적이면서 최고의 기준은 예수 그리스도다. 그의 삶과 죽음, 그 가르침을 통해 이 땅의 역사에 남긴 유산이 그를 믿고 따르는 사람들에게 최종 판단의 준거가 되어야 마땅하고 그게 정상이다. 그래서 한때 소설 제목으로 선풍을 일으킨 "예수라면 어떻게 할 것인가"라는 질문은 언제든지 유효하고 강력한 자기 도전의 윤리적 잣대가 될 수 있다. 기독교 신자로서 우리가 주일마다 고백하는 사도신경의 문장은 "동정녀 마리아에게 나시고 본디오 빌라도에게 고난을 받으사 십자가에 못박혀 죽으시고"로 건너뛰지만 그 태어남과 죽음 사이에 예수의 성장과 공생애 3년간 베푸신 주옥같은 가르침과 행적을 외면해서는 안 된다. 그것을 무시하거나 경홀히 여기면서 예수의 십자가 대속 사건과 부활의 소망과 영생, 교회에 대한 건조한 교리만을 신봉하면 우리가 이 땅에 살아가는 이유와 사명의 절반 이상을 공백으로 만들 위험이 있다. 그것은 마치 우리의 신학적 최후 목표를 위해 그 행간에 빼곡하게 박혀 있는 우리 생의 인문학적 지평을 포기하는 것과 다름없는 어리석은 짓이다. 우리의 삶, 신앙생활이라는 것이 천당 가는 열차를 기다리는 대합실에서 망연하게 열차 도착 시간을 가리키는 벽시계만 쳐다보는 수동성의 내용이 아니지 않은가.

그렇다면 예수의 말씀 가운데 담긴 중심적인 교훈과 뜻은 무엇인가. 첫째로 그것은 하나님을 닮아 온갖 관계의 경계를 넘어서는 보편적인 사랑이고, 둘째로 1차원적 관계로 선회하는 자기중심적인 탐욕을 성찰하고 모두가 구원받아야 마땅한 "하나님의 가족"이라는 포용적 삶의 자세다. 그 사이에 또 한 가지 필수적인 가르침의 보석이 있다면 가난하고 병든 생명, 불우하고 소외된 이웃, 굶주리고 헐벗은 작은 자들을 향한 우선적인 돌봄과 환대를 위한 무한한 책임 의식이다. 첫째 주제와 관련하여 예수는 하나님이 악한 자와 선한 자, 의로운 자와 불의한 자의 경계를 따지지 않고 햇볕과 비를 내리시는 이치를 통찰하면서 하나님의 보편적이며 온전하신 그 은혜에 나타난 목적론적 지향을 본받아 "하늘의 너희 아버지가 온전하심 같이 너희도 온전하라"고 명했다. 이른바 "하나님 닮기"(imitatio Dei)의 신앙을 제자도의 기본 목표로 설정한 교훈이었다. 이와 함께 둘째 목표가 자연스럽게 연계된다. 예수는 혈통 지향적 연고 관계를 중심으로 움직이는 인간의 욕망을 직시하면서 자신의 어미와 형제자매는 자신을 따르기 위해 사유 재산과 혈통 가족을 내려놓은 자들, 곧 하나님의 뜻대로 행하면서 하나님 나라를 위해 모든 것을 포기한 제자들과 같은 범주라며 가족의 개념을 개방적인 "하나님의 가족"(*familia Dei*)이란 견지에서 재정의했다.

예수의 하나님 나라 운동은 이 두 가지의 신학적 이념형 가운데 그 우선 가치를 설정했다. 그 보편타당한 지향점은 이후 기독교의 인도주의와 박애주의 정신, 인종과 성별, 세대와 계층의 차이를 넘어서는 용서와 포용, 화해와 보편적 복지 이념에 초석을 놓은 것이 사실이다. 그러나 이러한 보편성은 당파성이라는 또 다른 축과 함께 작동할 때 그 잠재적 의미가 살아난다는 점도 우리는 예수의 기준에 비추어 확인할 수 있다. 예수는 당대의 유대교 신정 체제 아래 종교적 권위를 오남용하면서 위선의 행태로 율법의 본질을 왜곡하는 바리새인, 서기관, 사두개인, 장로와 대제사장 귀족을 아무런 참회 없이 무조건적으로 용서하거나 그들과 적당히 화해하는 제스처를 보인 적이 결단코 없다. 그들은 율법의 지식을 동원해 과부 같은 가난한 자들의 가산을 약탈했고 기도와 금식, 구제 등의 종교적 경건 행위를 통해 남들에게 존경을 받음으로 명예를 취하는 데 혈안이 된 "헛된 영광"의 중독자들이었다. 그런가 하면 예루살렘 성전을 중심으로 엄청난 물적 기반을 쌓아온 대제사장은 로마의 식민 통치 체제와 결탁하여 종교로 정치하며 정치 권력으로 종교적 기득권의 아성을 견고하게 강화해 가던 타락한 권세자들이었다. 예수는 그들의 속내를 꿰뚫어보면서 얄팍한 용서와 화해의 메시지를 보내기보다 "독사의 자식들", "회칠한 무덤"이라는 독설을 퍼부었고, 자신들의 그 종교적 위선의 죄과를 회개하지 않으면서 동시에 민중을 지옥 백성으로 만들어버리는 누를 범하는 엄한 족속으로 간주하며 질타했다.

반면 그는 과부와 고아의 아버지를 자처한 하나님의 아들답게 특별히 가난하고 헐벗은 자들, 병든 자들, 원통하고 외로운 자들, 변두리로 밀려나 소외된 세리와 창기들, 당시 체제 안에서 제대로 인간 대접받지 못하던 불우한 생명들과 더불어 동고동락하면서 함께 먹고 마시길 즐겨 했다. 그들의 가난한 마음을 깊이 헤려려 조건 없이 구원을 선포했고, 하나님 나라의 백성으로 초청했으며, 심지어 자기 자신을 그 "지극히 작은 자들"과 동일시함으로써 그들을 환대했는지 여부로 최후의 심판 때 영생과 영벌을 가르는 기준을 제시하기도 했다. 이른바 "아버지의 뜻대로 행하는 자"라야 천국에 들어간다고 할 때 예수는 그 뜻과 관련하여 저들에게 굶주리고 헐벗고 갇혀 있는 그 불우한 상황에 맞춤하게 그 필요를 적극 채워주는 것이라고 구체적으로 예시해준 것이다. 따라서 십자가를 통한 보편적인 구원의 메시지, 인간의 배타적 경계를 넘어서는 개방적 복음의 지평을 한편으로 강조하면서도, 마치 높은 산이 깎이어 낮아지고 낮은 골짜기가 돋구어져 평탄케 되리라던 그 메시아의 사역대로 비대칭과 불균형을 조율하여 균등케 하려는 온갖 법적·제도적 실천적 노력이 수반됨으로써 정의로운 당파성의 또 다른 바퀴가 제대로 작동해야 할 것이다. 이러한 구조적 인식과 비평적 통찰이 배제된 그 어떤 용서와 화해의 메시지도 기실 예수의 하나님 나라 기준에 미달하거나 어긋난다는 사실을 엄중하게 직시할 필요가 있다. 한국 개신교회의 역사 140년이 가까워지는 현재 시점에 우리는 한국교회가 그동안 그 역사 속에서 잃어버린 소중한 전통과 결핍되었던 또 다른 복음의 알맹이를 동시에 발견하여 당면한 위기 국면을 돌파해가야 할 과제에 직면해 있다. 전

교회적인 차원에서의 고차원적 용서와 화해, 치유와 회복이 물론 필요하지만 동시에 각 개인이 기독교 신자로서 주변에 관계 맺고 있는 다양한 사람과의 일상적 만남 가운데 뒤틀리고 꼬인 지점을 평탄케 하여 하나님 나라를 위한 대로를 예비해야 할 절박한 시점이다. 그러나 이 미시적·거시적 지평의 용서와 화해, 치유와 회복이 단순하게 선언적 구호로 맴돌지 않고 참되게 이루어지려면 무엇보다 개인과 공동체 차원에서 누구라도 인정할 만한 회개의 열매가 선행되어야 한다. 우리는 무엇보다 남북 분단 체제의 후유증 가운데 지속되어온 정치적인 이념 갈등에 감정의 불을 붙여 본질적인 일치의 토대를 상실한 채 섣부르게 좌우 파당과 보수/진보 세력으로 단순화하여 서로를 악랄하게 정죄하고 심판해온 죄과를 회개해야 한다. 하나님의 의의 기준에 비추어 진지하고 신중하기보다 성급하게 저돌적으로 기동하여 자기중심적 이익에 물든 탐욕을 그럴싸한 신학적 명분으로 호도하면서 교회 공동체의 분열을 촉진해왔음을 깊이 뉘우치며 새로운 변혁의 길을 가야 한다. 분열이 한 시절의 병든 증상이었다면 이제 서로 포용하고 통합하는 성서적 전통을 되찾아 한 분 하나님과 한 주이신 예수 그리스도, 한 성령과 한 세례, 한 교회라는 일치의 정신을 되살려낼 필요가 있다.

분열하는 것이 생명의 한 속성이긴 하다. 그러나 그 분열이 남긴 상처가 지속적으로 생명 파괴적인 에너지로 활성화될 때 문제는 심각해진다. 그런 상황에서 우리는 분열을 넘어 모두가 하나님의 피조물로서, 하나 되게 지음받은 족속으로 인류애를 발휘하여 이웃 생명인 자연 만물까지 포용하는 데까지 나아가야 할 것이다. "예수라면 어떻게 할 것인가"를 끊임없이 되물어보면 결국 꾸준히, 지속적으로 포기하지 않고 사랑하며 연민하는 마음만이 생명을 살리고 모든 사람이 다 구원받기를 원하신 하나님의 마음과 통한다는 것을 깨닫게 된다. 그런 마음이 모여 이 땅에서 하나님의 선한 뜻을 받들어 끊임없이 배타적인 경계를 해체하고 그 바깥을 향하여 기독교의 신앙적 정체성을 확대, 심화해나갈 때 그 자리에 이루어지는 것이 바로 하나님의 나라이리라 확신한다. "우리가 소망으로 구원을 얻었다"는 사도 바울의 선언이 시사하는 대로 우리는 이러한 믿음으로 미래 지향적인 희망을 다시 키워야 할 때다. 그 가운데 품어야 할 때 품고, 싸워야 할 때 싸우며, 나아가 용서와 화해의 십자가를 높이 들면서 연약한 무릎을 강건하게 세워 이 순례의 언덕을 꾸역꾸역 신실하게 넘어가야 할 것이다.

더 읽어보기

강남순, 『용서에 대하여: 용서의 가능성과 불가능성』, 동녘, 2017.

고재백 외 편집, 『용서와 화해 그리고 치유』, 새물결플러스, 2022.

라인홀드 니버, 이한우 역, 『도덕적 인간과 비도덕적 사회』, 문예출판사, 2017.

손호현, 『악의 이유들: 기독교 신정론』, 동연, 2023.

차정식, 『예수, 한국사회에 답하다』, 새물결플러스, 2012.

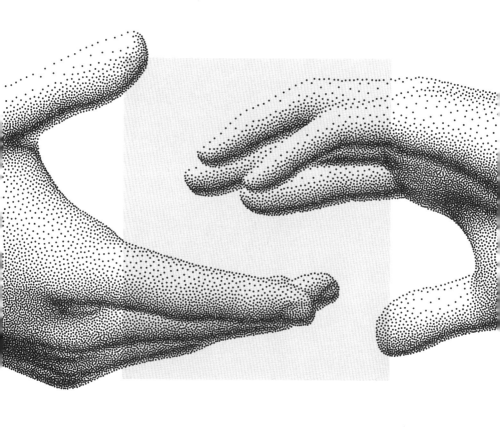

제1부

우리 시대 진단: 설문 조사 결과 및 분석

통계로 본 한국교회의 갈등과 용서에 대한 인식

김상덕

I. 들어가며

한국 사회의 갈등이 심각해짐에 따라 갈등을 줄이고 평화로운 공존을 위한 다양한 사회적 노력의 필요성이 제기되고 있다. 2021년 입소스(IPSOS) 조사에 따르면, 한국 사회는 심각한 문화 갈등의 양상을 보이는 것으로 나타났다.[1] 이 조사는 북미, 남미, 유럽, 중앙아시아, 동아시아의 28개국을 대상으로 각국의 문화 갈등의 정도를 물었다. 세부적으로는 민족, 이념, 엘리트와 일반 노동자, 성별, 학력, 정치적 정당, 이민자와 비이민자, 빈부, 사회적 계급, 세대, 종교, 도시와 시골 등 12개의 항목으로 조사를 진행했다. 그 결과 놀랍게도 한국은 (1) 지

---

[1] 입소스, "한국 사회에서 문화 갈등은 얼마나 심각할까?", 입소스 인사이트 리포트 (2022. 10. 13), (검색일: 2024년 1월 15일).

지 정당 간의 갈등, (2) 빈부 갈등, (3) 사회적 계급 갈등, (4) 진보와 보수 간의 이념 갈등, (5) 남녀 갈등, (6) 세대 갈등, (7) 종교 갈등까지 총 7개의 항목에서 가장 높은 갈등의 심각성을 가진 국가로 조사되었다.

우리 사회의 갈등 해결을 위해서는 복잡하게 얽힌 구조적 문제의 해결이 필요할 뿐 아니라 갈등의 근원적인 요인에 대해서도 함께 다뤄야 한다. 즉, 개인 및 집단 내면에 자리한 인식의 영역을 살펴볼 필요가 있다. 예를 들어 동질성을 기반으로 한 집단 정체성과 타자에 대한 이질감과 적대감 등에 대한 인식에 관한 연구가 필요하다. 이 과정에서 용서와 화해는 사회 구성원 간의 적대적 간극을 줄이고 해소하는 중요한 가치이자 실천이다. 그러므로 사회 구성원들의 용서와 화해에 대한 인식과 실천 등이 어떠한지를 살피는 것이 갈등 해결을 위한 첫걸음이라 할 수 있다.

개신교는 특히 "용서의 종교"라 할 만큼 용서를 강조하는 종교인데, 개신교인이 용서와 화해에 대해 어떠한 인식을 갖고 있는지와 실제로 어떻게 실천하고 있는지를 살펴보는 일은 매우 중요하다. 이는 한국교회가 사회 갈등 해결에 이바지하고 나아가 용서와 화해의 실천 가능성을 살펴볼 수 있는 첫걸음이 될 것이다. 이런 배경에서 이번 설문 조사는 한국 교회 및 개신교인에 초점을 맞추어 사회 갈등 및 용서, 화해에 대한 인식을 알아보고 개신교인의 용서 실천 동기(신앙적 동기 여부)를 파악하여 향후 한국교회가 사회 갈등 해결을 위한 기초 자료를 수립하는 것을 목적으로 한다.

II. 연구 목적 및 필요성

1. 조사 개요

본 설문 조사의 개요는 다음과 같다. 이음사회문화연구원(대표 고재백)이 조사 전문 기관인 지앤컴리서치(대표 지용근)에 의뢰하여 전국의 개신교인 성인 남녀 1,000명을 대상으로 설문을 진행했다. 조사 방법은 온라인 패널을 활용한 온라인 조사 방식을 사용했으며 표본 추출은 지역, 성, 연령별 개신교인을 비례 할당했다. 설문의 조사 기간은 2023년 12월 20일부터 2024년 1월 4일까지 진행되었으며 표본 오차는 95% 신뢰 수준에서 ±3.1%p 수준이다.

구분	내용
조사 대상	전국의 만 19세 이상 개신교인 남녀
조사 방법	온라인 패널을 대상으로 한 온라인 조사(이메일을 통해 URL발송)
표본 규모	총 1,000명(유효 표본)
표본 추출	지역/성/연령별 개신교인 비례 할당
표본 오차	무작위 추출을 전제로 할 경우 95% 신뢰 수준에서 ±3.1%p
자료 처리	수집된 자료는 통계패키지 SPSS 18.0 for Windows로 분석함
조사 기간	2023년 12월 20일-1월 4일
조사 의뢰 기관	이음사회문화연구원
조사 기관	㈜지앤컴리서치

2. 설문의 구성

설문의 구성은 크게 (1) 갈등 인식과 (2) 용서/화해 인식으로 나뉜다. 먼저 갈등 파트는 2023년 입소스 조사를 비롯하여 주요 설문 조사에서 공통적으로 높은 갈등 지수를 보이는 여섯 항목(빈부 갈등, 성/젠더, 연령/세대, 정치, 지역, 종교)을 집중해서 물었고 이에 대한 원인과 해법에 대해 물었다. 용서/화해 파트는 갈등 파트와는 달리 가해자-피해자 구조가 분명하고 누가 누구에게 어떤 위해를 가했는가에 따라, 또 어떤 처벌을 어떻게 하며, 그에 따른 사과를 어떻게 하느냐에 따라 그 정도가 달라지는 복잡한 면들이 있다. 여기에 더하여 그리스도인은 용서를 신앙적인 당위로 배우고 실천하기도 한다. 이런 맥락에서 본 설문은 용서의 주제, 대상, 범위, 처벌, 조건 등을 나누어 물어보았다. 특별히 (한국)교회가 값싼 용서를 조장한다는 부정적인 인식/이미지가 있는데 실제 한국 교인들은 어떻게 생각하는지도 물었다. 이를 위하여 개인적 차원의 용서와 사회적 차원의 용서의 영역을 구분하고, 정치사회적 범죄 및 폭력에 대한 처벌의 문제 그리고 정의와 용서 간의 우선순위 문제를 묻고 그 함의를 분석하고자 했다.

III. 설문 결과

1. 사회 갈등에 대한 인식

1) 사회 갈등의 정도

우리 사회 갈등의 심각성은 어느 정도일까? 개신교인 대다수는 "우리 사회의 갈등이 심각하다"고 보고 있다. 이 가운데 5명 중 1명(20.2%)은 "매우 심각하다"고 응답했으며, "대체로 심각한 편이다"(68.4%)를 포함해, 개신교인 10명 중 9명이 사회 갈등이 "심각하다"고 응답했다 (88.6%). 반면 "심각하지 않다"는 응답은 11.4%에 머물렀다.

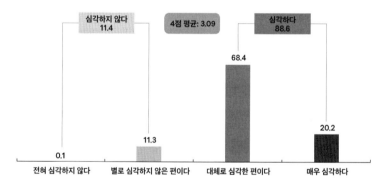

[그림 1] 한국 사회 갈등의 심각성

우리 사회의 갈등이 "심각하다"는 인식은 20대 젊은 층과 미혼 집단에서 상대적으로 가장 높았으며 20대의 3명 중 1명은 우리 사회 갈등이 "매우 심각하다"고 응답해 미래의 주축이 될 젊은이들이 사회를 바라보는 시선이 어떠한지를 짐작게 한다. 또한 경제 수준이 낮을수

록 사회 갈등이 심각하다고 인식하고 있었으며 우리 사회가 "정의롭
다"고 생각하는 사람 중에서도 4명 중 3명은 사회 갈등이 심각하다고
응답해(77.8%) 전반적으로 느끼는 사회 갈등 수준이 매우 높은 상태
임을 알 수 있다.

2) 집단 간 갈등의 정도

다음은 집단 간의 갈등의 정도를 물어보았다. 이를 위해 앞서 언급했
던 입소스 조사에서 한국이 갈등 지수 1위를 기록한 일곱 항목의 집
단 갈등의 사례를 나열했고 각각 갈등의 정도를 물어보았다.

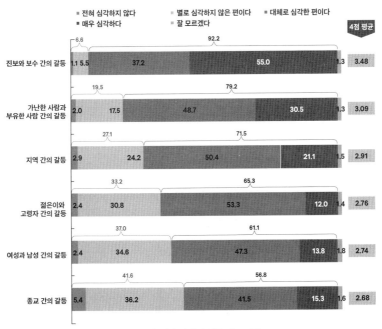

[그림 2] 사회 집단별 갈등 정도 인식

그 결과 "진보와 보수", 즉 이념 차이에 다른 갈등이 "심각하다"는 인식이 가장 높았다. 이념 갈등이 심각하다는 비율은 92.2%로 개신교인 거의 모두가 우리 사회의 진보와 보수 간 갈등이 심각하다는 데 동의하고 있었다. 다음으로 "가난한 사람과 부유한 사람", 즉 경제적 차이에 따른 갈등이 심각하다는 인식이 79.2%, "지역 간 갈등" 71.5%, "젊은이와 고령자 간의 갈등" 65.3% 등으로 3명 중 2명이 세대, 지역, 경제력, 이념에 따른 집단 간 갈등이 심각하다고 응답했다. "여성과 남성 간 갈등"이 심각하다는 응답률은 61.1%였으며 "종교 간 갈등"이 심각하다는 비율은 56.8%로 상대적으로 낮게 나타나 입소스 조사의 결과와는 차이를 보여준다.

세부적으로 살펴보면, "진보와 보수 간 갈등"이 심각하다는 응답은 남성보다 여성에서 특히 높았으며 20대보다는 30대 이상이 더 심각하게 인지하고 있었다. 또한 "부산/울산/경남"과 "대구/경북", 즉 영남 지역에서 이념 갈등을 더 심각하게 인식하고 있었다. 이념 성향별로는 중도 성향보다 보수 또는 진보 등 한쪽의 이념을 가진 사람들에게서 심각성 인식이 더 높게 나타났다. "가난한 사람과 부유한 사람 간의 갈등"은 여성이 더 심각하게 인식하고 있었으며 경제 수준이 상대적으로 낮은 집단에서 더 심각하게 인식하고 있었다. 또한 보수나 중도 집단보다 진보 집단에서 경제적 차이에 따른 갈등을 더 심각하게 보고 있었다. "지역 간 갈등"은 40대 이상에서 심각성을 높게 인식하고 있었으며 "광주/전라" 지역에서 지역 갈등이 "심각하다"는 응답률이 가장 높았다. "여성과 남성 간의 갈등"은 39세 이하의 젊은 층에서 더 심각하게 느끼고 있는 특징이 나타났다.

3) 갈등이 가장 심각한 분야는?

앞서 평가한 것이 집단 간 갈등을 절대적으로 평가한 것이라면, 이번에는 우리 사회에서 가장 갈등이 큰 분야를 상대 평가로 물어보았다. [그림 3]을 보면, 가장 갈등이 큰 분야로는 "이념(정치)" 분야가 꼽혔으며 응답자의 절반 이상이 "이념(정치)"을 가장 갈등이 큰 분야 1순위로 응답했다(55.8%). 1 + 2순위 응답률 기준으로도 갈등 분야 순위는 앞서 상대 평가에서 응답한 "갈등이 심각하다(대체로 + 매우)" 비율 순서와 동일하게 나타났다. 즉 이념-계층-지역-세대-젠더-종교의 순으로 갈등이 심각한 것으로 인식되고 있었다.

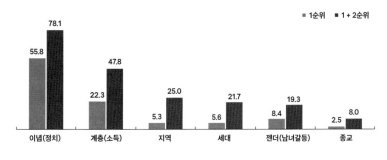

[그림 3] 갈등이 가장 큰 분야

1 + 2순위 응답률 기준으로 살펴보면, 남성은 여성 대비 "지역"과 "젠더" 갈등을 더 심각하다고 인식하고 있었고 여성은 "계층"과 "세대" 갈등을 상대적으로 크게 인식하고 있었다. "이념"과 "지역" 갈등은 50대 이상에서 심각성 인지가 높고 "계층"은 경제 활동이 가장 활발한 40대에서 심각성 인지가 높았다. 또한 "세대" 갈등은 20대 젊은층

에서 상대적으로 가장 많이 꼽혀 젊은층이 세대 갈등을 더 많이 느끼고 있는 것으로 보이며, "젠더" 갈등은 39세 이하 연령층에서 확연히 높게 나타난 특징을 보였다.

4) 우리 사회는 정의로운가?

이런 사회 갈등의 인식은 우리 사회가 정의롭고 공정한 사회인가에 대한 인식과 무관하지 않다. 갈등의 원인이 사회 구조적 문제와 깊은 연관성이 있다고 보기 때문이다. "귀하는 우리 사회가 충분히 정의롭다고 생각하십니까?"라는 질문에 개신교인 10명 중 7명은 "우리 사회가 정의롭지 않다"(69.6%)고 대답했다.

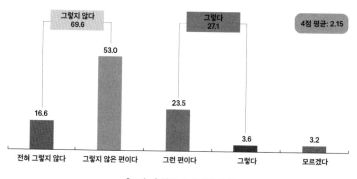

[그림 4] 한국 사회 정의 인식

우리 사회 갈등의 인식과 사회 정의 인식은 어느 정도의 연관성을 보인다. 예를 들어 우리 사회 갈등이 "심각하다"고 응답한 사람들 가운데 73.2%가 우리 사회가 "정의롭지 않다"고 응답했다. 반면 우리 사회가 "정의롭다"는 인식은 50대 이상 연령층에서 상대적으로 높게 나타난 점이 특징적이다. 또 경제 수준이 높을수록 사회가 정의롭다고 인식하는 비율이 높게 나타났다.

이런 특징은 자신이 처한 상황에 따른 갈등의 인식에 끼치는 영향에서도 유사하다. [그림 3]에서 1 + 2순위 응답률 기준으로 살펴보면, 남성은 여성 대비 "지역"과 "젠더" 갈등을 더 심각하다고 인식하고 있었고 여성은 "계층"과 "세대" 갈등을 상대적으로 크게 인식하고 있었다. 또한 "이념"과 "지역" 갈등은 50대 이상에서 심각성 인지가 높고 "계층"은 경제 활동이 가장 활발한 40대에서 심각성 인지가 높았다. 또한 "세대" 갈등은 20대 젊은 층에서 상대적으로 가장 많이 꼽혀 젊은 층이 세대 갈등을 더 많이 느끼고 있는 것으로 보이며, "젠더" 갈등은 39세 이하 연령층에서 확연히 높게 나타난 특징을 보였다.

5) 사회 갈등의 변화 인식과 전망

이런 인식은 우리 사회 변화와 미래 전망에 관한 질문에서도 유사하게 나타났다. [그림 5]는 우리 사회의 갈등 정도가 10년 전에 비해 어떻게 변했다고 생각하는지 물어본 것이다. 이에 대하여 응답자 10명 중 7명은 "현재 사회 갈등이 10년 전보다 심하다"고 응답해 사회 갈등이 더 심각해졌다고 느끼는 비율이 높게 나타났다. 특히 49세 이하에서는 50세 이상 대비 "현재의 갈등이 더 심하다"는 비율이 높게 나타났다. 이는 주로 젊은 층에서 우리 사회 갈등 정도와 갈등 심화 정도를 더 크게 느끼고 있음을 보여준다.

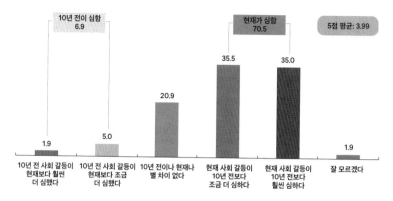

[그림 5] 10년 전 대비 사회 갈등의 정도

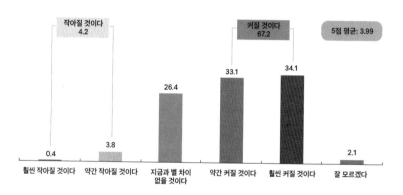

[그림 6] 향후 사회 갈등의 변화에 대한 전망

한국 사회에 대한 미래의 전망은 어떠할까? [그림 6]에서 보듯이 앞
으로의 사회 갈등은 어떻게 변할 것인지 전망을 물었더니, 3명 중
2명은 갈등이 더 "커질 것"이라고 예상했고 갈등이 "작아질 것"이라
는 응답은 4.2%에 불과했다. 사회 갈등에 대한 부정적이고 비관적인
시각이 다수임을 알 수 있다. 10년 전 과거 대비 현재의 사회 갈등이

"더 심하다"고 응답한 사람은 앞으로의 사회 갈등도 "더 커질 것"이라고 응답했다. 즉 현재의 시선으로 미래를 평가하는 경향이 나타나고 있다.

6) 한국 사회 갈등의 원인은 무엇인가?

이런 사회 갈등의 원인은 무엇일까? 한국교회에서는 전반적으로 "남을 인정하지 않는 태도"와 "편 가르기 문화", "노동 가치 하락과 기회의 불평등에서 오는 사회적/빈부 격차"를 주요 갈등의 원인으로 생각하고 있었다.

분야별 원인에 대한 응답은 조금씩 차이를 보였다. [표 2]에서 보는 바와 같이 1 + 2순위 응답률 기준으로 "이념(정치)"을 꼽은 집단에서는 "자기 의견만 옳다고 주장하고 남을 인정하지 않는 태도"를 가장 큰 갈등의 원인으로 꼽았다. 반면 "계층(소득)"을 꼽은 집단에서는 "노동 가치 하락, 경기 불안 등에 따른 빈부 격차"를 가장 큰 원인으로 응답했다.

구분		사례 수(명)	자기 의견만 옳다고 주장하고 남을 인정하지 않는 태도	편을 가르는 사회 문화	노동 가치 하락, 경기 불안 등에 따른 빈부 격차	기회의 불평등에 따른 사회적 격차 발생	권위적이고 경직된 국의 소통 문화	갈등 조정 기구 및 제도의 미비	사회가 변화하는 데 따른 자연스러운 현상
전체		(1,000)	53.8	44.8	30.3	27.5	21.9	10.4	8.9
갈등 심한 집단 (1순위)	계층 (소득)	(223)	21.0	17.9	70.9	50.6	16.1	7.4	16.2
	이념 (정치)	(558)	67.1	52.6	19.2	18.3	23.6	11.2	4.8
	세대	(56)	33.5	34.8	38.1	36.5	30.2	4.1	20.3
	젠더 (남녀 갈등)	(83)	64.6	60.3	9.5	22.4	14.5	14.1	13.0
	지역	(53)	58.7	59.7	10.2	24.5	27.5	11.1	1.8
	종교	(25)	50.0	52.2	8.5	29.5	31.1	17.4	11.3

[표 2] 갈등 집단별 사회 갈등의 원인: 1 + 2순위

우리 사회에서 "젠더" 갈등이 가장 크다고 응답한 사람들은 "자기 의견만 옳다고 주장하고 남을 인정하지 않는 태도"와 "편을 가르는 사회 문화"를 원인으로 꼽았으며 "세대" 갈등이 가장 크다고 인식하는 사람들은 "노동 가치 하락, 경기 불안 등에 따른 빈부 격차"와 "기회의 불평등에 따른 사회적 격차 발생"을 주원인으로 꼽은 특징을 보인다.

비슷하게 "지역" 갈등이 가장 심각하다고 응답한 집단에서는 "편을 가르는 사회 문화"와 "자기 의견만 옳다고 주장하고 남을 인정하지 않는 태도"를 원인으로 꼽았고, "종교" 갈등이 가장 심각하다고

인식하고 있는 사람들 역시 "편을 가르는 사회 문화"와 "자기 의견만 옳다고 주장하고 남을 인정하지 않는 태도"를 상대적으로 많이 꼽았다.

7) 사회 갈등의 책임은 누구에게 있는가?

다음은 우리 사회 갈등의 책임은 누구/어디에 있는지, 책임 소재에 대한 인식을 물었다. 응답 결과 "정부"에 있다는 응답이 1순위 및 1 + 2순위에서 모두 가장 높게 나타났고 그다음으로 "국회", "언론"의 순으로 나타났다. 1순위 응답에서는 "정부"(44.8%)와 "국회"(28.6%)가 전체의 3/4가량을 차지해 정치권의 책임을 가장 크게 인식하고 있는 모습을 보였다. 1 + 2순위 응답률 기준으로 살펴보면, 여성은 "정부"를, 남성은 "국회"를 상대적으로 많이 꼽았고, 60세 이상은 "정부" 책임을 상대적으로 가볍게 보았으며, 20대는 "국회" 책임을 상대적으로 가볍게 보는 특징을 보였다. 20대는 "기업"의 책임을 상대적으로 많이 꼽았다.

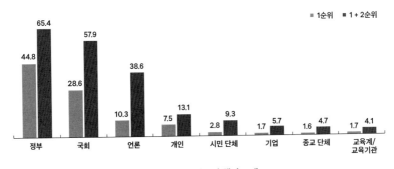

[그림 7] 사회 갈등의 책임 소재

우리 사회 갈등이 "심각하다"고 인식하는 사람은 "언론"의 책임을 상대적으로 높게 인식하고 있었고, 이념적으로 보수 집단은 "국회", 진보 집단은 "정부"의 책임을 더 크게 생각하고 있었다. 우리 사회에서 "계층(소득)" 갈등이 가장 심하다고 응답한 사람은 "정부"를, "이념", "지역", "종교" 갈등이 크다고 응답한 사람은 "국회"를, "세대" 갈등을 가장 크게 인식하는 집단은 "개인"과 "교육계"를 각각 주 책임자/책임 기관으로 보고 있었으며, "젠더" 갈등이 가장 크다고 응답한 사람은 "언론"의 책임이 크다고 인식하고 있었다.

8) 갈등 완화를 위한 노력의 주체는 누구인가?

마지막으로 우리 사회 갈등 완화 및 해결을 위해 노력하고 있는 주체는 누구인가를 물어보았다. 그 결과 "시민 단체"와 "종교 단체"가 가장 높은 점수를 얻었고 "기업"과 "국회"가 가장 낮은 점수를 얻은 것으로 나타났다.

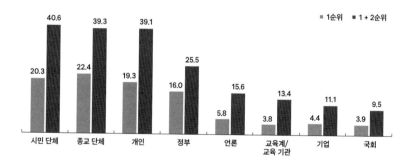

[그림 8] 사회 갈등 완화를 위해 노력하는 주체

특히 "종교 단체"는 1순위 응답에서 22.4%로 가장 높은 응답률을 보였다. 이는 신앙을 가진 종교인으로서 종교에 대한 긍정적 평가 인식 때문일 수도 있고 갈등 완화와 조정 및 화해자의 역할이 곧 종교의 역할이라고 인식하는 당위적 믿음과 연관된 것으로도 볼 수 있다. 시민 단체와 종교 단체에 이어서 "개인"과 "정부", "언론" 등의 순으로 집계되었고 가장 노력이 저조한 기관/단체로 "교육 기관"과 "기업", "국회"가 꼽혔다는 점은 주목할 만하다. 국회에 대한 개신교인의 평가가 매우 낮다는 것을 다시금 보여주는 대목이기 때문이다.

1 + 2순위 응답률 기준, 남성은 상대적으로 "종교 단체"의 노력을 더 높게 평가했고 여성은 "시민 단체"와 "개인"을 많이 꼽았다. 또한 연령이 낮을수록 "개인"의 노력이 가장 크다는 응답률이 높아지고 연령이 높을수록 "종교 단체" 노력이 크다는 응답률이 높아지는 경향을 보였다. 다른 한편 "종교 단체"가 사회 갈등 완화를 위해 노력한다는 응답은 "가나안 성도"보다 "교회 출석자"에서, 주일 예배 참석 빈도가 높을수록, 직분이 높을수록, 신앙생활 연수와 신앙 단계가 높을수록 높게 나타났다. 즉 신앙생활 및 교회 생활에 적극적일수록 교회의 사회 갈등 완화 역할을 높게 평가하고 있음을 알 수 있다.

이러한 사회 갈등의 원인과 책임, 기대와 평가를 하나의 그래프로 종합하면 아래와 같은 결과[그림 9]로 요약될 수 있다.

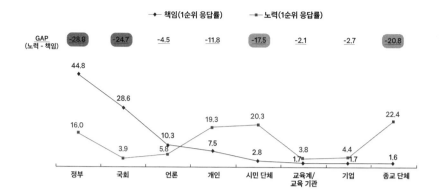

	정부	국회	언론	개인	시민 단체	교육계/교육 기관	기업	종교 단체

→ 책임(1순위 응답률)   → 노력(1순위 응답률)

GAP (노력 - 책임): -28.8 -24.7 -4.5 -11.8 -17.5 -2.1 -2.7 -20.8

책임: 44.8 28.6 10.3 7.5 2.8 1.7 1.7 1.6

노력: 16.0 3.9 5.8 19.3 20.3 3.8 4.4 22.4

[그림 9] 사회 주체별 갈등의 책임 대비 해결 노력 비교

정리하면 한국 사회 갈등의 심각성에 대한 개신교인의 인식은 높은 편이다. 갈등이 가장 심각한 분야는 정치(이념)와 경제(소득)에 의한 갈등으로 조사되었다. 지역, 세대, 젠더 간의 갈등도 응답자의 특성에 따라 심각하게 인식되었다. 반면 종교 갈등에 대한 인식은 상대적으로 낮게 나타났다. 이런 갈등의 책임은 주로 정부 및 언론 등의 공기관에 있다고 보았는데, 이는 사회 갈등이 단지 개인 차원의 해결이 아닌 구조적 차원의 해결이 동반되어야 한다고 보는 인식이 자리하고 있다고 분석된다. 갈등 완화에 대한 종교의 역할에 대한 긍정성은 높은 편인데 이를 어떻게 해석해야 할지는 앞서 서술한 바와 같이 종교의 긍정성이나 종교의 당위적 역할에 대한 평가로 분석될 필요가 있다. 이와 같은 맥락에서 이후 "용서"에 관한 개신교인의 인식을 살펴볼 필요가 있을 것이다.

2. 용서와 화해의 인식 및 경험

1) 용서의 경험과 동기

먼저 설문 응답자에게 용서의 경험과 동기에 대해 질문했다. 대부분의 개신교인은 성인이 된 이후 자신에게 잘못한 사람을 용서한 경험이 "있다"(82.7%)고 응답했다. 자신에게 잘못을 저지른 사람을 용서할 때 "진심으로 용서했다"(62.5%)는 비율이 "형식적으로 용서하고 넘어갔다"(37.5%)는 비율보다 높았다.

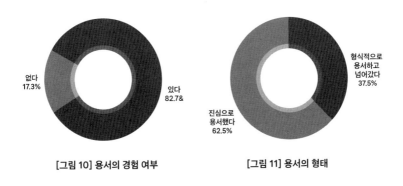

[그림 10] 용서의 경험 여부   [그림 11] 용서의 형태

이어서 나에게 잘못한 사람을 용서하게 되는 계기는 1 + 2순위 합산 결과 "나도 다른 사람에게 의도치 않게 잘못을 저지를 수 있기 때문"이라는 응답이 58.2%로 가장 높았고, "상대방이 진심으로 용서를 구했기 때문"이 45.8%로 뒤를 이었다. 이 지표는 용서의 중요하고도 일반적인 원칙 혹은 전제를 잘 보여준다. 일반적으로 용서는 강제될 수 있는 도덕적 규범이 아니다. 특히 피해자에게 용서를 강요하는 일은 또 다른 형태의 폭력이 될 수 있다. 그럼에도 우리 사회가 용서의 가

치를 중요하게 여기는 이유는 나도 누군가에게 위해를 가할 수 있다는 상호적인 자기 이해 때문이다. 우리는 우리 사회가 이런 이해에 기초해서 나와 타자, 우리와 그들이 함께 살아갈 수 있기 위해서 상대방에게 진심으로 용서를 구하는 것을 중요하게 생각함을 알 수 있다.

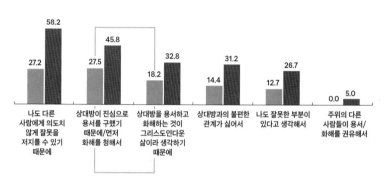

[그림 12] 용서의 동기

이어서 "상대방을 용서하고 화해하는 것이 그리스도인다운 삶이라 생각하기 때문에" 용서를 한다는 비율, 즉 신앙적 동기로서 용서한다는 비율은 1 + 2순위 응답률 기준 32.8%로 집계되었다. 이 수치는 주목할 필요가 있는데 이는 신앙이 용서의 직접적 동기임을 응답한 비율이기 때문이다. 즉 용서의 조건보다 신앙의 당위성이 더 중요한 경우다. 이는 "나도 잘못할 수 있다"든지 "상대방이 진심으로 사과"하는 조건에 의해서가 아니라 그리스도인이기 때문에 용서하는 것이 옳다고 믿는 당위적 인식을 보여준다.

2) 그리스도인에게 용서의 가치란?

설문 초반에 아무런 정보를 제공하지 않고 기독교의 핵심 가치에 대해 질문했다. 결과는 단연 "사랑"(70%)을 가장 높게 꼽는 것으로 나타났다. "기독교는 사랑의 종교"라는 인식이 잘 드러나는 지점이다. 용서는 어떨까? 1 + 2순위 합산 기준으로 보면 "사랑"(84.6%) 다음으로 "용서"(37.8%)를 꼽았다. 기독교의 핵심 가치를 사랑과 용서로 이해하는 시선이 상당히 높다는 점을 알 수 있다.

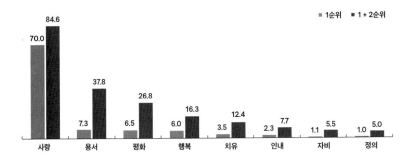

[그림 13] 성서의 핵심 가치

그렇다면 한국교회가 믿고 따르는 사랑과 용서의 가치는 구체적으로 무엇일까? 전체적인 인상은 응답자 다수는 용서의 가치가 개인 및 신앙생활에 있어서 중요한 가치임을 인식하고 있지만, 그 범위나 대상은 제한적이며, 특히 개인적 사안보다 사회적 사안에 대해서는 용서보다 정의의 실현이 더 중요하다고 생각하는 경향이 있다는 것이다. 용서는 어려운 문제이지만 신앙의 단계가 성숙할수록 용서의 가치를 더 무겁게 여기는 것으로 나타났다.

그리스도인은 용서를 더 잘하는지 물었다. 이에 대해 "그리스도인이 용서를 더 잘한다"고 응답한 비율은 39.2% 정도로 10명 중 4명은 개신교인이 용서를 더 잘 실천한다고 보았다. 그러나 절반 이상(57.4%)은 "개신교인이든 비개신교인이든 차이 없다"는 인식을 가지고 있었다.

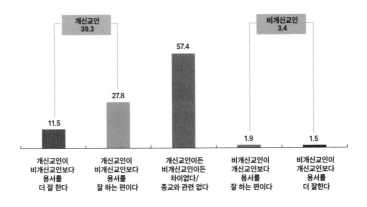

[그림 14] 개신교인과 비개신교인의 용서 비교

"개신교인이 타인을 더 잘 용서한다"는 응답률은 남성에서 높고, 50대 이상 연령층에서, 직분이 높을수록, 신앙생활 연수가 길수록, 신앙 단계가 높을수록 인식이 높게 나타났다. 또한 교회 출석자는 43.9%가 "개신교인이 더 용서를 잘한다"고 응답한 반면, 가나안 성도는 10명 중 7명이 "차이 없다"고 응답해 서로 인식의 차이를 보여주었다. 이는 실제 "용서"의 실천 여부를 판단한 것이라기보다 응답자의 "용서"에 대한 가치 평가에 가깝고, 진지한 신앙인일수록 용서를 중요하게 생각한다는 의미로 해석할 수 있다.

3) 용서의 개념 이해

용서의 개념을 묻기 위하여 용서의 의미를 가장 잘 설명한 것에 대해 질문했다. 개신교인 10명 중 4명은 "용서는 마음으로부터 나를 자유롭게 하는 행위"(43.5%)라고 응답했다. 용서의 내적 동기, 즉 내 마음의 평안과 자유를 위해 용서한다는 의식이 두드러진다. 이어서 "용서는 하나님이 내 죄를 사해주신 은혜에 대한 마땅한 행동"이라고 인식하는 비율은 29.5%였으며, "용서는 폭력과 갈등을 멈추고 화해를 이루는 행위"라고 응답한 비율은 23.0%로 나타났다.

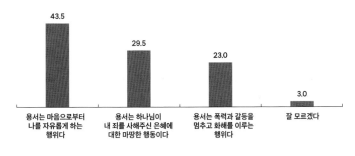

[그림 15] 용서 행위에 대한 인식

흥미로운 점은 20-30대 젊은 연령층은 용서를 "폭력과 갈등을 멈추고 화해를 이루는 행위"라고 응답한 비율이 상대적으로 높은 반면에 연령이 높을수록 "나를 자유롭게 하는 행위"라는 응답이 높아진다는 점이다. 젊은 연령층에선 용서를 인식할 때 사회적 관계로 인식하는 경향이 더 높고, 연령이 높아질수록 개인적 차원으로 이해하고 적용하려는 인식이 있음을 알 수 있다. 이와는 달리 "용서는 하나님이 내 죄를 사해주신 은혜에 대한 마땅한 행동"이라는 응답층은 용서의 개념을 신앙의 당위로 인식하고 있다고 볼 수 있는데, 이 응답층은 주로 "가나안 성도"보다 교회 출석자에서 2배 가까이 높게 나타났고, 교회 봉사자, 서리 집사 이상 신앙 단계 4단계에서 높은 응답률을 보였다.

비슷한 맥락에서 주기도문 속 "우리가 우리에게 죄지은 자를 사하여 준 것 같이 우리의 죄를 사하여 주옵시고"라는 구절에 대한 의미를 물어보았다. 이에 대해 10명 중 6명은 "우리가 누군가를 용서해야 하는 것을 강조"(61.3%)하는 것이라고 응답했고, 3명은 "하나님의 무조건적인 용서를 강조"(28.9%)하는 뜻으로 인식하고 있었다. "잘 모르겠다"는 응답은 9.8%였다. 이 질문의 의도는 성서 해석에 대한 지식을 묻기 위함은 아니었다. 두 응답 모두 일정 부분 용서의 의미를 담고 있다. 그러나 강조점은 다르다. 전자는 용서에 대한 실천의 중요성을 말하고 후자는 무조건적 용서의 가치를 강조한다. 앞에서도 본 것처럼 용서의 개념이나 인식이 사람마다 다르다는 것을 알 수 있다.

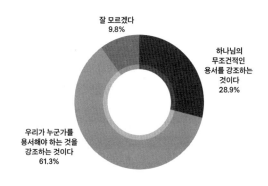

[그림 16] 주기도문 속 용서 구절의 의미

거의 모든 그리스도인이 주기도문을 암송하고 또 매주 예배에서 함께 기도한다. 하지만 예수께서 우리에게 가르쳐주신 용서의 의미가 무엇인지에 대해 구체적으로 생각해볼 기회가 없었는지도 모르겠다. 다시 말해 그리스도인에게 용서의 가치가 중요하다는 건 알고 있다. 하지만 구체적으로 그것이 어떤 의미인지, 어떻게 실천해야 하는지에 대해서는 제대로 배우거나 생각해볼 기회가 없었을 것이다. 예를 들어 용서의 당위성 말고도 용서의 구체적 상황(예를 들어 용서의 대상이나 조건 등)과 실천에 대해선 깊이 생각해보지 못하거나 다루기 어려운 면이 있다.

4) 개신교인의 신앙과 용서에 관한 인식

마지막으로 신앙과 용서에 관한 여섯 가지 문장을 제시하여 각각에 대한 응답을 물었다. 각 항목에 대한 동의율, 즉 "대체로 그런 편이다"와 "매우 그렇다"라고 응답한 비율이 높은 순으로 살펴보자. 여섯 문장 중 동의율이 가장 높은 항목은 놀랍게도 "개신교인이어도 상황에 따라 용서할 수 없는 일이 있다"라는 문장이었다. 전체의 76.5% 응답자가 대체로 혹은 매우 그렇다고 응답했다. 즉 개신교인의 76.5%는 무조건적인 용서에 대해 부정적인 인식을 갖고 있음을 알 수 있다.

다음으로 "타인과 갈등이 생겼을 때 기도하면 용서하는 마음이 생긴다"에 62.5%가 동의해 기도가 용서의 동기로 작용할 수 있음을 보여준다. "갈등과 용서의 상황에 처했을 때, 내가 그리스도인이라는 것을 다시 생각하게 된다"에 58.9%가 동의했다. 이는 갈등 상황에서 종교가 행동에 영향을 끼칠 수 있음을 보여준다. 이어서 "용서는 용서받은 자가 새로운 삶을 살게 한다"에 대해서는 57.1%가 동의했고, "나의 신앙이 타인에 대한 용서와 화해에 영향을 끼치고 있다"고 응답한 비율은 56.8% 수준이었다.

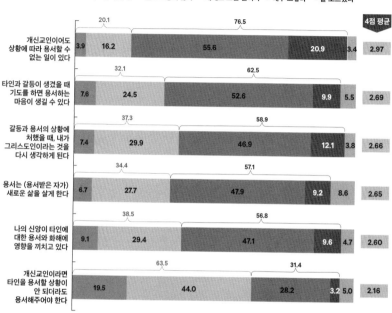

[그림 17] 신앙과 용서에 관한 인식

한편 "개신교인이라면 타인을 용서할 상황이 안 되더라도 용서해주어야 한다"에 대해서는 63.5%가 비동의 의견을 보여 무조건적인 용서에 대해서는 부정적인 인식을 일관되게 보여주고 있다. "개신교인이어도 상황에 따라 용서할 수 없는 일이 있다"에 대해 "그렇지 않다"라는 응답과 "개신교인이라면 타인을 용서할 상황이 안 되더라도 용서해주어야 한다"에 대해 "그렇다"라는 응답, 즉 개신교인이라면 어떤 일도 용서하도록 노력해야 한다는 인식은 중직자와 신앙 단계 4단계에서 높게 나타나 중직자이며 신앙 단계가 높은 사람일수록 더 관대하게 용서를 베풀어야 한다는 인식을 갖고 있음을 보여준다.

이는 용서에 대한 가치 평가에 따라 나타나는 인식으로 볼 수 있는데 중직자의 74.6%, 신앙 단계 4단계의 73.4%가 "용서는 용서받은 자가 새로운 삶을 살게 한다"에 동의해 용서의 가치를 높게 평가하고 있으며 어려운 상황에서도 용서해야 한다는 인식과도 연결되고 있음을 볼 수 있다. 한 가지 주목할 점은 "나의 신앙이 타인에 대한 용서와 화해에 영향을 끼치고 있다"에 대한 동의율이 교회 출석자에서 64.3%로 나타났는데, 가나안 성도의 경우에도 36.1%가 이에 동의했다는 점이다. 즉 가나안 성도 3명 중 1명 이상이 "나의 신앙이 용서와 화해에 영향을 끼친다"고 응답한 것인데, 교회에 나가지 않아도 말씀과 신앙이 용서의 행동에 영향을 줄 수 있음을 보여주고 있다.

3. 용서의 두 얼굴: 정의와 용서

이번 조사 연구의 기획 단계에서부터 주된 관심은 "정말로 그리스도인은 사회적 정의보다 용서를 더 중요하게 생각하는가, 그래서 그리스도인은 값싼 용서를 남용하는가"라는 질문이었다. 이를 위해 용서에 대한 일반적인 인식과 용서의 조건 그리고 다양한 경우에 따른 용서의 여부 등을 질문했다.

1) 일반적인 용서의 경험과 인식

먼저 일반적인 용서의 경험에 대해 질문했다. 타인에 의해 손해를 입었을 때, "상대가 진정성 있게 용서를 구하면 용서하고 넘어가는 편"이라고 응답한 비율이 45.6%로 가장 높게 나타났다. 그 외에 "상대가 잘못을 충분히 뉘우쳤다면 용서하고 넘어가는 편", "상대가 잘못에 대한 죗값을 치렀다면 용서하고 넘어가는 편", "웬만하면 용서하고 넘어가는 편"이 각각 10%대로 조사되었다. 반면 "상대의 행동/처벌과 상관없이 용서하는 것이 쉽지 않은 성향"은 7.2%로 가장 낮았다. 이런 성향은 용서의 조건에 있어서 상대방이 진정성 있는 사과를 필수 요소로 보는 것이다.

그렇다면 진정성 있는 사과(뉘우침/반성)란 무엇일까? 용서의 조건으로서 잘못을 저지른 사람이 "충분히 뉘우쳤다"는 것의 의미를 물어보았다. 1순위 응답에서는 "피해자가 충분하다고 느낄 때까지 용서를 구하는 것"이 35.2%로 가장 높게 나타났고 1 + 2순위 합산 시 "뉘우치고 반성하는 삶을 사는 것"이 63.3%로 가장 많이 꼽혔다. 즉 앞서 "피해 입었을 때 성향" 결과에서도 나온 바와 같이 상대방이 진정성 있게 용서를 구하는 것을 중요하게 생각한다는 것을 알 수 있다.

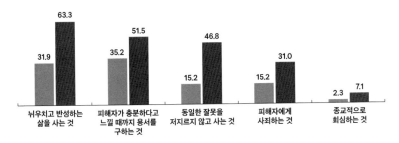

[그림 18] 뉘우침의 기준

1 + 2순위 응답률 기준으로 살펴보면, 남성은 여성보다 "용서를 구하는 것"과 "사죄하는 것", 즉 피해자에게 행동으로 뉘우침을 보이는 것을 더 중시했고 여성은 "동일한 잘못을 저지르지 않고 사는 것", 즉 타인에게 같은 피해를 입히지 않고 잘못한 행동을 반복하지 않는 것을 더 중시했다.

2) 용서와 처벌에 대한 인식

용서와 처벌 중 무엇이 더 중요할까? 개신교인 4명 중 3명은 범죄자에 대한 "처벌이 용서보다 중요하다"(73.4%)고 응답했다. 반면 "용서가 처벌보다 중요하다"는 응답률은 17.2%밖에 되지 않았다. 개신교인의 인식 속에는 진정한 용서는 분명한 처벌, 심판, 법적 정의가 뒷받침되어야 한다는 전제가 자리하고 있음을 보여준다. 즉 무조건적 용서는 바람직하지 않다는 뜻이다. 여기서 말하는 무조건적 용서란 "정의가 없는 용서"(forgiveness without justice)와 유사하게 여기는 것으로 볼 수 있다. 다수의 개신교인은 정의를 용서보다 더 중요한 가치로 여긴다는 의미인 것이다.

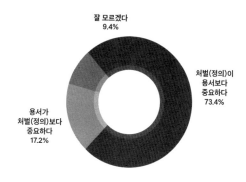

잘 모르겠다
9.4%

처벌(정의)이
용서보다
중요하다
73.4%

용서가
처벌(정의)보다
중요하다
17.2%

[그림 19] 용서와 처벌의 우선 순위

정의(처벌)에 대한 요구는 주로 사회적 변화를 요구하는 집단에서 더 두드러진다. 예를 들어 "처벌이 용서보다 중요하다"는 응답은 여성, 30대-50대, 사회가 "정의롭지 않다"고 인식하는 집단, 사회 갈등이 "심각하다"고 인식하는 집단에서 상대적으로 더 높게 나타났다. 반면에 "용서가 처벌보다 중요하다"는 응답은 남성에게서 상대적으로 높았고, 20대와 60대 이상, 사회가 "정의롭다"고 인식하는 집단에서 상대적으로 높게 나타났다.

이런 인식은 우리나라 형량 제도에 대한 질문에서도 유사하게 나타난다. 4개의 질문에 대한 각각의 동의 여부를 묻는 질문에서 "양형 기준이 느슨하고 처벌이 약하다"는 문장에 87.8%가, "강자에게는 관대하고 약자에게는 엄격하다"는 문장에 대해서는 86.4%가 동의한다고 응답했다.

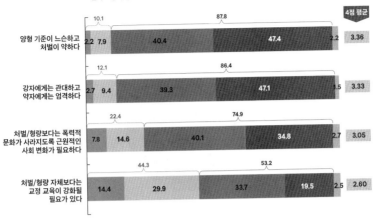

■ 전혀 그렇지 않다 ■ 별로 그렇지 않다 ■ 대체로 그런 편이다 ■ 매우 그렇다 ■ 잘 모르겠다

[그림 20] 우리나라 처벌/형량 제도에 대한 인식

반면 "처벌/형량보다는 폭력적 문화가 사라지도록 근원적인 사회 변화가 필요하다"는 의견에 대해서는 74.9%가 동의했고, "처벌/형량 자체보다는 교정 교육이 강화될 필요가 있다"는 의견에 대해서는 상대적으로 가장 낮은 동의율(53.2%)을 보였다. 위 네 항목별 동의율도 의미가 있지만, 우리나라 양형 기준이 공평하지 못하고 전반적으로 처벌이 약하다는 의식을 반영하는 것으로 볼 필요가 있다.

따라서 다음의 해석이 가능하다. 개신교인의 정의(처벌)와 용서의 우선순위 문제는 강자와 약자의 관점에 따라 상이하고 그 사회의 역사적 맥락(정의 구현)과 연관되어 있다. "양형 기준이 느슨하고 처벌이 약하다"에 대해 남성보다 여성의 동의율이 더 높은 특징을 보였고 전반적으로 우리 사회가 "정의롭지 않다"고 인식하는 집단, 사회 갈등이 "심각하다"고 인식하는 집단에서 동의율이 높다는 점은 주목할 만하다. 즉 사회가 정의롭지 않고 갈등이 심각하다고 생각할수록 처벌/형량 제도에 대한 부정적 인식이 높음을 알 수 있다. 반면에 "처벌/형량보다는 폭력적 문화가 사라지도록 근원적인 사회 변화가 필요하다"에 대해서는 연령이 높을수록 동의율이 높아지는 경향을 보였는데 제도적 변화보다 근본적인 사회적 변화에 더 공감하는 모습이었다. 한국 사회는 심각한 사회 갈등을 경험 중이다. 현 상황에 불만족스러운 집단일수록 사회 변화, 즉 강자와 약자 모두에게 공정한 처벌과 심판을 원하는 것은 당연하다. 즉 현재 사법 체계 안에서 용서보다 정의(처벌)를 강조하는 결과는 우리 사회의 "약자"가 누구인지를 간접적으로 보여주는 것이다.

3) 사회적 범죄와 용서

용서보다 처벌이 더 중요하다고 답한 데는 어떤 잘못(죄)에 대해 너무 쉽게 용서하면 안 된다는 인식이 자리한다. 다시 말해 죄질의 정도, 피해 혹은 혐오의 정도에 따라 용서받을 수 있는 죄와 용서받지 못할 죄로 나누어 생각해볼 수 있을 것이다. 여기서는 역사적·사회적 사건 및 범죄(자) 유형을 나열하고 각각에 대해 용서의 가능성을 물어보았다. 총 12가지 항목이 제시되었는데 모든 항목에서 "용서할 수 없다"(절대 할 수 없다 + 못할 것 같다)는 응답이 과반 이상으로 나타나 사회적 사건이나 범죄에 대한 용서에 대해 부정적임을 보여준다. 이는 앞서 용서보다 처벌(정의)의 가치가 더 중요하다고 응답한 것과 같은 맥락으로 이해된다. 그 결과 용서할 수 없는 범죄 순으로 상위에는 아동 성폭력자, 전범 국가, 살인자, 전쟁 중 성노예(위안부) 주범, 친일파, 교사에게 갑질한 학부모 등의 순서로 나타났다. 하위 6항목을 살펴보면, 세월호 참사 책임자, 5.18 책임자, 경제 사범, 정치 사범, 이태원 참사 책임자, 마약 중독자 순이다.

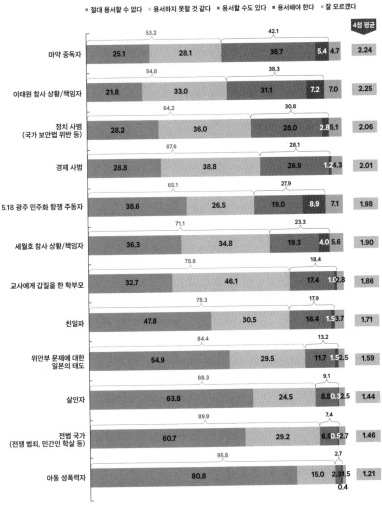

[그림 21] 사회적 범죄에 대한 용서의 가능성

전반적으로 여성보다는 남성, 젊은층보다는 고령층에서 용서 가능성이 높게 나타나는 특징을 보인다. 하지만 용서는 이성적 판단의 문제인 동시에 감정적이고 관계적인 맥락에서 이뤄져야 한다. 머리로는 용서해야 한다는 것을 알면서도 실제 용서하는 일은 어렵기 때문이다. 오히려 피해자의 상실과 고통을 충분히 고려치 않은 용서는 자칫 피상적인 용서로 끝날 수 있기 때문이다. 이런 관점에서 볼 때, 여성과 청년층이 가진 용서에 대한 부정적 인식은 정의와 용서의 균형을 좀 더 실존적이고 입체적인 형태로 바라볼 수 있게 한다.

또한 다양한 사회적 범죄에 대한 입장 차이는 응답자 각자가 처한 사회적 위치나 정치적 관점 등에 영향을 받기 마련이다. 예를 들어 "경제 사범"에 대한 용서 가능성은 경제 수준이 "중" 이상인 집단에서 상대적으로 높게 나타났다. 또한 "5.18 광주 민주화 항쟁 주동자", "세월호 참사 상황/책임자", "친일파", "위안부에 대한 일본의 태도"에 대한 용서 가능성의 경우 이념적으로 보수 성향인 집단에서 용서의 가능성이 상대적으로 높다는 공통점을 보였다. 개신교인의 용서인식 형성에는 신앙 요인 외에도 다른 요인들이 존재하기 때문이다. 한편 신앙의 정도, 사회적 위치, 정치적 견해와 상관없이 공통적으로 부정적인 사회적 범죄의 경우도 존재한다. 예를 들어 "아동 성폭력자", "전범 국가", "살인자"의 경우, 응답자 특성과 상관없이 대부분의 응답자가 "용서할 수 없다"는 의견을 보였다.

4) 과거사 청산과 용서

흔히 한국교회는 사회적 정의를 추구하기보다 쉽게 용서와 화해를 강조하는 방식으로 지배 구조에 협조적이었다는 평가를 받곤 한다. 영화 〈밀양〉은 소위 "값싼 용서"의 문제를 기독교의 왜곡된 신앙의 한 형태로 다루고 있다. 하지만 이 영화는 기독교 자체를 비판하고 부정적으로 보려는 시도라기보다 한국 근현대사 속에서 발생한 과거사 청산의 문제에 대한 영화적 질문으로 이해하는 편이 더 나은 해석이다. 따라서 이번 조사에서도 사회적 정의와 용서에 관한 질문으로 과거사 청산에 대해 처벌과 사죄가 제대로 이뤄졌는지 질문했다.

그 결과 모든 항목에서 "사죄와 처벌이 이루어지지 않았다"는 응답이 10명 중 7명 이상으로 높게 나타났다. 특히 "위안부 문제"와 "친일파 행적"에 대한 사죄와 처벌이 부족하다는 인식은 각각 85.5%와 84.1%로 가장 높게 나타났다. 그 뒤를 이어 "광주 항쟁"(75.9%), "세월호 참사"(70.7%), "이태원 참사"(68.3%) 순으로 집계되었다. 이런 응답의 결과는 (좀 더 세부적인 조사와 판단의 여지가 있음에도 불구하고) 한국교회의 다수는 소위 "값싼 용서"를 경계하고 사회적 정의를 중요하게 인식하고 있음을 보여준다.

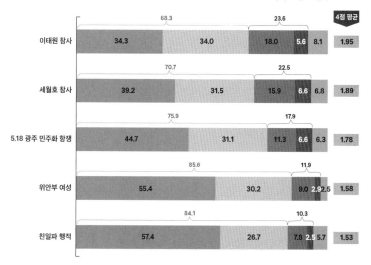

[그림 22] 과거사 청산에 대한 인식

과거사 및 사회적 참사에 관한 정의와 용서의 인식은 성별, 연령, 정치적 입장, 신앙의 정도 등 다양한 요인에 의해 영향을 받는 것으로 나타났다. 예를 들어 "이태원 참사" 및 "세월호 참사"에 대한 사죄와 처벌이 "이루어졌다"는 응답은 60대 이상에서 상대적으로 높았고, 50대 이하는 "이루어지지 않았다"는 인식이 월등히 높은 공통점을 보였다. 정치적으로는 보수 성향에서 "사죄와 처벌이 이루어졌다"는 인식이 높게 나타났다. "5.18 광주 민주화 항쟁"에 대해서도 사죄와 처벌이 "이루어졌다"는 인식은 60대 이상에서 상대적으로 높았고, 여성보다 남성에게서 높은 특징을 보였다. 여기서도 이념적 보수 성향에서 처벌 인정 비율이 높게 나타났다. "위안부" 문제에 대한 사죄와 처벌은 "이루어지지 않았다"는 인식이 여성에게서 더 높았다.

반면 "이루어졌다"는 인식은 마찬가지로 60대 이상에서 상대적으로 높고, 보수 성향에서 상대적으로 높게 나타났다. "친일파" 문제에 대해서도 60대 이상, 보수 성향에서 처벌 인정 비율이 높다는 공통점이 나타났다.

그리고 전 항목에서 교회 출석자 그리고 신앙 단계가 높을수록 과거사 청산이 잘 이루어졌다고 보는 비율이 높게 나타난 특징을 보였다. 이런 특징에 대해서는 좀 더 세심한 해석의 여지가 남는다. 앞서 살펴본 바와 같이 각 개인의 용서 인식에 영향을 끼치는 요인은 신앙적 요인 외에도 성, 연령, 경제적 위치나 정치적 관점 등 다양하다. 과거사 청산에 대한 인식도 마찬가지다. 이런 인식 형성에 미치는 다양한 요인 가운데 신앙 요인의 강도나 논리적 선후 관계를 구별하기는 어려워 보인다. 다시 말해, 이 집단의 인식에 가장 큰 영향을 미치는 요인이 신앙적 요인(용서에 대한 성서적 이해)과 외부적 요인(정치, 경제, 사회적 이해) 가운데 어떤 영향을 더 많이 받은 것인지는 좀 더 헤아려볼 필요가 있을 것이다.

5) 용서 인식에 끼치는 다양한 요인

개신교인에게 용서의 가치는 중요하지만, 용서의 여부는 사안마다 달라진다. 예를 들어 북한과 베트남 양민 학살, 학교 폭력 가해자에 대한 인식을 비교해보자. 응답자 가운데 북한을 "용서하고 화해해야 할 상대"라고 생각한 비율은 전체 51.4%였으며, 반대로 "우리나라의 주적으로 싸워야 할 상대"라고 응답한 비율은 32.5%, 그리고 "잘 모르겠다"고 응답한 비율은 16.1%로 나타났다. 한국교회가 통일 및 북한 선교를 강조해온 배경을 생각할 때 단지 절반만이 용서하고 화해해야 할 대상으로 여긴다는 것은 놀랄 만하다. 그리스도인으로서 용서의 당위는 물론이고 한민족으로서의 대북/통일 교육 등의 노력을 생각하면 그리 높은 수치는 아닌 것으로 보인다. 신앙(용서의 가치)은 국가주의나 이념 및 차이를 넘어서는 가치로서 작용할 때 빛이 나는데 이 질문에서는 신앙적 동기 이외에 다른 요인들이 크게 작용하고 있다. 아마도 정치적 견해나 가치 판단이 앞서는 경우로 추측해볼 수 있다.

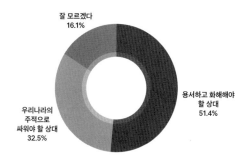

잘 모르겠다
16.1%

우리나라의
주적으로
싸워야 할 상대
32.5%

용서하고 화해해야
할 상대
51.4%

[그림 23] 북한에 대한 인식

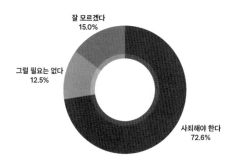

잘 모르겠다
15.0%

그럴 필요는 없다
12.5%

사죄해야 한다
72.6%

[그림 24] 베트남 양민 학살에 대한 인식

반면 살인이나 전쟁 범죄와 같은 보편적 죄/잘못에 대해서는 입장이 좀 더 일치하는 경향을 보였다. 응답자에게 "귀하는 '한국 정부가 베트남 참전 시 양민 학살에 대해 사죄해야 한다'는 주장에 대해 어떻게 생각하십니까?"라고 물어보았다. 이에 대해 10명 중 7명 정도가 "한국 정부가 베트남 참전 시 양민 학살에 대해 사죄해야 한다"(72.6%)고 응답했다. "잘 모르겠다"는 15%, "그럴 필요는 없다"는 12.5% 순으로 나타났다. "사죄해야 한다"는 응답률은 20대와 비교해 30-60대 층에서 월등히 높게 나타났다. 또한 20대에서는 "잘 모르겠다"가 23.4%로 높게 나타났다. 이는 용서 인식의 차이보다는 베트남 참전 역사에 대한 인식의 차이로 봐야 할 것이다.

마지막으로 학교 폭력 가해자에 대한 인식을 물었다. 그 결과 개신교인 3명 중 2명 정도가 "자신이 저지른 일이므로 그 대가를 받으며 살아야 한다"(63.3%)고 응답해 개신교인 상당수는 학교 폭력에 대해서는 엄중한 처벌과 대가를 요구하는 것으로 나타났다. 반면 3명 중 1명은 "어린 시절의 일이므로 뉘우친다면 시간이 흐른 뒤에는 용서해주어야 한다"(33.4%)고 응답했다. "뉘우친다면 용서해주어야 한다"는 응답률은 남성과 50대 이상에서 상대적으로 높았고, "자신이 저지른 일에 대한 대가를 받으며 살아야 한다"는 응답률은 여성과 30-40대에서 상대적으로 높게 나타났다. 또한 신앙 단계가 높을수록 "뉘우친다면 시간이 흐른 뒤에는 용서해주어야 한다"는 비율이 높아지는 경향을 보였다.

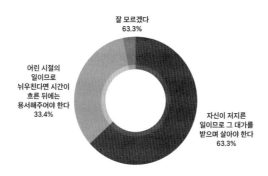

잘 모르겠다
63.3%

어린 시절의
일이므로
뉘우친다면 시간이
흐른 뒤에는
용서해주어야 한다
33.4%

자신이 저지른
일이므로 그 대가를
받으며 살아야 한다
63.3%

[그림 25] 학교 폭력 가해자에 대한 인식

과거 한국의 문화적 정서는 학창 시절의 잘못에 대해서는 관대한 입
장을 보이곤 했다. "어렸을 땐 방황할 수도 있고", "세상 물정을 모르
는 철부지" 정도로 여기거나 잘못을 반성하고 뉘우치면 새로운 삶의
기회를 주는 것이 어른, 즉 사회의 역할이라는 인식이 있었다. 하지만
최근 학교 폭력 및 가해자에 대한 입장은 많이 달라졌으며 주로 강자
가 약자를 괴롭히는 사회적 문제이자 이를 제대로 처리하지 못하는
것은 공정하지 못한 처사로 여겨지곤 한다. 이런 인식이 개신교인에
게도 반영이 된 것으로 보인다. 신앙 이외에 사회적 인식에 영향을 끼
치는 요인들이 다양함을 보여주는 사례다.

4. 개인 차원에서의 용서와 신앙 동기

1) 자신에게 벌어진 잘못에 대하여

그리스도인에게 용서는 신앙의 당위적인 명령과도 같은 것이다. 하지만 그 일이 자신에게 벌어진 것이라면 이야기가 달라진다. 사회적 범죄에 대한 용서의 여부를 묻는 질문에 응답자는 용서의 가치와 함께 정의의 추구라는 정치적이고 윤리적인 가치들을 떠올릴 것이다. 하지만 개인 차원의 경우라면 좀 더 사적인 요인들이 용서에 영향을 끼칠 것이다. 이런 배경에서 사회적 범죄가 아니라 좀 더 개인적인 일이 자신에게 일어났을 경우를 제시하고 각각 용서의 가능성을 살펴보았다. 거짓말, 사기, 물리적 폭력, 모욕감, 성희롱적 발언, 직장 내 갑질 순으로 총 여섯 항목에 대해 용서의 여부를 물어본 것이다. 그 결과 "물리적 폭력"(75.2%)과 "사기"(75.2%)를 제일 용서하기 힘들다고 답했고, "모욕감"(63.1%)과 "직장 내 갑질"(60.8%)이 그 뒤를 이었다. "거짓말"에 대해선 39.7%가 용서 못 하고, 58.3%는 용서할 수 있다고 응답해 가장 관대한 입장을 보였다.

여성 응답자에 한정하여 "성희롱적 발언"에 대한 용서 여부를 물었는데, 응답자 중 76.3%가 용서하기 어렵다고 대답했고 21.5%만이 용서할 수 있다고 대답했다. 이 수치는 "사기"와 "물리적 폭력"에 맞먹는 결과이며, 그만큼 해당 행동을 폭력적으로 인식한다는 것을 보여준다. 앞서 [그림 21]에서는 12개의 사회적 범죄에 대한 용서 가능성을 물었는데 "세월호 참사"의 경우 71.1%가 용서 불가, 23.3%가 용서 가능하다고 밝히는 것과 유사한 수준이다. 이는 용서의 영역

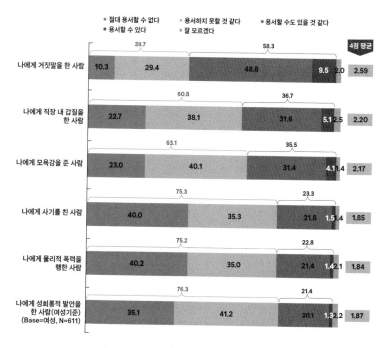

Legend (top):
■ 절대 용서할 수 없다 ■ 용서하지 못할 것 같다 ■ 용서할 수도 있을 것 같다
■ 용서할 수 있다 ■ 잘 모르겠다

						4점 평균
나에게 거짓말을 한 사람	10.3	29.4	48.8	9.5	2.0	2.59
나에게 직장 내 갑질을 한 사람	22.7	38.1	31.6	5.1	2.5	2.20
나에게 모욕감을 준 사람	23.0	40.1	31.4	4.1	1.4	2.17
나에게 사기를 친 사람	40.0	35.3	21.8	1.5	1.4	1.85
나에게 물리적 폭력을 행한 사람	40.2	35.0	21.4	1.4	2.1	1.84
나에게 성희롱적 발언을 한 사람(여성기준) (Base=여성, N=611)	35.1	41.2	20.1	1.3	2.2	1.87

[그림 26] 자신이 당한 행동별 용서 가능 여부

이 당사자, 특히 피해자의 입장에 따라 그 가해의 정도에 대한 인식이 달라질 수 있으며 직접적이고 개인적인 행위일 때 그 정도가 더 크다는 것을 보여준다. 따라서 용서는 무엇보다 피해자의 입장에 서서 신중하고 세심하게 접근할 필요성이 있다.

2) 대상에 따른 용서 가능성의 차이

개인 차원에서의 용서는 사회적 차원과는 달리 개별적 요인의 영향을 받는다. 사회적 차원에서는 정의, 심판, 처벌 등의 당위성을 중요하게 여겼다면, 개인 차원에서는 동일한 잘못이라도 상대가 누군가에 따라 용서의 여부는 달라지기 마련이다. 만약 당신에게 누군가 금전적 손해를 입혔다면 용서할 수 있는지에 대한 질문과 관련해서 응답자는 "배우자"(83.3%)와 "배우자 외 가족"(76.9%)에게 가장 관대하고, "이웃 또는 지인"(61%), "교인"(60.5%)이 뒤를 이었으며, "나와 전혀 관계없는 사람"의 경우 47.3%로 가장 낮게 조사되었다. 하지만 이 수치는 "거짓말"(58.3%)보단 낮고 "직장 내 갑질"(36.7%)보단 높은 정도로 금전적 손해에 대한 입장이 상대적으로 유연하다고 볼 수 있다.

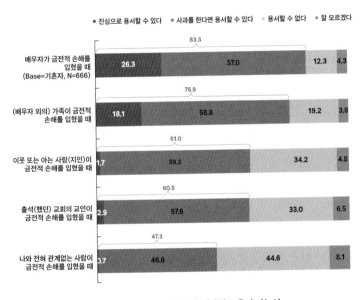

[그림 27] 금전적 손해를 끼친 대상별로 용서 가능성

"배우자"가 금전적 손해를 입혔을 때의 용서 가능성은 60대 이상에서 가장 높게 나타나며, 자녀가 있는 배우자에게서 용서 가능성이 더

높은 특징을 보였다. "배우자 외의 가족"의 경우 연령이 높을수록, 주로 기혼자에게서 용서의 가능성이 높다는 특징을 보였다. "이웃 또는 지인"이 금전적 손해를 입혔을 때는 주로 남성, 연령이 높을수록, 기혼자, 경제 수준 "중" 이상에서 용서 가능성이 높다는 공통점이 나타났다. "교인"의 경우에도 남성, 연령이 높을수록 그리고 기혼자에게서 용서 가능성이 높게 나타났다. 마지막으로 "나와 전혀 관계없는 사람"의 경우, 남성이 여성보다, 60대 이상에서, 기혼자의 경우, 경제 수준이 중산층 이상의 응답자에게서 용서 가능성이 더 높게 조사되었다.

주목할 점은 개인 차원에서 용서의 인식에 영향을 끼치는 요소 중에서 연령, 성별 외에도 신앙 요소가 유의미하게 작용한다는 점이다. "배우자"의 경우, 교회 출석자에서 가나안 성도보다 높고, 신앙 단계가 높을수록 높은 경향도 보였다. "배우자 외 가족"의 경우, 신앙생활 연수가 길수록 용서 가능성이 높았다. "이웃 또는 지인"의 경우에도 교회 출석자, 직분과 신앙 단계가 높을수록 용서의 의사가 높았다. "교인"의 경우에도 교회 출석자, 주일 예배 출석 빈도가 높을수록, 직분과 신앙 단계가 높을수록, 신앙생활을 오래 한 사람일수록 용서 가능성이 높아, 교회 생활이 적극적일수록 교인의 잘못에 대해 관대해지는 모습을 보였다. "잘 모르는 사람"의 경우에도 교회 출석자의 경우와 교회 봉사자의 경우 그리고 중직자 그룹에서 용서 가능성이 더 높게 나타났다.

3) 용서 프로젝트

만약 누군가가 사랑하는 내 가족의 목숨을 빼앗아 갔다면 우리는 그 사람을 용서할 수 있을까? 크로아티아 출신의 신학자 미로슬라브 볼프는 자신의 책『배제와 포용』서문에서 자기 스승 위르겐 몰트만의 질문을 비중 있게 소개한다. 몰트만은 그리스도인의 용서와 화해의 비전에 관한 강연이 끝난 후 이어진 질문에서 볼프에게 당신의 가족 및 민족을 학살했던 세르비아 용병대를 용서할 수 있느냐 물었다. 그러자 볼프는 "용서할 수 없다"고 대답했다. 하지만 대답을 이어갔다. "하지만 그리스도인이라면 그래야 한다고 믿는다"라고 답했다.[2]

비슷한 맥락에서 이번 설문에서도 "자신의 가족을 죽인 가해자를 '신앙적인 이유'로 용서하겠다는 피해자 가족의 모임(용서 프로젝트)이 있습니다. 이에 대한 귀하의 생각은 어떠합니까?"라고 물었다. 이에 대한 응답을 "취지에 대한 동의 여부"와 "실제 나라면 어떻게 할 것인지"를 구분했다. 먼저 "용서 프로젝트의 취지"에 대해서는 전체 44.4%가 "취지를 이해한다"고 응답했고 "이해할 수 없다"는 35.8%, "잘 모르겠다"는 19.8% 순으로 집계되었다. 즉 개신교인이라면 가해자를 신앙적으로 용서할 수 있어야 한다는 의견이 더 많은 것이다. 반면 "만약 나의 경우라면"이라는 가정에는 "용서하지 못할 것 같다"는 의견이 69.1%로 상당히 높게 나타났다. 응답자 10명 중 7명 정도가 "나라면 용서할 수 없을 것 같다"고 생각하는 것이다. "잘 모르겠다"라는 응답은 18.7%로 앞의 질문과 비슷한 수준이지만, "용

---

2   미로슬라브 볼프,『배제와 포용』(IVP, 2021).

서할 수 있을 것 같다"라고 응답한 비율은 12.2%밖에 되지 않는다. 신앙의 당위로서 용서와 실제 용서의 간극은 상당히 크다는 것을 알 수 있다.

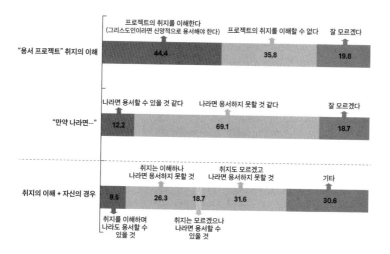

[그림 28] 용서 프로젝트에 대한 인식

두 응답을 교차하여 분석해보면, "프로젝트의 취지를 이해할 수 없고 나라면 용서하지 못할 것"이라는 응답이 전체의 31.6%로 가장 많았고, "취지는 이해하나 나라면 용서하지 못할 것"이라고 응답한 비율이 26.3%로 뒤를 이었다. "취지를 이해하며 나라도 용서할 수 있을 것"이라고 응답한 비율은 9.5% 수준에 머물렀다. 이 용서 프로젝트 취지에 대해서 "이해한다"는 응답은 주로 남성이 더 높았고 고연령층에서 높게 나타났다. 반대로 프로젝트의 취지를 "이해할 수 없다"의 응답률은 연령이 낮을수록 높게 나타났는데, 이 가운데 20대의 절반은 "이해할 수 없다"라고 응답한 반면에 60대 이상의 절반은 "이해한다"라고 응답해 대조를 보였다. 한편 "나라면 용서할 수 있을 것"이라고 응답한 비율도 주로 연령이 많을수록 높게 나타났다. "취지의 이해"와 "자신의 경우"를 교차하여 살펴본 결과에서도 마찬가지로 연령, 직분, 신앙 단계에 따라 비슷한 경향을 나타냈다.

신앙 요인도 눈에 띈다. 프로젝트 취지에 이해하는 비율은 "가나안 성도"보다 교회 출석자에서 높고, 교회 직분이 높을수록, 신앙 단계가 높을수록 높게 나타났다. 자신의 경우에서도 교회 출석자가 상대적으로 높고, 직분이 높을수록, 신앙 단계가 높을수록 상대적으로 높게 나타나는 경향을 발견할 수 있었다. 하지만 용서 프로젝트의 취지에 동의하고 실제로도 용서를 할 수 있을 것이라고 답한 비율은 전체 비율에서 매우 적은 수임을 간과해서는 안 될 것이다. 특히 "나라면 용서할 수 있을 것"이라고 응답한 비율이 12.2%밖에 되지 않는다는 점은 신앙적인 당위로서 용서해야 한다는 인식은 있지만, 실제 실천은 어려울 것이라는 인식이 좀 더 일반적이라고 보는 것이 타당해 보인다. 특별히 자신의 가족에게 해를 입힌 가해자에 대한 용서는 더욱 그렇다. 그리스도인이라고 하여 그 신앙의 당위성을 이유로 용서를 강요하는 것은 자칫 피해자 및 유가족에게 폭력이 될 수도 있다. 이 수치는 오히려 용서가 얼마나 고통스럽고 힘든 것인지를 보여주는 근거인 셈이다.

IV. 조사 결과의 함의와 해석

1. 조사 결과 요약

이번 조사 결과의 의미를 크게 세 가지로 요약해볼 수 있다. 첫째, 한국교회 다수는 기독교의 핵심 가치로서 용서를 인식하고 있었다. 이번 조사 결과에서 그리스도인의 대부분은 용서가 중요한 가치임을 인지하고 있음을 보여준다. 하지만 용서에 대한 구체적인 이해와 실천적 적용으로 들어가면 결과는 다양해진다. 그리스도인에게 용서란 무조건적 용서만을 의미하지 않았다. 오히려 상대방의 뉘우침의 정도, 위해의 정도, 대상과의 관계 등에 따라 용서의 여부가 달라질 수 있음을 보여주었다. 이런 결과는 용서의 당위성과 함께 용서를 배우고 실천함에 영향을 주는 다양한 요인을 고려해야 함을 보여준다. 조사 결과, 신앙 요인 외에도, 성, 연령, 경제적 소득, 정치적 이념 등 응답자의 사회적 위치에 따라 용서에 대한 입장이 달라지는 것을 볼 수 있었다. 이번 조사 결과를 보면서, 필자는 한국교회가 용서의 의미와 가치를 너무 두루뭉술하게 가르치고 배워왔다고 반성해본다. 성서적 용서의 가르침이 우리 삶에 구체적으로 실현될 경우 여러 현실적인 조건들을 초월하는 용서의 의미에 대해 진지하게 다뤄볼 기회가 부족했던 것은 아닌지 모르겠다. 특히 남북이 휴전 상태이고 다양한 사회 갈등이 극에 달해 있는 한국 사회 속에서 그리스도인의 용서는 어떤 의미이며 구체적으로 어떻게 실천되어야 하는지에 대한 진지한 논의의 장이 필요해보인다.

둘째, 한국교회 다수는 정의와 용서를 모두 중요하게 여기고 있다. 응답자 대부분은 무조건적 용서를 지양하는 것으로 나타났는데 이는 앞서 언급한 신앙적 동기로서 무조건적이고 초월적인 용서의 가치를 인정하지 않는다는 의미는 아니다. 이와는 달리 무조건적 용서가 마치 공정한 심판이나 처벌, 진정한 사과를 무시한 채 쉽게 용서를 주장하는 방식에 대해 부정적인 입장을 가진 것으로 해석되어야한다. 다시 말해, 개신교인 다수는 정의의 가치와 용서의 가치를 모두 중요하게 여긴다는 의미다. 이런 특징은 특히 사회적 차원에서의 범죄와 용서의 여부를 묻는 질문에서 두드러진다. 즉 진정한 용서란 정의의 차원과 함께 이뤄져야 한다고 보는 것이다. 이는 한국교회 다수가 용서의 가치를 남용하는 소위 "값싼 용서"를 지지하지 않는다는 의미로 해석할 수 있다. 하지만 사회적 차원의 용서는 신앙 외의 요인들(예를 들어 성/연령, 경제력, 정치 이념 등)의 영향을 받으며 다양한 견해의 차이를 보이기도 한다. 그러므로 한국교회의 용서 인식에 대한 접근은 적어도 개인 차원과 사회적 차원으로 구분하여 접근할 필요가 있다. 또한 응답자 각각의 사회적 위치와 조건, 경험 등에 영향을 받는다는 것을 기본적으로 가정해야 한다.

셋째, 신앙의 동기로서 용서는 사회적 차원보다 개인 차원에서 좀 더 두드러진 경향을 보인다. 개인 차원에서의 용서 가능성의 여부를 묻는 질문들에서 교회 출석자가 가나안 성도보다 용서의 의지가 높았고, 직분이 높거나 신앙생활 연수가 높을수록 용서의 가능성이 높게 나타나는 특징이 반복적으로 나타났다. 물론 전반적인 결과가 우리의 기대와는 달랐음을 간과해서는 안 된다. 전반적으로 응답자 다수는 무조건적 용서나 신앙의 동기로서 용서를 선택한 폭이 크지는 않았다. 다시 말해 우리가 기대하듯이 그리스도인에게 용서가 좀 더 본질적이고 중요한 가치로서 인식되고 그로 인해 용서의 조건이나 상황들을 초월하여 용서를 이해하고 실천하는 정도까지는 아니었다는 점은 인정해야 할 것이다. 용서가 결코 쉽지 않으며 오히려 "그리스도의 좁은 길"을 따르는 제자도의 핵심 가치로 해석될 수도 있을 것이다.

2. 개인 차원의 용서 인식에 신앙이 끼치는 영향

이런 결과 중에서 필자가 주목한 것은 개인 차원에서 일부 응답자들이 보여준 용서의 가능성이다. 이들은 신앙을 이유로 다른 응답자들보다 더 포용적이고 급진적인 용서의 이해와 의지를 보여주었다. 특히 주요 항목들에서 신앙 1단계와 신앙 4단계의 응답률 차이가 두드러지게 나타났다. 이 글의 마지막은 신앙 1단계와 신앙 4단계를 비교함으로써 그리스도인에게 용서가 무엇을 의미하는지와 그 실천에 대해 고민하는 것으로 글을 마무리하고자 한다. 이번 조사에서는 신앙의 단계를 4단계로 구분한 후 응답자에게 선택하도록 했다. 각각의 단계는 아래와 같다.

- 1단계: 나는 하나님을 믿지만 그리스도에 대해서는 잘 모르겠다. 내 종교는 아직까지 삶에서 큰 비중을 차지하지 않는다.

- 2단계: 나는 예수를 믿으며 그분을 알기 위해 여러 가지 일을 하고 있다.
- 3단계: 나는 그리스도와 가까이 있으며 매일 그분의 인도하심에 의지한다.
- 4단계: 하나님은 내 삶의 전부이며 나는 그분으로 충분하다. 나의 모든 일은 그리스도를 드러낸다.

이 가운데 자신을 "신앙 1단계"로 응답한 집단과 "신앙 4단계"로 응답한 집단을 비교해보았다. 그리고 앞서 살펴본 용서의 동기를 "신앙"(화해하고 용서하는 것이 그리스도인다운 삶) 때문이라고 대답한 집단 (1순위 18.2%, 1 + 2순위 32.8%)을 함께 비교했다. 비교 문항은 크게 사회적 차원과 개인 차원으로 나누어 분류했다. 먼저 사회적 차원의 응답률을 비교하기 위해 우리나라 형량 제도에 대한 인식(그림 20)과 사회적 범죄에 대한 용서 가능성(그림 21)에 대한 응답률을 비교했다.

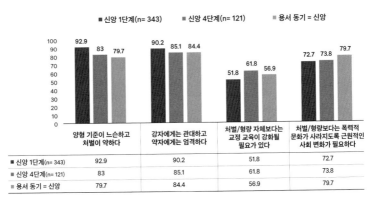

[그림 29] 우리나라 형량 제도에 대한 인식 (신앙 1단계, 4단계, 용서 동기 = 신앙)

	양형 기준이 느슨하고 처벌이 약하다	강자에게는 관대하고 약자에게는 엄격하다	처벌/형량 자체보다는 교정 교육이 강화될 필요가 있다	처벌/형량보다는 폭력적 문화가 사라지도록 근원적인 사회 변화가 필요하다
신앙 1단계(n= 343)	92.9	90.2	51.8	72.7
신앙 4단계(n= 121)	83	85.1	61.8	73.8
용서 동기 = 신앙	79.7	84.4	56.9	79.7

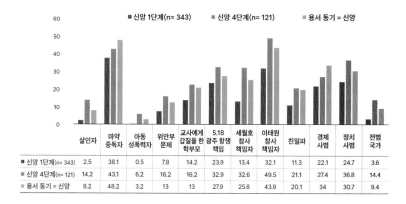

	살인자	마약 중독자	아동 성폭력자	위안부 문제	교사에게 갑질을 한 학부모	5.18 광주 항쟁 책임	세월호 참사 책임자	이태원 참사 책임자	친일파	경제 사범	정치 사범	전범 국가
■ 신앙 1단계(n= 343)	2.5	38.1	0.5	7.8	14.2	23.9	13.4	32.1	11.3	22.1	24.7	3.6
■ 신앙 4단계(n= 121)	14.2	43.1	6.2	16.2	16.2	32.9	32.6	49.5	21.1	27.4	36.8	14.4
■ 용서 동기 = 신앙	8.2	48.2	3.2	13	13	27.9	25.8	43.9	20.1	34	30.7	9.4

[그림 30] 사회적 범죄에 대한 용서 가능성 (신앙 1단계, 4단계, 용서 동기 = 신앙)

위 두 도표에서 보면, 신앙 1단계와 신앙 4단계의 응답이 다양하고 일정하지 않다는 점을 알 수 있다. 먼저 [그림 29]에서 보듯이 우리나라 형량 제도에 대한 인식은 신앙 단계에 따른 입장과 크게 차이가 나지 않는다. 사회적 범죄(그림 30)의 경우 두 집단의 응답률이 들쑥날쑥한 것을 볼 수 있다. 신앙 4단계가 1단계보다 용서의 의지가 높고 그 차이가 큰 항목(살인자, 세월호 참사, 정치 사범 등)도 있지만, 크게 차이가 나지 않는 항목(마약 중독자, 아동 성폭력자, 경제 사범 등)도 있다. 앞서 살펴본 바와 같이 이런 결과는 사회적 차원의 용서에 영향을 끼치는 다양한 요인이 있기 때문이다.

반면 개인 차원에서는 신앙 1단계와 4단계의 응답률에서 비교적 일정한 차이를 보이고 있음을 발견했다. 여기서는 "개인 차원의 용서"(그림 31)와 "용서 프로젝트"(그림 32)에 대한 응답률을 비교해보았다.

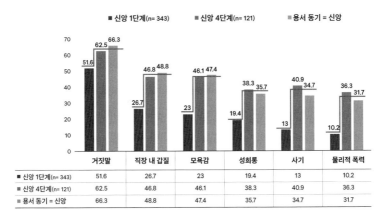

	거짓말	직장 내 갑질	모욕감	성희롱	사기	물리적 폭력
■ 신앙 1단계(n= 343)	51.6	26.7	23	19.4	13	10.2
■ 신앙 4단계(n= 121)	62.5	46.8	46.1	38.3	40.9	36.3
■ 용서 동기 = 신앙	66.3	48.8	47.4	35.7	34.7	31.7

[그림 31] 개인 차원에서의 용서 가능성 (신앙 1단계 & 4단계, 용서 동기 = 신앙)

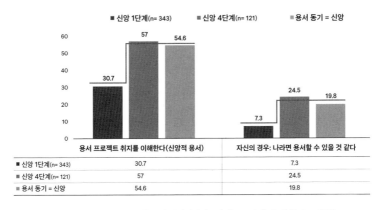

	용서 프로젝트 취지를 이해한다(신앙적 용서)	자신의 경우: 나라면 용서할 수 있을 것 같다
■ 신앙 1단계(n= 343)	30.7	7.3
■ 신앙 4단계(n= 121)	57	24.5
■ 용서 동기 = 신앙	54.6	19.8

[그림 32] 용서 프로젝트에 대한 인식 (신앙 1단계 & 4단계, 용서 동기 = 신앙)

두 도표에서 보는 바와 같이 개인 차원에서의 용서의 가능성에 신앙 요인이 일정하게 영향을 끼치고 있음을 볼 수 있다. [그림 31]에서 는 거짓말, 직장 내 갑질, 모욕감, 성희롱, 사기, 물리적 폭력에 이르기 까지 모든 항목에서 "신앙 4단계" 응답자가 "1단계" 응답자보다 높은 용서의 가능성을 보여준다. 흥미로운 것은 "신앙 4단계" 응답률과 "용서 동기 = 신앙" 응답률이 비슷한 수준에서 나타나고 있다는 점이다. 적어도 이 항목들에서는 신앙을 이유로 "용서해야 한다"는 당위성과 실천 의지가 일맥상통하고 있음을 보여준다. 자신의 가족을 해한 가해자를 용서한다는 취지의 "용서 프로젝트"에 대한 반응에서도 신앙 요인은 중요하게 작동한다. [그림 32]에서 보듯이 "용서 프로젝트의 취지를 이해한다"는 입장과 "나라면 용서할 수 있을 것 같다"는 응답률은 모두 "신앙 4단계"에서 월등히 높게 나타나고 있다. 여기서도 "신앙 4단계"의 응답률과 "용서 동기 = 신앙" 그룹의 응답률은 유사한 수준을 보인다. 결국 신앙을 이유로 용서해야 한다는 당위와 실천의 의지가 개인 차원의 용서 영역에서는 발견되고 있음을 확인해주는 것이다. 이는 이번 조사에서 주목할 만하고 비중 있게 해석될 필요가 있다. 왜냐하면 한국교회 안에는 여전히 용서의 외부적 조건들을 초월하여 그리스도를 따라 용서를 실천하려는 성도들이 존재함을 보여주기 때문이다. 비록 그 수가 많지 않더라도 말이다.

마지막으로 신앙 요인이 크게 작동하는 용서의 영역은 개인 차원임을 고려할 때, 그리스도인에게 용서란 크게 세 가지 범주로 나눌 수 있음을 제안하고자 한다. (1) 첫 번째 범주는 보편적 차원의 용서로서 신앙의 유무와 상관없이 공적 사고의 영역을 보여준다. 예를 들어 베트남 양민 학살에 대한 인식이 그것이다. (2) 두 번째 범주는 정치적 차원의 용서인데 신앙과 함께 정치적 입장 및 다양한 요인이 개입될 여지가 있다. 대표적으로 북한에 대한 인식과 관련한 입장의 차이가 그 예다. (3) 세 번째 범주는 개인 차원의 용서로서 그리스도인으로서의 신앙 요인이 가장 잘 드러나는 영역이다. 학교 폭력 가해자에 대한 인식과 용서의 가능성이 대표적인 예다. 이러한 특징은 아래의 도표(그림 33)에 잘 나타난다.

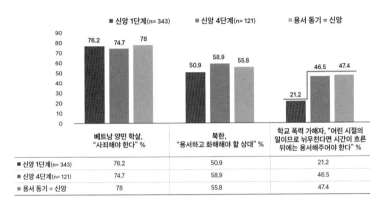

	베트남 양민 학살, "사죄해야 한다" %	북한, "용서하고 화해해야 할 상대" %	학교 폭력 가해자, "어린 시절의 일이므로 뉘우친다면 시간이 흐른 뒤에는 용서해주어야 한다" %
■ 신앙 1단계(n= 343)	76.2	50.9	21.2
■ 신앙 4단계(n= 121)	74.7	58.9	46.5
■ 용서 동기 = 신앙	78	55.8	47.4

[그림 33] 보편적·정치적·개인적 차원의 용서(신앙 1단계 & 4단계, 용서 동기 = 신앙)

보편적 차원과 정치적 차원에서의 응답률은 신앙 1단계와 4단계에서 큰 차이를 보이지 않는 반면, 학교 폭력 가해자에 대한 용서의 가능성은 신앙 4단계에서 두 배 이상 차이를 보이고 있다. 이런 결과는 그리스도인에게 용서를 좀 더 구체적으로 적용할 수 있도록 돕는다. 결과적으로 이번 조사는 어떤 범주에서 정의와 용서가 더 우선시되는지와 강조되어야 하는지에 대해 입체적인 고민을 가능케 한다는 점에서 그 의미가 있다고 하겠다.

V. 나가며

한국교회의 다수는 한국 사회를 심각한 갈등 사회로 인식하고 있다. 갈등의 원인과 해결에는 복잡하고 다양한 요인이 존재할 것이다. 한편으로 법, 질서, 체계 등 구조적 차원의 변화와 개선을 위한 노력이 필요할 것이다. 다른 한편으로는 갈등의 내재적 요인을 해결하는 접근도 필요하다. 나와 타자의 관계, 가해자와 피해자의 관계 속에 오랜 시간 자리하고 있는 분노, 슬픔, 억울함 등을 살펴야 할 것이다. 바로 이 지점에서 용서의 중요성 혹은 필요성이 대두된다.

이 글에서는 용서에 관한 그리스도인의 인식을 집중적으로 다루었다. 설문 조사의 결과를 분석하고 그 의미에 대해 살펴보았다. 용서는 개인 차원과 사회적 차원으로 나뉠 수 있다. 조사 결과, 한국교회 다수는 정의와 용서를 모두 중요하게 여기는 것으로 나타났다. 이런 인식은 주로 사회적 차원의 용서라는 영역에서 좀 더 두드러진다. 개신교인 다수는 정의 추구, 즉 무조건적 용서보다 처벌과 사죄를 강조하는 경향이 있다. 이는 대중문화가 한국교회를 재현하는 것과는 다른 모습이다. 한국교회는 무조건적 용서를 지양하는 것으로 나타났다. 소위 "값싼 용서"에 대한 부정적 인식이 강했다. 오히려 정당한 처벌과 진정한 사과 등을 강조하는 응답이 눈에 띈다. 신앙은 이 판단에 영향을 주지만 유일한 요인은 아니었다. 신앙 이외의 요인들(연령, 성별, 정치적 입장 등)에 의해서도 함께 영향을 받는다. 즉 용서에 관한 개신교인의 인식은 다양한 요인의 영향을 받으며 특히 사회적 차원의 용서에서는 신앙의 영향이 분명하지 않았다.

반면에 개인 차원에서는 조금 다른 특징을 발견할 수 있었다. 용서를 기독교 신앙의 핵심 가치로 믿고 실천하려고 하는 응답이 일부이지만 발견되었다. 이런 특징은 자신의 신앙을 "신앙 4단계"라고 응답한 사람(집단)과 용서의 동기를 신앙 때문이라고 대답한 사람(집단)의 경우에 해당한다. 이들은 신앙을 이유로 좀 더 용서의 당위와 실천에 더 적극적인 모습을 보이고 있다. 설령 나와 내 가족에게 일어난 일이라도 신앙이라는 이름으로 극복하고 용서를 다짐하는 비율이 "신앙 1단계"에 비교하여 상당한 차이를 보여주었다. 그리스도인으로서 가진 용서에 대한 기대 혹은 이상적인 모습이 비교적 유사하게 나타나는 결과이기에 주목할 만한 부분으로 보인다.

용서는 매우 중요하면서도 실천하기 어려운 가치다. 이번 조사를 통해서 용서의 입체적인 모습과 그 무게에 대해 조금은 더 이해할 수 있게 되었다. 특히나 용서는 인식과 실천의 간극이 큰 주제다. 그래서 더욱 용서는 일반적인(혹은 도덕적인) 차원에서 강요해서는 안 되고 보다 진지하고 섬세한 접근이 필요해보인다. 하지만 그렇기에 용서는 더욱 일반적이지 않은 영역으로서의 가치를 지닌다. 즉 성령의 초월적 개입과 도우심의 필요를 느낀다. 이는 단순히 은혜로운 미사여구가 아니라 성령의 도우심으로 말미암은 누군가의 용서가 필요하다는 의미다. 누군가 먼저 나를 용서하지 않았다면, 내가 어떻게 누군가를 용서할 수 있었을까? 바로 그리스도의 용서와 사랑이 나와 우리를 변화시킨 것처럼 말이다.

심각한 갈등 사회 속에서 한국교회의 용서와 화해의 사명은 어느 때보다 필요해보인다. 정의와 용서가 모두 중요하다는 것은 어찌 보면 당연하다. 하지만 내가 아닌 약자(피해자)를 위해서는 값싼 용서보다 정의를 추구하고 나를 향한 가해자에겐 너그러운 마음으로 용서를 실천하는 것은 쉽지 않다. 누군가로부터 받은 환대와 용서에 대한 우리의 경험이 두텁게 될 때, 누군가를 용서할 우리 마음 근력이 강해진다. 개신교인 개인들이 용서를 실천한다면, 이런 경험이 축적된 공동체는 사회적 참사에 대한 용서까지 가능한 사회로 확장될 것이다. 그것이 한국교회에 주어진 "정의로운 화해자"로서의 사명이 아닐까 생각해본다.

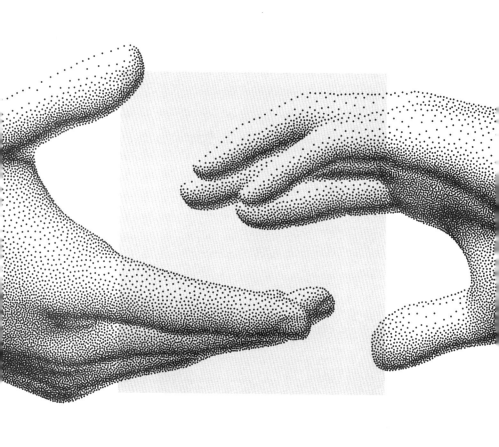

제2부

신학적 담론

구약성서 속 "용서와 화해 그리고 치유"

김회권

I. 구약성서의 화해와 용서?

구약성서는 고등 종교의 경전치고는 인간의 마음을 고상하게 만드는 잠언이나 계율들을 상대적으로 많이 담고 있지 않다. 장르상으로 보자면 구약성서는 스토리, 역사 이야기가 60% 이상이며 20% 정도가 율법, 계명, 법도들이며 나머지 20% 정도가 기도, 찬양, 아우성, 탄식으로 구성되어 있다. 성서에는 인간에 대한 하나님의 용서가 많이 언급되고 있으나 인간 당사자끼리의 용서와 화해 이야기는 그다지 많지 않다. 인간 당사자끼리 서로 용서하고 화해하라고 명하거나 또 그런 인간들의 용서와 화해 상황을 거의 다루지 않는다. 오히려 용서보다는 하나님의 공의로운 심판을 요청하는 탄원과 기도가 시편, 예언서 그리고 애가에 널리 퍼져 있다. 물론 레위기 19:18은 "원수를 갚지 말"것을 권고한다. 하지만 신명기에는 이스라엘의 거의 숙적들에 대한 적개심 유지 및 경계 태세 견지를 말하고 있다. 신명기는 이스라엘의 숙적급 이웃 민족인 에돔과 이집트는 미워하지 말라고 명하면서도 이스라엘에 대한 악행을 일삼았던 암몬, 모압 그리고 아말렉 족속에 대한 항구적 적대 행위를 장려하고 있다. "네 평생에 그들(암몬, 모압)의 평안함과 형통함을 영원히 구하지 말라"(신 23:6), "천하에서 아말렉에 대한 기억을 지워버리라. 너는 잊지 말지니라"(신 25:19). 왜 이런 고상해 보이지 않는 복수심 장려 구절 혹은 적개심 견지를 장려하는 구절이 성서에 버젓이 남아 있을까? 이런 구절들을 이해하려면 그것들을 생성시킨 역사적 상황을 먼저 이해해야 한다. 성서에서 적개심을 유지하라고 명하거나 하나님의 신속한 응징을 내려달라는 탄원이 나오는 경우는 가해하는 악행자가 여전히 번영을 구가하는 우세한 지위에 있을 때다. 이런 경우에는 원수를 사랑하라거나 용서하라고 말하지 않는다. 신명기 23장과 25장은 에돔과 이집트와 달리 모압과 암몬 그리고 아말렉이 여전히 이스라엘을 위협하거나 공격할 수 있는 위협적인 위치에 있었을 때의 상황을 반영한다. 구약성서는 가해자가 피해자를 양산해서 용서가 필요한 상황이 발생하기 전 상황에서 선포된 하나님의 신탁을 많이 담고 있다. 99% 이상이 잠재적인 가해자들에게 연약한 자들의 양심, 적의, 복수, 징벌 강청 탄원을 촉발시킬 상황을 만들지 말 것을 강조한다. 아모스 5:24은 "오직 정의를 물같이, 공의를 마르지 않는 강같이 흐르게 할지어다"라고 말한다. 여기서 정의라고 번역된 단어는 미쉬파트(*mišpāṭ*)다. 약자의 존엄과 권리를 옹호하는 사법적 활동을 의미한다. "공의"라고 번역된 단어는 체데크(*ṣedeq*)/체다카(*ṣĕdāqâ*)다. "공의"란 단지 법적 평등 회복을 의미하지 않는다. 하나님이 당신의 언약 관계 밖으로 추방되어 하나님의 언약적 보호와 선물(땅, 인간적 존엄)을 누리지 못한 상태에 있는 당신의 백성을 건져주시는 의리 있는 행동이다. 이사야 1:17은 "선행을 배우며 정의(미쉬파트)를 구하며 학대받는 자를 도와주며 고아를 위하여 신원하며 과부를 위하여 변호하라"고 말한다. 구약성서는 용서와 화해가 필요할 상황이 생기지 않도록 예방하는 예언자적 중재 활동을 훨씬 더 강조하고 있다. 예언자들은 회복적 정의를 외치는 데 주력했고 용서와 화해를 중심 메시지로 외치지 않았다. 그뿐만 아니라 구약성서는 대체로 약소 민족이 거대하고 강한 외적들에게 둘러싸여 생존 투쟁을 하던 참혹한 현실 혹은 사회 최약자층이 지배층의 악행 때문에 생존이 위협당하는 절박한 현실을 반영하고 있기에 용서와 화해 영성을 만개시키기에는 때 이른 감이 있었다. 그럼에도 예언자들의 메시지는 사회적 치유를 위한 통찰을 제공하기에는 부족함이 없다. 예언자들은 이구동성으로 파산당한 가해자가 하나님의 용서를 경험한 후에 다시는 이스라엘 동포 중 약자들을 가해하거나 박해하는 일이 일어나지 않는 미래를 노래하고 있기 때문이다(사 11:1-9; 미 4:4).

또 다른 한편 신약성서는 구약성서에 비해서는 용서와 화해 영성을 좀 더 강조하고 있다. 민족 대(對) 민족의 적의를 다루는 구절들이 많은 구약성서에 비해 신약성서는 개인 당사자들의 적의 해소, 용서와 화해를 장려하는 구절들이 더러 있다. 마태복음 5:8은 "화평케 하는 자가 복된 하나님의 아들들"로 인정받을 것을 선언한다. 그러나 이 구절이 용서와 화해를 직접적으로 권고하는 것은 아니다. 로마서는 모든 사람과 평화롭게 지내되 개인적 차원의 원수 갚는 보복 행위를 금지하며 오히려 원수를 사랑함으로써 악을 선으로 이기라고 권고한다(롬 12:19-21). 로마서 12:19-21은 예수가 가르친 산상수훈 원수 사랑 계명을 이어받는 구절이다. 신구약 전체에서 마태복음 6:14-15이 "용서"를 가장 명시적으로 "명하는" 구절이다. "너희가 사람의 잘못을 용서하면 너희 하늘 아버지께서도 너희 잘못을 용서하시려니와 너희가 사람의 잘못을 용서하지 아니하면 너희 아버지께서도 너희 잘못을 용서하지 아니하시리라"(마 6:14-15). 이 용서 구절은 앞의 주기도문에 나오는 용서 청원 구절(마 6:12)에 대한 해설이다. "우리가 우리에게 죄지은 자를 용서한 것 같이 우리의 죄를 사하여 주시옵고"(마 6:12). 마태복음 6:12, 14-15은 용서의 주도권이 인간에게 있는 것처럼 들리기 쉬운 구절들이다. 그러나 마태복음 6:12의 죄사함의 청원 어구의 그리스어 성서의 원의는 "빚 탕감 청원"이며, 마태복음 18장의 일만 달란트 빚과 일백 데나리온 빚진 남자 비유와 긴밀하게 연결된 용서 담론이다. 마태복음 6:12의 원어를 직역하면 "우리가 우리에게 빚진 자를 탕감하듯이 우리의 빚을 탕감해주옵시며⋯"이다. 마태복음 18장은 채무자이면서 채권자인 한 종을 소개시켜 죄용서의 효력 정지가 발생하는 상황을 말한다(마 18:21-35). 주인공 남자는 자기 주인에게 일만 달란트 빚진 자였으나 주인으로부터 전액을 탕감받았다. 그런데 그는 정작 자신에게 100데나리온 빚을 진 친구의 빚 탕감을 해주지 않아서 자신에게 선사된 일만 달란트 채무 탕감이 취소되는 사태를 맞이한다. "주인이 노하여 그 빚을 다 갚도록 그를 옥졸들에게 넘기니라. 주인이 너희가 각각 마음으로부터 형제를 용서하지 아니하면 나의 하늘 아버지께서도 너희에게 이와 같이 하시리라"(마 18:34-35). 마태복음 18장의 빚 탕감 비유의 핵심은 인간의 용서는 하나님의 선행적이고 압도적인 큰 용서를 경험한 후에야 가능하다는 것이다. 하나님의 압도적인 사랑, 신실함 그리고 은혜와 자비를 경험한 사람이 자신에게 잘못한 사람을 용서하며 화해에 이를 수 있다는 것이다.

앞서 말했듯이 구약성서에는 용서나 화해를 명하거나 권고하는 구절들이 거의 없다. 대등한 당사자들 사이에 발생한 불화나 갈등을 해소하고 화해하라고 종용하거나 명령하는 장면도 사실상 거의 없다. 용서나 화해는 구약성서의 본류 서사가 아니기 때문이다. 용서 이야기는 있으나 화해까지는 이르지 못할 때가 있고(대하 28장) 북이스라엘 사마리아 사람들의 유다 포로 환대, 용서가 화해까지 부른 이야기(창 32장에 나오는 에서와 야곱의 용서와 화해)도 있으나, 용서가 화해와 치유를 동시에 가져온 이야기는 거의 없다. 용서와 화해 그리고 심지어 치유가 동시에 일어난 드라마가 단 하나 있다. 그것은 바로 창세기 37-45장에서 펼쳐지는 요셉과 그의 형제들 간의 용서, 화해 그리고 치유 드라마다. 이 글은 요셉과 그의 형제들의 갈등, 용서, 화해, 그리고 치유 드라마를 연구한다.

II. 요셉과 그의 형제들 사이에 벌어진 갈등:
편애, 시기, 적의 그리고 추방(창 37장)

창세기 37-50장은 아담 인류의 죄성을 안고 살아가는 죄인들의 절망
적 타락상을 다채롭게 보여주는 인물들의 경연장이다. 주인공은 야
곱, 요셉, 유다, 르우벤 그리고 요셉의 형제들이다. 야곱은 마음의 아
내였던 라헬의 소생 요셉을 편애하여 형제 사이의 긴장감과 적대감
을 발생시킨다. 야곱은 차별의 사람이며, 장유 질서의 인습적 체제를
뒤집는 문제의 인물이다. 요셉은 아버지의 편애를 과하게 섭취해서
자신감과 포만감으로 균형 감각을 잃은 자기애적 성향의 인물이다.
아버지 야곱의 편애로 이미 형들의 분노와 적의를 산 열일곱 살 요셉
은 형들 위에 군림하는 꿈들을 꾸고 나서 그것을 떠벌린다. 심지어 자
신이 아버지, 어머니에게도 절을 받는 우두머리 곡식 단이 되는 꿈을
꾼 후 그 꿈을 부모와 형제들 앞에 늘어놓는다. 요셉은 전형적인 지배
자 통치자 유형의 기질과 성향으로 치우친 청년임이 드러난다. 여기
서 요셉의 비극이 시작된다.

1. 편애

이복동생이긴 하지만 막내 동생 요셉은 제일 큰 형 르우벤과 열아홉
살의 나이 차이가 난다. 레아에게서 태어난 네 아들, 르우벤, 시므온,
레위, 유다는 거의 연년생으로 태어난 아들들이다. 이에 질세라 라헬

의 여종 빌하가 단과 납달리를 낳는다. 이어 레아의 여종 실바는 갓과 아셀을 낳는다. 이 와중에 레아의 맏아들 르우벤은 어머니 레아의 출산을 돕기 위해 들에서 뜯어온 합환채를 자기 어머니에게 줬지만 레아는 그것을 동생 라헬에게 양보하고 야곱을 장막에 초청하는 권리를 얻어 아들 둘을 더 낳는다(창 30:15). 이 둘이 잇사갈과 스불론이다. 이렇게 해서 열 명의 아들이 태어난다. 마지막으로 딸 디나를 얻고 생산을 그친다. 하지만 야곱의 사랑받는 라헬의 태는 오랫동안 닫혀 있었다. 하나님은 라헬을 생각하여 그녀의 태를 열어주신다. 밧단아람 종살이의 끝 무렵에 라헬이 잉태하여 아들 요셉을 낳는다. 요셉을 낳은 후 라헬은 자신의 수치를 씻어주신 하나님께 또 아들을 더 낳게 해 달라고 간구한다. 이름을 "요셉"이라고 짓는다. 그 뜻은 "더하소서"다. 창세기 37:2은 요셉이라는 사람의 됨됨이를 간략하게 묘사한다. 야곱의 뜻이었는지 레아의 소생들의 의도였는지 몰라도 라헬의 아들 요셉은 종들에게서 난 동기들과 함께 양치기 일을 하도록 배정받았다. 아마도 레아의 아들들이 요셉을 차별했을 것이다. 그래서 여종들이었던 빌하와 실바에게서 태어난 이복형들과 함께 아버지의 양을 치러 다니다가 이복형들의 비리를 발견하면 즉시 아버지에게 고자질했다. 고자질이 반복적으로 이뤄졌다(창 37:2). 이복형들의 잘못을 아버지에게 직보하는 요셉은 이복형들(단과 납달리, 갓과 아셀)의 미움을 샀을 것이 틀림없다. 이처럼 요셉은 순진하고도 영악한 소년이었다.

야곱은 이렇게 태어난 아들, 노년에 낳은 아들 요셉을 편애한다(창 37:3). 편애의 증거는 요셉이 입은 채색옷이었다(창 37:3). 바로 이 아버지의 편애가 요셉의 앞날에 어두운 그림자를 드리우기 시작한다. 형들은 아버지 야곱이 형들보다 요셉을 "더" 사랑하는 것을 쭉 지켜보았다가 그를 미워하게 되었다. 그래서 그에게 편안하게 말할 수 없었다. 히브리어 원문에 따르면 "그들은 그에게 평화(샬롬)를 말할 수가 없었다." 요셉에 대한 형들의 불평화, 즉 적의를 촉발시킨 첫째 요인은 편애였다. 아버지의 편애가 형제 간의 평화를 위협했다.

2. 되바라지고 자존감 높은 청소년 요셉

요셉은 야곱이 노년이었을 때 태어난 아들(특히 라헬의 아들)이었으므로 아버지의 특별한 사랑을 받았기 때문인지 유별난 데가 있었다. 열일곱살 때까지 요셉은 아버지 야곱의 특권적 편애와 돌봄을 받으면서 자라 매사에 거칠 것이 없는 "되바라진 막내" 혹은 "오만하고 미성숙한 응석받이"였다. 창세기 37:5-7은 아버지의 편애가 요셉과 그의 형들 각각에게 초래한 결과를 말한다. 일단 편애를 받은 요셉은 아버지의 편애와 과잉보호 속에서 형들을 주관하는 꿈을 자주 꾸었다(창 37:5-10). 그는 단지 꿈을 꾸는 데 그치지 않고 형들 앞에서 그 꿈 이야기를 늘어놓기까지 했다. 첫째 꿈은 형들의 곡식 단이 자신의 곡식 단에게 절하는 꿈이다(창 37:7). 요셉이 꾼 꿈은 한결같이 정치적인 야망과 관련된 꿈이었다. 그의 이야기를 들은 형들의 반응("네가 우리의 왕이 되겠느냐?")으로 미루어볼 때 이 꿈은 정치적 야심을 드러내는 제왕형 꿈이었다. 당시의 장유 질서를 전복하려는 위험한 꿈이었다. 둘째 꿈은 해와 달과 열한 별이 요셉 자신에게 절하는 꿈이다. 요셉은 이 두 번째 꿈 이야기는 형들은 물론 아버지 야곱에게도 들려준다. 요셉의 자부심은 거칠 것이 없었다. 꿈을 꾸는 행위는 자연적인 현상이지만 꿈 이야기를 공공연히 말하고 다니는 행위는 권력 의지의 과시였다. 그의 꿈에 대한 형들과 아버지의 반응은 서로 달랐다. 야곱도 이 꿈을 정치적인 주관의 관점에서 해석하고 요셉의 경솔한 행동을 질책했다. 그러면서도 그 의미를 마음 깊은 곳에 담아둔다. 그러나 당돌한 꿈 이야기로 형들의 자존감을 무너뜨리는 요셉의 거침없는 행동은 결국 형들의 증오심을 심화시키고 있었다. "요셉이 꿈을 꾸고 자기 형들에게 말하매 그들이 그를 더욱 미워하였더라"(창 37:5), "그의 꿈과 그의 말로 말미암아 그를 더욱 미워하더니"(창 37:8). 창세기 37:5과 8절에 나오는 두 차례의 "더욱"은 아버지 야곱의 요셉에 대한 더 사랑하는 편애(창 37:3)에 대한 비례적 대응이었다. 누적된 분노는 살인을 낳기 마련이다. 이는 요한1서 3:15을 생각나게 한다. "그 형제를 미워하는 자마다 살인하는 자"다.

3. 살기로 가득 찬 형제들을 만류하고 대안을 제시한 르우벤과 유다

창세기 37:12-36은 요셉에 대한 형들의 증오심이 초래한 결과를 말한다. 어느 날 야곱은 세겜에서 자신의 양떼를 방목하고 다니는 아들들이 잘 있는지와 양떼가 잘 있는지 알아보기 위해 요셉을 보낸다(창 37:14). 14절 상반절을 직역하면 "부디 가라. 네 형들의 샬롬(평안)을 살펴보아라. 그리고 양떼의 샬롬(평안)을 살펴보아라. 그리고 그 소식을 갖고 오너라"이다. 야곱의 관심은 아들들의 샬롬과 양떼의 샬롬이었다. 이처럼 아버지의 심부름으로 요셉은 형들이 양떼를 잘 돌보고 있는지 알아보기 위해 헤브론(창 35:29; 37:14)에서 세겜으로 떠난다. 헤브론에서 세겜까지의 직선거리가 80킬로미터가 채 안 되나 당시에 이스라엘 족장들이 다녔던 산길은 120킬로미터 넘는 고단한 길이었다. 왜 아버지 야곱은 분명히 요셉에 대한 열 형들의 시기와 적의를 알고 있었을 텐데도 그 위험한 심부름을 요셉에게 맡겼을까? 정확하게는 모른다. 그러나 짐작은 가능하다. 무엇보다도 요셉은 정직하게 보고할 사람이었기 때문에 요셉을 보냈을 것이다. 또 하나는 혈혈단신 요셉(창 37:15 "들에서 방황하는 요셉")에 대한 형들의 적개심이 어느 정도인지를 알아보고자 하는 마음도 있었을 것이다. 마지막으로 야곱은 요셉이 고난을 통해 연단받기를 기대했을 것이다. 형들의 질서에 대한 존중도 배우기를, 그리고 형들의 적대를 슬기롭게 돌파할 수 있기를 기대했을 수도 있다. 요셉은 아버지의 심부름으로 자신에게 샬롬을 말하지 않는 형들의 샬롬과 그들이 치고 있는 양떼의 샬롬을 점검하기 위해 길을 떠난다. 그것은 요셉에게 샬롬을 빼앗아가는 위험한 여정이었다. 안타깝게도 요셉은 세겜에서 형들을 만나지 못하여 온 들판을 방황했다. 창세기 37:15-16은 세겜에서 형들을 찾지 못한 채 절박하게 방황하는 요셉의 모습을 묘사한다. 당시에 "들에서 방황하는" 일은 매우 위험한 일이었다. 길 가는 행인이 딱하게 그에게 무엇을 그렇게 찾느냐고 물었다. 15절의 "찾느냐"는 동사는 히브리어 강세 능동 동사(피엘)다. "철두철미하게 찾는 행위"를 묘사할 때 사용하는 동사 비케쉬(*biqēš*) 동사의 2인칭 남성 단수 테바퀘쉬

(*těbaqē*)다. 히브리어 16절 구문은 1인칭 단수 대명사 아노키('*ānôkî*)와 3인칭 복수 대명사 헴(*hēm*)을 사용한다. 히브리어는 대개의 경우 인칭대명사를 사용하지 않고 동사의 어미를 통해 인칭과 성수를 표시한다. 인칭대명사를 사용하는 경우 주어의 행위를 강조할 때다. 16절 히브리어 구문을 직역하면 이렇다. "그가 말했다. '내 형님들을 (다른 사람이 아닌) 내가 지금까지 철두철미하게 지속적으로 찾고 있습니다. 부디 (다른 이들이 아닌) 그들이 어디에서 양떼에게 풀을 뜯기고 있는지 자세하게 말해주십시오.'" 개역개정이 "찾으오니"라고 번역한 히브리어는 "찾다"라는 동사(*bāqaš*)의 강세 능동(피엘) 분사형 메바퀘쉬(*měbaqēš*)다. 분사형은 동작이나 행위의 지속성을 나타난다. 메바퀘쉬는 "철두철미하게 지속적으로 찾는 행위"를 묘사한다. 요셉은 세겜의 산간지 목초지들을 필사적으로 헤매며 형들을 찾고 찾았다는 것이다. 이렇게 애타게 찾는 요셉에게 행인이 알려준 것은 형들이 도단으로 떠났다는 것이다. 세겜은 해발 900미터 이상되는 에발산과 그보다 약간 낮은 그리심산 아래 두 산 사이에 있는 산간지 분지 성읍이다. 그 분지 도시에서 다시 북쪽으로 25킬로미터 떨어진 곳에 있는 산간지가 도단이다. 형들을 따라잡기 위해 요셉도 도단으로 북상했다. 마침내 도단에 이르러서야 형들을 만난다(창 37:17). 형들이 요셉을 맞이하는 장면은 실로 충격적이다. 요셉이 가까이 오기도 전에 요셉을 멀리서 보자마자 형들은 그를 죽이기로 꾀한다. "죽이자." 고대 사회에서는 "들판"에서 사람을 죽이는 일이 완전 범죄로 여겨졌다. 가인이 아벨을 죽인 것도 "들"이었다. 창세기 4:8은 말한다. "가인이 그의 아우에게 말하고 그들이 들에 있을 때에 가인이 그의 아우 아벨

을 쳐죽이니라." 여기서 "말하고" 앞에 어떤 말이 생략되어 있다. 고대의 사본들은 "우리가 들로 나가자"라고 말했음을 증언한다(개역개정 난외주 참조). 가인은 아벨을 완전 범죄로 기획해 살해했다는 것이다. 도단 산간지 목초지는 "들"이다. 그래서 형들은 쉽게 죽일 공모를 할 수 있다. 이처럼 아버지의 심부름으로 도단까지 찾아온 요셉을 향해 형들의 적개심은 순식간에 폭발하고 만다. 멀리서도 채색옷을 입고 걸어오는 요셉을 알아본 형들은 "꿈꾸는 자"가 온다며 놀리고 죽일 모의를 한다. 요셉을 "꿈꾸는 자"라고 부른 것으로 보아 요셉의 꿈들이 형들의 적개심을 극단적으로 몰아갔음을 알 수 있다. 형들은 요셉을 죽여버림으로써 그의 꿈이 과연 어떻게 실현되는지 지켜보자고 한다. 그리고 아버지에게 둘러댈 거짓말도 이미 생각해냈다. "죽여서 구덩이에 집어던지고 아버지에게 이렇게 말하자." "악한 짐승이 잡아먹었습니다." 이처럼 익명의 형들이 요셉을 보자마자 채색옷을 벗기고 죽이려고 하지만 르우벤이 만류하고 유다는 익명의 형들과 르우벤의 대응 중간 수준의 계책을 내놓는다. 먼저 장남 르우벤이 요셉을 죽이는 것을 반대하는 면에서 어느 정도 지도력을 발휘한다. 죽이지는 말자고 설득한다. "피를 흘리지 말라", "산 채로 구덩이에 던지라." 르우벤은 익명의 동생들의 분노와 적개심을 받아주면서도 요셉도 다시 살려 아버지에게로 돌려보내주려고 타협책을 제시했던 것이다(창 37:22). 이 옥신각신은 요셉이 완전히 형들의 공격 사정권 안에 들어오기 전에 일어난 상황이다. 마침내 요셉이 형들에게 이르자, 익명의 형들은 요셉의 채색옷을 벗기고 결국 물 없는 구덩이에 요셉을 집어던진다. 장남 르우벤의 동정적인 온건 노선이 힘을 얻었다. 그런데 익명의 형들은 (유향 특산물의 땅인) 길르앗에서 향유와 유향과 몰약을 낙타에 싣고 이집트로 내려가는 한 무리의 이스마엘 상인들을 보자 또 하나의 아이디어를 제시한다. 이번에는 유다가 나선다. 유다는 익명의 형제들이 일단 지금은 요셉을 구덩이에 집어던졌으나, 끝내는 죽여버릴 것이라는 것을 감지했는지, 죽이지 말고 이집트 노예로 팔자로 제안한다. 이 점에서는 르우벤과 같은 입장이다. 그런데 그는 죽이지 말자고 익명의 형제들을 설득하는 과정에서 요셉이 자신들의 동생이며 혈육임을 유난히 강조한다. 27절 하반절에는 3인칭 남성 단수 대명사 후(hû)를 사용한다. (다른 사람이 아닌) "그는 우리의 동생이요 우리의 혈육이다"(창 37:27). 26절에는 요셉을 "우리 동생"이라고 말하고 자기 형제들에게 말한다. 형제, 동생, 혈육 등 친족애를 강조하는 단어들을 사용함으로써 유다는 요셉에 대한 살인을 극력 막는다. 아마 이 상황은 르우벤이 자리를 비운 사이에 일어난 것처럼 보인다. 아무튼 넷째 아들 유다의 제안으로 요셉의 형들은 마침 그곳을 지나가던 이스마엘 상인에게 요셉을 팔아버린다. 유다는 르우벤보다는 더 가혹한 처리안을 제시했다. 아니면 더 깊은 생각을 가지고 이런 제안을 했을 수도 있다. 유다는 적대적인 형제들이 자신이 없을 때 요셉을 죽일 수도 있다고 생각해서 이스마엘 상인에게 팔자고 했을 수도 있다는 것이다. 요셉은 "우리의 동생이요 혈육이니 죽이지는 말자"라는 유다의 결론은 르우벤의 복안보다는 가혹했으나 익명의 형제들의 살해 계획보다는 한결 자비로웠다. 얼마 후 르우벤은 요셉이 걱정이 되어 구덩이에 와 보니 요셉이 없어진 것을 보고 자기 옷을 찢는다. 아우들에게 와서 "아이가 없다. 나는 어디로 갈까?"라고 탄식하며 어찌할 바를 모른다. 이처럼 르우벤 부재 시 유다 주도 아래 요셉은 노예 상인에게 팔린다. 요셉은 다시 끌어올려져 은 스무 냥에 이스마엘 상인에게 팔렸다. 결국 이집트의 노예 시장에서 요셉은 이집트 왕의 친위대장인 보디발의 노예로 팔려 간다. 요셉의 실종에 대해 형들은 야곱을 감쪽같이 속인다. 형들은 염소 피가 묻은 찢어진 채색옷을 야곱에게 가져다주며 요셉을 향한 아버지의 특권적 편애를 조롱했다. 숫염소의 피를 이용한 속임수 모티프는 숫염소 고기를 가지고 눈먼 아버지 이삭을 속였던 야곱 자신의 청년 시절을 생각나게 했을 것이다. 야곱은 짐승이 요셉을 찢어 삼켰다고 생각한 나머지 자기 옷을 찢은 뒤 베옷을 입고 지옥으로 내려가고 싶은 괴로운 심정을 피력한다.

III. 억울하고 원통한 요셉의 여정에 함께하신 하나님

1. 노예에서 죄수로 전락하는 청년 요셉

창세기 39장은 끝없이 추락하는 이야기다. 요셉은 졸지에 이집트 왕 바로의 친위대장인 보디발의 가정 총무 노예로 전락한다. 그러나 이 시기는 하나님의 함께하심을 세밀하게 경험하는 시절이었다. 요셉은 비참한 노예 생활 중에도 성실한 인품과 충성심으로 주인의 사랑과 신뢰를 독차지한다. 하나님이 요셉의 범사를 형통하게 하심을 발견한 주인은 요셉에게 모든 소유를 관리하게 한다. 그때부터 하나님께

서 보디발의 집과 재산에 복이 미치게 하신다. 그러나 그의 충성스러
운 노예 생활에 또 한 차례의 환난이 닥친다. 순결한 영혼을 지닌 요
셉이었기에 당하는 환난이었다(창 39:7-10). 요셉은 보디발의 아내가
집요하게 동침을 요구하는데도 이를 거절하다가 성추행범으로 낙인
찍혀 국사범들이 갇히는 감옥에 투옥된다(창 39:11-20). 하지만 감옥
에서도 요셉은 하나님이 함께하신다는 약속의 위력을 체험했다. 21-
23절은 그가 참담한 불운과 역경 속에서도 보석처럼 빛나는 영혼의
소유자로 남을 수 있었던 이유가 무엇인지 가르쳐준다. 감옥에서도
하나님은 요셉과 함께하실 뿐만 아니라 아브라함과 맺은 언약에 근
거하여 아브라함의 후손인 요셉에게 인자(헤세드)를 베푸셔서 간수장
의 눈에 은총을 덧입게 하셨다. "여호와께서 요셉과 함께하시고 그에
게 인자를 더하사 간수장에게 은혜를 받게 하시매"(창 39:21). 인자(仁
慈)라고 번역된 히브리어 헤세드(חסד)는 계약 당사자가 서로에 대하
여 보여주는 신실한 의무 수행을 가리킨다. 하나님은 아브라함과 맺
은 언약에 근거하여 요셉과 함께하시고 그의 범사를 형통케 하시는
것이다. 요셉은 세계 만민에게 복의 근원이 되게 하겠다는 원(原)아브
라함 약속을 성취하는 아브라함의 후손이 되기 위하여 고강도의 품
성 훈련을 받고 있다(롬 5:3-5).

2. 감옥 안의 영적 지도자

40장은 요셉이 감옥 안에 총명과 영적 예지력과 지도력을 발휘하는 과정을 다룬다. 끝없이 추락하는 요셉의 인생은 절망의 심연에서 대반전의 계기를 만난다. 요셉이 갇힌 감옥에 또 다른 두 명의 국사범이 투옥되었다. 그들은 왕에 대한 모반죄 혐의를 뒤집어쓰고 투옥된 술 맡은 관원장과 떡 굽는 관원장이었다. 요셉은 그들을 섬기도록 명령을 받았으므로 그들의 내부 사정을 어느 정도 알고 있었다. 투옥된 지 수일 후 두 관원장이 각각 꿈을 꾸고 깊은 근심에 싸이게 되었다. 요셉이 그들을 근심하게 만든 꿈을 해석해준다. 요셉은 꿈 해석의 근거가 하나님이라는 사실과 꿈의 계시적 기능을 알고 있었다. 성서에 나타난 주요 인물들의 경우에서처럼 두 관원장의 꿈도 미래와 현실을 조명하는 꿈이었다. 술 맡은 관원장은 포도나무 세 가지에 싹이 나고 꽃이 피어 포도송이를 맺었는데 그 포도로 포도주를 만들어 파라오에게 올리는 꿈을 꾸었다. 요셉은 그의 꿈이 사흘 안에 복직되는 꿈이라고 해석해주며 그가 복직되거든 자신의 억울함을 바로에게 보고해달라고 요청했다. 또한 그는 흰 떡 세 광주리에 담긴 각종 구운 음식을 새들이 먹어버리는 꿈을 꾼 떡 굽는 관원장의 꿈도 해석해주었다. 사흘 안에 바로가 떡 굽는 관원장의 머리를 자를 것이며 그의 시신을 나무에 매달아 새들의 먹이로 줄 꿈이라고 해석했다. 요셉의 해석대로 술 맡은 관원장은 복직되고 떡 굽는 관원장은 처형되었다. 그러나 술 맡은 관원장은 요셉의 일을 잊어버렸고 요셉의 감옥 생활이 끝날 희망의 빛도 꺼져버렸다. 그러나 요셉은 햇빛 한줄기 들어오지 않는지하 감옥에서도 낙담하지 않고 작은 일에 충성하는 사람이었다. 독자들의 기대와는 달리 복직된 술 맡은 관원장은 요셉을 기억하지 못했다. 인간의 신실치 못함 때문에 상심했을 수도 있었지만 요셉은 아마도 이 또한 대수롭지 않게 여겼을 것이다. 이제 하나님은 이집트 최고지도자 파라오에게 두 차례의 희한한 꿈을 꾸게 하심으로써 술 맡은 관원장이 요셉을 다시 기억하게 만드는 섭리를 보여주신다.

3. 하나님의 섭리로 형들의 악행 악몽에서 벗어나 자유케 된 30세 총리 요셉

41장은 요셉에게 일어난 반전을 다룬다. 요셉의 예언대로 과연 술 맡은 관원장은 복직하지만, 복직되거든 자신의 억울한 사정을 왕에게 보고해달라던 요셉의 간청을 잊어버렸다. 하지만 하나님은 이집트 왕 파라오에게 기막힌 꿈을 내리심으로써 요셉을 고난의 시궁창에서 건져내실 계기를 마련하신다. 파라오가 두 번에 겹쳐 꾼 꿈은 제왕의 평안을 앗아 가는 꿈들이었다. 첫 번째 꿈은 아름답고 살진 일곱 암소가 강에서 올라와 갈밭에서 뜯어 먹은 후, 뒤이어 올라온 흉악하고 파리한 다른 일곱 암소에 의해 먹히는 꿈이었다. 두 번째 꿈은 한 줄기에 무성하고 충실한 일곱 이삭이 그 후에 일어난 쇠약하고 동풍에 마른 일곱 이삭에 의해 삼켜지는 꿈이었다. 파라오가 이집트의 술객과 박사를 모두 불러 그 꿈의 해석을 명령했으나 아무도 해석하지 못했다. 바로 이 순간에 술 맡은 관원장이 감옥 안의 꿈 해석가 요셉을 기억하고 왕에게 천거한다. 요셉은 파라오의 두 꿈이 일곱 해의 풍년 후에 일곱 해의 흉년이 있을 것을 알려주는 하나님의 계시임을 확신시켰다(창 41:25-32). 그는 파라오의 꿈을 단순히 해석하는 데만 그치지 않고 그 해석을 바탕으로 어떻게 미래 위기를 대비해야 할 것인가를 깨달았다.

4. 이집트로 양식을 구하러 내려간 요셉의 형들

42장은 20여 년 만에 요셉과 형들이 만나는 상황을 다룬다. 우여곡절 끝에 다시는 만날 수 없을 것 같았던 요셉과 그의 형들은 온 땅에 일어난 기근 때문에 운명적으로 해후한다. 자신의 곡식 단을 둘러싸고 절하던 형들의 곡식 단에 대한 요셉의 꿈이 22년이 지난 후에야 이루어질 조건이 마련되었다. 요셉은 양식을 사러 내려온 형들을 이내 알아보았으나 형들은 요셉을 알아보지 못했다. 마침내 형들은 이집트 총리가 된 동생 요셉에게 절하며 양식을 사게 해달라고 요청한다. 그러나 요셉은 형들을 이집트의 정세를 정탐하러 온 적국의 정탐꾼이라고 누명을 씌우며 표독스럽게 다룬다. 형들은 자신들이 정탐꾼이 아니라 한 평범한 아버지의 열 아들임을 증명하기 위해 가족사를 이야기할 수밖에 없었다. 그들은 자신들의 결백을 증명하는 과정에서 형제 한 명의 실종 사건에 대해서도 언급해야 했다. 그들은 원래 열두 형제였으나 한 형제는 가나안 땅에 아버지와 함께 있고 하나는 없어졌다고 얼버무렸다. 아마도 요셉이 가족사를 꼬치꼬치 물어본 목적은 형들이 자신을 이집트에 팔아버린 사건을 어떻게 해석하는지 알아보고자 할 뿐만 아니라 그들이 자기 동생 베냐민을 어떻게 대하는지 알아보고자 함이었을 것이다. 한걸음 더 나아가서 요셉은 그들이 결백을 증명하려면 아홉 명은 이집트에 남고 한 명이 가서 막냇동생 베냐민을 데려와야 한다고 압박했다.

르우벤이 맏아들답게 자신의 두 아들의 목숨을 걸고 베냐민을 데려가고자 아버지를 설득하지만 별 소용이 없었다. 오히려 야곱은 "내 아들 베냐민"을 데려갈 수 없다는 강경한 주장만을 펼쳤다.

IV. 형제들의 회개와 개과천선을 돕고 촉진하는 요셉

1. 베냐민을 데려와서 자신들이 첩자가 아님을 증명해야 하는 형들의 곤경

43장은 베냐민을 데리고 요셉을 만나러 내려가는 열 명의 형들의 회개가 시작되는 과정을 추적한다. 베냐민을 데려가는 문제로 이렇게 옥신각신하는 가운데 시간이 흘러 이집트에서 사온 양식이 바닥나 다시 이집트로 양식을 사러 가야 할 형편이 되었다. 그러나 베냐민을 대동하지 않고는 총리의 얼굴을 볼 수 없다는 언질에 매여 있는 형들은 이집트로 쉽게 내려가지 못했다. 그들은 요셉의 젖동생 베냐민을 데려와서 자신들이 정탐꾼이 아님을 증명해야 했다. 이때 정신적인 공황 상태에 빠진 야곱을 차분하게 설득하여 베냐민을 이집트로 데려가는 데 결정적인 지도력을 발휘한 사람이 유다였다. 유다의 논리는 "베냐민을 보내면 우리 가족이 다 살 수 있지만 보내지 않으면 우리 가족이 멸절된다"는 것이었다. 또한 베냐민을 살아 돌아오게 하지 못하면 유다 자신이 영원히 죄를 뒤집어쓰겠다고 주장했다. 마지막으로 그는 지체하지 않았다면 벌써 두 번은 갔다 왔을 것이라는 말을 덧붙여 설득했다. 마침내 야곱은 허락하며 이집트 총리에게 보낼 예물을 챙겨주고 지난번 값까지 계산하여 두 배의 돈을 가져가도록 한다. 요셉은 베냐민과 형들을 영접할 잔치를 준비했지만 이집트에 도착한 형들은 오히려 지난번 자루에 든 돈 사건 때문에 자신들을 노예로 삼고 나귀를 빼앗지 않을까 심히 염려했다. 그래서 그들은 아예 처음부터 요셉의 청지기에게 자루에 든 돈 사건에 대하여 자초지종을 말했다. 뜻밖에도 청지기는 "안심하라. 두려워 말라. 너희 하나님, 너희 아버지의 하나님이 재물을 너희 자루에 넣어 너희에게 주신 것이니라. 너희 돈은 내가 이미 받았느니라"(창 43:23)고 위로하며 시므온을 석방시켜주었다. 간신히 위기를 넘긴 형들과 베냐민은 예물을 정돈하고 요셉을 면담하려고 대기하다가 그가 오자 예물을 바치고 땅에 엎드려 절했다(요셉의 꿈 실현). 정확하게 이 시점부터 요셉은 좀 더 노골적으로 자신의 정체를 하나씩 드러내기 시작한다. 그는 먼저 그들의 아버지 야곱의 노년에 대해 소상히 물었다. 또한 그는 베냐민에 대한 각별한 애정을 과시했는데 베냐민을 축복한 후 다른 방에서 울기까지 했다. 요셉은 자기가 먹는 음식을 형제들에게 주되 베냐민에게는 다른 사람의 다섯 배나 더 주었다. 마지막으로 요셉은 형들을 장유의 차서대로 앉게 하여 그들이 요셉의 정체에 대해 한층 더 깊은 생각에 잠기도록 도와주었다.

2. 베냐민에 대한 형들의 태도를 보고 형들의 회개 가능성을 검증하는 요셉

44장은 형들을 회개시키기 위해 요셉이 연출한 또 하나의 도덕극을 보여준다. 요셉은 이번에는 아예 형제들을 범죄자로 취급하여 베냐민과 아버지 야곱에 대한 형들의 진심을 검증한다. 요셉은 돈을 받지 않는 것은 물론이고 각 형제의 자루에 양식을 가득 채우고 특별히 청지기로 하여금 그의 은잔을 베냐민의 자루에 집어넣게 했다. 그리고 날이 밝아 형제들이 가나안 땅을 향해 출발한 지 얼마 안 되어 청지기가 그들을 추격하여 "누가 우리 주인의 은잔을 훔쳐 갔느냐"고 다그치게 했다. 이 모두는 물론 형들의 내적 품성을 검증하고 약 20년 전의 범죄에 대해 회개를 유도하기 위한 방편이었다. 청지기는 주인의 명대로 그들을 추격하여 "악으로 선을 갚는다"라고 질책하며 은잔 절도범을 찾아내려고 했다. 청지기의 추격과 추궁에 당황한 요셉의 형들은 결백을 입증하기 위해 "훔친 사람은 죽을 것이고 자신들은 요셉의 종이 되겠다"라고 맹세했다. 그러나 청지기는 "훔친 사람만 요셉의 종이 될 것이요 나머지는 무죄로 인정될 것"이라고 대답했다.

V. 대화해: 용서의 눈물

45장은 요셉의 용서가 선포되는 장이다. 요셉은 유다의 감동적인 언변에 눈물을 억제하지 못하고 자신의 정체를 밝히며 방성대곡했다. 요셉은 가장 먼저 아버지 야곱의 안부를 물었다. 형들이 충격과 두려움에 휩싸이지 않도록 하기 위해 요셉은 자신이 당한 고난을 하나님의 선하신 섭리로 돌린다. 그는 너무나 큰 충격을 받은 나머지 떨고 있던 형들에게 "내게로 가까이 오소서"라고 말한다. 그는 재차 자신이 "당신들이 이집트에 판 아우 요셉"이라고 밝힌다. 이 마지막 말, "당신들이 이집트에 판 아우 요셉"은 형들의 양심에 폭풍을 불러일으켰을 것이다. 이때부터 요셉은 자신을 이집트에 노예로 팔아넘긴 형들의 죄를 더 이상 추궁하거나 심판하지 않고 대신에 악과 고난을 선으로 만들어주신 하나님을 찬양한다. 그리고 요셉은 형들에게 아버지를 모시고 이주할 것을 강권한다. 처음에는 요셉의 정체 노출 앞에서 너무 두려워한 나머지 아무 말도 못하던 형들이 요셉의 이주 초청을 듣고서야 위풍당당한 이집트 총리가 자신들이 판 동생임을 믿게 되었다. 요셉과 베냐민, 요셉과 형들 사이에 감격적인 포옹과 입맞춤이 오갔고 그들은 눈물바다를 이루었다. 요셉의 형들이 왔다는 소식을 들은 파라오와 그의 신하들은 극진한 환대를 보여주며 야곱과 그 가속들의 이집트 이주를 강권하기까지 했다. 그들은 아름다운 땅을 제공할 의향을 피력하고 야곱 가족이 타고 올 수레와 기타 이주를 돕는 기구 및 양식을 보내주었다. 요셉도 수나귀 열 필에 이집트의 아름다운 물품을 실어 아버지 야곱에게 예물로 보냈다. 더하여 암나귀

열 필에 오가는 길에서 공궤할 곡식과 떡과 양식을 실어 보냈다. 요셉의 형제들이 가나안 땅에 가서 야곱에게 자초지종을 말했을 때, 야곱은 특히 요셉이 보낸 수레를 보고서야 원기를 회복했다. 야곱은 죽기전에 요셉을 볼 것이라며 흥분한 채 이집트 이주 길을 재촉한다.

우리는 자신이 13년 동안 겪은 고난의 의미를 하나님의 놀라운 생명의 섭리로 해석하는 요셉의 아름다운 인격 속에서 세계 만민을 복되게 할 아브라함의 후손의 전형을 만난다. 아브라함형 인간은 아담형 인간이 저지른 죄와 불순종의 역사를 수습하는 인간형이다. 아담은 자신의 불순종과 죄로 온 인류를 죽음과 고난의 시궁창 아래로 몰아넣었지만, 아브라함형 인류의 이상형인 요셉은 타인의 죄악으로 초래된 재난과 악한 운명을 견디어 마침내 세계 만민을 살리는 복의 근원이 되었다. 그는 아담형 인간이 열어 놓은 판도라의 상자를 닫는 사람, 곧 저주를 대신 지고 악을 선으로 만드는 사람이다. 아브라함의 후손이 세계 만민을 위한 복의 근원이 될 것이라는 약속(창 22:18)은 요셉의 생애에서 실현되었다.

요셉의 인생 유전(流轉)은 믿음이 무엇인지를 적확하고 세밀하게 보여준다. 의심과 불안, 좌절과 낙망의 한복판에서도 하나님의 약속(하나님의 꿈)에 대한 믿음을 놓치지 말아야 한다는 것이다. 그는 함(이집트) 땅에서 객이 되어 발이 차꼬에 묶이는 시련과 환난을 겪으면서도 하나님의 꿈이 이루어질 것을 믿었다(시 105:17-19). 그는 자기 형제들을 살리기 위해, 아니 세계 만민을 살리기 위해 먼저 고난의 현장에 파송된 고난의 종이었다. 그는 13년 동안 차가운 운명의 거적더미에 굴러떨어진 채 좌절했지만 믿음의 복원력을 통해 그 거친 현실을 하나님의 눈으로 새롭게 해석해내었다.

VI. 형들을 용서하는 요셉과 열 형들의 대화해, 그리고 분열된 야곱 가문의 치유

우리는 여러 단계를 거쳐 자신을 이집트 노예 상인들에게 팔아버린 형들의 회개 가능성을 깊이 숙고한 후 형들을 용서하는 요셉의 결단에 경탄한다. 요셉은 형들이 아버지 야곱과 자신의 젖동생 베냐민에게 보여주는 태도를 통해 형들의 내적 품성이 과연 성장했는지를 세밀하게 점검했다. 여기서 우리는 다시 일만 달란트 채무자의 비유로 돌아간다. 요셉이 이렇게 신적인 미덕인 용서의 능력을 발휘할 수 있는 원동력이 무엇인가를 생각해본다. 우리는 이 단원에서 요셉이 형들을 용서할 수 있는 원동력이 무엇인지, 요셉과 형들의 화해 과정을 촉진시킨 미덕과 지혜가 무엇인지, 그리고 화해와 치유의 열매가 무엇인지를 각각 생각해보고자 한다.

1. 용서의 원동력: 하나님의 압도적인 은혜와 요셉의 성장과 성숙

요셉이 꾼 꿈들이 하나님이 주신 비전인지, 요셉 자신의 야심과 기질과 성향의 산물인지는 분명치 않다. 그런데 요셉이 추락하는 과정부터 하나님의 명시적인 함께하심과 형통케 하심에 비추어볼 때 요셉의 꿈들이 하나님으로부터 온 비전이 아니었을까 짐작해본다. 시편 105편은 하나님이 대기근의 시대를 내다보고 미리 요셉을 함족의 땅에 보내 야곱 가문의 생존과 번영을 도모하셨다고 말한다(시 105:16-24). "곧 여호와의 말씀이 응할 때까지라 그의 말씀이 그를 단련하였도다"(시 105:19). 요셉의 고난은 연단이었으며 요셉의 이집트 총리 등극은 이스라엘의 생존과 번영의 토대가 되었다. 하나님의 함께하심으로 형들이 그에게 품고 행했던 악이 그를 무너뜨리지 못했다. 오히려 그를 성장시키고 성숙시켰다. 그는 45장과 50장 두 군데서 자신을 이집트로 보낸 주체는 형들이 아니라 하나님임을 분명히 증언했다. 하나님의 선한 의도가 형들의 악한 의도를 통해 집행되었다. 더 깊이 들여다보면, 요셉은 하나님이 주신 비전, 꿈(통치자)으로 인해 추락했다가 고난과 연단을 통해 그 꿈을 실현했다. 이 과정에서 요셉이 원한이나 복수심에 사로잡혀 스스로 망가지지 않을 수 있었던 동력은 지속적인 하나님의 함께하심이다. 요셉에 대한 형들의 증오심, 살해 실험 혹은 노예 시장 매각, 술 맡은 관원장의 배은망덕, 보디발 아내의 모함 등 어떤 난관이나 역경도 요셉의 꿈 성취를 좌절시키지 못했다(창 37:20). 요셉이 이스마엘 상인들을 통해 이집트 노예 시장에 팔려 보디발의 집 가정 노예가 되자 요셉의 인생은 끝장난 것으로 보였다. 누구도 요셉의 장래가 어떻게 될지 몰랐다. 그런데 하나님의 은혜는 보디발의 집 노예로 살 때부터 위력을 드러내기 시작했다. "여호와께서 요셉과 함께하시므로 그가 형통한 자가 되어 그의 주인 애굽 사람의 집에 있으니 그의 주인이 여호와께서 그와 함께하심을 보며 또 여호와께서 그의 범사에 형통하게 하심을 보았더라"(창 39:2-3). "여호

와께서 요셉과 함께하시고 그에게 인자를 더하사 간수장에게 은혜를
받게 하시매, 간수장이 옥중 죄수를 다 요셉의 손에 맡기므로 그 제반
사무를 요셉이 처리하고 간수장은 그의 손에 맡긴 것을 무엇이든지
살펴보지 아니하였으니 이는 여호와께서 요셉과 함께하심이라. 여
호와께서 그를 범사에 형통하게 하셨더라"(창 39:21-23). 21절의 인자
는 헤세드다. 헤세드는 계약 당사자가 계약을 잘 지키도록 하기 위해
다른 당사자에게 베푸는 친절, 의리를 가리킨다. 하나님은 아브라함
과 맺은 언약에 근거하여 아브라함의 후손인 요셉에게 인자(헤세드)
를 베푸셔서 간수장의 눈에 은총을 덧입게 하셨다. 아브라함에게 주
신 원언약은 아브라함의 후손으로 말미암아 천하 만민이 복을 누리
게 될 것이라는 약속이다. 감옥에서 요셉의 도움으로 꿈 해석을 받아
복직된 술 맡은 관원장은 요셉의 해몽처럼 복직되었으나 요셉의 간
청을 아예 망각했다. 요셉은 그에게 "당신이 잘 되시거든 나를 생각
하고 내게 은혜를 베풀어서 내 사정을 바로에게 아뢰어 이 집에서 나
를 건져주소서"라고 간청했으나(창 40:14), 그는 "요셉을 기억하지 못
하고 그를 잊었"다(창 40:23). 하지만 하나님은 아브라함과 맺은 언약
에 근거하여 요셉과 함께하시고 그에게 언약적 의리, 친절을 베푸셨
다. 요셉의 범사를 형통케 하심으로써 아브라함의 후손 요셉이 천하
만민의 복이 되게 하신다. 파라오를 덮친 악몽이 오히려 그 술 맡은
관원장으로 하여금 요셉을 기억하게 하였다. 그는 자신의 주군이 악
몽에 시달리자 그때서야 요셉을 기억하고 요셉을 파라오에게 추천했
다(창 41:12). 그는 파라오의 두 번 겹쳐 꾼 꿈, 즉 7년 풍년-7년 흉년
을 예고하는 꿈을 해석해주고 그 대비책까지 마련해주었다. 그 결과

요셉은 이집트 총리가 되어 대기근의 시대에 인류를 기아로부터 구출했다. 천하 만민의 복이 되었다. 하나님께서 베푸신 섭리적 은혜와 자비, 헤세드가 너무 압도적이어서 형들이 자신에게 가한 악행을 가볍게 볼 여유가 생긴다. 하나님께서 일만 달란트 채무 탕감에 상응하는 압도적인 은혜를 베푸셨기에 요셉은 형들의 악행에 대한 분노와 복수심을 중화시킬 수 있다.

더 나아가 이집트 총리가 되어 형들의 곡식 단으로부터 받는 스무 해도 넘는 과거의 꿈이 성취되는 과정을 보면서 자신의 고난은 자신의 꿈으로부터 왔고 자신의 고난은 하나님이 조장하신 섭리적 고난임을 깨닫게 되었다. 자신의 고난의 원인자가 하나님임을 깨닫고 인간 대리자들의 의도와 목적에 대해 마음을 쓰지 않게 되었다.

2. 요셉과 형들의 화해를 촉진시킨 형들의 회개와 유다의 지도력

창세기 37-50장은 요셉과 유다 두 형제가 끌어가는 서사다. 이 열네 장의 이야기는 요셉과 유다를 비교하고 대조시키면서 두 형제를 화해시키는 감동적인 서사다. 이런 대화해를 성사시킨 결정적인 주체는 하나님이시고 요셉이지만, 요셉이 형들을 용서하고 화해에 이르게 된 데는 유다의 지도력과 그것을 뒷받침하는 미덕 또한 중요했다. 첫째, 열명의 형들이 요셉의 용서를 받는 데는 그들의 회개가 어느 정도 작용했다. 요셉 앞에 자신들은 한 사람의 열두 아들임을 강조하고 막내는 집에 있으며 다른 한 명은 없어졌다고 실토했다(창 42:13). 열

두 아들 공동체성을 인정했다. 그들을 첩자라고 의심하며 가족 관계를 캐묻는 요셉이 그들에게 막냇동생을 자신에게 데려옴으로써 그들이 첩자가 아님을 증명하라고 다그쳤다. 요셉은 베냐민에 대해 그들이 어떻게 할 것인가를 검증하기를 원했을 것이다. 이렇게 무리한 의심을 하며 베냐민까지 데려오라는 괴로운 과업을 부과하자 그들은 마침내 요셉에게 행한 악행을 기억하고 뉘우치는 말을 했다. "그들이 서로 말하되 우리가 아우의 일로 말미암아 범죄하였도다. 그가 우리에게 애걸할 때에 그 마음의 괴로움을 보고도 듣지 아니하였으므로 이 괴로움이 우리에게 임하도다"(창 42:21). 요셉은 형들의 참회하는 말을 듣고 감정이 복받쳐 울었다. 이 회개는 열명 전체의 회개이지만 유다의 회개였을 것이다. 38장은 유다의 사람 됨됨이를 예시하는 일화다. 유다는 자신의 허물을 뉘우치고 회개하는 데 민첩하다는 것이다. 38장은 43장에서 유다의 회개와 희생적 지도력을 이해하는 데 배경을 제공한다.

43장은 베냐민을 데리고 요셉을 만나러 내려가는 열 명의 형들의 회개가 시작되는 과정을 추적한다. 유다는 베냐민을 대동하지 않고는 총리의 얼굴을 볼 수 없다는 말을 듣고 공황 상태에 빠진 야곱을 차분하게 설득하여 베냐민을 이집트로 데려가는 데 결정적인 지도력을 발휘한다. 유다의 논리는 "베냐민을 보내면 우리 가족이 다 살 수 있지만 보내지 않으면 우리 가족이 멸절된다"는 것이었다. 또한 베냐민을 살아 돌아오게 하지 못하면 유다 자신이 영원히 죄를 뒤집어쓰겠다고 주장했다. "유다가 그의 아버지 이스라엘에게 이르되 저 아이를 나와 함께 보내시면 우리가 곧 가리니 그러면 우리와 아버지와 우리 어린아이들이 다 살고 죽지 아니하리이다. 내가 그를 위하여 담보가 되오리니 아버지께서 내 손에서 그를 찾으소서. 내가 만일 그를 아버지께 데려다가 아버지 앞에 두지 아니하면 내가 영원히 죄를 지리이다"(창 43:8-9).

형들의 회개가 요셉의 용서를 촉발시켰는가? 그렇지 않다. 형들은 "요셉"이라는 동생에 대한 자신들의 악행을 명시적으로 고백하지 않았다. 그들에게는 요셉이 "없어진 한 명의 형제"다. 요셉의 형들은 양식을 구해야겠다는 절박함과 이집트 총리의 강경하고 무서운 첩자 심문에 대한 두려움에 사로잡혀 있었다. 베냐민을 데려오라고 하는 요셉의 다그침을 듣고서야 요셉에 대한 자신들의 오래 전 악행에 대한 하나님의 징벌이 임했다고 생각했다. 피해자 요셉의 가해자 용서는 가해자와 피해자의 완전히 뒤바뀐 처지와 관련되어 있다. 형들은 한때는 가해자였지만 지금은 지금 생존 위기에 내몰린 식량 난민이다. 요셉은 형들을 살릴 수도 있고 죽일 수도 있는 천하의 권세자다. 요셉은 형들의 악행으로 시작된 이집트 노예 생활이 이집트의 총리로 출세시키는 하나님의 섭리 때문에 형들의 악행의 파괴적 위력에서 해방되었다. 자신의 파란만장한 인생 여정의 주도적 기획자는 형들이 아니라 하나님임을 깨닫고 나서 그는 형들의 악행 자체를 용서할 힘을 가졌다. 형들의 회개가 요셉의 용서를 추동한 것이 아니었다는 의미다.

형들이 회개하지 않았더라면, 요셉은 용서하지 않았을까? 창세기 41-45장에서 펼쳐지는 그런 용서와 화해는 없었을 것이다. 요셉의 일방적인 사랑은 있었을 것이다. 아버지 야곱과 베냐민에 대한 요섭의 사랑이 너무 컸기 때문에 요셉은 야곱 가문에게 양식을 제공했을 것이다. 이 경우에는 요셉이 끝까지 자기 정체를 숨기고 베푸는 사랑을 베푼 셈이 될 것이다. 다행히도 요셉은 형들이 아주 소략한 "죄책감과 후회"를 피력하는 장면을 보고 자신의 정체를 드러낸다. 이때부터 용서받은 형들은 용서받은 감격, 동생을 재회한 환희를 느끼는 동시에 여전히 죄책감에 짓눌려 있다. 아버지 야곱이 살아 있을 때까지는 요셉이 자신들을 선대하겠지만, 언젠가 자신들을 노예로 전락시킬지도 모른다는 두려움이 남아 있었다. 이 두려움이 남아 있는 한 그들은 과거의 죄책으로부터 완전히 벗어난 것은 아니다.

3. 용서와 화해의 열매인 치유

아버지 야곱의 장례식을 치르고 이집트에 다시 돌아온 후 형들의 두려움은 점차 커져갔다. 또다시 형들은 정체 불명의 아버지 야곱 유언을 들먹이며 요셉의 보복 가능성을 원천 차단하려고 했다. 요셉의 형제들이 자신의 악행을 스스로 회개하고 참회하기도 전에 용서받았기에 자신들의 악행에서 비롯된 죄책감을 스스로 해소할 수 없었다. "요셉이 혹시 우리를 미워하여 우리가 그에게 행한 모든 악을 다 갚지나 아니할까"(창 50:15). 이 두려움 때문에 또다시 요셉의 형들은 아버지의 유언이라고 주장하는 "용서 명령"을 거론하며 자신들의 죄를 이제 용서해달라고 간청한다. 창세기 50:17은 정체 불명의 야곱 유언 중 일부다. "네 형들이 네게 악을 행하였을지라도 이제 바라건대 그들의 허물과 죄를 용서하라"(창 50:17). 형들은 이 아버지의 유언을 받들어 요셉이 자신들을 용서해달라고 간청한다. 요셉은 이미 용서받은 형들이 자신에게 새삼스럽게 용서해달라고 비는 말을 듣고 울었다(창 50:17). 형들은 요셉의 즉각적인 반응이 없자, 아예 자신들의 운명을 요셉에 손에 맡긴다. "그의 형들이 또 친히 와서 요셉의 앞에 엎드려 이르되 우리는 당신의 종들이니이다"(창 50:18).

요셉은 말과 행동으로 형들의 두려움을 완전히 불식시켜주었다. 창세기 50:19-21은 가해자였던 형들을 감금하고 있던 죄책감과 두려움을 불식시키는 감동적인 용서 서사다. 첫째, 요셉은 두 번이나 "두려워하지 마소서"(창 50:19, 21)라고 말한다. 자신은 심판자 하나님을 대신할 수 없는 존재라는 점을 밝힌다. 심판은 하나님의 몫임을 말한다. 하나님은 자신을 해하려 한 형들의 악행을 선으로 바꾸어 "오늘과 같이 많은 백성의 생명을 구원하게 하시려 하셨"(창 50:20)다는 섭리를 고백한다. 이는 형들의 악행을 선으로 바꾼 하나님이 형들에 대한 분노, 적의, 복수심을 완전히 해소시켰다는 함의가 든 고백이다. 하나님은 단지 악을 제거하시지 않고 악을 선으로 만드셨다는 것이다. 악은 잠정적인 생명력을 가졌을지라도 세상에 창궐한다. 악의 존재는 인간의 선을 극대화하기 위한 하나님의 실험이다. 악을 선으로 만드는 이 창조적 작업은 고난받는 의로운 종들의 고통을 통해 이루어진다.

둘째, 요셉은 아버지 야곱의 장례식을 치르기 위해 출애굽하여 가나안으로 돌아갔다. 그는 가나안으로 올라가서 아버지를 약속의 땅 가나안의 헤브론 마므레 막벨라 동굴에 안치했다(창 50:13). 요셉은 장차 있게 될 야곱 후손들의 출애굽 예행 연습을 미리 실연한 셈이다. 셋째, 형들보다 먼저 죽는 요셉은 임종 시 형들에게 자신의 유골도 출애굽시켜 달라고 유언한다(창 50:25). "당신들은 여기서 내 해골을 메고 올라가소서." 요셉은 자신이 이집트의 총리이지만, 이집트에 속한 자가 아니라 아브라함, 이삭, 야곱의 하나님이 주신 약속의 상속자임을 분명하게 했다. 요셉의 이집트 태생 두 아들 에브라임과 므낫세는 후에 출애굽의 선봉대가 되었을 뿐만 아니라 가나안 정복 전쟁의 향도가 된다(수 13:31; 민 32:39-42). 요셉 지파는 가나안 땅중 삼림지를 개척하여 거주지가 되게 하는 데 앞장섰다(수 17:15-17). 그리고 므낫세의 아들 마길의 아들들은 요단강 동쪽 정복 전쟁의 선봉이었을 뿐만 아니라 사사기의 드보라가 주도한 가나안 중부 곡창지대 정복 전쟁(야빈과 시스라 철병거 세력)에 주도자였다(삿 5:14). 요셉은 두 아들에게 아브라함, 이삭, 야곱의 하나님이 주신 가나안 땅 기업 상속 언약을 깊이 각인시켰음을 알 수 있다. 더 나아가 요셉은 하나님이 남은 야곱의 후손들로 하여금 언젠가 출애굽하게 하실 것임을 선언한다. "하나님이 당신들을 돌보시고 당신들을 이 땅에서 인도하여 내사 아브라함과 이삭과 야곱에게 맹세하신 땅에 이르게 하시리라"(창 50:24). 요셉의 이 출애굽 예언은 아브라함이 깊이 잠든 중 받았던 출애굽 환상과 호응한다. "너는 반드시 알라! 네 자손이 이방에서 객이 되어 그들을 섬기겠고 그들은 사백 년 동안 네 자손을 괴롭히리니, 그들이 섬기는 나라를 내가 징벌할지며 그 후에 네 자손이 큰 재물을 이끌고 나오리라.…네 자손은 사대 만에 이 땅으로 돌아오리니"(창 15:13-16). 세월이 흘러 실제로 요셉의 예언대로 출애굽이 일어났을 때 야곱의 후손들은 요셉의 유골을 안고 가나안으로 들어간다(출 13:19). 모세보다 먼저 출애굽을 준비시킨 지도자가 요셉이다.

마지막으로 요셉은 자신이 형들과 형들의 자녀들을 기를 것이라고 약속했다(창 50:21). 장자의 명분과 책임을 동시에 감당하겠다고 말한 것이다. "내가 당신들과 당신들의 자녀를 기르리이다 하고 그들을 간곡한 말로 위로하였더라." 이 문장에서 1인칭 단수 대명사 아노키(*ānôkî*)가 다시 사용된다. 다른 사람이 아니라 내가 당신들과 당신 자녀들을 먹여 살리겠다는 의지의 표명이다. "기르다"라는 말은 양식을 공급해주겠다는 말이다. 한 식탁에서 밥을 먹게 해주겠다는 말이 아니라 이집트에서 생계유지하는 일을 도와주겠다는 말이다. 야곱 자손들이 고센 목초지에서 생산하는 우유, 육류, 가죽, 털 등을 이집트 사람들이 소비하는 상품으로 시장에 내다 파는 것을 도와주겠다는 말이다. 21절의 하반절인 "그들을 간곡한 말로 위로하였더라"라는 어구에는 두 가지 동사가 사용된다. "위로하다"를 의미하는 니함(*niḥam*)(나함[*nāḥam*]의 강세 능동 피엘)과 "심장에 대고 말하다"를 의미하는 디베르 알-레브(*dibbēr ʿal-lēbh*)이다. 여기서 니함("위로하다")은 요셉의 보복을 두려워하는 마음을 해소시킨다는 의미다. "위로하다"와 "심장에 대고 말하다"라는 동사의 병렬적 사용은 하나님이 이스라엘에게 당신의 죄 사함을 확신시킬 때 사용하는 관용어다. 이사야 40:1-2은 동일한 어구를 사용한다. "너희의 하나님이 이르시되 너희는 위로하라(나하무). 내 백성을 위로하라(나하무). 너희는 예루살렘의 마음에 닿도록 말하며(다베루 알-레브 예루살렘) 그것에게 외치라! 그 노역의 때가 끝났고 그 죄악이 사함을 받았느니라. 그의 모든 죄로 말미암아 여호와의 손에서 벌을 배나 받았느니라 할지니라 하시니라"(사 40:1-2). 요셉과 형들은 언젠가 출애굽하여 가나안 땅으로 복귀해야 할 것을 가리키는 아브라함, 이삭, 야곱의 하나님이 주신 언약 안에서 하나가 되었다. 그들의 하나 됨은 가족적·혈연적 유대가 아니라 하나님이 주신 아브라함의 강대한 나라, 큰 민족을 이룰 비전 안에서 하나 됨이었다. 요셉의 형들도 이런 장대한 비전을 생각하는 요셉이 자신들에게 보복할 수 없다는 것, 즉 자신들을 종으로 부릴 것이라는 두려움은 근거가 없다는 것이 분명해졌을 것이다. 그들은 이제 더 이상 두려움에 감금되지 않고 출애굽의 날을 기다리며 번영을 구가했을 것이다. 요셉과 형들의 화해는 사회적 치유를 낳았고 공동체 번영의 기틀을 마련해주었다. 출애굽기 1장은 이스라엘 자손이 생육하고 번성하여 땅에 가득 차게 되었음을 증언한다(출 1:7).

VII. 결론

악행의 기억은 피해자나 가해자 모두를 감금한다. 이 피해자와 가해자 사이에 존재하는 악의, 보복심, 적대심은 인간 공동체의 번영을 영구적으로 좌절시킨다. 피해자 요셉은 한때는 가해자였지만 지금은 영락한 궁지에 몰린 형들을 용서했다. 그 용서의 힘은 하나님의 압도적인 사랑, 은혜, 형통케 하시는 복의 경험에서 나왔다. 자연적인 인간 본성에는 이런 용서를 촉발시킬 실마리가 없다. 용서는 지구적 미덕이 아니기 때문이다. 용서는 초지구적인 하나님에게서만 유래한다. 신구약 성서에서 하나님은 자신의 악행으로 망가진 악인들을 부단히 용서하신다. 하지만 아직도 힘 있는 지위에 있는 가해자들에게는 분노하시고 징벌할 것이라고 위협하신다. 하나님의 용서는 한때는 가해자이고 악행자였으나, 현재는 그 죄악으로 하나님의 징벌과 심판을 받아 완전히 망가져 몰락한 자들을 위한 선물로 주어진다. 의가 없어 망한 자들을 의로운 백성으로 재활 복구시키기 위하여 하나님은 기꺼이 용서하신다. 여기에는 용서받은 죄인은 하나님의 의를 배우고 학습하여 성장하게 된다는 함의가 들어있다(사 30:18-26). 우리가 사는 이 세계는 무한량의 용서와 화해 그리고 치유가 필요하다. 무한수의 가해자의 악행들이 무한수의 피해자들을 양산하며 그들을 영구적인 원통함, 복수심 그리고 적개심의 심연에 집어던지고 있기 때문이다. 자신의 이전 악행을 회개하기는커녕 하나님의 심판 자체를 부정하며(사 5:17-19) 숱한 피해자를 계속 양산하는 가해자들은 결코 스스로 회개하지는 못한다. 그들은 하나님의 용서가 필요하다고 믿지 않기에 하나님의 용서를 기대하지도 않고 요구하지도 않는다. 아직도 권력과 재부를 누리면서도 자신의 악행을 뉘우치지 않는 악행자들은 결코 하나님의 재활 복구적 용서와 갱생을 맛볼 수는 없다. 힘 있는 가해자들이 구원받는 길은 한 가지밖에 없다. 철저하게 멸망을 당하고 완전히 파산하여 오로지 하나님 외에는 구원할 자가 없는 상황에 던져지는 길밖에 없다.

이런 맥락에서 고대 이스라엘의 예언자들은 파산한 동시대인들과 후세대에게 하나님의 용서, 하나님의 주도적 화해 그리고 사회적 치유의 메시지를 선포했다. 그들은 초지구적인 하나님의 용서를 선포하고 회개를 촉구했다. 하나님의 죄 용서를 먼저 맛본 후 하나님께 돌이켜 화목하라고 외쳤다. 예언자들의 공통 메시지는 하나님의 회복적 정의였다. 그들은 언약 공동체에서 분리되어 잃어버린 자 된 하나님의 자녀들을 다시 하나님의 언약 백성으로 재활 복구시켜 하나님의 율법을 준행하는 의로운 백성으로 재창조하시려는 하나님의 언약 수호적 의지를 대변했다. 그들이 외친 공통 메시지는 하나님의 용서를 통한 사회적 치유였다. 이스라엘 민족은 스스로 체데크와 미쉬파트를 준행하는 데 실패한 하나님의 백성이었다. 그런 영락한 이스라엘 민족에게 예언자들은 하나님의 회복적 정의를 외쳤다. 그 회복적 정의는 체데크와 미쉬파트였다. 체데크는 이스라엘 백성을 언약 공동체 안에 결속시켜주시는 하나님의 주도적 호의와 친절 그리고 의리 있는 사랑이다. 체데크는 항상 가난하고 억압당하는 자 쪽으로 쏠리는 편애다. 이 회복적 정의는 과부에 대한 신적인 연민이고 그들의 삶에 자신을 정서적으로 의지적으로 얽어매는 일이다. 일방적으로 자신을 노예 백성의 운명과 얽어맨 하나님은 바로 회복적 정의의 하나님이시다. 하나님의 회복적 정의는 단순한 규범이 아니라 불의의 방벽을 넘어 무너뜨리는 도전이며 쉬지 않는 돌진이다. 메마른 땅에 생명을 주는 강물같이 메시아적 의에 목마르고 굶주린 세계를 향해 하나님의 회복적 정의는 오늘도 힘차게 작용한다.

이런 점에서 예언자들의 회복적 정의는 서구인들의 헬레니즘적 정의 개념과는 다른 히브리적 개념이다. 각자에게 제 몫을 돌려주는 플라톤의 국가에서 시행되는 정의는 계급 사회를 온존시키는 이데올로기의 표현에 다름 아니다. 또는 역사의 적폐에 대한 무자비한 숙청과 응징적 처벌을 의미하지도 않는다. 그럼에도 그동안 예언자들의 회복적 정의 사상에 대한 통속적 이해는 냉정함, 정확성, 수학적 평형 상태, 냉혹한 합리주의와 함께 연상된다. 이런 이해는 아마 구약 종교를 율법주의적이며 신약의 은혜스러움과는 동떨어져 있다고 보는 데서 기인할 것이다.

하나님의 회복적 정의는 냉혹한 합리주의와 창백한 공정성이 아니라 불합리한(?) 사랑의 원천이고, 납득할 수 없을 정도로 은혜로운 하나님의 자비인 것이다. 이 부조리할 정도로 지치지 않는 하나님의 사랑과 소진되지 않는 선(善)의지야말로 하나님의 회복적 정의의 진면목이다. 이 하나님의 회복적 정의가 야웨 하나님의 변함없는 진심이며 이 진심은 당신의 독생자를 십자가에 내어주는 사랑에서는 인간을 향한 일편단심(丹心)의 사랑으로 표현되었다. "하나님의 회복적 정의"의 자기표현인 이 세계가 하나님의 인격적 신실성에 조응하지 못하고 끝없는 의의 왜곡과 일탈로 치달을 때, 하나님의 회복적 정의는 가변적이고 신실하지 못한 피조물들을 쉴 새 없이 붙들었고, 이 세계를 보존해왔다. 그러다가 마침내 "율법 외에 하나님의 한 의"(롬 3:21)가 나타났다. 율법의 실천으로는 도저히 하나님의 회복적 정의에 조응할 수 없는 의의 실패자들에게 하나님께서는 압도적인 은혜를 베푸셔서 그동안의 의의 채무(죄의 빚)를 다 탕감하셨다. 이 죄탕감을 받은 인간의 보은심의 역동성 안에서 다시 한번 하나님의 그 의에 조응할 수 있는 능력을 주셨다(롬 1:16-17). 의의 실패자들에 대한 불공정한(?) 호의와 친절은 세상 마지막 날 의의 거룩한 요구 앞에 당신의 독생자를 죽음의 심판에 내어주는 십자가의 부조리한 냉혹함에 의해 상쇄되었다.

하나님께서는 아브라함을 선택하여 강대한 나라(고이 가돌)가 되게 하시려고 작정했다. 그 강대한 나라는 의와 공도(公道)를 준행하는 나라다(창 18:19; 창 12:2 고이 가돌 = 큰 민족). 의와 공도는 체데크와 미쉬파트다. 언약 공동체의 붕괴와 해체로 하나님 신앙과 율법 준수 의무에서 탈락하는 잃어버린 자들을 재활 복구시키는 일에 투신한 나라가 강대한 나라다. 아브라함의 후손인 예수 그리스도가 개창한 메시아 왕국은 불의한 자들을 용서하여 의로운 자들이 되게 하는 하나님의 회복적 정의가 왕 노릇하는 나라다. 하나님의 회복적 정의는 강물처럼, 하수처럼 불의한 자들의 가슴 속으로 흘러들어간다. 하나님의 회복적 정의는 하수와 개울물처럼 온 세계가 하나님의 의로 충만할 때까지 쉼 없이 넘실거리며 인간의 불의를 극복하기 위해 씨름한다. 하나님의 회복적 정의를 먼저 맛본 요셉은 하나님과 더불어 형들의 불의와 씨름하며 끝내 재활 복구시킨다. 하나님은 요셉에게 먼저 하나님의 회복적 정의, 체데크와 미쉬파트를 경험케 하셨다. 요셉을 당신의 언약 백성, 아브라함 언약의 상속자로 회복시켜주신 후 요셉으로 하여금 열 형들에게 회복적 정의를 준행케 하셨다. 야곱 가문 형제들의 적의는 해소되고 출애굽-가나안 땅 복귀라는 아브라함, 이삭, 야곱의 언약을 믿는 믿음 안에서 하나가 되었다. 야곱 가문은 치유되었다.

참고문헌

1. 니콜라스 월터스토프, 홍종락 역, 『하나님의 정의』, IVP, 2011.

2. 박철수, 『용서』, 대장간, 2020.

"군대 귀신 들린 자"의 치유

용서와 화해를 향해 가는 길

채영삼

치유 그리고 용서와 화해

기독교가 우리 사회의 극심한 갈등의 문제를 다루면서 "용서"부터 시작할 수 있다고 생각하는 것은 교회가 경험한 십자가의 용서가 그 뿌리이고 근원이 될 수 있다고 믿기 때문일 것이다. 또한 교회가 사회적 대립과 반목의 문제를 해결하고자 할 때 무엇보다 자신이 먼저 "십자가의 용서"로부터 시작할 수 있으리라고 전제하기 때문일 것이다. 하지만 설령 교회가 먼저 용서와 화해의 길을 걷고자 해도, 이는 십자가의 용서를 경험하지 못한 사람들에게는 처음부터 넘기 어려운 장벽이고 어쩌면 불가능한 기대일 수도 있다.

특별히 남과 북처럼 전쟁과 이념의 충돌로 인해 수많은 상처와 대립과 트라우마를 남긴 정치, 사회, 문화적 관계 속에서 이 "아픈 관계들"을 용서로부터 시작하는 것에는 희망적이기는 하지만 현실적인 어려움과 난관이 있다. 혹시 섣부른 용서와 화해를 표방하는 "정치적 제스처"는 결국 치유되지 않고 남아 있는 수많은 상처와 트라우마를 잠시 덮어놓은 위장이고 의미 없는 수사(rhetoric)들로 드러날 수 있기 때문이다.

물론 용서가 행해진다면, 화해와 치유를 가져올 수 있다. 이런 경우 치유는 기대할 수 있는 결과일 것이다. 하지만 역으로 생각해볼 수도 있다. 극심한 갈등과 반목으로 발생한 피해자들, 어쩌면 희생자들을 치유하는 일이 갈라진 집단 간의 용서와 화해를 촉발하는 계기가 될 수도 있기 때문이다. 이런 경우 치유는 용서와 화해를 촉진하는 원인이고 동력이 될 것이다.

이 글은 우리 사회뿐 아니라 한반도 전체에 찾아올, 그리고 반드시 찾아와야 할 용서와 화해의 그날을 바라보며 이 땅의 교회와 사회가 예수 그리스도께서 걸어가셨던 그 길을 따라 걷기를 희망하는 작은 발걸음, 특히 "버려진 자들, 희생자들에 대한 치유의 길"을 조명해보려는 시도다.[1]

이런 의도를 품고 우리는 공관복음서가 증언하는 "예수께서 데카폴리스 지역의 군대 귀신 들린 자를 고치고 회복하신" 이야기를 살펴볼 것이다. 이 사건 속에서 예수는 확실히 치유를 통해서 비록 "멀고 멀지만" 그분을 따르는 교회와 사회가 용서와 화해의 길로 나아갈 수 있는 중요한 몇 걸음을 제시하고 있다. 그 길을 추적해보자.

---

1   이 글은 채영삼, "작은 자 한 사람을 살리는 교회", 「현대종교」(2023년 10월)의 기본적인 주장과 내용을 확대, 보완하고, 상세히 설명한 것이다.

1. 우리 사회의 "집단 극화" 현상

사회학자들은 한국 사회가 "집단 극화"(group polarization) 현상이 두드러지게 나타나는 대표적인 경우라고 종종 지목한다. 한 사람의 견해가 좌(左)든 우(右)든 한 집단 안으로 들어가면 거기서 더욱더 극단적으로 강화되어 상대방을 악마화하기까지 멈추지 않는 극단으로 흘러가기 쉬운 사회라는 것이다.

최근 "한국 사회 및 성격 심리학회"는 전체 회원을 대상으로 올해 "한국 사회가 주목해야 할 사회 심리 현상"을 주제로 투표를 진행한 결과 제안된 후보 주제 중 "집단 극화"가 회원들로부터 가장 많은 표를 얻었다고 밝혔다. 집단 극화(集団極化)란 비슷한 의견을 가진 동질적인 집단이 모여 토의를 거친 후 개인의 평균적인 의견이 원래 개개인이 가지고 있는 의견보다 더 극단적으로 변화하는 경향성을 말하는 사회 심리학 용어다.[2]

다양한 사람이 공통 집단 속에 모여 살 때, 당연히 여러 가지 사안들에 대해 의견을 달리할 수 있다. 그것은 민주 사회에서 당연하고 권장할 만한 일이기도 하다. 하지만 최근 한국 사회는 계층, 이념, 정치 성향, 성별, 지역, 세대를 가릴 것 없이 한번 진영이 나누어지면 그 대립과 충돌이 격화되면서 극단화로 치닫는 경향이 유독 심하다는 것이다.

자신이 갖고 있는 어떤 견해가 이렇듯 한 진영에 속하고 난 뒤에

---

2   연합뉴스, 2023년 5월 1일자 참조(https://www.yna.co.kr/view/AKR20230428148800518).

더욱 극단적으로 치닫게 되는 데에는 온라인에서 정보를 취득하는 방식이 알고리즘에 따라 각 개인의 관심사와 입장을 강화하는 방식으로 진행되는 기술적인 원인도 한몫할 것이다. 만일 문제가 정보 취득에 관한 기술적인 문제라면, 그 해결도 그리 어렵지만은 않을 것이다. 하지만 IT 기술이 강화시킨 측면이 있다고 해도, 한국 사회의 "집단 극화" 현상은 그보다는 훨씬 근본적이고 고질적인 것이라고 추정된다.

우리 사회에 이런 집단 극화 현상이 두드러지는 것은 왜일까? 혹시 그 근본적인 원인을 한국이 세계에서 유일하게 남아 있는 "분단 국가"라는 사실에서 찾을 수 있지는 않을까? 남과 북이 아직도 "휴전 중"일 뿐이라는 군사적·정치적·사회 문화적 대치와 적대적 현실이 어쩌면 한국 사회의 다양하고 다면적인 집단 극화, 즉 "이원화"(二元化) 현상의 뿌리는 아닐까?

이 사회가 존재하는 가장 근본적인 정치, 체제의 구도 자체가 대치와 적대의 국면에 놓여 있는 이상, 비록 자주 그리고 뚜렷하게 의식하지는 못하더라도 우리의 의식 저변에 항상 "파국적 대립에 대한 깊은 불안"이 놓여 있는 것은 이 때문이 아닐까? 최근에 발표된 한 보고서에 의하면, 한국 사회에서 "이념(정치) 갈등"이 크다고 보는 개신교인들의 비율이 92.1%에 달한다. 또한 여러 갈등 분야들 가운데서도 1, 2순위를 합치면 "이념(정치)" 갈등이 가장 극심하다고 보는 비율이 78.1%이며 우리 사회의 다양한 갈등의 "원인"이 바로 여기, 즉 "이념

갈등"에 있다고 보는 비율도 67.1%에 이른다고 한다.[3]

　　이런 지표가 일반 시민의 경우에도 크게 다르지 않다고 한다면, 우리 사회를 뒤흔드는 다양한 갈등의 뿌리가 여기에 있다고 보아도 무방할 것이다. 바로 이 때문에 우리 사회는 굳이 남과 북이 아니라도 그것이 경제든 성별이든 지역이든 일단 서로 다른 진영으로 나뉘면, 마치 "(대리적으로) 전쟁하듯" 상대를 자신의 존재의 기반을 흔들어놓는 위협으로 느끼고 그래서 결국 서로를 "없어져야 할" 존재로 간주하게 되는 것은 아닐까. 마치 배를 타고 가면 배 멀미가 나는 것처럼 또는 비행기를 타고 있는 동안에 그 비행기가 착륙하기 전까지는 결코 안전하게 느끼지 못하는 것처럼 이 사회가 존속하는 전제 조건 자체가 이미 둘로 양분된 대치, 대립, 적대적 상태라는 사실이 그 반복적이고 전면적인 "집단 극화"의 근본 원인이 아닌가 하는 것이다.

2. 복음서의 "군대 귀신 들린 자"

우리 사회를 생각하다 보면 예수께서 "데카폴리스 지역"에 가셔서 무덤가에 살던 "군대 귀신 들린 사람"을 고친 사건이 가끔 떠오르곤 한다(마 8:28-34; 막 5:1-20; 눅 8:26-39). 마가복음이나 누가복음의 기록에 의하면, 그 귀신은 자기의 이름을 "군대"(軍隊, *legion*)라고 밝힌다. 복음서 저자들은 그 귀신들의 "수(數)가 많기" 때문이라고 언급하지

3　「갈등과 용서에 대한 개신교인 인식 조사 보고서」(2024. 1. 23), 지앤컴리서치, 5-9.

만, 원래 "레기오"(*legio*)라는 라틴어에서 차용된 낱말인 "레기온"은 그 수가 6천 명의 보병으로 구성된, 오직 로마 시민만이 입대할 수 있었던 로마 군대 조직의 단위 명칭이었다.[4] 이런 사실은 이 사건이 예수께서 귀신을 내어쫓으신 "기적"의 이면에 더 깊은 이야기를 전달하고 있다는 강렬한 인상을 남긴다.

군대 귀신 들린 자가 치유된 이 사건이 일어난 "가다라"(Gadarenes, 마 8:28) 또는 "거라사"(Gerasanes, 막 5:1; 눅 8:26)는 "데카폴리스"(Decapolis) 지역에 속한 도시들이었는데, 데카폴리스는 당시 로마 군단이 주둔하며 거점으로 삼았던 10개의 식민 도시들을 총괄해서 부르는 명칭이었다. 더구나 이 이야기에 등장하는 "돼지 떼"의 존재도 이 사건의 배경에 로마 제국의 군사 지배가 있었으리라는 사실을 강화시키는 요소다. 당시 데카폴리스는 대표적인 "이방인 지역"이었고 무엇보다 유대인들은 돼지고기를 먹지 않았기 때문에 이 지역에서 행해졌던 양돈업이 주로 로마인들을 위한 사업이었으리라는 것은 짐작하기 어렵지 않다.[5]

그렇다면 이 치유 기사에 소개되는 그 "군대 귀신 들린 자"는 로마 군대에 직접적인 피해를 입은 사람(들)이 아니었을까? 마가복음은 그 군대 귀신 들린 자를 "더러운 영 들린 어떤 사람"으로 묘사하고 누가복음은 대표적으로 "귀신 들린 어떤 남자"로 표현하는데, 마태복음은 복수(複数)로 "귀신 들린 사람 둘"이라고 소개한다. 이는 그런 피해

---

4   박윤만, 『마가복음』(감은사, 2021), 398.
5   Bock, *Luke 1:1-9:50* (Baker, 1994), 768; Keener, *Matthew* (Eerdmans, 1999), 282.

받은 자가 한 사람뿐이 아니라는 것이며 더 정확히는 마태복음이 자주 "증인"으로서 "두 사람"을 내세우듯 그렇게 "군대 귀신"으로 고통당하는 자들이 명확히 그 피해를 "증거"하고 있다는 뜻이기도 하다.

이런 복합적인 정황들과 정보들은 한결같이 데카폴리스의 그 "군대 귀신 들린 자"(단수, 대표적으로)가 로마 제국이 갈릴리 지역을 군사력으로 식민지화하는 과정에서 일어난 군사적 폭력의 희생자일 수 있다는 가능성을 생각하게 만든다. 더구나 이 군대 귀신 들린 자의 "처참한 상태"에 관한 복음서의 묘사는 그가 상상하기 어려울 만큼 비인간적인 폭력을 당한 희생자였음을 보여준다.

귀신의 이름, "군대"

우선 그가 "귀신 들렸다"는 사실은 그가 정상적인 의식과 판단, 정서와 의지를 갖기에는 너무도 파괴된 상태, 즉 자신의 의지와 판단을 유지하지 못할 만큼 심각하고 충격적인 고통을 당하고 있음을 드러낸다. 보통 자기의식과 판단력, 감정과 의지가 정상적으로 작동하는 사람에게 귀신이 들어가 그 사람의 인격을 대체하지는 못한다. 통상 귀신 들림은 그 귀신이 들어간 사람이 극도로 허약해질 만큼의 충격과 무너짐을 경험하는 것을 통해 일어나기 때문이다. 그는 도대체 어떤 충격을 받은 것일까?

마을에서 외떨어진 무덤가에 격리된 그 "군대 귀신 들린 사람"은 어쩌다가 그렇게 되었을까? 내막을 알 수는 없지만, 그는 어쩌면 로마 군인들의 잔혹한 살육이나 강간이나 약탈로 인해 가족을 잃었거나 그런 이유로 큰 충격을 받고 실성한 주민 중 하나였을 가능성이 높지 않을까? 그는 왜 무덤가에서 살고 있었던 것일까? 혹시 로마 군인들에게 희생당했던 그의 가족 중 누군가가 거기에 묻혀 있었던 것은 아니었을까? 아니면 마을 사람들이 자신들의 생업에 방해가 되지 않도록 그를 무덤가로 쫓아내 거기에 격리시켰기 때문이었을까?

복음서의 묘사는 그가 인간의 존엄성을 완전히 상실한 처참한 상태에 놓여 있었음을 보여준다. 그는 "오랜 기간 동안 옷을 입지 않았다"(눅 8:27). 옷을 입지 않았다? 왜 그랬을까? 그는 그 무덤가를 지나가던 사람들에게 무엇을 알려주고 싶었던 것일까? 그는 무엇에 저항하고 있었던 것일까? 부끄러움도 없이 인간에게 남은 마지막 존엄도 벗어 내던진 그는 혹은 그녀는 어떻게 하다가 그렇게 되었을까?

더구나 그는 밤낮으로 소리를 지르고 돌로 자기 자신의 몸을 내리 치곤했다(막 5:5). 마음에 무엇이 강렬히 맺혀 있지 않았다면, 그렇게 밤낮으로 소리 지르고 자신을 학대할 이유도 없었을 것이다. 군대 귀신의 망령이, 어쩌면 그 군대의 끔찍한 폭력의 기억이 그의 속에서 (혹은 그녀의 속에서) 그를 밤낮으로 괴롭히고 있었을까? 무엇이 그렇게 그를 아프게 했을까? 무엇을 알리고 싶어서 그렇게 밤낮으로 소리를 지르고 있었을까?

또한 그는 상당히 위험스런 폭력성을 보였다. 그렇다고 그가 돌을 집어 지나가는 사람들에게 던지고 그들을 위협하며 상하게 하려 했던 것은 아니었다. 도리어 그는 그 돌로 "자기 자신"을 해치고 있었다. 어쩌면 그는 원래 돌을 들어 남을 해치지도 못할 만큼 나약한 사람이지는 않았을까? 자기에게 가해진 폭력이 더 이상 무고한 자들을 향하지 못하도록 자기 속에서 꿈틀거리는 폭력의 욕구를 오히려 자기에게 향하게 하고 있었던 것은 아닐까? 그는 그렇게 자신을 파괴하는 방식으로나마 자기를 괴롭히는 군대 귀신에게 저항하고 있었던 것은 아닐까? 그의 반복되는 자해(自害)는 영원히 폭력의 고통 속에 갇혀버린 자기에게 남아 있던 마지막 인간다움의 발버둥이지 않았을까?

군대 귀신이 자기 안에 들어와 이제는 영영 그 폭력의 기억 속에 갇혀버린 이 가련한 사람은 그 마을 사람들로부터도 완전히 단절되었다. 이것은 그가 단지 "무덤들 사이에서" 살았다는 사실 그 이상의 아픔에 관한 것이다. 그는 사회적으로도 이미 죽은 자였기 때문이다. 그에게는 사람들 속에서 사람들과 더불어 살 수 있는 집이 없었다. 마을 사람들은 아예 그를 쇠사슬로 묶어서 묘지에서 살게 함으로써 그 미친 자가 자신들의 마을로 들어오지 못하도록 철저히 격리시켰다 (막 5:4; 눅 8:27).

희생자들

이처럼 그는 마을 사람들이 자기 몸에 감아놓은 쇠사슬에 묶인 채 무덤들 사이에서 먹고 자고 떠도는, 모든 인간다움을 빼앗긴, 살아 있지만 사실상 "죽은 자에 더 가까운" 사람이었다.[6] 그렇게 한때 함께 살았을 자신의 공동체로부터 격리된 채, 그 군대 귀신 들린 자는 어디에도 호소할 수 없는 고통과 철저한 사회적 고독에 시달렸을 것이다. 그에게 다시금 마을에 돌아가 "정상적으로" 살아볼 꿈은 사라졌다. 그

---

6   Bovon, *Luke 1* (Fortress, 2002), 327

는 모든 인간적 존엄을 빼앗긴 채 주검들 곁에서 "죽음의 기억"을 살고 있는 사람이었다.

소설가 한강은 1980년대 광주 민주화 항쟁을 직접 현장에서 경험했던 생존자들과 남아 있는 자료들을 토대로 재구성된 이야기를 들려준다. 그녀는 당시 15살의 중학생으로 군인에게 학살된 "동호"라는 인물의 혼(魂)이 무덤가를 배회하며 독백(独白)하는 이야기를 마치 자신이 동호가 된 양 재현한다.

> 계속해서 내 몸은 썩어갔어. 벌어진 상처 속에 점점 더 많은 날 파리들이 엉겼어. 눈꺼풀과 입술에 내려앉은 쉬파리들이 검고 가느다란 발을 비비며 천천히 움직였어. 참나무 숲 우듬지 사이로 오렌지색 광선을 내쏘며 해가 저물어갈 무렵, 누나가 어디 있는지 생각하는 데 지친 나는 이제 그들을 생각하기 시작했어. 나를 죽인 사람과 누나를 죽인 사람은 지금 어디 있을까. 아직 죽지 않았다 해도 그들에게 혼이 있을 테니. 생각하고 생각하면 닿을 수 있을 것 같았어. 내 몸을 버리고 싶었어. 죽은 그 몸뚱이로부터 얇고 팽팽한 거미줄같이 뻗어 나와 끌어당기는 힘을 잘라내고 싶었어. 그들을 향해 날아가고 싶었어. 묻고 싶었어. 왜 나를 죽였지. 왜 누나를 죽였지. 어떻게 죽였지…[7]

시대와 상황은 다르지만, 광주 항쟁 때 진압군에 의해 죽어간 "동호"라는 아이의 이 섬뜩한 독백은 복음서가 증언하는 그 "군대 귀신 들

---

7   한강, 『소년이 온다』(창작과비평사, 2014), 52.

린 자"가 무덤가에서 질러대던 괴이한 소리가 과연 어떤 내용이었을지, 그리고 그가 왜 돌로 그토록 자기 몸을 상하려 했는지 어렴풋이나마 가늠하게 해준다. 데카폴리스의 그 군대 귀신 들린 자는 "동호"처럼 죽은 혼은 아니지만, 이미 "죽은 자"와 다름없이 그 "폭력의 기억"에 시달리고 있었던 것은 아닐까? 차라리 죽기를 원했던, 그래서 돌로 자신의 몸을 치던 그 "미친 자"는 왜 마을 사람들로부터 격리되어 그토록 비참한 삶을 살게 되었던 것일까?

실화를 바탕으로 한 이 소설은 광주 항쟁 당시 군인들에게 가족을 잃고 살아남은 사람들의 삶을 "더 이상 어두워지지도 다시 밝아지지도 않는 저녁 속에서 우리는 밥을 먹고 걸음을 걷고 잠을 자는" 것으로 묘사한다. 또 다른 생존자는 "나는 싸우고 있습니다. 날마다 혼자서 싸웁니다. 살아남았다는, 아직도 살아 있다는 치욕과 싸웁니다. 내가 인간이라는 사실과 싸웁니다. 오직 죽음만이 그 사실로부터 앞당겨 벗어날 유일한 길이란 생각과 싸웁니다. 선생은, 나와 같은 인간인 선생은 어떤 대답을 나에게 해줄 수 있겠습니까?"라고 묻기도 한다.[8]

무엇이, 도대체 어쩌다가 이런 비극적인 희생자들을 만들었다는 말인가? 우리 사회에서 군대에 의해 당한 폭력의 기억을 더 거슬러 올라가면, 남북이 서로에게 총칼을 들이댄 6.25전쟁이 그 근원지라고 하지 않을 수 없다. 전쟁의 포탄은 실로 땅에만 떨어지지 않는다. 한 가족이 단란하게 모인 밥상 위에도 떨어지고, 그렇게 자녀와 사랑

---

8   한강, 『소년이 온다』, 79, 135.

하는 남편, 아내, 부모를 잃은 한 사람의 가슴 한복판에 떨어져 거기에 평생을 메울 수 없는 구덩이를 남긴다. 그 깊고 처참한 구덩이 속에 고이는 슬픔과 비통과 공포는 결국 그의 모든 감정과 이성과 의지를 마비시킬 만큼 강력한 트라우마를 남기는 것이다.

전쟁이 발발하고 남북이 갈린 지 80년이 다 되어가지만, 아직도 우리 사회의 많은 사람이 곳곳에서 "군대 귀신"의 환영(幻影)과 그 후유증에 시달리고 있는지도 모른다는 생각을 하게 된다. 실제로 우리 사회에는 아직도 자신의 눈앞에서 사랑하는 가족이나 전우가 죽어갔던 그 전쟁의 트라우마에 시달리는 분들이 여전히 남아 있다. 지금은 많이 돌아가셨지만, 전쟁 당시에 청소년기를 보냈던 분들은 반세기가 지났어도 여전히 총탄이 빗발치는 들판을 뛰어 달아나거나, 사랑하는 가족이 총살당하는 것을 지켜보는 악몽에 시달리곤 한다.

이들에게 전쟁은 이념의 문제 이전에 "혈육의 죽음"이다. 그것은 여전히 치유받아야 할 말할 수 없는 아픔이고, 살아 있는 공포이며, 헤어 나올 수 없는 트라우마인 것이다. 우리 사회에서 이런 분들은 종종 "시대에 뒤처진 돈키호테"나 "광인(狂人)들"처럼 취급되곤 한다. 하지만 이들은 한때 이 나라가 선택한 신앙의 자유, 생존의 자유를 위해 모든 것을 바쳤던 분들이다. 이들 역시 여전히 "군대 귀신"에 시달리는 희생자들인 것이다.

3. "양돈업자들"과 공포 관리 이론

복음서의 군대 귀신 들린 자의 치유 이야기에서 주목해야 할 또 다른 중요한 대목이 있다. 애초에 마을 사람들은 왜 그를 격리했을까? 분명히 그들은 그 귀신 들린 사람을 감당하기 어려웠을 것이다. 하지만 그런 이유뿐이었을까? 혹시 그에게 일어난 로마 군대의 폭력 자체를 잊고 살고 싶었던 것은 아니었을까? 더 나아가 돼지들을 길러 로마 군대에게 공급하는 것이 그 동네의 주된 사업이었다면, 동네 사람들은 설사 그가 한때 그들의 공동체의 일원이었다고 해도 로마 군대의 폭력을 떠올리게 하여 그 사업 관계를 불편하게 만드는 이런 미친 자와 그의 존재, 그의 이야기를 영영 땅에 "묻어버리는" 것이 자기들의 사업에 옳다고 생각했던 것은 아니었을까?

이런 질문에 대한 답은 예수께서 그 사람을 치유한 사실에 대한 그 마을 사람들의 반응 속에 숨어 있다. 놀랍게도 마을 사람들은 군대 귀신 들린 자를 치유하신 예수를 "환영하지 않았다." 도리어 예수께 그 지역을 떠나달라고 "간청"했다(마 8:34). 마가복음은 마을 사람들이 군대 귀신 들렸던 자가 제정신으로 돌아와 옷까지 차려입고 차분하게 예수의 발 곁에 앉아 있는 것을 "두려워했다"(막 5:15)고 전한다. 누가복음은 조금 더 생생하게 그들이 이 장면을 보고 "큰 두려움에 휩싸였다"(눅 8:37)고 묘사한다.

이들이 "두려워"했던 것은 예수의 놀라운 권능에 관한 경외심이나 그 아팠던 자가 나은 사실을 목격한 주체할 수 없는 기쁨에 관한 것이 아니었다. 그랬다면 예수께 그 지역에서 떠나가달라고 간청하지 않았을 것이다. 그들을 덮친 것은 오히려 "당혹감과 불안" 또는 차라리 "공포"의 감정에 가까웠던 것으로 보인다. 마치 일어나지 말았어야 할 일, 일어나서는 안 되는 일이 끝내 일어나버린 것처럼 당혹스럽고 두려워하는 반응을 보인 것이다. 그 군대 귀신 들렸던 자가 치유받고 회복된 일이 그들에게는 커다란 좌절이고 새로운 골칫거리라도 된다는 듯이 말이다.

그들은 왜 그런 반응을 보이게 되었을까? 그 군대 귀신 들렸던 자가 제정신으로 돌아오면 혹시 이제부터 떠벌리고 다닐 어떤 증언, 영원히 묻어두어야 할 증언이라도 있었다는 것일까? 그 "미치광이"가 제정신이 들어, 그가 보았고 들었고 당했던 일을 그대로 폭로하면, 그들에게 혹은 그들이 경영하는 돼지 치는 사업에 커다란 위협이 되기라도 한다는 것일까? 분명한 것은 마을 사람들이 그 군대 귀신 들린 자가 격리된 채 무덤가에 그대로 남아 있기를 바랐다는 정황이다.

"두려움"의 이유

대부분의 주석가는 그들이 느꼈던 "두려움"의 실체가 복합적인 것이었겠지만 그중에서도 경제적 이유가 가장 컸을 것으로 추정한다. 예수가 그 군대 귀신을 돼지 떼에게 들어가도록 허락하심으로써 돼지 떼가 몰살된 것을 보고 그들은 앞으로 더 발생할지도 모를 그 이상의 재산 손실을 막으려 했다는 것이다.[9] 말하자면 그 마을 사람들은 돼지고기를 소비하는 아마도 그 지역에 주둔하던 로마 군인들을 포함한

---

9   Fitzmyer, *Luke*, 740; Bock, *Luke*, 779; 박윤만, 『마가복음』, 402.

이방인들을 상대로 하는 그들의 사업에 커다란 위협을 느꼈던 것이다.

　마을 사람들이 마치 아무 일도 일어나지 않았고 또 일어나지 않기를 원하는 것처럼 그들 가운데 군대 귀신 들려 고통당하던 자들을 고쳐주신 예수를 배척하고 자신들의 "집단 내부를 결속"시키는 모습은 이 사건의 더욱 비극적인 측면을 엿보게 만든다. 우선 그들의 일부였던 군대 귀신 들린 자의 존재는 분명 그 지역 사람들이 군대의 폭력을 경험했을 가능성을 가리킨다. 동시에 그들은 아마도 그 지역에 주둔하던 로마 군인들을 포함하는 이방인들을 대상으로 하던 그 양돈업이 주는 사업상의 이득 때문에, 그 군대 귀신들린 자를 격리시키고 쇠사슬로 묶어두었을 뿐 아니라 이제는 치유받은 그 희생자뿐 아니라 그를 고치신 예수마저 격리시키며 침묵시키고 싶어 하지 않았을까?

　결국 군대 귀신 들린 자를 치유하신 예수를 배척함으로써 그들은 그렇게 "군대 귀신 들린 상태"를 방치했을 뿐 아니라 견고히 지키고 싶어 했다고도 할 수 있다. 이러한 "집단적 폐쇄성"은 어떻게 설명해야 하는가? 사회 심리학이 다루는 주제 중에 "공포 관리 이론"(terror management theory)이라는 것이 있다. 사람들이 죽음이나 재난의 공포에 직면하면 자신이 속한 집단과 적대적인 "외(外) 집단" 사이의 양극화를 만들어내고 자신이 속한 집단의 생각이나 판단이 무조건 옳다고 믿는 "내(內) 집단 편향성"을 강화시킨다는 것이다.[10]

10　추병완, "편견의 원인과 결과: 공포 관리 이론을 중심으로" 『도덕과 윤리과교육』 Vol.

사람들은 죽음의 위협, 곧 "죽음 현출성"(現出性)에 직면할 때 자신의 세계관이 표방하는 가치들을 위반하는 사람들에 대한 강한 처벌을 요구하고 자신들의 세계관을 비판하거나 혹은 자신과는 다른 세계관을 지지하는 사람들을 경멸하거나 공격하려는 성향을 보여준다는 것이다. 복음서의 군대 귀신 들린 자의 이야기에서 "죽음"은 가장 두드러진 특징이고 배경 중 하나다. 군대 귀신 들린 자는 "무덤들 사이에서" 살고 있었다.

옷을 벗고 지낸 지 오래였고 쇠사슬에 묶여 있다거나 그것을 끊어버리고 날뛰는 모습, 괴성을 지르며 자신의 몸을 돌로 찧고 학대하는 모습은 그 자체로 "죽음"의 증상이 아닐 수 없다. 더구나 그런 식으로 지속적으로 그를 파괴하는 귀신의 정체는 "죽이는 일"을 전문으로 하는 "군대 귀신"이었다. 그 군대 귀신이 쫓겨나 들어간 돼지 떼역시 물속으로 뛰어들어 떼로 죽임을 당했으며 그것을 지켜본 마을 사람들은 자신들의 "경제적 파산"이라는 또 다른 죽음의 위협을 감지했다.

이렇게 "죽음"이 다각도로 지배하는 사건 속에서 그 군대 귀신 들린 사람이 죽음에서 해방되었다는 사실은 데카폴리스 지역의 마을 사람들에게 뜻밖에도 기쁜 소식이 아니었다. 그의 치유와 회복이 그들에게는 "더 큰 죽음의 공포"를 불러온 것처럼 보였을 것이기 때문이다. 그들은 무엇을 두려워하고 있었던 것일까? 그들은 군대 귀신에서 해방된 그가 앞으로 초래할지도 모를 로마 군대와의 불편한 관계

38, 31.

나 그것이 연쇄적으로 초래할지도 모르는 자신들의 양돈 사업에 닥쳐올 위기를 직감한 것일까?

어떤 경우라도 이 이야기의 가장 슬프고 충격적인 부분은 그 마을 사람들이 한때 그들 공동체의 일원이었을 그 군대 귀신 들린 자들의 치유에 대해 "전혀 기뻐하지 않았다"는 사실이다. 그것은 그들이 이 군대 귀신 들린 자의 치유보다 "격리"에 관심이 많았다는 사실과 부합한다. 아니 어쩌면 그들은 로마 군대에 대한 그들의 분노와 공포를 그 군대 귀신 들린 자 한 사람 또는 그런 희생자들 몇에게 쏟아부었던 것은 아니었을까? 아예 그들을 마을로부터 격리시킴으로써 그렇게 "가짜 평화"를 만들고 계속해서 희생자들이 나올 수밖에 없는 로마의 "가짜 평화"(*Pax Romana*[팍스 로마나])에 대한 선전 아래서 오히려 로마 군대를 상대로 성행하게 된 그들의 양돈업의 위축을 우려한 것은 아니었을까?

"누가" 진짜 군대 귀신 들린 자들인가?

그렇다면, 만일 그렇다면 복음서가 전하는 단편적이지만 의미심장한 이 이야기 속에서 "진정 군대 귀신 들린 자들은 누구였을까?" 이런 질문이 불가피하게 된다. 오랫동안 군대 귀신에 시달렸던 자가 회복된 것을 전혀 달가워하지 않았던 마을 사람들, 그들 역시 로마 군대가 상징하는 죽음의 공포 아래 있었으면서 동시에 그런 상황을 이용한 양돈업의 번창을 위해 계속해서 로마 군대의 폭력을 옹호하고 그로 인해 생기는 희생자들을 격리시키며 그들을 마치 "없는 존재, 살아 있지만 죽어도 좋은 존재들"로 묻어버리려는 그들 자신이 진정한 의미에서 "군대 귀신 들려 있던" 자들이 아니었을까?

복음서 저자들의 묘사는 날카롭다. 마태복음이나 마가복음은 모두 마을 사람들이 예수께서 그 지역을 떠나가시기를 "간청했다"고 할 때, 그 이전에 군대 귀신이 돼지 떼 속으로 들어가기를 예수께 "간청했다"고 했을 때 사용한 "파라칼레오"(parakaleo)라는 똑같은 동사를 택함으로써 그 마을 사람들의 간청은 본질상 군대 귀신의 간청과 같은 요구였다고 폭로하는 것이다.[11] 예수께서 군대 귀신 들린 자를 고치셨는데 정작 그 마을 사람들 자신이 군대 귀신에 휘둘리는 상황이라면 이제 이 문제를 어떻게 풀어야 좋을까? 예수는 그 마을 사람들을 어떻게 하셨는가? 그리고 우리는 우리 사회의 "귀신 들린 자들"을 어떻게 치유해야 하는가?

우리 사회에 "집단 극화" 현상이 강한 것은 우리가 쉽게 자각하지는 못하지만 우리 공동체의 마음 저변에 "전쟁"이나 군대로 인한 폭력과 이를 방불하는 "'인재(人災)에 가까운 잇따른 재난'의 반복으로 인한 "죽음의 공포와 불안"이 여전히 작동하고 그것을 건강하고 효과적으로 다루고 있지 못하기 때문일 수 있다. 이것이 우리가 어떤 이유로든 서로 "나뉘기" 시작하면 마치 서로를 죽일 듯이 적대시하고 내 편은 무슨 불법을 저질러도 이성을 잃고 두둔하곤 하는 근본적인 원인일 수 있다.

이런 점에서 분단 상황에서 여전히 전쟁의 위협 아래 있는 남북한 주민들의 뿌리 깊은 편견과 적대감의 원인을 이해하는 데 공포 관

11   Strauss, *Mark*(Zondervan, 2014), 220.

리 이론이 도움을 줄 수 있다고 주장하는 추병완의 제안은 수긍이 가는 면이 있다.[12] 그에 의하면, 공포 관리 이론의 측면에서 볼 때, 남북한 정권이 채택한 상이한 이데올로기 및 그것의 정치 사회화 과정은 주민들에게 심리적 안전감과 자존감을 부여하는 문화적 세계관의 형성과 확산 과정이라고 표현할 수 있다는 것이다. 그 결과 남북한 주민들은 각기 서로의 존재를 죽음에 대한 인식을 직접적으로 떠올리게 하는 존재로 여기게 되었으며, 이것이 상대방에 대한 편견과 적대적 감정을 발전시키는 근본 요인이라는 것이다.

여기에 한 가지를 더 보태면, 남과 북의 사회가 서로의 존재를 죽음을 떠올리게 하는 존재로 인식하게 하는 "이념적 대립"이 "공포 관리의 패턴"을 더욱 자극한다고 할 수 있다. 즉 상대에 대한 배척과 적대감을 발생시키는 이런 "근원적 대립"으로부터 여타의 다른 여러 갈등 상황, 즉 세대, 성별, 경제적 진영, 정치적 성향에 따라 다양한 집단 간의 배척과 적대적인 관계들이 파생적으로 "분화"(分化)되고 "극화"(極化)되는 현상을 보인다는 것이다.

실제로 많은 사람이 우리 사회의 갈등의 근본 원인을 "이념(정치) 갈등"에서 찾는 것처럼 우리 사회 속에서 이런 "집단 극화"의 문제를 풀어간다는 것은 앞서 언급한 근본적인 "공포 관리의 패턴"을 건강하게 만들어가는 방식을 고민해야 함을 의미한다. 현상적으로 당장 문제가 되는 집단 극화의 희생자들을 치유하는 것뿐 아니라 상존하는 죽음의 공포를 이용하여 오히려 집단 극화를 "조장"하고 이를 통

---

12   추병완, "편견의 원인과 결과: 공포 관리 이론을 중심으로," 38.

해 자신들의 정치, 경제, 사회, 문화, 종교적 이득을 극대화시키는 방식, 곧 "파괴적인 방식으로 공포를 관리하는" 자들을 어떻게 다루어야 할 것인지도 풀어가야 하는 숙제로 남게 된다.

우리 사회에는 아직도 꿈에서 총탄이 빗발치는 전장(戰場)을 뛰는 악몽을 꾸는 분들이나 그런 유의 폭력으로 인한 상처에서 벗어나려 몸부림치는 피해자들 또는 그들의 가족들이 있다. 이들을 치유하는 것은 절박하고 결정적인 문제 해결의 시작이다. 하지만 정말 풀어야 하는 문제가 되는 부류는 군대 귀신 들린 사람들을 고쳐주셨던 예수에게 도리어 그 지역을 떠나달라고 요청하며 "공포 관리"의 방식을 보여준 그 "양돈 업자들"과 같은 사람들이다.

4. "희생양"을 치유하시는 예수

그렇다면 예수는 어떻게 이런 문제를 풀어가셨을까? 그가 가셨던 길은 우리에게 어떤 해법과 전략, 미래를 제시할 수 있을까? 우선 강조해야 할 대목은 예수께서 유대인으로서 이방 땅에 있던 "더러운 영", 곧 "군대 귀신"에게 시달리던 자를 찾아가셨다는 사실이다. 그분은 마을 공동체로부터 버려진 사람, 거의 사람의 형체를 잃어버린 그에게로 가셔서 그를 고쳐주셨다. 예수께서 택하신 방식은 그를 격리시키고 쇠사슬로 묶어두었던 마을 사람들, 자신들의 양돈 사업을 위해서 그가 치유된 사실조차 묻어두고 싶어 했던 그들의 "공포 관리 방식"과는 대조되는 전혀 다른 방향으로 진행하는 것이었다.

이런 점에서 예수께서 군대 귀신 들린 자를 치유하신 사건은 그 "군대"를 운용했던 당시의 로마 제국의 폭력적인 방식에 대항한 예수의 방식을 엿보게 한다. 군대 귀신은 곧바로 예수의 정체를 알아본다. 그분은 "지극히 높으신 하나님의 아들"이시다.[13] 이는 70인역(LXX)에서 자주 이방인들이 하나님을 부르는 칭호였다. 당시 "하나님의 아들"이 종종 황제 자신을 가리키는 칭호였다는 사실을 고려하면, 지금 군대 귀신은 로마 제국이 알아보지 못하는 예수의 정체를 폭로하는 셈이다.

동시에 그 "지극히 높으신 하나님의 아들 예수"께서 멸하려고 하시는 그 "더러운 영"이 스스로를 "레기온" 즉 "군대"임을 자백했다는 사실은 예수께서 행하신 이 축사(逐邪)와 치유의 사건이 사실상 당시 "거짓 평화"를 내세우며 군대의 폭력으로 희생자들을 양산했던 로마 제국의 죄와 죽음의 권세를 해체하기 시작한 사건이었음을 가리킨다.[14]

그러니까 예수께서 군대 귀신 들린 자를 치유하신 사건은 단순히 한 병자를 고치신 치유 기사(記事) 정도가 아니라 "팍스 로마나"(로마의 평화)라는 정치적 구호를 걸어놓고 그 군대의 폭력으로 수많은 "희생자들"을 만들어냈던 로마 제국을 향해 진정한 "평화"가 어떤 것이며 어떤 식으로 이루어질 것인지를 보여주신 놀라운 길이었다.

---

13 Bovon, *Luke 1*, 327.
14 박윤만, 『마가복음』, 400.

공포 관리의 방식과 희생양

복음서의 보도에 따르면, 데카폴리스의 그 마을 사람들은 오랫동안 군대 귀신에 시달려왔던 사람이 치유된 모습을 보면서도 냉혹하고 잔인한 반응을 보였다. 그들에게 군대 귀신 들린 자가 더 이상 존재하지 않는다는 것은 오히려 그들이 마주했던 "군대의 폭력"과 "죽음의 공포"에 대한 그들 자신의 "폭력성"을 쏟아부을 희생양을 사라지게 되는 위험을 의미했을 뿐이었다.

예수께서 군대 귀신 들린 자를 치유하셨을 때, 그들이 불편하고 당황한 채로 예수의 문제 해결 방식 자체를 거부한 것은 그들이 사실상 "군대의 폭력"에 스스로 참여하고 있었으며 사실상 "죽음의 배를 채워주는 그들의 양돈 사업"을 지속하는 것이 그들이 유지해온 "공포 관리" 방식이었음을 드러낸 것이나 마찬가지가 아닌가.

사회가 불안정할수록 "무고한 희생양들"은 폭력 해소의 대체물로 지목되어 억울하게 고통을 겪게 되는 경우가 많다. 르네 지라르 (René Girard)는 희생양이 만들어지는 과정에는 언제나 메커니즘이 작동하는데 박해자들은 이를 통해 자신들의 폭력에의 욕구를 정당화하거나 은폐하려 한다고 주장한다. 지라르에 의하면, "희생양 메커니즘"이란 "폭력적 성향의 집단적 전이(轉移) 현상으로서 공동체가 갈등으로 인하여 와해될 위기에 처하게 될 때 이를 해소하기 위한 방안으로 서로에 대한 증오심을 힘없는 개인이나 소수 집단에 쏟아부어 공동체 내부의 긴장과 불만을 해결하는 방식"을 가리킨다.[15]

---

15   르네 지라르, 『나는 사탄이 번개처럼 떨어지는 것을 본다』(문학과지성사, 2004), 34.

이렇듯 희생양 효과는 외부에 적을 둔 집단에 그 안에서 서로 분열하다가 희생양을 찾아 그에게 집단 모두의 적개심을 쏟아붓게 함으로써 잠시 실제의 적으로부터 오는 공포나 그 폭력성을 잊게 만드는 효과를 낸다. 적(敵)이 하나뿐인데, 그 적을 처리했다는 거짓 만족감 때문에 적어도 일시적으로 그 사회는 이제 더 이상 누구에 대해서도 어떠한 증오도 원한도 갖지 않게 되고, 이로써 그 사회는 온갖 긴장, 분리, 분열로부터 "순화"되었다고 착각하게 된다는 것이다.

집단적인 자기 최면적인 효과를 위해 선택되는 무력한 희생양은 연고가 거의 없는 자나 외국인, 전쟁 포로, 노예처럼 사회에서 배제되었거나 그 속에 거의 속하지 못하는 사람들이었다. 때로는 거주지가 없거나 가족이 없는 사람, 절름발이, 불구, 빈털터리, 불우한 사람들, 병자, 버려진 노인들, 정신 지체인들처럼 사회적으로 가치가 없는 사람들뿐 아니라 사람들이 생각하는 정상적인 상태나 허용 한계를 벗어나는 주변인이나 그 집단들이 선택되기도 했다.[16]

복음서가 소개하는 군대 귀신 들린 자에 대한 묘사는 그 마을 사람들이 그 귀신 들린 자를 자신들의 폭력 욕구의 "희생양"으로 삼았던 것이라는 판단을 충분히 뒷받침한다(막 5:3-4; 눅 8:28-29). 그 지역 사람들 역시 "군대의 공포" 속에서 살았을 테지만, 그들은 자신을 짓누르는 폭력과 죽음에 대한 공포를 그 군대 귀신 들린 자를 추방시키고 격리시킴으로써, 즉 그 희생양이 그들 대신 그 죽음과 폭력의 고통

54.

16   이종원, "희생양 메커니즘과 폭력의 윤리적 문제", 277-278, 287.

속에서 지내게 함으로써 그들의 공포를 "대리적으로" 해소하려 했다.

이런 추측은 마을 사람들이 군대 귀신 들린 자의 치유를 환영하지 않았고 오히려 그를 치유한 예수에게 그 지역을 떠나달라고 간청한 점에서 더 이상 추측이 아니라 사실에 가까움이 드러난다. 그들은 "군대의 폭력"이라는 문제를 해결할 의지가 전혀 없었고 오히려 그런 상황이 해소되는 경우 생길 수 있는 경제적 피해를 두려워했다.

희생양 메커니즘은 공동체 구성원 서로 간의 적개심으로 뒤엉킨 공격성을 희생양 한 사람에게 집중시킨다는 측면에서 만장일치적 폭력이라는 특징을 띤다. 이때 박해자들은 그들이 당면한 사회적 혼란에 대한 근본 원인을 진지하게 성찰하고 근본적인 해결책을 모색하기보다는 혐의를 씌울 대상자를 찾으면서[17] 결국 그들 자신이 그 근본 문제의 일부가 되어버린다.

예수의 길, 제3의 길

그렇다면 예수는 "진짜" 군대 귀신 들린 그 마을 사람들에 대해서는 어떤 치유, 어떤 길을 제시하셨는가?라고 우리는 물을 수 있다. 우선 예수께서는 그 마을 사람들이 희생양으로 삼아 격리시키고 계속 그렇게 고통 속에 가두기를 원했던 바로 그 희생자를 찾아가셨다는 사실에 주목해야 한다.

왜냐하면 죽음 현출성 앞에서 집단 극화의 방식으로 공포를 관리하는 우리 사회 속에서 우리도 예수를 따라 이러한 유의 희생자들

---

17   이종원, "희생양 메커니즘과 폭력의 윤리적 문제", 289-290.

을 찾아가고 관심을 기울이며 그들을 치유하는 일을 감당해야 하는 것이 온 사회 속에 퍼져 있는 "군대 귀신"을 몰아내는 일의 시작일 것이기 때문이다.

예수께서 로마와 무력 충돌을 계획하지 않으셨고, 그렇다고 그것을 방치한 것도 아니기 때문에 군대 귀신을 치유하신 예수의 선택은 우리에게 "제3의 길"이 될 수도 있는 것이다. 그렇다면 진정한 "치유와 평화"를 일구어내는 그 예수의 길은 구체적으로 어떤 길이었던가?

복음서는 한목소리로 예수께서는 유대인으로서 갈릴리 맞은편에 있는 데카폴리스, 곧 이방인의 지역으로 가셨고 거기서 무덤 사이에서 뛰쳐나오던 그 귀신 들린 자를 만나셨음을 알리며 사건을 보도한다(마 8:28; 막 5:1-2; 눅 8:26-27). "지극히 거룩한 하나님의 아들"이신 예수께서 이방인의 땅에, 그것도 죽음이 지배하는 무덤가에서, 그것도 더러운 귀신 들린 자를 만나셨다는 것은 유대인의 정결법에서는 "있을 수 없는 일"의 극치였고 "은혜와 긍휼"이 아니면 설명할 길이 없는 예수의 여정을 묘사한다.

유대인들의 정결법에 의하면 "거룩한 것"과 "죽음" 또는 "더러운 것"은 상극(相剋)으로서 서로 만날 수 없고 서로 부딪혀서도 안 되었다(레 10:10). 그런데 예수께서는 지금 이 사건 속에서 그런 정결례에 관한 모든 경계들을 깨뜨리고 계신다.[18] 그것은 예수께서 거룩하고 더러운 것의 구분 자체를 폐지하셨기 때문이 아니다. 도리어 근본

---

18 Matthew Thiessen, 『죽음의 세력과 싸우는 예수』, 31, 298.

적으로 부정(不淨)함의 근원인 "죽음의 세력"을 정복하고 계신 것이다. 귀신들은 이 땅에서 자신들이 원하는 대로 파괴하고 속이고 지배하는 자유가 있다고 생각했지만, 복음서는 예수께서 이 세상에 침투하여 이 세상을 그 귀신들의 손에서 되찾아 이 땅에 생명과 평화가 회복되는 하나님 나라를 세우는 모습을 그리고 있다.

귀신 들린 그 사람, 버려진 그 사람, 로마 제국의 군대의 폭력의 희생자인 그 사람, 마을 사람들도 버린 그 사람, 죽음의 땅에서 죽지 못해 견디고 있는 그 사람을 향한 예수의 생명과 긍휼의 능력이 이 모든 거룩과 오염을 가르는 유대교의 종교적 경계, 당시로서는 가장 "극단"에 있는 것들의 만남과 치유를 가능케 한 것이다. 복음서가 기록하는 그 "군대 귀신"에 의해 파괴된 한 사람이 유대인이었는지 이방인이었는지는 명시되어 있지 않다.

예수의 생명의 능력은 그 대상의 인종이나 민족이나 나라의 구분을 가리지 않는다. 그가 누구였든지 예수께서는 그가 군대 귀신의 희생자였기 때문에 그를 고치셨다. 그렇다면, 우리 사회에서도 남과 북, 좌와 우를 가리지 않고 "희생자, 희생양"들을 치유하려는 마음을 가져야 하지 않을까? 그렇게 하면 우리는 비록 "군대 귀신"이 지배하는 땅에서라도 예수께서 가신 그 생명과 평화의 나라를 세우는 길을 따라갈 수 있지 않을까? 그런 길을 특별히 "예수를 믿는" 교회가 앞장서서 나아가야 하지 않을까?

또한 복음서의 기록은 군대 귀신 들린 자를 치유하셨음에도 그 지역 사람들에게 배척당하신 후에 예수께서 과연 무엇을 어떻게 하셨는지, 그다음에 어떤 행동으로 응답하셨는지 선명하게 보여준다.

마태복음은 예수께서 중풍병자를 고치시는 사건을 보도하면서, 그분이 천상적인 존재인 "인자"(Son of Man)로서 이 땅에서 죄를 사하는 일과 병을 고치는 일, 곧 죽음의 권세에서 사람들을 해방하시는 "치유와 용서와 생명 회복"의 사역을 이어가셨음을 알려준다(마 9:1-8). 마가복음과 누가복음 역시 예수께서 "생명과 회복"의 사역을 이어가셨음을 증언하는데, 부정(不淨)한 자로 사회로부터 격리되었던 혈루증 걸린 여인의 병을 고치셨을 뿐 아니라 회당장 야이로의 딸을 죽음에서 다시 살리신 사건을 기록한다(막 5:21-3).

즉 예수께서는 데카폴리스 마을 사람들에게 배척당하신 이후에도 지극히 작은 자들, 병든 자들, 희생자들을 "지속적으로" 찾아가시며 그들을 죽음의 지배에서 해방시키시는 사역을 이어가셨다. 마을 사람들이 예수께 떠나기를 간청하셨을 때 아무런 저항 없이 그 지역을 떠나셨던 예수의 이런 선택은 그분께서 쫓아내셔야 할 "군대 귀신"이 한두 사람이나 어떤 지역 사람들 정도가 아니라 사실상 로마 제국 전체를 지배하는 "더러운 영" 곧 "죽음의 세력"이라는 사실을 가리킨다.

예수께서 군대 귀신 들린 자를 치유하신 이야기는 그래서 단순히 귀신 들린 자 한 사람을 치유하신 사건 그 이상의 의미를 포함한다. 이 사건은 그 자체로서 "가짜 평화"의 구호를 내세우며 "폭력과 죽음"의 사업을 벌였던 로마 제국과 그들의 "죽음의 사업"에 동참했던 그 마을 사람들의 "공포 관리" 방식 자체가 붕괴되기 시작했다는 사실을 뜻하기 때문이다. 장차 자신이 이루어내실 "참된 평화, 진정한 용서와 화해의 시대"를 바라보시며 예수께서는 그 "군대의 폭력"

으로 인해 "죽음"의 상태에 버려진 작은 희생자 한 사람, 그 "희생양"을 치유하고 회복하심으로써 장차 로마 제국 전체에 그리고 모든 열방에 전파될 자신의 "죄 사함과 죽음을 이긴 부활의 생명"을 통해 임할 그 "평화의 시대"가 이미 도래했음을 선포하신 것이다.

자발적 희생양

그러므로 예수께서 대적하신 궁극적 원수는 "죽음 자체의 세력"이었다는 사실을 명확히 해야 한다. 마을 사람들이 예수께 그 지역에서 떠나기를 간청했을 때, 예수는 그들과 더불어 싸우지 않으셨다. 그들이 로마 제국의 군대에 항거하며 군사적 폭력을 조직하도록 전략을 제안하지 않으셨다. 예수께서는 병들고 버려진 자들을 계속해서 찾아가시며 그들을 치유하시는 사역을 이어가셨다. 진짜 문제는 죽음의 권세 자체였고, 또한 그 죽음의 공포에 사로잡혀 서로를 파괴하는 일에는 마을 사람들이나 로마 제국이나 한 가지로 가해자들이자 피해자들이었기 때문이다.

이런 차원에서, 예수께서 "무고(無故)한 의인"으로서 십자가에서 죽으신 사건은 스스로 "자발적인 희생양"이 되심으로써(참조. 눅 23:46-47) 인간 사회에 편만해 있는 "희생양 메커니즘"이 무력한 희생양을 통해 죽음의 공포를 대리 해소하는 "집단적 폭력을 폭로"한 사건이었다고 할 수 있다. 지라르에 의하면, 희생양 메커니즘은 그것을 행하는 사람들이 그것을 모를 때에만 작동되는데 그들은 사실 속고 있으면서 자신들이 옳다고 믿고 있다. 예수께서 지신 십자가는 스스로 폭력을 완전히 포기하심으로써 사탄에게 휘둘린 집단을 통해 자

신에게 쏟아진 폭력을 그대로 받으심으로써 그 불의한 폭력성을 "폭로"하신 사건이다.[19]

희생양 메커니즘의 집단 폭력에 의해 희생된 예수께서 사흘 만에 죽음을 이기시고 "부활하신 사건"은 곧바로 이러한 집단 폭력이 어떻게 극복될 수 있는지, 즉 죽음의 공포를 무력한 개인을 향한 집단의 폭력으로 관리하는 "희생양 메커니즘"이 어떻게 해체될 수 있는지를 보여주는 길이고 능력이다. 이런 맥락에서 이종원은 다음과 같이 주장한다. "예수의 십자가의 희생적인 죽음은 인간의 폭력성을 노출하여 해체한 사건이며 부활은 폭력에 대한 승리를 확증하는 사건이었다. 악에 대하여 악으로 저항하지 말고, 악을 선으로 이기라는 예수의 정신은 전염성 있는 폭력의 소용돌이에 빠지지 않기 위해 우리에게 절대적으로 필요한 것이다. 이로 볼 때, 성서에서 제시하는 하나님의 무한한 용서와 조건 없는 사랑은 폭력 메커니즘에 대한 효과적인 대안이며 우리를 파괴적인 폭력의 악순환에서 벗어나도록 이끈다."[20]

예수께서 그 군대 귀신 들린 자를 치유하신 사건은 군대의 폭력에 희생당한 자들을 도리어 희생양으로 삼았던 그 마을 사람들이 공포를 관리하는 방식과도 전혀 다른 길이었다. 예수께서는 제국의 폭력에 폭력으로 맞서신 것이 아니며 또한 그 마을 사람들처럼 자신들의 일원을 희생양으로 만들어 그것을 통해 자신들의 공포와 불안을

---

19 르네 지라르, 『나는 사탄이 번개처럼 떨어지는 것을 보았다』, 61, 177-180.
20 이종원, "희생양 메커니즘과 폭력의 윤리적 문제", 296.

해소하고 동시에 이득도 취하는 방식과도 다른 새로운 길, 제3의 길을 가셨던 것이다. 이 땅의 교회가 그리고 사회가 이 길을 따라갈 수 있을까?

5. 치유하는 교회, 통합하는 사회

그렇다면, 한때 군대 귀신 들려 고통받고 사회에서 격리되어 희생양으로 고통받던 그 사람은 예수께 치유받은 후에 어떻게 되었는가? 그는 어떤 길을 걸었는가? 그의 선택과 그의 길이 오늘날 우리에게 어떤 제안이 되지 않을까? 누가복음에 의하면, 그 치유받은 사람, "그 남자"는 예수께 그분과 함께 있기를 원했지만, 예수께서는 그를 마을로 돌려보내셨고 "네 집으로 돌아가서 하나님이 네게 하신 일들을 이야기하라"고 부탁하셨다. 그리고 그 치유받은 자는 그 말씀대로 예수께서 자기에게 하신 일을 그 지역에 전했다(눅 8:38-39).

　　마가복음은 조금 더 구체적으로 묘사하는데, 그 귀신 들림에서 회복된 사람이 예수께 함께 있게 해달라고 "빌었지만" 예수께서 "허락하지 않으셨다"(막 5:19)고 기록한다. 그리고 예수께서는 도리어 그에게 "네 집, 네 가족들에게로 가서 주께서 너에게 긍휼을 베푸신 그 일을 그들에게 알리라"(막 5:19)고 말씀하셨다고 자세히 전한다. 더 나아가 마가복음은 그 일의 결과까지 보도하는데, 그가 가서 "예수께서 자기에게 어떻게 큰 일을 행하셨는지를 데가볼리 지역에 전하기 시작하자 모든 사람이 놀랐다"(막 5:18-20)고 기록함으로써 이 사건으로 인해 그 지역에서 무엇인가 근본적으로 새로운 변화가 일어나기 시작했음을 알린다.

우선 군대 귀신 들림으로부터 치유받은 그 사람은 그 지역 사람들이 예수께 "떠나달라"고 간청했던 것과 전혀 다르게 "예수와 함께 있게 해달라고 간청"했다. 그는 그 지역 사람들과는 다르게 진정한 의미에서 "군대 귀신에서 해방"된 사람이었고 그런 의미에서 예수의 길을 따라가고자 했다. 하지만 예수의 대답은 뜻밖이었다. 그 회복된 사람을 그가 원래 속했던 그 지역 사람들에게 파송하신 것이다. 그것은 아마도 그 지역 사람들이야말로 진정한 의미에서 "군대 귀신에 휘둘리는" 자들이었고 군대 귀신에서 해방된 이 사람이 그들에게 전혀 다른 새로운 삶, 생명과 평화의 삶을 보여줄 수 있었기 때문이었을 것이다.

그래서 이 사건의 결말은 그 군대 귀신 들렸던 사람뿐 아니라 그 지역 사람들이 계속해서 군대 귀신에서 해방되는 경험을 하는 그 "놀라움"이 지속적으로 일어날 것을 기대하게 만든다. 예수께서 치유하셔서 군대 귀신에게서 놓여나게 한 그 사람이 점차로 그 지역 사람들로 하여금 군대 귀신에 대한 공포를 자각하는 한편 그 죽음에 대한 공포를 이용한 소위 그들의 "양돈업"을 위해 집단적 폭력을 그들의 희생양에게 쏟아붓던 그 파괴적인 방식을 자각하고 돌아보게 했으리라 짐작할 수 있다.

무엇을 해야 하는가?

이런 치유와 회복의 역사가 우리 사회에서도 일어날 수 있을까? 그런 일이 일어날 수 있다면, 그것은 먼저 예수 그리스도의 치유와 용서와 평화를 경험한 교회가 그들의 말과 행실로 증언해야 할 바가 있음을 의미한다. 교회가 받은 "구원"이란 그 구원받은 영혼이 이 세상에서 빠져나가는 도피적인 구원이 아니다.[21] 왜냐하면 예수께서 주시는 구원을 통해 치유받고 회복된 교회는 그 진정한 의미에서 "죽음의 공포"에서 해방된 자들이기 때문이다.

그렇다면 교회는 그리고 우리 사회는 남과 북에서 각기 "죽음 현출"의 가능성을 이용하여 "집단 극화"를 조장하고 그런 상황을 통해 자신들의 이익을 증대시키는 방식으로 "공포를 관리"하는 소위 "양돈업자"들을 분별하고 그들을 바로 인도할 수 있을까?[22] 그리고 그런 정치적·경제적·종교적·사회적 "양돈업자"들에 의해 희생된 지극히 작은 자들이라면, 그들이 남쪽에 있든 북쪽에 있든 예수 그리스도의 긍휼로 한결같이 그들을 품고 치유해낼 수 있을까?

"이념의 광기"에서 벗어나는 교회

지라르는 예수의 십자가 수난이 "참혹한 유혈극을 동반하는 우상들, 가짜 신들, 정치와 이데올로기 등의 출현을 폭로"한다고 지적한다. 그러므로 자신들이 무엇을 하는지도 모르고 행하는 그들을 "마땅히

---

21 Bovon, *Luke 1*, 331. "구원하다"라는 개념은 당시 일상적 차원에서는 "해방하다", 어떤 비극적인 구속 상태, 즉 병이나 귀신 들림이나 죽음에서 "건져내다"를 의미한다.

22 우리 사회의 갈등을 완화하고 해소할 "주체"로서 "시민 단체와 종교 단체"에 기대하는 비율이 각각 40.6%와 39.3%로서 가장 크다는 사실을 의미 있게 받아들여야 할 것이다. 「갈등과 용서에 대한 개신교인 인식 조사 보고서」(2024. 1. 23), 지앤컴리서치, 30쪽.

용서해야"[23] 한다고 주장한다. 그것이 그들의 숨겨진 공포와 불의한 폭력을 "폭로하는" 예수의 길, "자발적 희생양"의 길을 따르는 길이기 때문이라는 것이다. 지라르가 요구하는 "용서"는 그리스도인에게는 당위(當爲)다. 하지만 그렇다고 그 용서가 문제 상황을 무책임하게 방치하는 것을 뜻하지 않을 것이다. 핵심은 그 용서가 곧 감추어져 있던 집단적 폭력과 죽음의 공포 그리고 희생양들의 비참을 "폭로"하는 데 있다.

이런 점에서 예수께서 주시는 치유와 해방을 경험한 교회는 "이념의 광기(狂氣)"로부터 벗어난 교회가 되어야만 한다.[24] 교회는 마땅히 하나님을 경외하고 우상숭배를 멀리해야 한다. 하나님을 믿고 섬기는 것 자체를 탄압하는 "공산주의의 광기 어린 이념"은 사악한 것이다. 교회는 무신론적이고 반기독교적인 공산주의 이념의 광기를 경계해야 한다. 동시에 예수 그리스도의 교회는 무신론적인 공산주의를 파멸시켜야 한다며 "자본주의 이념 자체를 우상시"하고 이를 위해 희생양들을 향한 폭력도 불사하는 광기 어린 신앙을 똑같이 경계해야 한다. 공산주의나 자본주의나 둘 다 그 자체로서는 하나님을 부인하는 유물론적(唯物論的) 사상이다.

어떤 형태이든지 단지 "이념"에 불과한 사상 체계가 하나님 사랑과 이웃 사랑을 잊고 그 자신을 절대시할 때, 그런 이념으로 무장한 신앙은 가장 반(反)기독교적인 폭력으로 변질되기 쉽다. 그런 것은 예

---

23 지라르, 『희생양』(민음사, 2007), 352.
24 채영삼, "작은 자 한 사람을 살리는 교회", 참고.

수께서 나타내 보이신 십자가 사랑과는 완전히 거리가 멀다. 참된 교회는 언제나 십자가의 사랑을 내세워야 한다. 십자가는 살인이 아니라 희생이다. 이 땅의 기독교는 기독교의 이름으로 반공(反共)과 멸공(滅共)을 기치 삼아 십자가의 사랑이 아니라 살인의 광기로 무고한 사람들을 짓밟은 역사가 있다. 깊이깊이 참회하고 결단코 그런 광기 어린 변질된 이념적 신앙의 길로 내달려서는 안 된다.

마찬가지로 교회는 기독교 신앙을 억압하는 무신론적인 공산주의적 정치 체제를 인정할 수 없다. 참된 교회는 하나님의 은혜의 세계를 증오하고 하나님의 형상을 "물건" 취급하는 그 어떤 "이념적" 체제나 사상에도 끊임없이 저항하고 맞서 싸워야만 한다. 한반도의 교회는 새로운 길을 가야 한다. 남과 북 모두의 "이념적 광신도(狂信徒)들"의 폭력성을 경계하며, 오직 예수 그리스도의 "자유와 생명을 주는 복음과 십자가의 길", 그 "진리와 사랑의 길"만 따라 걸어가야 한다. 거기에 "막힌 담을 허무시는" 평화의 왕 예수 그리스도의 통치가 있다.

주의 사랑하는 교회는 결단코 "이념의 우상"에 사로잡히지 말아야 한다. 그 어떤 정치 체제도 "모든 권력은 섬김을 위해 창조되었다"는 하나님 나라의 통치 원리를 따라야 한다(막 10:38-42). 북에서도 남에서도, 좌도 우도 그 어떤 "지극히 작은 자" 하나를 그 이념의 이름으로 희생시킬 권리가 없다. 무엇보다 지극히 작은 자 한 사람은 바로 하나님의 형상으로 지음받은 존귀한 존재이고 하나님께서 사랑하사 그 아들을 내주신 바로 그 사람이기 때문이다.

교회는 오직 "하나님 아는 것을 대적하여 높아진 것을 다 무너뜨리고 모든 생각을 사로잡아 그리스도에게 복종하게 하는"(고후 10:5) 일에 힘써야 한다. 지극히 작은 자 하나를 위하여 자기 목숨을 내주신 예수 그리스도의 양 무리 된 교회는 이념이 아니라 사람을 지켜내는 것이 곧 하나님을 지켜내는 것임을 언제든 잊지 말아야 한다. 교회가 이념의 광기에서 벗어나야 한다. 오직 하나님과 하나님께서 사랑하신 이웃 사랑의 길을 보여주어야 한다. 오직 그 길 가는 것을 잊지 말아야 한다.

죽음 현출성에 대한 건강한 관리

예수께서 "더러운 영" 곧 "군대 귀신"에 들린 자를 만나시며 적극적으로 그의 병을 고치신 사건은 예수께서 죽음을 이기는 부활 생명의 능력을 발휘하심을 증거한다. 부정하거나 더러운 것은 곧 죽음의 증상인데, 이는 생명이 오직 거룩으로 보장되기 때문이다. 그러나 예수께서는 "더러움"이 가져오는 "죽음"을 극복하고 그 더러움으로 인해 야기된 죽음의 증상들까지 치유하신다. 그분 자신이 죽음을 이긴 부활 생명이시기 때문이다(요 11:25).

　　추병완은 남북한의 "죽음 출현성"의 공포에 대한 "편견과 배척" 상황을 설명하는 중에 "죽음을 막연한 공포의 대상으로 여기거나 또는 죽음에 대한 생각 자체를 회피하려는 것에서 탈피하여 인간의 삶에서 죽음이 차지하는 의미에 대해 신중하고 사려 깊게 관조하고 성찰할 수 있는 기회를 부여하는 것이 지나친 방어 욕구를 완화시켜주

는 데 효과적"이라고 주장한다.[25]

기독교 신앙은 실로 죽음을 이기는 "부활 생명"에 관한 것이라 해도 과언이 아니다. 하지만 그동안 교회가 강조해온 "복음, 곧 기쁜 소식"은 사람이 아무리 죄를 지어도 그의 행위가 아니라 그리스도를 믿음으로 의롭게 된다는 "칭의"의 복음이라든지, 이미 구원을 확신한 신자가 세상에서는 "꼬리가 되지 말고 머리가 되어야 한다"는 식의 "성공"을 구하는 복음에 치중해온 것이 사실이다.

이런 "축소되거나 왜곡된 복음"으로는 현실 세상 속에 편만한 "죽음 현실성"에 대한 공포를 복음적으로, 신앙적으로 관리하기 어렵다. 도리어 "부활 생명의 복음"을 가진 교회가 스스로 "죽음 현출성"의 공포를 악용하는 소위 "종교적·정치적·사회적 양돈업자들"에게 속수무책으로 휘둘리는 일도 생기는 것이다.

이런 관점에서 교회가 "부활 복음과 새 하늘과 새 땅의 복음" 안에서 애착과 안전감을 누리는 일이 필요하다. 이럴 때 세상의 상대적 가치관들, 상대적이고 부분적인 세계관이나 이념들에 대해 무조건적인 집착이나 몰이성적인 배척이 아닌 "사람"을 우선하고 "정의"를 앞세우는 유연하고 관대하며 지혜로운 취사선택을 할 수 있는 여유를 갖게 될 것이다.

그러므로 무엇보다 복음이 "온전하게" 회복되어야 한다. 교회가 적극적으로 "죽음을 이기신 예수 그리스도"와 "부활"의 복음을 선포하고 "두려움 없는 삶"을 강조할 필요가 있다. 부활의 복음이나 새 하

---

25 추병완, "편견의 원인과 결과: 공포 관리 이론", 40.

늘과 새 땅의 복음은 현실 세상 속에서 일어날 수 있는 "죽음 현출성"의 공포에 대한 강력한 신앙적 관리 능력이기 때문이다.

대화와 이해, 통합을 향하여

마지막으로 군대 귀신에게서 해방된 자가 마을로 돌아가 그 지역 사람들에게 자신의 치유의 경험을 "이야기하고 나누면서" 예수께서 그를 치유하신 일에 놀라는 장면을 떠올려보자(막 5:20). 그 치유받은 자의 증언은 그 마을 사람들이 그동안 유지해왔던 공포 관리 방식과는 확실히 다른 길이었다. 그가 치유받은 "이야기를 들었던" 마을 사람들은 그들이 마주했던 위협적인 현실을 전혀 다른 방식으로 해결하는 "새로운 길"에 대해 새로운 경험을 하게 되었을 것이다. 그것이 그 지역에 "전쟁과 평화" 그리고 "희생양과 치유"에 관해 "새로운" 희망, 진정한 희망을 주는 일이 아니었을까?

사람은 항상 자기 경험을 절대시하려는 위험에 직면한다. 한 세대(世代) 역시 그들이 공유하는 역사적·신앙적·정치적·사회적 경험을 절대시하곤 한다. 한국 사회는 전쟁의 상처와 아픔을 겪으며 "반공"의 가치를 경험했던 세대부터, 가난에서 벗어나려고 밤낮없이 일하며 "성장"(成長)의 가치를 공유했던 세대와 그 이후 정치적 자유를 위해 싸웠던 "민주"(民主) 세대를 지나왔다. 그리고 이제 경제 성장이 둔화되어 한정된 기회를 두고 경쟁해야 하는 오늘날의 청년 세대는 "공정"(公正)이라는 가치의 중요성을 절실하게 경험하고 있다.

이처럼 세대마다 자기 시대에 경험하는 주요 가치들은 각기 다르고 그럴 수밖에 없다. 하지만 이런 가치들이 우리 사회를 형성하는 토대가 되어왔고 이 중 어느 하나가 다른 것보다 더 중요하다고 말할 수 없다. 그렇다면 각 세대가 다른 세대를 이해하고 포용할 수 있는 여지도 충분하다고 할 수 있다. 서로가 서로에게 빚지고 있기 때문이다. 다만 각기 자기 세대의 문제 속에 몰입해서 자기 시대의 경험만을 우상시할 것이 아니라 각 세대의 "서사"(敍事)를 이해하고 그 시대를 그렇게 경험하고 살아갔던 그 세대를 존중하며 받아들이려는 대화와 포용의 마음이 절실한 것이다.

모든 면에서 양극화가 멈출 줄 모르는 극단으로 치닫는 한국 사회 속에서는 더욱더 교회가 꿈꾸어야 하는 "제3의 길"이 필요하다. 무엇보다 교회는 어느 쪽이든 이념의 광기에서 벗어나야 한다. 교회는 이념이나 정치적·경제적·문화적 진영으로 나뉘어 찢긴 사회나 공동체를 더욱 반으로 가르기보다는 도리어 자꾸 연합하려 하고 세대 간에 대화와 이해를 촉진하며, 남과 북, 진보와 보수 그리고 반목하는 세대들을 같은 품에 끌어안으려고 노력해야 할 것이다.

혹시 먼 미래에라도 용서와 화해의 그날을 기대하려면, 교회는 현재 진행형인 정치적·경제적·사회적 양극화 때문에 상처받고 병든 자는 "그가 누구라 하더라도 어느 쪽의 피해자이고 희생양이라 하더라도" 우리 주님의 긍휼로 그를 치유하는 모범을 보여야 한다. 그렇게 함으로써 양극단에 있는 누구라도 교회 안에 있는 "용서와 화해를 향한 소망의 이유"를 묻는 일이 일어나야 하고 더 많은 이들이 그 치유와 용서와 화해의 길을 함께 따라나서도록 자신에게 주어진 마중물의 역할을 감당해야 할 것이다.

참고문헌

박윤만, 『마가복음: 길 위의 예수, 그가 전한 복음』, 감은사, 2021.

연합신문, "올해 한국의 사회심리는 '집단 극화'… '악마의 변호인' 뒤야," (검색일: 2023년 5월 1일), https://www.yna.co.kr/view/AKR20230428148800518.

이종원. "희생양 메커니즘과 폭력의 윤리적 문제: 르네 지라르의 모방이론과 희생양 메커니즘을 중심으로", 『철학탐구』, 중앙대학교 중앙철학연구소, 2015, vol.40, 273-301.

르네 지라르, 김진식 역, 『희생양』, 민음사, 2007.

＿＿＿, 김진식 역, 『나는 사탄이 번개처럼 떨어지는 것을 본다』, 문학과지성사, 2004.

추병완, "편견의 원인과 결과: 공포 관리 이론(terror management theory)을 중심으로", 『도덕과윤리과교육』, 한국도덕윤리과교육학회, 2013, vol. 38, 27-48.

한강, 『소년이 온다』, 창작과 비평사, 2014.

매튜 티센, 이형일 역, 『죽음의 세력과 싸우는 예수』, 새물결플러스. 2020.

Darrell L. Bock, *Luke 1:1-9:50*, BECNT, Baker Books, 1994.

François Bovon, *Luke 1: A Commentary on the Gospel of Luke 1:1-9:50*. Trans. Christine M. Thomas, Minneapolis: Fortress Press, 2002.

W. D. Davies & Allison C. Dale Jr., *The Gospel According to Saint Matthew*, Vol. II (Matthew VIII-XVIII), Edinburg, T&T Clark, 1991.

Craig S. Keener, *A Commentary on the Gospel of Matthew*. Grand Rapids: Eerdmans, 1999.

Mark L. Strauss, *Mark*, Zondervan Exegetical Commentary on the New Testament, Grand Rapids: Zondervan, 2014.

용서의 경계[1]

주기도문의 "용서"에 대한 오리게네스의 해석을 중심으로

문우일

1. 시작하는 글

예수께서 가르쳐주신 기도에서 죄 사함과 용서는 무슨 뜻일까? 오늘
날 우리가 막연하게 생각하는 그런 의미일까? 아니면 다른 의미가 숨
어 있을까? 예수와 가까이 살았던 신자들은 주기도문의 용서를 어
떻게 이해했을까? 이런 궁금증을 풀기 위한 시도로서 이 글은 최초
로 마태복음 주석서를 출간한 오리게네스(기원후 185-253년경)에게
주목하고자 한다. 이를 위하여 먼저 오리게네스의 삶과 시대를 초기
기독교 교부들의 글과 오리게네스 자신의 글을 통하여 조망함으로

---

1   이 논문은 "에이치투그룹"이 후원하고 "이음사회문화연구원"이 기획한 "연구프로젝
    트 용서와 화해 그리고 치유 2차 년도: 기독교적 지평들"의 연구 성과로서 2024년 6월
    13일부터 총 4회에 걸쳐 「基督教新聞」에 "주기도문의 용서에 대한 오리게네스의 해
    석"이라는 제목으로 게재한 기사를 일부 수정하여 재출간한 것이다.

써 그가 얼마나 용서하기 어려운 상황과 시대를 살아냈는지를 소개하겠다. 이어서 마태복음에 담긴 주기도문의 용서 본문을 간략히 주해하고 오리게네스가 그 본문을 어떻게 이해했는지 본문과 맥락 중심으로 살펴보겠다. 그가 무조건적 용서를 주장했는지 아니면 조건적 용서를 주장했는지, 만약에 후자라면, 그가 용서할 수 있는 것과 없는 것의 경계를 어떻게 설정했는지 알아보겠다. 본문 분석을 위하여 문헌비평과 사상사비평(history of ideas)에 기초하고 상호텍스트성(intertextuality) 관점을 적용하겠다.

오리게네스는 약 6,000여 편의 글을 썼다고 하는데, 그 작품들은 이후 여러 칙령을 통하여 대부분 소실되었다.[2] 현존하는 작품들은 대개 루피누스(Tyrannius Rufinus, 344-411년경)와 히에로니무스(Hieronymus, 347-419년경)가 라틴어로 옮긴 형태로서 그 수가 많지 않으며, 일부 그리스어 파편들이 발견되었을 뿐이다. 이 가운데 필자는 『원리론』(De Principiis), 『기도론』(De Oratione), 『마태복음 주석』(Der Kommentar zum Evangelium nach Mattäus, Teil 2 Buch XIV-XVII)을 참고하겠다. 오리게네스의 삶과 시대를 조망하기 위해서는 순교자 팜필루스(Pamphilus, 기원후 240년경-310)가 에우세비오스의 도움을 받아 작성했다는 『오리게네스를 위한 변론』(Apology for Origen) 1권[3]과 에우세비

---

2 오리게네스, 이성효, 이형우, 최원오, 하성수 역, 『원리론』(De Principiis, 아카넷, 2022), 65-117 참고.

3 본래 6권으로 되어 있었으나 5권은 소실되었다. Pamphilus, Apology for Orien with the Letter of Rufinus on the Falsification of the Books of Origen, The Fathers of the Church: A New Translation, vol. 120, trans. Thomas P. Scheck (Washington D.D.: The Catholic University of America Press, 2010).

오스(Eusebius Pamphilus of Caesarea, 기원후 260년경-339)가 쓴 『교회사』(*Historia Ecclesiastica*),[4] 히에로니무스가 쓴 『명인록』(*De viris illustribus*)을 참고하겠다.[5]

2. 오리게네스의 삶과 시대

오리게네스는 로마 황제 콤모두스 때, 이집트 알렉산드리아에 태어났다.[6] 아버지 레오니데스(Leonides)는 기독교 철학자로서 세속 학문과 기독교 신학에 모두 정통했다. 레오니데스에게는 아내와 일곱 아들이 있었는데, 그 가운데 장남 오리게네스는 어려서부터 학문에 두각을 나타내고 경건 생활에 남다른 열심을 보였다. 레오니데스는 어린 오리게네스에게 매일 성서를 암송하게 하고 성서와 그리스 문학을 가르쳤다. 아버지는 분명한 의미 중심으로 성서를 읽게 했으나 아들은 심오한 질문들을 쏟아냈고, 아버지는 그런 아들을 성소처럼 여기며 가슴에 입을 맞추며 자축했다.[7]

　기원후 202년 로마 황제 세베루스 재위 10년째에 기독교 박해가 극심했다.[8] 특히 이집트의 알렉산드리아 곳곳은 순교자로 가득했다. 레오니데스도 참수형으로 순교하고 재산은 몰수당했다. 당시 17세였

4　유세비우스 팜필루스, 엄성옥 역, 『유세비우스의 교회사』(은성, 2008).
5　히에로니무스, 최원호 역, 『명인록』(*De viris illustribus*, 아카넷, 2022).
6　Commodus, 177-192년.
7　Eusebius, *Hist. eccl.* 6.2.
8　Septimius Severus, 193-211.

던 오리게네스는 아버지의 순교를 격려하는 편지를 썼고 자신도 순교하기를 열망했다. 그러나 어머니가 아들의 옷을 감추며 만류했으므로 오리게네스는 순교 위기를 넘길 수 있었다고 한다. 오리게네스는 여섯 형제 및 어머니와 함께 무일푼이 되었으나 자선가의 도움으로 목숨을 부지하고 연구를 이어갔다. 18세에는 알렉산드리아 주교 데메트리오스에게 발탁되어 "교리 교육"(κατηχήσις) 초심자 반 선생이 되었고 이후에는 클레멘스의 뒤를 이어 학교장이 되었다.[9] 이 과정에서 오리게네스는 여성들 교육에 장애가 되지 않도록 "하늘나라를 위하여 스스로 고자"가 되었다.[10]

아퀼라 총독 때는 기독교에 대한 박해가 있었고 오리게네스는 순교자들과 용감하게 처형장까지 동행하곤 했다.[11] 그는 두 벌 옷을 갖지 않고 맨발로 다녔다. 포도주를 멀리하고 필요한 음식만 먹었으며 맨땅에서 잠을 자고 때때로 금식했다. 낮에는 노동하고 밤에는 성서를 연구했으며 저술한 책을 "4오볼루스"에 팔았다고 한다.[12] 오리게네스는 병사들에게 감시당하고 쫓겨 다니곤 했으나 그럼에도 그를 찾아와 배움을 청한 이들이 끊이지 않았다고 한다.[13] 사람들은 이러한 오리게네스를 "아다만티우스"(Adamantius)라고도 불렀는데, 아다

---

9   Clement of Alexadria, 150년경-215. Hieronymus, *Vir. ill.* 54.

10   마 19:12; Eusebius, *Hist. eccl.* 6.8.

11   아퀼라(Tiberius Claudius Subatianus Aquila)는 206-211년에 알렉산드리아의 총독(*praefectus*)을 역임했다.

12   1오볼루스는 1/6드라크마로서 노동자의 1일 품삯(드라크마)을 7만 원으로 계산할 때, 약 11,600원 남짓 된다.

13   Eusebius, *Hist. eccl.* 6.3.

만티우스란 "다이아몬드처럼 강인한 사나이"라는 뜻이라고 한다.[14]

알렉산드리아에서 오리게네스는 레오니데스와 클레멘스 외에도 저명한 기독교인 철학자 암모니우스 사카스를 사사했다.[15] 그 과정에서 신플라톤주의 창시자 플로티노스를 가르치기도 하며 동학한 것 같다.[16] 신플라톤주의자 포르피리오스는 오리게네스가 철학에 정통했으나 유대인의 성서에 빠졌다고 비난하면서 그를 다음과 같이 평가했다.[17] "그는 플라톤과 동행했으며 누메니우스, 크라니우스, 아폴로파네스, 롱기누스, 모데라투스, 니코마쿠스 등 여러 사람의 작품들을 소장하고 있었다. 그는 스토아 철학자 캐레몬의 작품들과 코르누투스의 작품들을 읽었고 그리스인들이 즐겨 사용하는 알레고리 기법으로 유대인의 성서를 해석했다."[18]

231년경에 오리게네스는 알렉산드리아 대주교 데메트리오스가 써준 일종의 "신원보증서"를 들고 이단으로 혼란에 빠진 아카이아(아가야) 교회를 방문했다. 이때 팔레스타인을 거쳐갔는데, 카이사레아와 예루살렘 주교들은 그를 열렬히 환영하고 그를 장로로 서품했다.[19] 이에 분노한 데메트리오스는 오리게네스의 적대자가 되어 그가 스스로 거세한 사실을 편지에 담아 온 세상에 알리고 장로 서품을 취소했

---

14 히에로니무스, 163; 162 각주 460(*De viris illustribus* 54); 유세비우스, 326(*Historia Ecclesiastica* 6.14.10).
15 Ammonius Saccas, 175-242년.
16 Plotinus, 204-270년경.
17 Porphyry, 234-305년.
18 Eusebius, *Hist. eccl.* 6.19.
19 Hieronymus, *Vir. ill.* 54.3.

다.[20] 이 일로 오리게네스는 알렉산드리아의 학교장 직을 헤라클레스(Heraclas)에게 물려주고 알렉산드리아를 떠나 카이사레아에 정착했다. 헤라클레스는 본래 오리게네스가 교리 학교 하급반을 맡겼던 인물인데 후에 데메트리오스의 후임으로 알렉산드리아의 대주교가 되었다.[21] 헤라클레스는 오리게네스 덕분에 대주교까지 되었으나 오리게네스의 장로 서품을 회복시켜주지 않았다.

카이사레아 마리티마에 정착할 즈음에 오리게네스의 명성은 로마 황실에까지 알려졌다. 로마 황제 알렉산데르의 어머니 맘마이아는 오리게네스를 안디옥에 초청하여 배움을 청했고 오리게네스는 "필리푸스 황제와 그 어머니에게" 편지를 보낼 정도로 가까웠다.[22] 마리티마에서 오리게네스는 도서관과 학교를 운영했는데 학교에 인문학 교양 반과 신학 반을 설치했다고 한다. 마리티마는 히브리 성서에 대한 그리스어 역본인 70인역(LXX)과 히브리어 성서 **타나크** 일부, 신약성서의 여러 책, 필론(Philo of Alexandria)의 작품들, 초기 기독교 문헌 등을 보전하고 연구한 "초기 기독교 신학의 본산지"였다.

오리게네스는 고대 성서 사본들을 수집하고 문서비평을 적용하여 성서 원문 복원에 힘쓰며 엄밀한 기준에 따라 성서 목록을 구축하고자 애쓰고 정경화 작업에 착수했다. 또한 구약성서와 신약성서 각 권을 주석했는데, 때로 필사자를 고용하기도 했다.

---

20   Eusebius, *Hist. eccl.* 6.8.
21   헤라클라스(Heraclas)의 재임 기간은 232-248년이었다. Eusebius, *Hist. eccl.* 6.15, 19.
22   Severus Alexander, 222-235. Hieronymus, *Vir. ill.* 54.5.

<그림 1> 『육중역본』(*Hexapla*) 시편 21(22):15-18; 카이로 게니자, 양피지 팔림프세스트

특히 그가 여러 사본을 바탕으로 히브리 성서 타나크와 그리스어 70인역을 대조하여 제작한 『헥사플라』(또는 『육중역본』)는 이후에 히에로니무스가 『고대 라틴어역』(*Vetus Laina*)을 개정·증보하여 통용 라틴어역 『불가타』(*Vulgata*)를 제작할 때 골격이 되었다고 한다. 『불가타』는 개정·증보를 거쳐 서방 교회 표준 성서로 자리 잡아 로마 가톨릭교회 공식 성서가 되었다. 아울러 오리게네스는 여러 이단 사설에 맞서 교회를 변론하고 기독교 신학을 체계화한 사상가로서 동방 교회와 서방 교회 모두에 막대한 영향을 끼쳤다. 그는 이론과 실천 면에서 무수한 인재들에게 영감을 불어넣은 매혹적인 스승이기도 했다.

그러나 데키우스 황제는 선황에 대한 반발로 교회를 박해했고 교황 파비아누스를 선두로 예루살렘 주교, 안디옥 주교 등이 차례로 순교했다.[23] 이때 오리게네스도 투옥되어 쇠사슬에 묶였고 "고문대의 네 구멍에 사지를 넣어 잡아당기거나 불로 위협하는 등 온갖 고문"을 당하면서도 배교하지 않았다. 오리게네스는 고문을 이겨냈으나 후유증에 시달리다가 이듬해에 선종했다고 한다. 에우세비오스는 선종 당시에 오리게네스가 77살이었다고 하고, 히에로니무스는 69살이었다고 한다.[24] 오리게네스는 순교하지는 않았으나 순교에 가까운 죽음을 맞이했고 이후에 많은 순교자의 표상이 되었다.

3. 오리게네스에 대한 후대의 수용과 비판

오리게네스에 대한 평가는 극과 극을 이룬다. 그를 추앙하여 가족과 전 재산을 뒤로한 채 학자와 수도사와 사제와 주교와 순교자가 된 이들이 무수했으나 그를 비난한 이들도 많았다. 오리게네스에 경도된 인물들 가운데 인류사에 큰 족적을 남긴 대표적인 세 인물은 아마도 팜필루스와 에우세비오스 및 히에로니무스일 것이다.

페니키아 출신 순교자 팜필루스는 오리게네스의 삶과 업적에 감동하여 알렉산드리아에서 오리게네스의 흔적을 찾고 카이사레아에

---

23 데키우스(Decius) 황제 재위 기간은 249-251년이었고 교황 파비아누스(Fabianus)의 재위 기간은 236-250년이었다.

24 Eusebius, *Hist. eccl.* 6.39; Hieronymus, *Vir. ill.* 54.11.

돌아와 장로 서품을 받았다. 그는 오리게네스의 작품들 수천 구절을 일일이 필사했을 뿐 아니라 박해받고 투옥된 상태에서도 『오리게네스를 위한 변론』을 저술했다.[25] 이때 팜필루스를 도우며 공동 집필한 제자는 교회사가 에우세비오스였다. 에우세비오스는 총 10권으로 이루어진 『교회사』를 저술하며 제6권을 통째로 오리게네스를 기리는 데 할애했다.

또한 라틴어 성서 『불가타』의 초판을 제작한 히에로니무스는 에우세비오스의 기록을 토대로 초기 교회의 주요 인물 135명을 소개하는 『명인록』을 썼는데, 이 책에서 그는 사도 바울과 오리게네스에게 가장 많은 지면을 할애했다. 그는 오리게네스의 도서관에서 일곱 개의 역본을 필사하여 보관했고, 오리게네스의 방식을 따라 그 역본들을 서로 비교하여 성서 원문을 복원했다.[26] 히에로니무스는 오리게네스가 그리스어로 쓴 『히브리어 이름에 관한 책』을 라틴어로 번역하면서 그 서문에 이렇게 적었다. "무지한 사람들을 제외한 사람들이 모두 사도들 다음으로 교회의 가장 위대한 교사로 인정하는 오리게네스를 본받고 싶어 했다." 383년에 히에로니무스는 로마에서 오리게네스의 『아가서 강론』 두 편을 라틴어로 번역하여 다마수스 교황에게 헌정했는데 그 서문에서도 오리게네스를 격찬했다.[27]

오리게네스는 자신의 다른 책들에서는 다른 모든 이들의 저작 수준을

---

25   Hieronymus, *Vir. ill.* 75.

26   Hieronymus, *Vir. ill.* 54.7.

27   다마수스(Damasus I) 교황의 재위 기간은 305년경-311년이다.

능가했으나 아가서에서는 자기 자신의 수준을 능가했습니다. 그는 그것 (아가서)에 대하여 거의 2만 행에 달하는 10권의 책을 썼는데 이 책에서 그는 먼저 70인역을, 다음으로 아퀼라, 심마코스, 테오도티온의 사본들을, 그리고 마지막으로 다섯 번째 다른 사본을 비교하여 설명했습니다. 그는 다섯 번째 사본이 지극히 웅장하고 완전한 형태로 아트리움 해안에서 발견되었다고 기록했습니다. (중략) 그토록 위대한 작품을 라틴어로 번역하는 데는 거의 무한한 시간과 노력과 돈이 들기 때문에 저는 아직 그 작업을 하지 못한 채 미루어두고 있습니다. (중략) 대신에 저는 그가 어린아이와 젖먹이와 같은 사람들을 위하여 매일 강론 형식으로 썼다는 이 두 편의 짧은 강론들을 번역했으며 글 자체의 우아함을 전달하지 못할지언정 정확하게라도 전달하고자 했습니다.

그러나 오리게네스를 비난하는 이들도 많았고 4세기경에는 오리게네스를 표방한 사람들 사이에 격론이 일었다. 특히 알렉산드리아의 총대주교 알렉산드로스는 정적으로 급부상하던 사제 아리우스의 성부-성자 이론을 문제 삼았는데, 양측은 오리게네스를 서로 다르게 해석하면서 충돌했다.[28] 그러자 콘스탄티누스 황제는 제1차 니케아 공의회(325년)를 소집했다.[29] 여기서 아리우스는 이단으로 단죄되었으나 오리게네스에 대한 평가는 상반된 경향을 보였다. 그를 아리우스 사상의 원조라고 비판하는 이들도 있었지만, 그가 성자의 영원성을

---

28   Pope Alexander of Alexandria(3세기 중반경-326년경); Arius, 250년경-336년.
29   Constantine the Great, 272-337년.

주장했다는 점에서 아리우스와 다르다고 변호한 이들도 있었다.

403년 제1차 콘스탄티노플 공의회에서 황제 테오도시우스 1세는 오리게네스에 경도되었던 콘스탄티노플 대주교 요안네스 크리소스토모스를 폐위시키고 오리게네스의 작품들을 금서 조치했다.[30] 그러나 테오도시우스 2세는 아버지의 결정을 뒤엎고 크리소스토모스를 성인으로 추대했다.[31]

543년에 유스티니아누스 황제는 칙령으로 오리게네스주의를 이단으로 단죄하고 오리게네스의 책들을 불태웠다.[32] 553년 제2차 콘스탄티노플 공의회에서는 오리게네스주의에 대한 15개 파문문이 결의되었다. 그러나 당시 오리게네스의 작품들은 이미 소실되었으므로 그 파문문이 오리게네스와 직접 연관이 있는지를 확인할 길은 없었다고 한다. 그 내용은 대부분 오리게네스 자신보다는 폰투스의 에바그리오스와 연관이 있다고 보는 이들이 많다.[33] 왜냐하면 팜필루스에 따르면, 오리게네스는 성서의 난해 구절을 접하게 되면, 자신의 해석을 내세우거나 강요하기보다는 관련 정보들을 신중하게 설명해주고 독자들 스스로 판단하게 했기 때문이다.[34]

우리는 오리게네스가 하나님을 크게 두려워하고 겸손하게 말하는 것을

---

30 Theodosius I, 347-395년; John Chrysostom, 349년경-407년.

31 테오도시우스(Theodosius II), 401-450.

32 Flavius Petrus Sabbatius Iustinianus, 482년경-565년.

33 Evagrius Ponticus, 345-399.

34 오유석, "오리게네스에 있어 영혼의 부분과 악의 기원", 「동서철학연구」 52(2009): 59-83, 60.

자주 보았습니다. 이러한 태도는 긴 토론과 성서의 긴 조사 과정에서 구도자(오리게네스)의 마음에 떠오르는 것들에 관하여 그가 용서를 구할 때 나타납니다. 이러한 것들을 설명하는 과정에서 그의 빈번한 습관은 이러한 것들을 확정적인 말로 선언하지 않고 그것을 확실한 교리로 규정하지도 않으며 최선을 다해 조사한다는 것입니다. 또한 성서의 의미를 토론하게 합니다. 그는 자신이 그 내용들을 완전하게 이해했다고 공언하지 않습니다. 오히려 자신이 되도록 많은 쟁점에 대하여 추측만 해보았을 뿐 모두 완전하게 해석한 것은 아니라고 고백하곤 합니다. 심지어 우리는 그가 쟁점이 되는 바로 그 많은 사안에 대하여 자신이 제대로 알지 못해서 혼란스럽다고 인정하는 것을 종종 발견합니다. 그는 그러한 쟁점들에 대하여 정답을 제시하지 않았습니다. 그러한 사안이 무엇인지 명확하게 알지 못하겠다고 그는 겸손하고 진실하게 고백하는 것을 부끄러워하지 않았습니다.[35]

이런 태도는 오리게네스의 작품에서 쉽게 발견할 수 있다. 예컨대 그는 무엇을 기도해야 하는지 상세하게 논한 이후에 다음과 같이 덧붙인다. "나는 이것이 성령 안에서 언급된 것이기를 바라지만, 정말 그런지는 그대들이 이것을 읽으면서 판단해주십시오."[36]

오리게네스의 작품들은 여러 차례 불살라지는 수난을 겪었으나 일부는 수도원을 통하여 은밀하게 필사되고 전달되었다. 그러다가

---

35 Pamphilus, *Apology for Orien* 3 in Hunter, 40-41.
36 Origen, *De Oratione* 18.1.

9세기경부터는 공개적으로 인용하고 해석해도 아무런 문제가 없는 분위기가 형성되었다. 다만 십자군 전쟁 이후에 아리스토텔레스의 작품들이 서양에 소개되고 토마스 아퀴나스가 그에 반응하는 신학을 펼쳤으므로 플라톤 계열의 오리게네스는 덜 주목받는 경향이 있었다.[37] 그러나 근현대에 오리게네스의 그리스어 작품들의 파편들이 발견되면서 오늘날까지 그에 관한 연구는 활발한 편이다.[38] 또한 오리게네스는 정경화와 불가타 형성에 지대한 공을 세웠으므로 성서가 존재하는 한 그의 영향력은 사라질 수 없다고 해야 할 것이다.

4. 주기도문의 "용서" 본문들(마 6:12; 눅 11:4a) 언어 분석

평범한 사람이라면 오리게네스처럼 험한 일들을 겪으면 사람을 용서하기가 어려워진다. 오리게네스는 어떠했을지 주기도문의 용서 부분에 대한 오리게네스의 해석을 바탕으로 용서와 그 경계를 살펴보자.

　　오리게네스는 마가복음에 주기도문이 나오지 않고 마태복음과 누가복음의 주기도문과 맥락이 서로 조금 다르다는 사실을 간파했다. 마태복음에서 주기도문은 누구의 요청도 없이 산에서 예수께서 가르치시는 중에 나오지만, 누가복음에서는 예수께서 기도를 마친

37　Thomas Aquinas, 1225년경-1274.

38　Harold Smith, "Some Catenae Fragments of Origen's Commentary on Matthew," *The Journal of Theological Studies* 17(1915), 101-103; Robert M. Grant, "More Fragments of Origen?" *Vigiliae Christianae* 2(1948), 243-247.

후에 한 제자의 요청에 따라 주기도문을 말씀하신다.[39] 또한 오리게네스는 마태복음과 누가복음의 주기도문 본문들의 단어, 시제, 품사 등이 완전히 일치하지 않는다는 사실을 발견했다. 두 본문이 똑같다고 생각하는 사람들을 위하여 오리게네스는 마태복음의 주기도문(마 6:9-13)과 누가복음의 주기도문(눅 11:2-4)을 그리스어로 써서 보여준다. 두 본문이 같은지 다른지 독자가 직접 눈으로 확인해보라는 것이다.

그러므로 필자도 여기서 오리게네스가 그리스어로 써준 주기도문 본문들을 서로 비교하되 이 짧은 글에서는 주기도문 전체가 아니라 용서 부분만 비교해보겠다. 다음 표는 오리게네스의 그리스어 본문을 기초로 만든 것이다.

마태복음 6:12	누가복음 11:4a
καὶ ἄφες ἡμῖν τὰ ὀφειλήματα ἡμῶν, ὡς καὶ ἡμεῖς ἀφήκαμεν τοῖς ὀφειλέταις ἡμῶν"	καὶ ἄφες ἡμῖν τὰς ἁμαρτίας ἡμῶν, καὶ γὰρ αὐτοὶ ἀφίομεν παντὶ τῷ ὀφείλοντι ἡμῖν·
그리고 용서하소서, 우리를, 우리의 빚들을, 그와 같이 우리도 우리의 빚진 자들을 용서했습니다.	그리고 용서하소서, 우리를, 우리의 죄들을, 왜냐하면 우리 자신들도 우리에게 빚진 자를 모두 용서하기 때문입니다.

<표 1> 주기도문 용서 본문 비교표

두 본문은 모두 "그리고 용서하소서"로 시작한다. 여기서 "용서하다"라는 뜻을 담은 동사 "아피에나이"(ἀφιέναι)는 "탕감하다", "풀어주다", "해방시키다", "자유롭게 하다", "간과하다", "지나가다", "내버

---

39 Origen, *De Oratione* 18.3.

려두다", "포기하다", "해체하다"는 뜻을 포함한다. 즉 아피에나이는 죄를 용서하는 것과 빚을 탕감하는 것이 비슷하다는 뜻을 함축한다.

마태복음과 누가복음은 모두 아피에나이를 두 번씩 사용했다. 첫 번째 사용례는 시제와 형태가 2인칭, 단수, 단순과거, 능동태, 명령법으로서 두 본문이 똑같으나(ἄφες), 두 번째 사용례는 서로 다르다. 마태복음에서는 1인칭, 복수, 단순과거, 능동태, 직설법(ἀφήκαμεν)을 사용하므로 그것은 "우리가 용서했습니다"는 뜻이다. 그러나 누가복음에서는 1인칭, 복수, 현재, 능동태, 직설법(ἀφίομεν)을 사용하므로 그것은 "우리가 용서합니다"는 뜻이다. 두 절을 연결하기 위하여 마태복음은 호스(ὡς)를 썼고, 누가복음은 카이 가르(καὶ γάρ)를 썼는데[40] 이들의 의미는 크게 다르지 않다.

하나님께 용서/탕감해주시기를 구하는 대상은 두 본문에서 모두 "우리"(ἡμῖν)이지만, 용서할 것들은 일치하지 않는다. 마태복음에서 용서할 것들은 "우리의 **빚들**"(τὰ ὀφειλήματα ἡμῶν)이고, 누가복음에서 용서할 것들은 "우리의 **죄들**"(αἱ ἁμαρτίαι ἡμῶν)이다. 즉 빚들도 용서하고 탕감할 것이고 죄들도 용서하고 탕감할 것이다. 그 문화권에서 죄 용서와 빚 탕감은 치환할 수 있을 정도로 서로 비슷한 의미였나 보다.

한편 용서하고 탕감할 대상들 또한 두 본문이 같지 않다. 마태복음은 명사(ὀφελέτης)를 복수형으로 사용하여 "우리에게 **빚진 자들**(οἱ

---

40 마태복음에 쓰인 호스(ὡς)는 "그처럼", "마찬가지로", "~인 것처럼"이라는 뜻이다. 누가복음에 쓰인 카이 가르(καὶ γάρ)는 "그와 같이" "그리고 왜냐하면"이라는 뜻이다.

ὀφειλέται)을 우리가 용서했습니다"라고 표현하지만, 누가복음은 동사(ὀφείλειν)의 분사형을 명사적 용법 단수로 만들고 앞에 "모두"를 붙여서 "우리에게 **빚진 자 모두**(πᾶς ὁ ὀφειλον)를 용서합니다"라고 표현한다. 여기에 사용한 오페일레인(ὀφείλειν)은 "빚지다", "구속되다", "~를 해야 한다", "~할 의무가 있다", "~할 운명이다", "~할 책임이 있다", "갚아야 하다"는 뜻이다.

이어서 두 본문의 용서 주제가 각 복음서의 다른 본문과 어떻게 연결되는지 살펴보겠다. 흥미롭게도 두 복음서 모두 빚을 크게 진 자와 적게 진 자에 대한 이야기를 담고 있다. 각 복음서에서 둘의 종말은 서로 대조적이다. 마태복음에서 크게 빚진 자는 인색하게 굴다가 고발되어 결국 옥졸들에게 끌려가는 신세가 되고 누가복음에서 크게 빚진 자는 예수께 칭찬을 듣는다.

5. 마태복음의 주기도문 용서 본문과 관련 비유(마 18:21-35)

〈표 1〉의 주기도문 용서 본문(마 6:12)과 밀도 높게 공명하는 본문은 마태복음 18:21-35이다. 이 본문에서 주기도문의 핵심 단어인 "용서/탕감하다"(ἀφιέναι)는 3회 사용되었다(마 18:20, 27, 33). 또한 주기도문의 "빚"(ὀφείλημα)과 "빚진 자"(ὀφελέτης)에 대한 동족 명사 "빚"(ὀφειλή)과 동족 동사 "빚지다"(ὀφείλειν)는 무려 6회나 사용되었다(마 18:24, 28[x 2], 29, 32, 34). 그러므로 마태복음 18:21-35은 주기도문의 용서 본문(마 6:12)을 해설하는 본문인 셈이다. 그 내용을 살펴보자!

베드로가 예수께 질문한다. "주여, 제 형제가 저에게 죄를 지으면 몇 번이나 그를 용서할까요(ἀφιέναι)?" 예수께서는 "일곱을 일흔 번까지라도 하라"고 대답하신 다음, "하늘들의 나라는 그 종들(δοῦλοι)과 회계하려는 왕 같은 사람(주인)과 비슷하다"고 비유를 말씀하신다(마 6:21-23). 왕 같은 주인에게 "일만 달란트 빚진 자(ὀφειλέτης)가 넘겨졌다. 빚진 자에게는 갚을 것이 없으므로 주인은 그에게 그 자신과 처와 자식들과 소유를 다 팔아서 갚아야 한다고 명령했다"(마 6:24-25). 그러나 종이 탄원하자 "주인은 그를 불쌍히 여기고 그 빚을 용서/탕감해주었다(ἀφιέναι)"(마 6:26-27). "그런데 그 종이 나가서 자기에게 백 데나리온을 빚진(ὀφείλειν) 자기 동료 종(σύνδουλος) 하나를 발견하더니 그의 멱살을 잡고 '네가 (내게) 빚진(ὀφείλειν) 것을 갚으라'고 말했다"(마 6:28). 동료 종은 탄원했으나 그는 동료 종이 "빚진(ὀφείλειν) 것을 갚을 때까지 그를 옥에 가두었다"(마 6:29-30). "이 일을 처음부터 끝까지 지켜본 다른 동료 종들(οἱ σύνδουλοι)은 몹시 비통해했고 주인에게 가서 자초지종을 모두 고발했다"(마 6:31). "이에 주인이 그를 불러다가 '악한 종아, 내가 그 빚(ὀφειλή)을 모두 용서/탕감한(ἀφιέναι) 까닭은 네가 내게 간청했기 때문이거늘 내가 너를 불쌍히 여김과 같이 너도 네 동료 종을 불쌍히 여겨야 하지 않겠느냐?' 하고 말했다"(마 6:32-33). "분노한 그 주인은 그가 빚진(ὀφείλειν) 것을 모두 갚을 때까지 그를 옥졸들에게 넘겼다"(마 6:34). 예수께서는 비유를 마치며 다음과 같이 경고하셨다. "너희가 각각 심중으로(진심으로) 형제를 용서하지(ἀφιέναι) 않으면, 내 하늘 아버지께서도 너희에게 이같이 하시리라"(마 6:35).

여기서 달란트는 어느 정도 가치일까? 달란트는 지중해 연안에서 귀금속을 재는 도량형 단위였는데, 지역에 따라, 시대에 따라, 귀금속의 종류와 순도에 따라 조금씩 달랐다고 한다. 금의 순도가 높았던 그리스 에우보아에서 금 1달란트는 26kg 정도였으나, 이탈리아에서는 32.3kg 정도였다고 한다.

그러면 1세기 유대에서 금 1달란트는 어느 정도였을까? 이에 대하여 유대 역사가 요세푸스가 중요한 정보를 제공한다.[41] "그(셀레우코스 총독 크라수스)는 순금으로 만든 들보를 취했는데 무게가 삼백 미나(1미나 = 1/60달란트)에 달했고, 1미나의 무게는 2.5파운드더라."[42] 여기서 파운드는 로마 파운드이고 당시 1로마 파운드는 0.32745kg 정도였다고 한다. 이를 바탕으로 계산하면 1세기 유대 지역에서 금 1달란트는 대략 49.118kg 정도였겠다. 오늘날 한국에서 금 한 돈(3.75g)이 39만 원 정도이니 1세기 유대 지역의 금 1달란트는 51억 정도이고, 1만 달란트는 무려 51조에 해당한다. 이처럼 달란트는 큰 단위였으므로 주로 국가 차원에서 세금이나 조공 계산에 사용했고 개인 차원으로는 거의 사용하지 않았다. 그래서인지 달란트는 신약성서에서 오로지 마태복음에만 나온다. 히브리 성서에서 솔로몬은 "세금을 금 666키카르(כִּכָּר)"만큼 거두었다고 하는데(왕상 9:13; 대하 9:13), 여기서 "키카르"가 바로 "달란트"다.

이제 달란트를 알았으니 무자비한 종의 비유(마 18:21-35)로 돌

---

41   Flavius Josephus, 37-100년경.
42   Josephus, *Antiquities of the Jews* 14.106.

아와서 세 가지 문제를 생각해보자. 첫째, 일만 달란트 빚진 사람은 누구를 상징할까? 어쩌면 하나님께 막대한 빚을 지고 있는 우리 인간 개개인을 상징할지도 모른다. 하나님께서 우리 모두에게 선물하신 생명과 자연을 어떻게 값으로 환산할 수 있으며 그 은혜를 우리가 무슨 수로 갚을 수 있겠는가? 그처럼 막대한 은혜를 마태복음은 "일만 달란트"라고 표현했을지 모른다. 둘째, 그 종에게 백 데나리온을 빚진 사람은 누구일까? 데나리온은 노동자의 하루 품삯인데, 하루 품삯을 7만 원으로 치면, 100데나리온은 700만 원 정도의 가치. 평범한 사람이 살면서 빚을 지고 갚을 수 있는 크기라고 할 수 있다. 마지막으로, 무자비한 종이 무려 51조를 탕감받고도 고작 700만 원 빚진 동료를 탕감해주지 않았다는 의미는 무엇일까? 이처럼 현격한 차이는 무엇을 뜻할까? 우리 각자는 예외 없이 하나님께 51조 정도의 막대한 은혜를 입었으나 인간들끼리 질 수 있는 빚이란 고작 700만 원 정도에 불과하다는 뜻은 아닐까? 하나님께 갚을 수 없을 만큼 막대한 은혜를 입었으니, 인간들 사이의 송사쯤은 모두 용서하고 탕감해야 한다는 뜻은 아닐까?

그렇다면 마태복음의 예수께서는 우리 모두에게 무조건 값싸게 용서하고 정의 따위는 포기하라고 하시는가? 그렇게 해석할 위험이 도사리고 있으나 본문 자체의 상황은 값싼 용서를 지지하는 것 같지 않다. 두 가지 보정 장치가 있기 때문이다. 첫째는 동료들의 삼엄한 감시이고, 둘째는 왕 같은 주인의 종말론적 심판이다. 이 비유를 거꾸로 읽으면, 일백 데나리온을 탕감해주는 자는 일만 달란트를 탕감받게 되고, 일백 데나리온을 탕감해주지 않는 자는 일만 달란트를 탕감받을 기회를 얻더라도 다시 갚아야 하는 처지가 된다는 뜻이다.

　그러므로 감시하는 동료들과 의로운 지도자가 있어 준다면, 용서와 정의는 양립할 수 있지 않겠는가? 또한 서로 용서할 수 있는 사회라면, 이미 정의가 실현된 사회가 아니겠는가? 마태복음의 예수께서는 우리 각자가 하나님께 받은 보편적 은혜를 일만 달란트로 표현하고, 인간사에서 벌어질 수 있는 온갖 채무 관계를 일백 데나리온으로 표현하신 것 같다. 하여 그 현격한 차이를 금세 파악할 수 있도록 수치로 표현함으로써 온갖 구실을 대며 용서하지 않는 우리에게 용서하기를 촉구하시는 것 같다.

6. 누가복음의 주기도문 용서 본문과 관련 본문(눅 7:36-50)

〈표 1〉에서 누가복음 11:4a에 사용된 모든 동사와 명사들은 전부 예수가 바리새인 시몬 집을 방문한 사화(특히 눅 7:41, 47-48)에도 나온다. 즉 "빚지다"(ὀφείλειν), "용서/탕감하다"(ἀφιέναι), "죄들"(αἱ ἁμαρτίαι) 등이 밀도 높게 겹친다. 특히 시몬의 집 사화에서 "빚지다"(ὀφείλειν)는 1회(눅 7:41), "죄들"(αἱ ἁμαρτίαι)은 3회, "용서/탕감하다"(ἀφιέναι)는 4회가 사용되어(눅 7:47-48) "용서" 주제가 강조되는 점은 주목할 만하다.

　예수께서 "시몬"이라는 바리새인의 초대를 받아 그 집을 방문하셨다. 그 소식을 들은 한 여자 죄인(ἁμαρτωλός)은 그곳에 와서 예수의 발을 눈물로 적시고, 머리털로 씻으며, 입 맞추고, 향유를 부었다. 이를 본 바리새인은 마음속으로 "예수는 저 여자가 죄인인 것을 모르니 선지자가 아니다"(눅 7:36-39)라고 생각했다. 그러자 예수께서 시몬에게 "내가 네게 할 말이 있다"고 말씀하시면서 비유를 들려주신다. "빚 주는 사람(채권자)에게 빚진 자(채무자)가 둘이 있어 하나는 오백 데나리온을 빚졌고(ὀφείλειν) 하나는 오십 데나리온을 빚졌는데, 갚을 것이 없으므로 둘 다 탕감하여 주었으니 둘 중에 누가 저를 더 사랑하겠느냐?"(눅 7:40-42) 시몬은 "많이 탕감받은 자입니다"(눅 7:43a)라고 대답한다. 예수께서 옳다고 하시고 여자를 보시며 시몬에게 말씀하신다.

> "이 여자를 보느냐? 내가 네 집에 들어올 때 너는 내게 발 씻을 물을 주지 않았으나 이 여자는 눈물로 내 발을 적시고 자기 머리털로 씻었다. 너는 내게 입 맞추지 않았으나 이 여자는 내가 들어올 때부터 내 발에 입 맞추기를 멈추지 않았다. 너는 내 머리에 올리브 기름도 붓지 않았으나 이 여자는 향유를 내 발에 부었다. 내가 네게 말하노니 그녀의 많은 죄들 (αἱ ἁμαρτίαι)이 용서/탕감된(ἀφιέναι) 까닭은 그녀가 많이 사랑했기 때문이다. 그러나 적게 용서받은(ἀφιέναι) 자는 적게 사랑한다"(눅 7:43b-47).

그리고 예수께서는 여자에게 "네 죄들(αἱ ἁμαρτίαι)이 용서되었다 (ἀφιέναι)!"라고 선포하셨다(눅 7:48). 이에 동석한 사람들은 생각한다. "저가 누구기에 죄들(αἱ ἁμαρτίαι)까지 용서하는가(ἀφιέναι)?"(눅 7:49) 예수께서 여자에게 말씀하셨다. "네 믿음이 너를 구원하였으니 평안

히 가라!"(7:50)

여기서 바리새인 시몬은 50데나리온 빚진 자(채무자)에 해당하고 죄인 여자는 500데나리온 빚진 자에 해당한다. 이 사화는 같은 화폐 단위(데나리온)로 대조시키고 50:500이라는 비교적 적은 차이를 대조시키므로 마태복음 비유(10,000달란트 : 100데나리온)와 차이를 보인다. 마태복음은 인간 차원의 채무와 인간 및 하나님 차원의 채무를 대조시켰다면, 누가복음은 인간들 차원의 채무들을 비교한 것 같다.

또한 마태복음은 채권자에게 용서하기를 촉구하는 것을 강조하지만, 누가복음의 강조점은 용서받기 위한 채무자의 태도에 있는 것 같다. 즉 죄(빚)가 적다고 쉽게 용서(탕감)받지 못하고, 죄(빚)가 크다고 용서(탕감)받지 못하는 것도 아니다. 누가복음의 예수께서는 크게 죄지었더라도 저 여자처럼 눈물로 회개하고 사랑을 실천하면 용서받을 수 있다고 말씀하시는 것 같다. 이 또한 값싼 용서와는 거리가 있다. 이제 오리게네스의 해석을 살펴볼 차례다.

7. 오리게네스의 주기도문 용서 해석[43]

오리게네스는 마태복음과 누가복음의 주기도문 용서 본문을 언급하며 "피차 사랑의 빚 외에는 아무에게든지 아무 빚도 지지 말라"는 로

---

43 Origen, *De Oratione* 28.1-8. 오리게네스, 이두희 역, 『기도론 *De Oratione*』(서울: 새물결플러스, 2018).

마서 13:8 말씀을 소환한다. 아울러 조세, 관세 등을 철저하게 낼뿐 아니라 두렵고 존경할 만한 사람들을 두려워하고 존경하며, 몸과 마음으로 해야 할 의무와 책임을 다하고, 하나님께서 명령하신 것들을 지키라고 당부한다. 즉 오리게네스에게 "빚"이란 세금과 관세, 지불해야 할 모든 값, 유형·무형의 의무와 책임, 하나님의 계명, 형제들과 부모들과 자식들에 대한 의무, 시민의 의무, 쾌락으로 몸을 소진하지 않을 의무, 혼을 예리하고 분별 있게 유지할 의무 등을 포함하는 광범위한 것이다. 이런 의무를 다하지 않을수록 빚이 늘어난다는 것이다.[44]

오리게네스는 우리가 하나님께서 창조하신 작품들로서 "마음을 다하고 힘을 다하고 뜻을 다한 사랑"을 해야 할 의무가 있다고 강조했다. 우리는 그리스도께서 고귀한 피를 지불하고 사신 자들로서 "세계와 천사들과 사람들에게 구경거리"(고전 4:9)가 되었으므로 저들에게 지혜로운 본을 보일 의무도 있다는 것이다.[45] 또한 교회를 돌볼 의무로서 집사, 장로, 감독의 의무가 무거우며 남편과 아내의 의무도 다해야 한다고 권고한다. 이런 빚을 갚으면 자유롭지만, 인생에서 빚이 없기란 불가능하다고 보았다.[46]

오리게네스는 사람에 따라 빚을 많이 지거나 적게 질 수 있고 갚거나 못 갚을 수도 있으며 안 갚는 자도 있다고 보았다. 그러나 갚으려고 노력하는 자는 유예 기간을 얻는 것이 마땅하다고 했다. 우리가

---

44   Origen, *De Oratione* 28.1-2.

45   Origen, *De Oratione* 28.3.

46   Origen, *De Oratione* 28.4.

얼마나 범죄하고 빚을 졌는지는 우리 혼의 "지배적인 부분에"($\dot{\epsilon}\nu$ $\tau\hat{\omega}$ $\dot{\eta}\gamma\epsilon\mu o\nu\iota\kappa\hat{\omega}$) 새겨지므로 "그리스도의 심판대 앞"에서 "우리에게 불리한 조문"이 되어 적나라하게 드러난다고 경고했다. 여기서 혼의 "지배적인 부분"이란 플라톤이 말한 혼의 삼분법에서 혼의 이성적인 부분인 "정신"($\nu o\hat{\upsilon}\varsigma$)을 뜻한다.[47]

우리는 인생이라는 기한 안에 빚을 갚아야 하지만 갚기는 쉽지 않다. 진리를 알지 못하거나, 벌어진 일들에 대한 억울한 심정이나 교만 때문에 법을 어기거나 폭언으로 빚을 지게 되기 때문이다. 자신이 이처럼 막대한 빚을 진 자임을 알 때, 타인을 너그러이 용서할 수 있다는 것이 오리게네스의 주장이다.[48]

오리게네스는 우리가 100데나리온 빚진 자를 용서하지 못하면 악하고 게으른 종이 되어 감옥에 던져져 한 푼도 탕감받지 못한 채 모든 빚을 갚을 때까지 감옥에 있게 된다는 말씀을 상기시킨다(마 18:21-35). "하루에 일곱 번 죄를 짓고 일곱 번 네게 돌아와서 회개한다"고 하면 "너는 용서해주어야 한다"는 예수의 말씀을 오리게네스는 강조한다. 아울러 오리게네스는 자신의 악함을 느끼지 못하고 독주보다 더 독한 악에 취한 자도 돌보아야 한다고 권고한다.[49]

오리게네스는 누가복음이 용서를 구하는 자와 구하지 않는 자를 모두 용서하라고 한 것을 언급하는 동시에(눅 11:4), 용서할 수 없고 치료될 수 없는 죄도 있다고 인정한다. 그는 "우리가 우리에게 죄지

---

47 Origen, *De Oratione* 28.5.

48 Origen, *De Oratione* 28.6.

49 Origen, *De Oratione* 28.7.

은 자를 용서해준 것처럼 우리 죄를 용서해주소서"라는 기도에는 우리에게도 용서할 "권세"가 주어졌다는 뜻이 포함된다고 보았다. 성령에게 이끌려 이성에 따라 "열매로 식별할 수 있는 자"는 예수처럼 용서할 죄와 치료할 죄를 분별할 수 있다는 것이다.[50]

8. 오리게네스에게 용서를 구할 수 있는 죄와 없는 죄[51]

오리게네스는 용서 주제가 마태복음과 누가복음뿐 아니라 요한복음에도 나온다는 사실을 알았다. "성령을 받아라, 너희가 누구의 죄든지 용서해주면 그 죄가 용서될 것이요, 용서해주지 않으면 그대로 남아 있을 것이다"(요 20:22b-23). 여기서 오리게네스는 "너희"를 "사도들과 사도들과 같은 자들"(이하 "사도들")로 해석하고 이들이 구약성서의 제사장처럼 남의 죄에 대하여 용서를 구할 수 있으나 모든 죄가 용서되는 것은 아니라고 보았다. 사도들을 통하여 용서받을 수 있는 죄는 의도하지 않았거나 어쩔 수 없이 지은 죄에 한정된다는 것이다.[52]

사도들을 통해서도 용서받을 수 없는 죄는 의도적 범죄들과 극악무도한 범죄들이라고 한다. 구약성서에서 제사장도 "간음이나 의도적 살인이나 더 심한 잘못에 대해서는 번제나 속죄제를" 드리지 않았다는 것이다. 또한 오리게네스는 홉니와 비느하스가 범죄했을 때

---

50 Origen, *De Oratione* 28,8.

51 Origen, *De Oratione* 28,9-10.

52 Origen, *De Oratione* 28,9.

아버지 제사장 엘리가 도울 수 없었던 사례를 들면서 사람 사이의 범죄를 사해주시라고 기도할 수는 있으나 주께 지은 죄를 사해주시라고 기도할 수는 없다고 보았다.[53]

또한 오리게네스는 용서받기 위해서는 범죄 의도의 유무나 죄의 경중뿐 아니라 용서를 구하는 자(사도들)의 자질도 중요하다고 보았다. 즉 사도들처럼 경건한 지식도 없고 성령의 가르침도 받지 못한 자는 남을 위해서 용서를 구할 수도 없다고 보았다. 오리게네스는 자격 없는 자가 "우상숭배와 간음과 음행" 그리고 "죽음에 이르게 하는 죄"까지도 용서하겠다고 나서는 것에 우려를 표하며 다만 욥처럼 알려지지 않은 (자식의) 죄까지 용서를 구하기를 권한다.[54]

9. 마치는 글

필자는 요한복음 연구자로서 늘 오리게네스가 궁금했다. 그토록 가혹한 시대와 상황에서 그토록 위대한 업적을 남긴 것을 믿을 수가 없었다. 가시밭에 떨어진 씨앗이 고목나무가 되어 무수한 열매를 맺은 형국이다. 그에 대해서는 부정적 평가도 있으나 그가 정경화 과정과 성서 주석 방법론에 끼친 막대한 공헌은 누구도 부인할 수 없을 것이다. 그의 주석 방법론은 현대적 시각에서 보더라도 엄밀하기 그지없다. 그

---

53   Origen, *De Oratione* 28.9.

54   Origen, *De Oratione* 28.10.

가 성서 글자 하나하나를 대하는 태도는 마치 예배를 드리는 듯하다.

그럼에도 필자는 늘 오리게네스의 마음속 어딘가에 어두운 그림자가 도사리고 있으며 용서에 인색했을 것이라고 막연하게 생각했다. 그의 삶 자체가 너무 험했기 때문이다. 그는 너무 어린 나이에 아버지가 투옥되어 고문당하고 참수되는 것을 목격했고 전 재산을 몰수당한 채 홀어머니와 여섯 동생을 떠맡아야 했다. 그가 믿고 따랐던 알렉산드리아의 대주교 데메트리오스는 마음속으로 오리게네스를 차별하고 질투하여 끝내 그에게 서품을 주지 않았고, 오리게네스가 팔레스타인에서 받은 서품조차 취소해버렸다. 오리게네스는 하늘나라를 위하여 어렵게 용기를 내어 고자가 되었건만, 대주교는 오리게네스의 신앙적 결행을 입술로만 칭찬하고 마음속으로 꺼리다가 결정적인 순간에 온 세상에 고발하고 조롱했다. 오리게네스는 온 힘을 다하여 이단들에 맞서 정통 신학을 추구했건만, 도리어 사상을 의심받고 종종 이단 시비에 휘말리기도 했다. 평범한 사람이라면 그런 상황에서 세상과 사람에게 너그러운 마음을 가지기가 쉽지 않을 것이다.

그러나 앞서 살펴보았듯이 오리게네스는 자신의 글에 분노나 원망, 비난, 절망을 새겨넣지 않았다. 심지어 그는 인간의 자유 의지를 상당히 신뢰했고, 아무리 나쁜 사람도 언젠가는 그리스도께 돌아올 기회가 주어질 것을 믿었다고 한다.

그렇다고 오리게네스가 쉬운 용서를 주장한 것은 아니다. 남은 용서하되 자신에게는 엄격하기를 요구했고 용서받았다고 생각할 자들에게도 남은 죄와 빚이 있음을 경고하면서 늘 빚진 자처럼 살라고 권고했다. 또한 중범죄의 경우에는 "불의 형벌"이 필요하다고 주장하기도 했다. 즉 하나님께서는 의사와 같아서 죄지은 자들에게 쓰디쓴 고통과 아픈 칼 그리고 소멸하는 불의 형벌을 번갈아 주시면서 인간의 죄와 병을 다스리고 고치신다고 그는 믿었다.[55] 하나님께서는 인간을 전멸시키기를 기뻐하지 않으시고 에스겔 11:19-20 말씀에 따라 인간에게 "돌의 마음" 대신에 "살의 마음"을 넣어 하나님의 규정과 법도를 지키게 하신다는 것이다.[56] 오리게네스가 실제로 악한 자와 사탄까지도 용서받을 수 있다고 주장했는지에 관하여 후속 연구가 필요하겠으나, 비록 그렇더라도 그가 값싸고 쉬운 용서를 주장하지 않은 것은 분명하다. 비록 오리게네스가 제시한 용서의 경계가 그 사후에 기독교계가 조직화한 교리의 경계와 완전하게 일치하지 않더라도 그가 목숨을 다하여 용서하고 용서를 구하라는 주님의 가르침을 실천하려고 애쓴 것은 분명하다.

---

55 Origen, *De Principiis*, 2.10.6.

56 Origen, *De Principiis*, 3.1.7.

추천 도서

오리게네스, 이두희 역, 『기도론』(*De Oratione*), 새물결플러스, 2018.

오리게네스, 이성효, 이형우, 최원오, 하성수 해제 및 역주, 『원리론』(*De Principiis*) 아카넷, 2022.

유세비우스 팜필루스, 엄성옥 역, 『유세비우스의 교회사』, 은성, 2008.

Pamphilus. *Apology for Orien with the Letter of Rufinus on the Falsification of the Books of Origen*. The Fathers of the Church: A New Translation, vol. 120, trans. Thomas P. Scheck. Washington D.D.: The Catholic University of America Press, 2010.

해방신학의 관점에서 바라보는 용서와 화해 그리고 치유

홍인식

빚과 죄 : 갈등

인간은 인간 존재의 본질적인 모습인 사회 구조 관계 속에서 삶을 영위해나간다. 이 말은 우리는 한데 어울리며 더불어 살아가는 존재, 즉 관계성 속에서 살아가는 존재라는 의미일 것이다. 그리고 인간은 이러한 인간관계에서 필연적으로 발생하는 문제를 안고 살아갈 수밖에 없는 존재이기도 하다. 주기도문에서는 이 관계를 "빚" 혹은 "죄"라는 측면에서 언급하고 있다. 예수는 기도를 가르치면서 서로가 서로에게 죄(빚, 갈등)를 짓지 않게 해달라고 하지 않는다. 죄를 짓는 것 혹은 빚을 지는 것(갈등 상황의 발생)은 인간 존재에게 일어나는 숙명적인 일이기 때문이 아닐까? 죄(빚, 갈등)를 짓는 것은 인간의 존재 양식이기도 하다.

그래서 예수는 이러한 인간 실존의 모습을 인정하고 우리에게 죄(빚, 갈등)를 짓지 않는 방법을 가르쳐주지 않고 오히려 죄(빚, 갈등) 때문에 발생하는 인간의 문제를 해결하는 방법을 제시한다. 용서가 그것이며 이의 결과로서 화해의 가능성을 상정한다.

나는 본 글에서 먼저 해방신학에서 바라보는 화해와 용서에 대해 말할 것이다. 그리고 뒤이어 예수의 주기도문에 나타나는 용서의 문제에 대해서 생각해볼 것이다. 그 후 엘살바도르에서 발생한 국가폭력 피해자들의 이야기를 통해서 용서와 화해 그리고 치유에 대한 해방신학적 관점에 대해 언급하려고 한다.

해방신학의 용서와 화해

공포와 분노의 감정 그리고 복수에 대한 열망

신학에서 화해와 대화는 매우 중요한 주제다. 그리고 기독교 교회와 신학은 화해의 과정에서 중요한 기능을 담당하고 공헌할 수 있다. 근대 서구 사상은 인간은 이성적인 존재로서 이성이 말하는 대로 살아간다고 주장하지만 이러한 생각이 옳지 않다는 점은 이미 많은 학자에 의해 증명된 바 있다. 우리는 이성적인 존재이면서 동시에 감성에 의해 움직이는 존재이기도 하다. 감정 상태가 이성적 과정의 방향과 한계를 결정짓는다.

두려움의 감정 상태에서 공포에 사로잡혀 있는 사람은 결코 새로운 것들과 새로운 경험과 도전에 대하여 자신을 개방하지 않는다. 그리고 이미 알고 있는 교리적인 형태의 사실에 더욱 매달리게 되고 그것을 확정하려고 하며 또한 현 상황이 좋지 않다고 하더라도 안정을 위해 현 상황을 유지하려고 한다.

이성적으로는 오늘 이루어져야 할 일을 다음으로 미루게 하는 것은 다름 아닌 공포의 감정이다. 이러한 공포에 지배받는 한 우리는 결코 화해와 용서를 이루기 위해 구체적인 행동으로 이어지는 그 어떤 일도 시작하려고 하지 않을 것이다.

한편 분노와 복수의 감정은 공포의 감정에 비해서 적극적인 모습을 뚜렷하게 보인다. 분노와 복수의 감정은 우리 삶에 뚜렷하게 자리 하는 여러 가지 다양하고 복잡한 요소들을 구별하지 못하도록 만든다. 더욱이 분노와 복수의 감정은 우리의 시각을 흐릿하게 할 뿐만 아니라 상대방을 오로지 "쳐서 부숴야 할 적"으로만 보게 한다.

가인과 아벨의 시간으로부터 시작하여 형제 사이에서 폭력의 반복을 만들어내는 복수의 감정에 의해 발생하는 폭력은 성서에서 매우 중요한 주제로 다루어지고 있다. 이 이야기에서 하나님은 가인에 대한 복수를 금지하기 위해 사건에 개입하신다. 폭력에 의해 또 다른 폭력이 발생하는 폭력의 순환적 고리를 끊기 위해서다.

죄책감

그런데 여기서 우리는 공포와 분노 그리고 복수의 감정과 더불어서 이해해야만 하는 매우 중요한 또 다른 요소 하나를 발견하게 된다. 그것은 죄책감이다. 매우 심각하고 오랫동안 지속되는 고통 앞에서 우리는 그 고통의 의미를 알기 위하여 항상 그것에 대한 설명을 듣고 싶어 한다. 우리는 모든 일에서 의미를 찾으려고 한다. 어떤 사건을 이해하고 받아들이기 위해서 우리는 그 사건의 의미를 찾으려고 하고 그 의미를 전체적인 사건 안에서 이해하고자 노력한다.

예를 들자면 전쟁에서 아들을 잃은 사람에게 그 사건은 인생에서 발생하는 인과응보 혹은 원인과 결과라는 논리와는 전혀 상관없는 것으로 받아들여진다. 그것은 그 어떤 이론으로도 설명될 수 없는 사건이다. 이러한 사건, 다시 말하자면 그 어떤 이유로도 설명될 수 없는 사건 앞에서 죄책감이 발생한다.

최근 10년 동안 한국에서 발생한 416 세월호와 1029 이태원 참사의 경우가 그랬다. 세월호와 이태원 참사 피해자들의 부모들은 오랜 기간 죄책감에 시달려왔음을 토로하기도 했다. 이유를 알 수 없었을 뿐만 아니라 그 어떤 이론으로도 설명될 수 없는 참사 앞에서 그들은 무력감과 더불어 죄책감을 느껴야 했다고 말한다. 죄책감의 감정은 공포와 분노 그리고 복수의 감정을 훨씬 능가하며 강력하게 피해자와 관련자들을 곤혹스럽게 만들었다.

죄책감은 인생에서 발생하는 많은 비극적 사건을 미연에 방지하기 위하여 무엇인가를 했어야만 했다는 감정이기도 하다. 그리고 현재 당하고 있는 고통이 현재의 삶 혹은 전생에서 자신의 죄에 대한 갚음이라는 감정이기도 하다. 어쩌면 참사를 비롯한 피해 발생의 원인과 과정에 대한 여러 구체적인 설명이 중요하지 않을 수도 있다. 오히려 여기서 더 중요하게 여겨지는 것은 피해 사건을 접하면서 피해자 혹은 피해 관련자들이 갖게 되는 죄책감이다.

이러한 죄책감은 사건의 당사자인 자기 존재를 스스로 억압하고 마비시키는 공격적 과정을 만들어낸다. 이러한 "근본적" 죄책감은 미래에 발생할 수 있는 모든 고통과 고난 그리고 억압을 정당화시킨다. 왜냐하면 그것은 자신이 죄인이며 정확하게 잘 모르지만 피해자에게 무엇인가를 갚아야 한다고 그로 하여금 생각하도록 만들기 때문이다. 그리고 사건 당사자는 그 죄를 현재 당하는 고통으로 갚고 있다고 생각한다.[1]

많은 경우 종교의 교리들은 죄책감이나 정화 예식 혹은 희생을 통해 "갚음"의 필요성을 강조하는 일에 대한 정당화 혹은 그에 대한 비판이라고 생각할 수도 있다. 이 과정의 이면에는 죄에 대해 완벽한 갚음을 요구하는 "전지전능한 재판관"으로서의 신이나 혹은 반대로 신성한 법을 잘 지켜나가는 사람들에게는 복을 주는 완벽한 "복의 배급자"로서의 신 혹은 신적인 존재의 개념이 있다.

이러한 보상 이데올로기는 기독교 신학은 물론 카르마를 말하는 다른 종교의 신학 안에서도 발견된다. 죄책감의 결과 자신에 대한 공격성은 다른 방향으로 전환될 수도 있다. 그것은 자신에게 고통을 유발하는 것으로 생각하는 적을 향해 발산된다. 앞서 언급한 예의 경우처럼 자신이 사랑하는 존재의 죽음에 대한 죄책감을 느끼지 않기 위해 그 모든 책임을 적에게 돌린다.

그렇게 함으로써 사건의 당사자는 모든 분노와 죄책감 그리고

---

[1] 최근 모 교회 벽에 걸린 "내 고난은 내 죄보다 약합니다"라는 현수막은 이 같은 생각을 적나라하게 대변해주고 있다. 고난(피해)이 내가 저지른 죄의 결과라는 생각은 많은 그리스도인이 품고 있는 생각이기도 하다.

복수의 열망을 마치 정의를 실현하기 위한 도구인 것처럼 생각하기에 이른다. 적은 그 대가를 반드시 치러야 한다. 적에게 대가를 치르게 함으로써 그는 자기를 괴롭게 하는 일에 대한 죄책감과 고통에서 벗어나게 된다. 이러한 적을 향한 죄책감의 전가는 빚 혹은 죄의 대가를 반드시 치르게 하는 신적인 재판관이 존재한다는 논리와 필연적으로 연결되어 나타난다.

화해와 치유의 과정

나는 이러한 성찰을 통해 고통, 복수의 열망 및 죄책감으로 인해 상처받은 사람들을 "치유"해야 하는 매우 중요한 과제가 존재한다고 말하고 싶다. 이러한 의미에서 기독교회와 신학은 긴 치유의 과정에서 공헌할 수 있다. 진정한 화해를 이루기 위한 전제 조건으로서의 "치유"의 과제는 우리의 삶에 대한 매우 "실천적인 지식"이 필요하다는 것을 보여준다. 그리고 이것은 화해라는 또 다른 치유 과정으로의 이양을 의미하기도 한다.

화해는 "복수"의 개념에서 이해되는 정의의 개념을 넘어서는 행위다. 복수는 우리를 향한 상대방의 행위에 대한 대가를 치르게 만드는 것이다. 그런데 복수의 문제는 우리가 대가를 치르게 만든 상대방이 결코 자신이 치른 죄에 대한 "빚 갚음"을 받아들이지 못하고 그것을 자신이 당하고 있는 불의라고 믿게 하며 또한 그에 대하여 다시금 복수의 열망을 갖게 만드는 것으로 귀결되곤 한다. 이 과정이 진행되는 여러 과정에서 일어나는 최악의 결과는 당사자가 이 과정을 또 다른 "정의의 실현"으로 믿는다는 것이다.

이런 의미에서 우리는 복수와 정의 실현 사이에 존재하는 차이가 매우 미세하고 미묘하다는 것을 보게 된다. 이런 의미에서 이들에게 정의는 "복수가 이루어질 수 없는 복수"다. 정의는 복수-정의의 관계 안에 있는 당사자들을 넘어서는 초월적인 차원에서 이루어진 복수이기 때문이다. 그래서 법 체제는 많은 경우 종교 영역이 제공하는 상징이나 의식을 사용하기도 한다.

그러나 화해는 정의-복수의 논리가 아니다. 그것은 죄책감과 복수의 열망을 해소하는 용서의 논리다. 죄-복수의 논리에서 벗어나기 위해서 무엇보다도 먼저 우리는 고통, 죄책감 그리고 부채 징수의 개념으로서의 정의의 의미 저변에 깔린 "신"의 개념에 대해 다시 생각해보아야 한다.

법의 이름으로 잔혹한 희생을 지불하라고 요구하는 신들은 세상의 전제 권력과 연계된 전제 군주적인 초자아와 유사하다. 이러한 상황에서 우리는 예수가 우리에게 계시해준 아가페 사랑의 하나님을 선포해야 한다. 우리는 우리가 아직 죄인 되고 연약한 상태로 있었을 때 그의 사랑으로 우리를 용서함으로써 인간과 화해를 이루신(롬 5:5-11) 그 하나님을 선포해야 한다.

위대한 해방신학자 중 한 사람인 호세 콤블린(Jose Comblin)은 바울의 신학에서 화해의 주제가 매우 "객관적인 사실"을 의미한다고 말한다.

하나님 앞에서 인간은 원수 됨을 버리고 친구로 변화된다. 이러한 변화는 하나님의 행동으로 인하여 발생한다. 인간은 이러한 행위를 유발시키지 못한다. 그것은 하나님 아버지의 은혜가 넘치는 자유로운 행동의 결과로서 나타나는 것이다. 이러한 전망 속에서 바울은 "우리가 하나님의 원수일 때도 하나님의 아들의 죽으심으로 말미암아 하나님과 화해하게 되었다면 화해한 우리가 하나님의 생명으로 구원을 얻으리라는 것은 더더욱 확실한 일이다.…우리는 지금 그로 말미암아 하나님과 화해하게 되었다"(롬 5:10-11)라고 말하고 있다.[2]

"객관적 사실"이라는 표현은 인간의 행동 혹은 인간의 수용 여부와는 완전히 독립적인 존재로서의 하나님이 인간과 화해를 하실 때 오직 우정과 사랑의 관계에 의해서 규정되고 있음을 의미한다. 하나님은 우리로부터 대가를 받으려고 하지 않으신다. 그러므로 죄책감 혹은 부채에 대한 부담감은 의미가 없다. (어떤 경우에는 실질적으로 우리 자신이 그 일에 대한 죄가 있는지 없는지도 확실하지 않지만) 인간에게 형이상학적이고 알 수 없는 죄책감을 유발하는 그 어떤 사상이나 종교적 가르침도 하나님의 지혜 안에서는 아무런 의미도 갖지 못한다.

그래서 콤블린은 "그리스도를 통해 우리를 자기와 화해하게 하시고 또 우리에게 화해의 직분을 맡겨주셨습니다"(고후 5:18-19)라는 바울의 말을 인용하면서 화해는 복음의 근본적인 목적임을 밝혀주고 있다. 그런 의미에서 복음은 좋은 소식이다. 이 좋은 소식은 다음과

---

2   Jose Comblin, *Teologia de Reconciliacion* (Petropolis: Editorial Boses, 1987), 17-18.

같은 것이다.

> (좋은 소식은) 이제 우리가 더 이상 죄로 인해 염려하지 않아도 된다는
> 것이다. 이제 우리는 더 이상 우리의 죄로 인해 하나님을 두려워하지 않
> 아도 된다. 이러한 하나님 안에서 더 이상 염려와 죄책감은 우리의 삶에
> 자리 잡지 못한다. 우리의 하나님은 억압하고 벌을 주는 그러한 신이 아
> 니다.[3]

그러므로 죄책감에 의해 유발되어 우리 자신 스스로나 혹은 우리의
적들을 향해 퍼붓는 공격(복수)은 더 이상 의미가 없다.

앞서 언급한 것처럼 죄책감은 공격성으로 뒤덮여 있다. 그것은
우리의 시각과 양심을 왜곡시키는 분노로 점철되어 있다. 그래서 그
러한 감정들을 의식적으로 변화시키는 일은 매우 어렵다. 왜냐하면
우리의 삶은 깊은 아픔과 자신을 향한 자기의 공격성과 알 수 없는 죄
책감으로 억압받고 있기 때문이다.

그러한 죄책감이 그 방향을 바꾸어서 치유되기 위해 중요한 것
은 하나님의 용서를 선포하는 일이다. 용서의 빛이 우리가 알고 있는
하나님의 화해를 제시해준다. 그리고 그 화해는 죄책감을 빛으로 인
도해낸다. 이제 우리는 우리를 억압하고 있는 죄책감에 직면할 용기
를 갖게 된다. 왜냐하면 우리는 우리가 죄에 대한 의식을 갖기 이전에
하나님께서 이미 우리의 죄를 용서해주셨음을 발견했기 때문이다.

---

3   앞의 책, 18.

이러한 죄책감으로부터의 해방은 아픔과 고통을 간직하고 있는 우리 각자가 스스로 자기 자신과 화해하도록 만들고 우리의 공격성을 해체하게 만든다. 이런 해체는 죄책감으로 인해 마비되었던 우리의 의식 상태와 분노로 인해 혼란에 빠진 상태를 해방시켜줄 것이다. 용서는 우리를 모든 복수의 감정에서 자유롭게 만들 것이며 우리로 하여금 예수의 가르침대로 "원수 사랑"의 과제를 수행하도록 만들 것이다.

원수 사랑은 단순한 도덕적 차원의 문제가 아니다. 그것은 모든 사람을 차별 없이 사랑하는 따뜻한 마음의 문제다. "원수 사랑"은 상대방이 나를 반대하고 있거나 혹은 상대방의 이익이 나의 개인적 혹은 사회적 이익에 반하는 대척점의 위치에 있다고 하더라도 그 같은 상황에 전혀 개의치 않도록 만든다. "원수 사랑"은 증오가 나의 삶의 방향을 결정하게 하거나 파괴하는 것을 결코 허락지 않는다.

하나님이 우리와 우리의 원수를 모두 용서하셨음을 발견하고 깨닫게 되었을 때, 우리는 하나님에게는 "우리"와 "우리의 원수"가 별다른 차이가 없음을 알게 될 것이다. 우리가 국제 관계에서 서로 반대되는 지정학적 위치에 살고 있다고 할지라도 우리는 모두 고귀한 인간성을 똑같이 공유하고 있으며 또 같은 두려움과 아픔과 고통을 갖고 있음을 발견하게 된다.

이처럼 복수와 죄책감의 논리로부터 해방될 때 우리는 화해의 가능성을 발견하게 될 것이다. 설령 상대방이 나와 화해하기를 원하지 않고 있다 해도, 나는 나의 화해의 시도를 통해 자기 자신과 먼저 화해를 이루고 그렇게 함으로써 죄책감과 증오로부터 치유되어 내 자신이 해방되는 것을 맛보게 된다.

그러면 화해와 치유의 전 단계로서 용서와 관련하여 예수는 어떻게 생각했을까?

문제 제기: 용서 구하기와 용서하기

이러한 죄(빚, 갈등)의 용서와 화해에 대한 예수의 가르침 중 가장 핵심적인 것이 "주기도문"이라고 할 수 있다. 주기도문은 죄(빚, 갈등) 용서의 과정에서 크게 두 가지, 용서 구하기(용서받기)와 용서하기에 대해 언급하고 있다.

예수는 기도를 가르치시면서 죄에 대한 용서를 구하라고 말한다. 죄를 용서받는 것! 이것은 죄인으로 살아가는 우리에게 가장 필요한 기도임에 틀림없다. 기독교회는 믿는 이들에게 우리가 하나님과 이웃에게 저지른 죄를 용서해달라고 간구해야 할 뿐만 아니라 용서를 비는 심정으로 살아가는 것이 믿는 이들의 기본적인 삶의 태도라고 가르치기도 한다.

이런 의미에서 전통적으로 신학은 인간을 "용서받은 죄인"이라고 부른다. 그러나 나는 여기서 한걸음 더 나아가 인간은 "용서를 구하고 용서받고 또한 용서하는 죄인"이라고 말하고자 한다.

그러면 "용서받는 것"과 "용서를 구하는 것"은 무엇을 의미하는가? 주님께서 가르쳐주시는 죄 용서는 두 가지 측면에서 살펴보아야 한다.

첫 번째는 용서하기이며 두 번째는 용서받기다. 용서하기는 피해자의 측면에서 바라보는 것이 강조되는 반면 용서받기는 가해자 입장에서 바라보는 죄의 용서다. 그런데 여기서 지적해야 할 사항은 지금까지 죄 용서가 주로 가해자의 입장에서 이루어져왔다는 사실이다.

결국 우리가 죄의 용서에 대하여 말할 때 주로 용서를 구하기, 다시 말하면 용서받기에 대해서만 강조해왔음을 부정할 수 없을 것이다.[4] 그뿐만 아니다. 용서받기도 가해자의 입장에서만 설명되어왔음도 간과할 수 없다. 어찌 보면 이런저런 식으로 용서를 빌면(구하면) 용서를 받을 수 있다는 사실을 강조해왔다는 것이다.

이런 의미에서 죄의 용서와 관련해 여태까지 피해자의 입장은 사실상 무시되어왔다는 점을 지적하지 않을 수 없다. 피해자가 받았던 피해나 맺힌 한은 언급되지 않았다. 이런 측면을 고려하면서 나는 해방신학적 입장에서 출발하여 피해자의 입장에서 이 문제(용서하기와 용서받기)를 생각해보고 죄의 용서와 그 치유와 화해에 대한 의미를 생각해보고자 한다.

---

4   최근 지앤컴리서치가 실시한 「갈등과 용서에 대한 개신교인 인식 조사 보고서」는 개인 교인의 용서 행태에 대한 인식에 대해 "개신교인이 가벼운 용서를 하는 것은 아니지만, 용서를 강요하는 경향이 있고 이중적인 모습도 다소 있다"고 설명하고 있다(지앤컴리서치, 「갈등과 용서에 대한 개신교인 인식 조사 보고서」, 2024.01.23., 113). 그뿐만 아니라 이 조사에 의하면 "주기도문에서 '우리가 우리에게 죄 지은 자를 사하여 준 것같이 우리의 죄를 사하여 주옵시고'에 대해 개신교인 10명 중 6명은 '우리가 누군가를 용서해야 하는 것을 강조'하는 것이라고 알고 있었고, 28.9%는 '하나님의 무조건적인 용서를 강조'하는 것이라고 인식하고 있었다"(지앤컴리서치, 「갈등과 용서에 대한 개신교인 인식 조사 보고서」, 2024.01.23., 129).

용서하기

해방신학의 측면에서 생각해보고자 하는 첫 출발점은 용서하기다. 용서하기는 피해당한 이들이 취하는 행위다. 피해자들의 용서하기가 전제되어야만 용서받기가 이루어질 수 있는 게 아닐까? 용서는 일방적인 면에서만 말해져서는 안 될 것이다. 용서하기와 용서받기가 동시에 그리고 같은 강도로 이루어져야만 진정한 죄의 용서가 이루어진다. 그래서 주님도 기도를 가르쳐주시면서 죄 용서하기와 용서받기를 같은 선상에서 취급하는 모습을 보인다.

용서하기와 피해자의 한

죄는 피해자를 필연적으로 만들기 마련이다. 그리고 그것은 한 사람의 인생에 있어서 한(恨)을 남긴다. 그리고 그 한은 부정적으로 폭발할 수도 있고 긍정적으로 승화될 수도 있다. 한 개인이 가진 한이 그 한을 풀 수 있는 대상을 만나게 될 때는 여러 형태로 나타날 수 있다. 공포, 전율, 노여움, 분개, 증오 심지어는 구체적 복수 행위로 표현되기도 한다. 그러므로 진정한 용서하기를 말하기 위해서는 이처럼 한 개인이 가지고 있는 한의 차원에 대한 이해가 전제되고 선행되어야 한다.

죄의 용서와 치유 그리고 회복은 무엇보다도 먼저 피해자의 용서하기가 선행되어야 한다. 그러나 피해자의 용서하기를 단순히 "내가 하나님으로부터 용서받기 위한 전제 조건"으로 취급하는 측면에서 이해해서는 안 될 것이다. 지금까지 전통적 신학은 피해자의 용서하기를 "하나님으로부터 내가 용서받기 위해서는 나에게 잘못한 사람을 용서해주어야 한다"는 차원에서 해석해왔다. 그러나 이러한 해석은 또다시 피해자는 생각하지 않고 가해자만 중요시하는 잘못을 범하고 말았다. 진정한 용서는 피해자가 자신의 한을 푸는 것에서 시작한다. 한이 풀리지 않은 채 이루어지는 용서는 진정한 의미에서의 용서가 아니다.

한풀이

예전부터 우리 조상들은 한풀이라는 개념을 가지고 사유했다. 사람의 가슴에 맺힌 한은 풀어야 한다는 것이다. 그리고 그 한을 풀기 위해서 굿을 하는 등 여러 가지 무속적인 행위를 했다. 이러한 행위들은 사람 사이에 맺힌 여러 가지 매듭을 풀기 위한 노력이었다. 그중에서도 피해자의 한을 풀어주는 일이 가장 중요했다.

피해자가 한을 풀지 못하고 그냥 가슴에 담고 있으면 여러 가지 부정적인 행동이 나타난다. 오래전 발생했던 "김부남 여인 사건"은 그러한 한이 얼마나 무서운 형태로 발전할 수 있는가를 보게 한다. 풀리지 않은 한은 부정적인 형태로, 다시 말하면 증오, 분노, 전율, 두려움, 공포, 분개, 복수, 심지어는 살인으로까지 발전하게 될 수 있다.

오늘 우리는 피해자로서 어떻게 한을 풀 수 있을까? 성서는 그것을 "용서하기"라고 말한다. 피해자로서 가해자를 용서하는 것, 그것은 한을 푸는 가장 적극적인 방식이라는 것이다. 다시 말하면, 용서하기는 모종의 용서받음에 대한 전제 조건의 차원이 아니라 피해자의 가슴 깊은 곳에 자리한 한을 풀어주는 차원에서 바라보아야 함을 말한다.[5]

이에 대해 박승호는 교회가 지금까지 죄론 및 죄인에 대한 신학적 사상은 발전시켰으나 죄의 희생자에 대해서는 관심하지 않았음을 지적한다. 이어서 그는 피해자가 품고 있는 한의 측면을 고려하지 않은 죄의 용서와 구원론은 온전하지 못하다고 주장한다. 계속해서 그는 구원의 교리가 죄의 희생자들을 위한 한의 해결이라는 교리에 의해서 보완되어야 한다고 역설한다.[6]

사울 왕과 다윗

사울과 다윗의 경우를 살펴보자. 사무엘상 24장에는 다윗이 자기 원수인 사울을 만나는 장면을 기록하고 있다. 다윗은 피해자로서 가해자인 사울을 만난다. 가해자인 사울은 아무런 방비도 없는 상황이었다. 다윗은 사울이 자신에게 했던 여러 가지 악한 일들을 가슴에 두고 있었을 것이다. 다시 말하면 그는 사울에게 한이 맺혔을 것이다.

---

5   지앤컴리서치는 「갈등과 용서에 대한 개신교인 인식 조사 보고서」에서 "개신교인 10명 중 3명은 '용서는 마음으로부터 나를 자유롭게 하는 행위'라고 응답했다. 타인을 위해 용서하기보다는 내 마음의 평안과 자유를 위해 용서한다는 의미로 보인다"라고 말한다. 이에 따라 "'용서는 하나님이 내 죄를 사해주신 은혜에 대한 마땅한 행동'이라고 인식하는 비율은 29.5%였으며, '용서는 폭력과 갈등을 멈추고 화해를 이루를 행위'라고 인식하는 비율은 23.0%로 나타났다"라고 보고하고 있다. (지앤컴리서치, 「갈등과 용서에 대한 개신교인 인식 조사 보고서」, 2024.01.23., 127)

6   박승호, 『상처받은 하나님의 마음: 한에 대한 동양적 개념과 죄에 대한 서양 기독교 개념』(대한기독교서회, 1998).

다윗은 그 한을 적극적으로 해결한다. 그는 사울을 죽이지 않고 그냥 보낸다. 주의 깊게 보아야 할 부분은 사울을 해칠 기회가 다윗에게 생겼다는 점과 또 그가 사울을 죽였다고 하더라도 그는 아무런 비난을 받을 이유가 없었다는 점이다. 그럼에도 다윗은 그런 식으로 한을 푸는 것을 거부한다. 그는 사울을 그냥 보낸다. 그를 용서한다. 그는 사울이 회개했기에 그를 용서한 것이 아니다. 그냥 용서한다. 다윗은 사울을 그냥 용서해준 행위를 통해 정신적 건강을 회복하는 실마리를 찾았을 것이다. 그는 건전하고 건강한 한 인격체로서 성장하게 되고 결국 이스라엘의 왕이 되기에 이른다. 다윗이 용서하기를 실천할 수 있었기에 그는 모난 구석이 없이 여러 사람으로부터 지지를 얻어 당시 흩어져 있던 히브리 민족을 한데 묶어 통일 왕국을 건설할 수 있었다.

용서하기는 한을 푸는 가장 훌륭한 방법이다. 용서하기는 바로 피해자 자신을 위한 일이다. 이처럼 용서하기는 피해자의 한을 이해하는 것에서 출발한다. 그러므로 우리가 주기도문을 통해 하나님에게 이웃을 용서할 수 있도록 해달라고 하는 것은 바로 우리 마음 깊은 곳에 자리한 우리의 한을 풀어달라는 기도다.

우리는 이 기도를 드리면서 우리의 한과 함께하시고 한 맺힌 우리 인생과 더불어 고통당하시는 하나님의 모습을 발견할 수 있다. 또한 우리는 우리의 한으로 인해 상처받으신 하나님의 마음을 엿보게 된다. 우리는 상처받으신 하나님의 마음을 통해 우리를 향한 하나님의 사랑이 얼마나 심오한 것인지 실감하게 된다. 우리는 나에게 피해를 준 가해자를 용서할 수 있도록 하나님께 기도드리면서 우리의 한

이 주님의 사랑으로 인해, 우리에게 상처받으신 하나님의 마음을 통해 치유되고 한이 맺힌 매듭이 풀어지는 경험을 한다.

용서하기와 하나님의 성품에 참여하기

스페인 속담에 "죄를 짓는 것은 인간적인 일이고 용서하는 것은 신적인 일이다"(Pecar es humano, perdonar es divino)라는 말이 있다. 성서는 인간이 죄인임을 강조한다. 죄는 인간의 삶과 분리될 수 없는 그 어떤 실존적인 것으로 묘사되고 있다. 죄를 안 짓는 인간은 하나도 없다. 죄를 짓는 것은 지극히 인간적이다.

이에 반해 죄를 용서해주는 것은 신적인 일이다. 용서하기는 신의 성품에 참여하는 가장 확실한 길이다. 지금까지 우리가 일반적으로 선한 일로 여기는 일은 상대적으로 쉬울 수 있다. 원수를 용서하는 것, 이는 쉬운 일이 아니다! 그것은 신적인 일이기 때문이다. 나에게 잘못한 사람을 응징하기는 쉽다. 그러나 그것을 받아들이고 용서하기란 거의 불가능하다. 특히 피해자가, 한을 간직한 사람이 용서하기란 불가능하다.

"용서하기!" 그것은 진정으로 하나님의 성품에 참여하는 길이다. 용서하기는 하나님의 성품을 닮게 해달라는 기도다. 용서하기! 그것은 피해자인 나를 살리는 길이다. 그것은 나로 하여금 하나님의 사람으로 나아가는 길에 성큼 들어서게 만드는 일이다.

용서 구하기와 용서받기

이제 우리는 용서의 두 번째 측면인 "용서 구하기와 용서받기"에 대해 언급하지 않을 수 없다. 죄의 용서와 구원받는 것은 기독교에서 빼놓을 수 없는 핵심적인 요소다. 그럼에도 전통적인 신학과 죄의 용서에 대한 교회의 가르침에는 몇 가지 지적할 사항이 있다.

무엇보다도 먼저 앞서 언급했던 것처럼 죄의 용서가 가해자 편에서만 해석되어왔다는 점이다. 전통적인 죄론은 죄를 저지른 사람이 어떻게 죄의 결과로부터 해방되어 자유롭게 될 수 있는가에 초점을 맞췄다. 따라서 "전통적인 죄론은 이 세상을 오로지 죄인의 견지에서 봄으로써 죄와 불의에 의해 희생된 자들의 입장은 고려하지 않은 일방적인 것이었다"[7]라는 박승호의 지적은 타당하다. 그동안 죄의 용서에 대한 가르침은 가해자가 다시 당당하게 살아갈 수 있도록 하는 일에만 관심이 있었다.

두 번째는 전통적인 가르침은 용서받기만 강조했고 그것은 하나님으로부터의 용서받기였다는 것이다. 하나님으로부터 용서를 받으면 모든 것이 다 해결된 것으로 생각했으며 피해자로부터 받는 용서에 대해서는 큰 관심이 없었다. 세 번째로 전통적인 가르침은 피해자에 대한 피해 복구와 또한 그러한 죄가 다시 발생하지 않도록 하는 상황(구조) 개혁의 노력과 죄의 용서가 깊은 관련이 있음을 간과해왔다.

그러므로 오늘 우리는 용서와 화해 그리고 치유에 대하여 말하고자 할 때 전통적인 가르침이 결여하고 있었던 부분을 중점적으로 생각해보아야 한다. 용서하기와 연관하여 용서받기는 과연 무엇을 의미하고 있는가를 살펴보고 진정한 죄의 용서는 이처럼 용서하기와

---

7   박승호, 앞의 책,

용서받기가 유기적으로 연결되어 있어야 온전하게 이루어질 수 있음을 강조하고자 한다.

용서받지 못한 죄의 결과

시편 51편은 다윗의 회개 시편으로 알려져 있다. 시편 51편에서 다윗은 용서받고 치유되지 못한 죄로 인해 파괴되고 있는 자신의 삶을 생생한 언어로 표현한다.

> 저는 죄를 지었습니다. 주의 눈앞에서 제가 악한 짓을 저질렀으니 주님의 유죄 선고가 마땅할 뿐입니다. 주님의 유죄 선고는 옳습니다. 실로 저는 태어날 때부터 이미 죄인이었고 어머니의 태 속에 있을 때부터 죄인이었습니다(시 51:4-5).

> 제가 입을 다물고 죄를 고백하지 않았을 때에는 온종일 끊임없는 신음으로 저의 몸은 탈진하고 말았습니다. 주님께서 밤낮 손으로 저를 짓누르셨기에 저의 혀가 여름에 풀 마르듯 말라버렸습니다(시 32:3-4).

용서받지 못한 죄는 독소가 되어서 이처럼 우리의 삶을 파괴시켜나간다. 용서받지 못한 죄 때문에 우리는 자책감에 빠지기도 한다. 우리는 자신을 비하하고 부당한 방법으로 질책하기도 한다. 또한 삶에 대해 불확실성도 지닌다. 그래서 조그만 어려움을 만나더라도 이 어려움이 자기 죄와 연결되어 있고, 그래서 혹시 내가 이런 일을 당하는 것 아닌가 하면서 불안감을 느낀다. 그뿐만 아니라 이처럼 용서받지 못한 죄로 인해 자신의 삶이 무가치하다는 느낌을 받기도 한다. 그러기에 우리는 죄를 용서받아야 한다. 용서받기는 우리가 안정된 생활을 누리고 우리 삶에 대해 확신을 갖고 살게 할 것이다.

그런 의미에서 예수는 주기도문을 통해 "용서받기"를 위해 기도할 것을 요청한다. 해방신학자 레오나르도 보프는 주기도문은 우리로 하여금 "하나님은 본래 죄인들의 하나님이시며 우리를 죄에서 해방시키고 무거운 양심의 짐을 벗겨주시는 분이심을 고백하게 한다"라고 말한다.[8] 용서받기에서 핵심은 하나님은 우리를 용서하시는 분이라는 고백이다.

우리는 무엇보다도 용서받지 못한 죄의 무서움을 깨달으며 하나님으로부터 용서받기를 구한다. 죄의 용서는 우리를 하나님의 한없는 자비와 은총의 세계로 이끌어간다. 용서받은 인간은 비로소 하나님의 자녀로서 새로운 삶을 살아가는 기반을 마련하게 된다. 우리는 죄인으로서 하나님의 용서를 늘 받아야 하는 존재임을 인정한다. 따라서 하나님이 우리를 용서하시고 용납하셨다는 확신 없이 새로운 삶을 힘차게 살아갈 수 없을 것이다. 하나님으로부터 출발하는 용서받기는 죄인인 인간의 삶을 의미 있게 만드는 핵심 주제다.

그러나 이제 또 다른 측면에서의 용서받기가 남아 있다. 그것은 우리가 피해를 주었던 피해자들로부터 받는 용서다. 그리고 이 용서

---

8   레오나르도 보프, 『주의 기도』, 162.

받기는 피해자들의 한이 풀려짐으로써 얻어지는 죄의 용서와 관련 있다. 그리고 실질적으로 피해자들의 한이 고려되지 않는 용서받기는 반쪽의 용서받기일 뿐이다. 그것은 위장된 자기기만이고 자기 위로다.

1991년에 발생한 김부남 사건은 피해자의 한이 풀리지 않는 죄 용서가 얼마나 기만적인가를 보여준다. 또한 그것은 피해자의 입장과 한 그리고 죄의 희생자들이 느낀 고통에 대해 간과하는 것이 얼마나 기만적인가를 보여준다. 한국성폭력상담소는 이 사건에 대해 다음과 같이 설명한다.

> 김부남은 평범한 농부 집안의 다섯째 딸로 태어났습니다. 9살이 되던 어느 날 부남이가 친구 집에 놀러 가던 길에 당시 30살이었던 마을 아저씨 송 씨를 만나게 됩니다. 송 씨는 아이를 유인하고 부남이를 강간하기에 이릅니다. 그 이후 부남이는 말이 적어졌습니다. 아무것도 모르는 사람들은 부남이를 보면서 말이 적은 듬직한 여자아이라고만 생각했습니다. 23살이 되었을 때 농부인 최 씨와 결혼을 하였는데 그녀는 처음부터 결혼 생활에 어려움을 겪었습니다. 강간으로 인한 두려움과 불안 그리고 죄의식 때문이었습니다. 그녀는 남편에게 그 사실을 고백했습니다. 고백한 2달 후에 그녀는 남편과 이혼하게 됩니다.
> 그 후 그녀는 트럭 운전사인 이 씨와 결혼해서 한때 아들 둘을 낳고 잘 사는 듯했으나 남편이 교통 사고를 내고 교도소에 들어가게 되자 다시 비참한 생활에 빠지게 됩니다. 그녀는 1991년 3월 20년 만에 친정을 방문하게 되었고 송 씨를 만나 배상을 요구하게 됩니다. 그러나 송 씨는 그

녀를 만나주지도 않았고 그녀의 오빠와 합의를 하여 40만 원을 주기로 합니다. 그녀는 송 씨를 다시 찾아가지만 갖은 모욕을 당합니다. 격분한 그녀는 송 씨를 자기 손으로 죽이기에 이릅니다. 그리고 20년 넘게 품어온 가슴의 한에 대하여 복수를 합니다.[9]

어린 김부남을 욕보였던 송 씨는 아마 20년 동안 그 일에 대해 반성하고 회개했을 수도 있다. 그리고 신문 기사에는 나오지 않았지만, 그 흔한(?) 그리스도인이 되었을지도 모른다. 그리고 그는 회개 기도를 통해 하나님이 자신의 죄를 용서해주었다고 생각하면서 살아왔을지도 모른다. 20년의 세월 동안 송 씨는 그때의 일은 잊어버렸고 이미 지나간 과거로 기억하며 이미 용서받은 죄라고 생각하면서 살아왔을 것이다. 아마 그의 기억에서 이미 사라졌을지도 모른다.

여기서 우리가 주목해야 할 것은 송 씨의 죄 용서받기에 있어서 피해자인 김부남 여인의 한과 고통은 전혀 고려되지 않았다는 사실이다. 송 씨는 자신이 저지른 죄에 대해서만 관심이 있었지 그 죄로 인하여 상대방이 당해야만 했던 아픔과 피해 그리고 상처를 고려하지 않았다. 우리는 김부남 여인과 송 씨의 사건을 통해서 하나님으로부터 용서받았다고 생각할지라도 피해자로부터 죄를 용서받지 않고서는 결코 온전한 죄의 용서받기가 이루어지지 않는다는 점을 발견한다.

---

9   김부남 사건은 한국성폭력상담소의 성폭력 추방 운동사의 10대 사건 중 하나로 기록되어 있다. www.sisters.or.kr.

우리는 우리에게 당했던 사람들로부터 용서받지 않으면 죄의 용서는 온전한 것이 아님을 비로소 깨닫는다. 우리로 인해 피해를 입은 사람들의 고통과 한을 이해하고 그것에 대해 고민하며 갈등하지 않고, 따라서 피해자의 입장이 전혀 고려되지 않은 "나 혼자"만의 일방적인 하나님으로부터의 용서받기는 사실상 온전한 용서받기가 아니다. 그래서 예수는 주기도문에서 용서받기와 용서하기를 동일시하고 있는 것이 아닐까?

주기도문은 우리로 하여금 우리가 저지른 잘못 때문에 상대방이 당해야만 했던 마음의 상처와 한을 생각하도록 요구하고 있다. 그뿐만 아니라 피해자의 마음속에 맺혀 있는 그 한과 아픔의 치유를 위하여 행동하도록 촉구한다. 만일 우리가 진정으로 피해자로부터의 용서받기를 기도하고 행동한다면 상대방이 그것을 느끼고 알게 될 것이다.

삭개오의 용서받기

누가복음 19장은 삭개오의 경우를 통하여 진정한 의미의 용서받기에 대해 기록하고 있다. 삭개오는 하나님에게 용서를 구하고 용서받는다. 그러나 삭개오는 그것으로 끝나지 않는다. 그는 예수에게 말한다.

> 주님 보십시오. 내 소유의 절반을 가난한 사람들에게 주겠습니다. 또 내가 누구에게서 강탈했으면 네 배로 갚아주겠습니다(눅 19:8).

삭개오는 세리장으로 지내면서 여러 사람의 마음을 아프게 한다. 여러 가지 잘못을 저질렀다. 그의 행위는 이웃의 삶을 파괴시켰다. 삭개오는 자신의 행위가 그들의 마음에 얼마나 많은 상처와 한을 남겼나 하는 것을 실감한다. 그리고 그는 자신에게 당했던 사람들로부터 용서받기를 원한다. 그리고 그들이 당했던 것들을 갚아주려고 노력한다. 삭개오는 하나님으로부터의 용서받기와 더불어 피해자로부터의 용서받기의 중요성을 깨달은 사람이다.

예수의 말처럼 삭개오에게 "진정한 구원"이 이르게 된 것은 그가 피해자로부터 용서받았을 때다(눅 19:9). 진정하고 온전한 죄의 용서가 이루어지기 위해서는 우리가 피해자로서 우리에게 해를 가한 가해자들을 향해 어렵지만 용서의 말을 해야 한다. 우리 상처의 치유를 위해 하나님의 자비와 사랑을 간구해야 한다. 또 다른 한편, 진정하고 온전한 죄의 용서가 이루어지기 위해서는 우리가 가해자로서 하나님에게 우리의 죄를 용서해달라고 기도해야 한다. 우리는 가해자로서 우리 때문에 피해당한 이들의 아픔과 상처를 위해서 기도하고 행동해야 한다. 피해자들로부터 용서받아야 한다. 그리고 하나님에게 우리의 죄를 용서해달라고 기도해야 한다. 그렇게 할 때 우리 삶에 진정하고 온전한 구원이 이르게 될 것이다.

피해자로부터 출발하는 용서와 화해: 죽음의 현실 한가운데서 생각하는 해방신학적 성찰(엘살바도르의 경우)

엘살바도르의 오스카 로메로(Óscar Romero) 대주교와 이그나시오 엘라쿠리아(Ignacio Ellacuria) 신부와 같은 순교자들의 신앙적 유산에 따르면, 라틴 아메리카 상황에서 신학을 한다는 것은 구체적인 역사적 현실에서 출발하여 가난한 사람들과 불의의 희생자들의 부르짖음에 응답하는 것을 의미한다. 마르타 제크마이스터(Martha Zechmeister)는 해방신학적 과제의 첫 단계는 "보는 것"(ver)이며 이것이 그 이후에 발생하는 모든 신학적 성찰과 행위의 기초가 된다고 강조한다.

이들에 의하면 모든 진지한 신학은 관상(contemplatio)과 신비주의적 개방의 행위에서 시작한다. 따라서 진정한 신학은 참혹하게 펼쳐지는 현실에 눈을 감지 않고 오히려 현실을 주의 깊게 바라보는 실천적 행동에서 시작한다. 그리고 이것은 폭력 피해자들의 현실을 애써 "보지 않으려는" 유혹에 저항하는 것에서 시작한다. 이처럼 "보는 것"은 우리로 하여금 희생자들의 고통을 동일하게 느끼고 체험케 한다. 이 행위는 그들의 현실에 우리 자신을 침투시키는 것을 허용함을 의미한다.

잘 알려지고 유명한 해방신학자이자 예수회 순교자 공동체 형제이며 신부인 혼 소브리노(Jon Sobrino)는 신학의 정당성은 "정의를 향한 헌신"에서 비롯된다고 주장한다. 그는 다음과 같이 말한다.

우리는 희생자들을 신학의 중심에 둠으로써 현실 상황에 대하여 모른 척하는 완고한 사람 혹은 쓸모없는 자학주의자가 되는 것을 방지할 수 있다. 우리는 현실에 대해 솔직하고 책임지는 태도를 보이고자 한다. 그리고 이런 의미에서 우리는 세상을 향해 좋은 소식을 전하는 그리스도인이 되기를 원한다. 하나님과 그분의 아들 그리스도 예수는 우리가 살고 있는 세상 한복판에 존재하고 계시며 특별히 그분은 이 세상의 가장 가난한 사람들과 폭력과 불의에 의해 희생당한 피해자들과 함께 그들 안에 존재한다는 좋은 소식을 전하고자 한다.[10]

혼 소브리노가 자신의 해방신학을 전개하는 것과 관련해서 엘살바도르의 삶의 현장 한복판에서 만나는 가난한 사람들과 여러 종류의 폭력과 불의에 의해 희생당한 피해자들의 상황은 절대적이다. 그에게 이들의 상황을 외면한 채 언급되는 모든 신학은 거짓이고 위선이며 가학적인 행위다. 그러므로 엘살바도르에서 죄 용서와 화해는 피해자로부터 출발해야 한다. 폭력과 불의의 희생자와 피해자에 대한 철저한 인식에서 출발하지 않으면 안 된다. 해방신학의 신학 행위의 출발점은 "보는 것"이다.

엘살바도르는 1980년대를 거치면서 심각한 국가 폭력에 의해 수많은 피해자들이 발생하는 상황을 경험해야 했다. 그리고 오늘까지도 그러한 상황은 호전되지 않고 있다. 엘살바도르에는 국가 폭력 이외에도 위험한 지역에 살면서 갱단에게 괴롭힘을 당한 젊은이들, 예상치 못한 강제적인 방법으로 집을 떠나야 했던 가족들, 여성이라는 이유 하나만으로 강간과 괴롭힘을 당한 피해자들도 있다. 폐허가 된 열악한 집에서 살고 있는 가난한 사람들, 국가, 군대 또는 경찰에 의해 폭력을 당하는 사람들, 성적 조건 때문에 소외되고 위협받는 사람들을 비롯해서 이유도 없이 직간접적인 괴롭힘, 강탈, 강간, 사랑하는 사람의 살해, 가장 기본적인 권리의 박탈을 겪어야 했던 남성과 여

---

10   Jon Sobrino, *La fe en Jesucristo. Ensayo desde las víctimas*, (Madrid: Trotta, 1999), 31.

성들이 존재한다. 엘살바도르에서 폭력의 희생자와 피해자들을 이해하기 위해서 우리는 이들이 느끼고 경험하는 것이 무엇인가에 대하여 귀를 기울여야 한다. 엘살바도르에서 용서와 화해, 이로 인한 치유에 대한 언급은 폭력 상황으로 발생한 피해자와 가해자의 관계를 떠나서 성립될 수 없음을 분명히 해야 한다.

폭력 사태와 그것이 피해자에게 끼치는 상처

엘살바도르에서 폭력의 피해자들은 자신의 피해 사례에 대해 증언하면서 불의한 폭력으로 말미암은 사회적·개인적 차원의 피해와 상처에 대해 언급한다. 이들은 살인 사건이 단지 통계적 수치로 변질되어 무감각하게 받아들여지는 현실에 대해 지적한다. 인간의 생명이 단순한 수치로 발표된다. 피해자들은 엘살바도르에서 자행되고 있는 살인의 야만성과 특히 납치로 인한 가족의 실종이 가족 공동체에 남기는 상처의 심각성에 대해 강조한다.

엘살바도르에서 가장 덜 알려진 동시에 가장 빈번하게 발생하는 폭력은 성폭력이다. 성폭력은 거리에서 발생하는 성적 괴롭힘, 차별, 성적 학대부터 강간 혹은 여성 살해와 같은 매우 심각한 범죄에 이르기까지 아주 다양하다. 무엇보다도 가난하고 소외된 도시 변두리 지역에 거주하는 젊은 피해자들은 자신들의 삶에서 폭력이 일상화되고 정상적인 현상으로 받아들여지고 있음에 깊은 우려를 표하곤 한다. 이들은 조직 폭력단이나 혹은 국가 권력 기관의 탄압의 희생양이 될 것이라는 끊임없는 두려움 속에 살고 있다. 이러한 공포는 많은 경우 엘살바도르 청소년들로 하여금 극도로 사회적 활동을 제한하고 안전한 곳으로 인식되는 지역에서만 활동하도록 만들기도 한다.

무엇보다도 엘살바도르에서 발생하고 반복적으로 언급되고 있는 유형의 폭력은 국가에 의해 저질러지는 폭력이다. 국가 권력 기관은 괴롭힘, 고문, 초법적 처형과 같은 관행을 통해 반대 세력에 대한 탄압을 계속하고 있다. 그러나 이러한 직접적이고 잔혹한 폭력에 비해 더 소극적으로 보이기는 하지만 그에 못지않게 피해자들을 괴롭히는 폭력도 존재한다. 국가 폭력 가해자들에 대한 면책(impunity[죄 용서])은 피해자들로 하여금 무기력에 빠지도록 만든다. 피해자들은 가해자들에 대한 "부당한 용서"(면책)의 실현이 미래에 대한 모든 희망을 상실하도록 만드는 치명적 행위라고 지적한다. 과연 엘살바도르에서 발생하고 있는 가해자들의 죄 용서와 용서 이후 강요되는 화해와 치유는 타당한가?

엘살바도르의 폭력 역학에 영향을 끼치고 이를 가능케 하는 요인

의심할 바 없이 엘살바도르의 폭력 현상은 다양한 원인으로 인해 발생하며 역사에 깊이 뿌리를 두고 있다. 전문가들은 엘살바도르에서 발생하는 다양한 형태의 폭력의 원인에 대해 언급하면서 수십 년간 계속된 유혈 내전이 촉발하고 있는 폭력적 상황이 지배적 원인임을 지적하는 데 주저하지 않는다. 그러나 이러한 요인을 넘어서 엘살바도르가 당면하고 있는 불의하고 억압적인 정치적·사회적·경제적 구조가 현재의 사회 폭력을 키우는 근본적인 원인임을 인정하지 않으면 안 된다.

더욱이 엘살바도르의 지속적 폭력 상황은 시민들 사이에서 폭력 문화를 조장하고 강화하는 사회 심리적 요인으로 작동한다. 강제 이주, 부모의 사망 또는 무관심으로 인한 가족 해체는 어린이의 사회 정서적 결함 측면에서 핵심으로 간주된다. 많은 청년이 우울증에 시달리고 좌절감을 느끼며 서로에 대한 존중과 공존 의식과 갈등을 해결하기 위한 비폭력적이며 평화적인 전략 학습과 평화 실천 기회의 부재는 폭력의 사회화를 부추기고 있다.

피해자들의 현재의 삶과 희망

고통과 죽음의 현실 속에서 오직 우울함과 절망감만이 우리의 삶을 엄습하는 현실은 당연하게 보일 것이다. 그러나 매일 겪는 무의미함과 잔인함에도 불구하고 또 다른 한편으로 엘살바도르 피해자들은 하나님 신앙 안에서 삶과 희망에 대해 이야기하고자 한다. 그들은 죄용서와 화해와 치유에 대한 희망을 버리지 않는다. 그들은 분열과 절망의 막다른 골목에서 낙관과 투쟁의 여지를 찾는 사람들이다. 엘살바도르 피해자들은 그토록 많은 악의 야만성을 허용하는 수동적인 하나님의 존재를 부인하거나 혹은 하나님을 비난하는 일이 당연하다고 느낄지라도 다양한 방법과 수단으로 표현되는 하나님의 사랑을 인식하고 그 사랑으로 다시금 희망을 찾고자 하는 사람들이다. 그들은 참혹한 엘살바도르 현실에서 용서와 화해 그리고 치유의 길을 모색하는 사람들이다.

가난하고 고통받는 사람들이 용서와 화해 그리고 치유에 대한 자신의 경험을 공유할 때 그들의 목소리는 권위 있는 목소리가 된다. 고통을 통해 우리에게 삶과 희망의 이유를 제공하기 때문이다. 그들은 삶의 전달자이자 대변인이다. 어떤 면에서 이것은 하나님으로부터 시작된 외침이기도 하다. 이 목소리는 험악한 폭력적 상황과 피해의 현실이 주는 무기력함에서 깨어나 불의가 팽배한 오늘의 상황에 눈을 뜨게 하는 권위 있는 외침이기도 하다.

용서와 화해 그리고 치유를 경험한 피해자 중 몇몇은 특별한 연대감과 이웃 사랑을 증언하기도 한다. 연약한 자신의 존재로부터 타인의 고통에 연민을 느낄 수 있고 타인과 악수할 수 있으며 죽음의 바다 한가운데에 작은 생명과 희망의 섬을 만들 수 있음을 그들의 삶을 통하여 보여주기도 한다.

피해자 각자는 일상에서 고통과 투쟁하면서 더욱 정의롭고 인간적인 또 다른 세상을 꿈꾸고 만들어가며 그것을 유지하고자 노력한다. 그들은 자신들의 목소리에 귀를 기울여주는 것을 첫 번째이자 가장 중요한 조건으로 요구한다. 필요할 때 그들은 자신들을 환대해주는 공간과 사람들이 있었으면 좋겠다고 말한다. 그다음 그들은 진실을 요구한다. 피해자들은 실종되거나 살해된 친척에게 일어난 일들에 대해 진실을 알리고 그러한 진실이 전 세계에 알려지길 바란다. 이것은 인간 존엄성으로서의 진실을 의미한다. 그들은 정의, 특히 대속적 정의를 원하지만 무엇보다도 회복적이고 포괄적인 정의를 요구한다. 희생자들은 이 정의가 그 누구도 다시는 자신들이 겪은 일을 겪지 않도록 보장할 것임을 확신한다.

피해자들 역시 자신의 평화를 찾고 삶으로 돌아가기 위해 이를 배우는 길고 고통스러운 길을 걷고자 한다. 그들은 인간 사이의 공감과 대화를 추구하고 장려하고자 애쓴다. 왜냐하면 이것이 증오와 폭력을 극복하는 유일한 방법이라고 보기 때문이다. 그리고 마지막으로 그들은 엘살바도르 사회의 변화와 인간화를 위해 각자 자신의 공간에서 일하고 작은 일에서부터 실천하는 방식으로 걷고 있다.

"멸시받고, 버림을 받고, 고통을 많이 겪은 자"(사 53:3), 이들은 역사적으로 십자가에 못 박혀 앞으로 나아가며 왕국을 선포하고 인류를 구원하는 사람들이다. 용서하고 화해하며 치유에 이르게 된 피해자들은 우리 모두를 향해 폭력의 피해자들을 따뜻하게 환영하고 이들과 함께 용서와 치유 그리고 화해의 사회를 함께 만들어가자고 초청한다.

나가면서: 화해와 치유의 길-순교자 오스카 로메로

이러한 의미에서 순교자 로메로 대주교의 삶은 엘살바도르의 폭력 희생자들에게 희망을 던져준다. 로메로 대주교는 엘살바도르의 평범하고 가난한 가정에서 태어나 목수 일을 하고 노동자로 살아가던 중 신학교 입학하여 사제의 길에 들어선다. 그는 자기 고향에서 오랫동안 사목하는 등 일반적인 사제의 길을 걸었다. 로메로 대주교는 상당히 보수적인 인물이었으나 1977년 3월 사제이자 자기 친구인 루틸리오 그란데(Rutilio Grande García) 신부가 농민 운동을 하다가 암살당한 사건을 계기로 반독재 운동에 가담하게 된다.

이를 시작으로 이후 로메로 대주교는 1979년 쿠데타로 들어선 엘살바도르의 독재 정권에 항거하여 빈곤층을 돕고 인권 침해를 고발하는 등 반독재, 반폭력 운동에 앞장선다. 그는 엘살바도르 민중들의 편에 서서 사목 활동과 적극적인 사회 선교 활동에 앞장서던 중 1980년 3월 24일 프로비덴시아(Providencia) 병원 성당에서 미사 성찬 기도 중 무장 괴한 4명에게 저격을 받아 암살당한다.

로메로 대주교가 처음부터 진보 성향이었던 것은 아니다. 그는 본래 전통주의자였고 독재 정권의 무자비한 인권 탄압에 반대해 그리스도인으로서 인권을 옹호했을 뿐이다. 그를 해방신학자라고 평가하기에는 무리가 있을 정도다. 그러나 루틸리오 그란데 신부의 순교 이후 그의 강론은 당시 라틴 아메리카 예수회를 중심으로 퍼져 있던 해방신학의 이야기와 일정 부분 공통점을 지녔던 것은 사실이다. 로메로 대주교는 그란데 신부 암살 사건 이후 그동안의 소극적인 모습에서 벗어나 민중과 함께하는 적극적 모습으로 변했다. 과연 로메로 대주교를 해방신학자로 간주할 수 있는가의 논쟁을 떠나서 그의 삶은 해방신학이 추구하고 있는 신학적 방향과 동일시되고 있다. 그는 용서에 대해 다음과 같이 말한다.

엄청난 피해를 당한 후에 가해자를 용서한다는 것은 매우 힘든 일이라는 것을 나는 충분히 이해합니다. 그럼에도 복음은 용서에 대해 말하고 있습니다. "너희들의 원수를 사랑하라! 너희들을 미워하고 박해하는 사람들에게 선한 일을 행하라! 하늘의 아버지가 완전한 것 같이 너희들도 완전하여라. 하늘의 아버지는 선한 사람들과 악한 사람들 모두에게 비

를 내리고 햇빛을 비추신다." 우리의 마음에 후회함이나 한이 맺히지 않도록 해야 합니다.[11]

로메로 대주교는 피해자들에게 가해자들을 용서하라고 요청하는 일이 매우 힘든 일임을 전제한다. 그럼에도 가해자들을 용서하는 일은 신적인 성품에 참여하는 지름길이다. 그것은 가해자들을 향한 심판의 첫 출발점이기도 하다. 로메로 대주교에게서 갈등의 해결과 화해, 나아가서 희생자와 피해자들의 치유를 위한 출발점은 용서의 개념에서 출발한다. 그리고 그것의 시작은 희생자와 피해자들의 용서다.

　그러면 로메로 대주교가 말하고자 하는 용서가 어떻게 실현이 가능할 수 있을까? 무엇보다도 먼저 그는 용서가 사랑을 바탕으로 한다고 생각한다. 그리고 그러한 용서가 진정한 의미에서의 그리스도인들의 복수라고 생각한다. 사랑은 결국 증오와 분노를 이기고 승리할 것이며 죽음을 넘어서 생명을 선포할 것이기 때문이다. 그는 다음과 같이 선포한다.

　우리는 우리의 권리를 보호하기 위하여 확고한 모습을 보여야 합니다. 그러나 그것은 우리 마음 깊은 곳에 사랑을 간직한 채 이루어져야 합니다. 왜냐하면 사랑에서 비롯되는 확고함은 죄인들의 회개를 불러일으키기 때문입니다. 이것이 그리스도인들이 할 수 있는 복수입니다.[12]

11　1977년 6월 19일 강론 중에서, 『오스카 로메로의 생각들』 1-2권, 101.
12　1977년 6월 19일 강론 중에서, 『오스카 로메로의 생각들』 1-2권, 101.

심지 않는 곳에서 거둘 수 없습니다. 만일 우리가 서로를 향하여 증오의 씨를 뿌리고 있다면 오늘 우리 사회에서 어떻게 사랑을 거둘 수 있겠습니까?[13]

그러나 로메로 대주교는 용서에 이은 치유와 화해의 과정에서 "정의의 실현이 간과되거나 약화되어서는 안 된다"는 점을 강조한다. 용서의 과정에서 핵심적인 것은 정의의 실현이다. 그는 다음과 같이 주장한다.

> 면책에 대해서 말합니다. 벌을 받지 않는 죄는 없습니다. 칼로 이웃을 상하게 한 자는 칼로 죽게 될 것이라고 성서는 말합니다. 조국과 민중을 향한 권력의 모든 죄는 처벌받지 않으면 안 됩니다.[14]

그는 계속해서 정의 실현의 측면에서 사회적 징벌의 의미에 대해 역설한다.

> 예전에는 사회적 징벌이 존재했습니다. 사람들이 식당을 찾습니다. 식당과 그곳을 찾은 사람들에게는 모두 품위가 있었습니다. 그 식당에 오는 이가 겉으로는 훌륭한 신사처럼 보일지라도 그가 도둑이나 살인자라고 한다면 그 누구도 그에게 악수를 청하지 않았습니다. 왜냐하면 그 사람하고 악수하는 행위는 그의 삶에 동의하고 있음을 의미했기 때문입니

---

13 1977년 7월 10일 강론 중에서, 『오스카 로메로의 생각들』 1-2권, 128.
14 1977년 8월 7일 강론 중에서, 『오스카 로메로의 생각들』 1-2권, 164.

다. 나는 이 같은 품위 있는 사회적 징벌이 다시 회복되었으면 좋겠습니다. 우리가 그러한 징벌을 통해 하나님의 뜻과 어긋나는 삶을 사는 사람들에게 항의하고 그들의 생각이 진정한 평화를 이루어내지 못하고 있음을 상기시켜주었으면 좋겠습니다.[15]

그에게 죄의 용서와 갈등의 극복, 화해를 통한 피해자들의 치유는 정의의 실현과 함께 이루어지고 있다. 피해자의 한의 측면이 다루어지지 않은 죄의 용서와 화해는 겉치레가 될 수밖에 없을 것이며 결국에는 평화에 도달하지 못하는 결과를 낳게 될 것이다. 이런 의미에서 로메로 대주교는 교회가 정의의 실현과 죄를 고발하고 견책하는 역할을 감당해야 함을 강력히 주장한다. 결국 죄의 용서와 화해와 관련해서 교회는 정의 실현이라는 기능도 감당해야 한다. 그러나 로메로 대주교에게 이러한 모든 과정이 사랑에 바탕을 두고 있어야 한다는 사실은 변함이 없다.

죄를 고발하지 않는 설교는 복음의 설교가 아닙니다. 죄인을 만족케 하고 죄의 상황에서 정착할 수 있도록 시도하는 설교는 복음의 부름을 배신하고 있습니다. 죄인들을 괴롭게 하지 못하고 오히려 그들의 죄악 안에서 잠들게 하는 설교는 스불론과 납달리를 죄의 그늘 아래 내버려두는 설교입니다. 그러나 잠을 깨우는 설교, 빛을 비추는 설교, 어떤 사람이 잠들어 있다면 그에게 빛을 비추어서 귀찮게 하고 따라서 결국 그를

---

15   1977년 8월 14일 강론 중에서, 『오스카 로메로의 생각들』 1-2권, 173.

잠에서 깨우게 만드는 설교, 이것이 "깨어나라, 회개하라"라는 그리스도의 설교입니다. 이것이 교회가 해야 할 진정한 설교입니다. 그러나 형제자매 여러분, 이러한 설교는 당연히 갈등을 만나게 될 것입니다. 현재 누리고 있는 잘못된 특권을 잃어버리게 될 것입니다. 이러한 설교는 사람들을 괴롭게 만들 것입니다. 그리고 탄압당하게 될 것입니다. 어둠과 죄의 세력과 잘 지낼 수는 없는 것 아니겠습니까?[16]

어제 산티아고 데 마리아로부터 몇몇 사람들이 내가 변했다고 이야기하는 것을 들었습니다. 내가 설교를 통해서 혁명과 증오 및 계급 투쟁을 설파하고 있으며 그래서 나를 공산주의자라고 비난하는 이야기를 들려주었습니다. 여러분은 내가 설교를 통해 어떤 언어를 말한다고 생각하시나요? 나의 언어는 희망을 심는 언어입니다. 그러나 나는 이 땅의 불의를 고발하는 언어를 말합니다. 나의 언어는 권력의 남용을 고발합니다. 그러나 증오가 아니라 사랑으로 말합니다. 나의 언어는 그들을 중생, 변화의 삶으로 초대하는 언어입니다.[17]

로메로 대주교는 죄의 용서와 화해 그리고 치유가 결국 "들음"의 과정을 통해 이루어짐을 강조한다. 그렇다. 진정한 용서와 화해는 피해자(희생자)의 자리에서 그들의 외침과 고통의 소리에 "귀 기울임"에서 시작한다.

---

16 1978년 1월 22일 강론 중에서, 『오스카 로메로의 생각들』 3권, 164.
17 1977년 11월 6일 강론 중에서, 『오스카 로메로의 생각들』 1-2권, 313.

우리의 조국 엘살바도르는 매우 비참한 상황에 있다는 외침 소리에 귀를 기울일 마음이 없습니다. 우리 조국의 흉한 모습을 감춘 채 외부에 보여주려고 멋지게 포장하는 일은 불필요합니다. 먼저 우리의 내부를 아름답게 만들어야 합니다. 그래야만 외부 사람들이 우리의 조국을 아름답게 바라보기 시작할 것입니다. 자녀들의 납치와 실종으로 인해 울고 있는 어머니들이 존재하는 한, 정의를 외치는 사람들에게 가해지는 고문과 협박이 존재하는 한, 사유 농장에서 착취가 공공연하게 자행되고 있는 한, 무서운 공포와 살해 협박이 존재하는 한, 형제자매여! 우리는 평화에 대해 말할 수 없을 뿐만 아니라 폭력과 피를 흘리는 비참한 상황들은 지속될 것입니다. 억압과 탄압으로 문제가 해결되지 않습니다. 우리는 모두 이성적이고 합리적인 태도로 하나님의 음성에 귀를 기울여야 합니다. 그리고 하나님의 마음에 합당하게 우리의 사회를 보다 더 정의로운 사회로 만들어가야 할 것입니다. 하나님의 마음 외의 모든 조치는 그저 임시방편에 지나지 않습니다. 암살당하는 사람들의 명단은 계속 이어질 것이고 살인은 계속 발생할 것입니다. 폭력은 그 모습을 달리할 뿐입니다. 우리의 사회에서 발생하고 있는 이 모든 흉측한 사건들의 뿌리를 제거하거나 변화시키지 못한다면 폭력은 언제나 지속될 것이며 우리의 생명을 위협할 것입니다.[18]

우리는 수많은 국가 폭력의 희생자와 피해자를 알고 있다. 삼풍백화점 붕괴 참사를 비롯하여 세월호 그리고 최근의 이태원 참사와 오송

---

18 1977년 9월 25일 강론 중에서, 『오스카 로메로의 생각들』 1-2권, 240.

참사 등을 경험하면서 많은 희생자와 피해자들의 아픔을 경험했다. 그뿐만 아니다. 우리는 개인적 관계와 사회적 관계에서 서로 상처를 주고받고 갈등하며 살아간다. 죄의 용서와 갈등의 화해, 이로 인한 치유는 우리의 삶의 풍요로움과 건강을 위해 필요한 핵심적인 삶의 과정이다. 서로의 목소리와 외침, 특히 희생자와 피해자의 외침에 귀를 기울이지 않고서는 화해와 치유란 불가능할 것이다.

목회적 관점에서 본 개인적·공동체적·사회적 차원의 용서

이도영

서론

한국교회의 약점 중 하나는 개인적 차원과 사회적 차원을 구분하지 못한다는 점이다. 오직 개인적 차원의 회심과 신앙만을 이야기할 뿐 사회적 차원의 회심과 신앙에 대해서는 이야기하지 않는다. 개인적 차원과 사회적 차원은 다르기 때문에 개인적인 변화가 아무리 일어난다고 해도 사회가 저절로 변하는 것이 아님에도 불구하고 오직 개인적 변화에만 관심을 기울이다 보니 사회적 차원에는 제대로 접근하지 못하고 있다. 한나 아렌트의 『예루살렘의 아이히만』(한길사, 2006)에서 볼 수 있듯이 준법정신에 투철한 시민이었던 아이히만이 "인류에 대한 범죄" 혹은 "인간성에 반하는 범죄"를 저지를 수 있고, 로랑 베그의 『도덕적 인간이 왜 나쁜 사회를 만드는가』(부키, 2013)에서 볼 수 있듯이 도덕적인 사람이 더 탐욕적이고 비윤리적일 수 있으며, 개인적 차원에서는 도덕적인 면을 보이다가도 사회적 차원에서는 공격적이고 혐오적인 행위를 할 수도 있고, 라인홀드 니버가 『도덕적 인간과 비도덕적 사회』(문예출판사, 2000)에서 말하듯이 도덕적 인간이 모인 사회일지라도 사회적 차원에서는 비도덕적일 수 있다는 사실을 알 수 있다. 우리가 바로 인식해야 할 점은 개인적으로 선해도 사회적으로 악할 수 있고 도덕적으로는 선하지만 기능적으로는 악할 수 있다는 사실이다. 하지만 한국교회는 복음이 사사화(私事化[privatization])되었기에 사회적 차원의 문제를 제대로 다루지 못하고 있다. 이런 문제점은 용서와 화해라는 주제에도 그대로 드러난다. 기독교의 핵심 윤리는 "용서"다. 2023년 말에 조사한 지앤컴리서치의 「갈등과 용서에 대한 개신교인 인식 조사 보고서」에 의하면 개신교인이 성서의 핵심 가치로 여기는 것이 1위 사랑, 2위 용서, 3위 평화다. 일상에서 사랑이 주로 용서와 화해로 드러난다는 점을 고려하면 용서가 기독교의 핵심 가치라고 해도 과언은 아닐 것이다. 그런데 현실 기독교는 이것을 오직 개인적 차원으로만 이해하는 경향이 있다. 그렇다 보니 사회적 차원의 논의를 제대로 이해하지 못하거나 왜곡하는 경향을 드러낸다. 하여 사회의 지탄을 받는 경우도 많다. 이제 이것을 극복하지 않으면 안 된다. 용서와 화해라는 주제를 다룰 때도 개인적 차원과 사회적 차원을 구분할 필요가 있다. 본론에서 나는 목회적 관점에서 용서와 화해를 개인적 차원, 공동체적 차원, 사회적 차원으로 나누어 다루고자 한다. 이 세 가지 차원은 각자 가지는 독특성으로 인해 구별하여 적용해야 한다. 그뿐만 아니라 항상 이 세 가지 차원을 동시에 고려해야 한다. 그래야만 용서와 화해를 통전적으로 이해하고 바르게 실천할 수 있다.

1. 개인적 차원의 용서

기독교 윤리의 핵심에 "용서"가 있다. 요한 크리스토프 아놀드의『잃어버린 기술, 용서』(쉴터, 1999)에 나오는 그리스도인들의 용서 이야기들을 읽다 보면 경이로움을 느끼게 된다. 도저히 용서할 수 없을 것 같은 자들을 용서하는 이야기들을 접하다 보면 그리스도인의 용서가 얼마나 위대한지를 실감하게 된다.「갈등과 용서에 대한 개신교인 인식 조사 보고서」에 의하면 직분이나 신앙의 수준이 높을수록 용서를 내면화하고 타인에 대한 용서에 관대하다. 신앙이 용서의 동기를 제공하고 있음을 알 수 있다. 그렇기에 용서 이야기는 먼 이야기거나 예외적인 이야기가 아니다. 목회를 하다 보면 이런 이야기를 가까이에서 접할 수 있다. 개척 초반에 겪은 이야기를 하나 소개한다. 개척 초반에 등록하신 안수 집사 권사 부부가 계신다. 두 분 모두 새벽 기도회를 빠지지 않고 참석하는 분이었다. 그러던 어느 날 비보가 전해져왔다. 안수 집사님이 공장에서 살해당하고 권사님은 칼에 난자당하여 응급실에 실려 가셨다는 소식이다. 채무 관계에 있던 사람이 공장에 찾아와 사장인 안수 집사님을 찔러 죽이고 달아나는 권사님을 쫓아가 칼로 여러 곳을 찌른 것이다. 불행 중 다행으로 달려온 직원들로 인해 권사님은 목숨을 건질 수 있었다. 새벽에도 뵙던 분이 그런 일을 당하셨다니 믿어지지 않았고 큰 충격을 받았다. 소식을 듣자마자 찾아간 응급실에서 붕대를 온몸에 감고 있는 권사님을 보는 것도 충격이었다. 그날이 수요일이었는데 우리 교회는 수요 예배도 전면 중단하고 전 교인이 참여하여 위로 예배를 드렸으며 3일간 정성껏 장례를 치러드렸다. 그 사이에 있었던 일들은 생략하고 한참 후의 일을 이야기하려 한다. 그 일이 있고 난 후 시간이 한참 지나 권사님이 나를 찾아왔다. 오늘 교도소에 찾아가서 남편을 죽인 자를 용서하려고 하는데 주님이 용기를 주시도록 기도해달라는 이유였다. 주님이 계속 "나도 너를 용서했는데 너도 그를 용서해야 하지 않겠니?"라는 마음을 주셔서 거역할 수 없다는 거였다. 많이 놀랐다. 눈앞에서 남편을 죽이고 자신마저 칼로 난자한 사람을 찾아가서 용서를 베풀겠다니. 기독교의 힘이 용서에서 나오는 것임을 보여주는 경험이었다. 나는 이 용서의 능력이야말로 하나님과의 관계를 바르게 하고 대인 관계와 공동체를 새롭게 하며 사회를 변혁하는 근원적 능력이라고 생각한다.

용서하기란 무엇인가?: 피해자의 입장

용서를 말할 때는 피해자의 용서 과정과 가해자의 용서 과정의 차이를 분명하게 구분하고 두 가지 모두를 함께 다루어야 한다. 그렇지 않으면 피해자에게 용서를 강요하거나 가해자에게 값싼 용서를 남발하게 된다. 먼저 피해자의 입장에서 본 용서란 무엇인지 나누어보자. 강남순의 『용서에 대하여』(동녘, 2017)와 에버렛 워딩턴의 『용서와 화해』(IVP, 2006)에서 말하는 용서의 종류를 기초 삼아 설명하도록 하겠다.

　1) 첫째로 "선택으로서의 용서"다. "속박으로부터 자유롭게 하

는 용서"라 할 수 있다. 워딩턴은 이를 "유익을 위한 용서"라고 표현한다. 선택으로서의 용서는 피해자가 상처받은 감정을 치유하고 증오와 분노로 가득 찬 삶에서 벗어나 새로운 삶을 시작하고자 가해자를 용서하겠다고 결단하는 것이다. 용서는 용서하지 않으므로 말미암아 계속해서 자신을 괴롭히고 자기 자신에게 지속적으로 폭력을 가하는 것을 그만두는 것이다. "복수하려는 자는 무덤을 두 개 파야 한다"라는 옛말이 있다. 복수는 자신마저 죽이는 행위다. 용서는 보복의 악순환에 자신을 내맡기는 것을 포기하고 자신을 살리기로 선택하는 행위다. 용서는 용서하지 않음을 통해 존재했던 묶임을 풀고 가해자와 묶여 한 몸이 되게 만드는 쇠사슬을 끊어내는 것이다. 용서는 "풀어주다", "놓아주다", "내쫓다", "던져버리다"라는 뜻을 가지고 있다. 용서는 속박으로부터의 자유다. 용서는 물리적이고 인과적이며 자연적이고 심리적인 연쇄 작용에 자신을 말려들게 하지 않고 좀 더 고차원적인 행위를 하기로 선택하여 자신의 존엄성을 드러내는 행위다. 이 용서는 상대의 상태나 반응과 상관없이 할 수 있는 용서이며 꼭 상대에게 용서를 선포하지 않아도 되는 용서다.

2) 둘째로 "조건적인 도덕적 의무로서의 용서"다. 상대가 참회하지 않는데도 용서한다면 가해자의 폭력을 지속시키는 결과를 가져와서 선한 의도로 용서하지만 미래에 더 파괴적인 결과를 가져온다는 점에서 "조건적인 도덕적 의무로서의 용서"를 인정해야 하는 측면이 있다. 여기서 말하는 조건이란 잘못한 사람의 진정한 참회다. 이때의 참회는 말만이 아니라 가해자의 마음의 변화와 동시에 행동과 태도의 변화가 수반되는 것이어야 한다. 상대가 변하지 않았거나 변화

하려 하지 않는데도 용서할 경우 값싼 용서가 되기 쉽고 악을 조장할 수 있다. 특히 폭력적 행위가 따르는 죄일 경우는 더욱 그렇다. 따라서 상대의 참회와 변화를 확인하고 용서하려는 행위는 정당하다. 이는 공동체적 차원의 용서에서 매우 중요하고 사회적 차원에서는 더욱 중요하다. 만약 사회적 차원에서 무조건적인 용서가 행해진다면 세상은 절대 바뀌지 않을 것이고 정의도 사라질 것이다.

3) 셋째로 "무조건적인 도덕적 의무로서의 용서"다. "은혜의 반응으로서의 용서"라 할 수 있다. 워딩턴은 이를 "베풂을 위한 용서"라고 표현한다. 용서의 본질과 가치라는 면에서 보면 조건적인 도덕적 의무로서의 용서는 온전한 용서라고 말할 수 없다. 상대가 뉘우치지 않는 한 절대로 용서할 수 없기 때문이다. 거기에는 진정한 의무도 진정한 자유도 존재하지 않는다. 데리다는『신앙과 지식/세기와 용서』(아카넷, 2016)에서 진정한 용서는 순수하고 무조건적인 용서라고 말한다. 조건적 용서는 교환의 조건적 논리 안에 있을 뿐이다. 순수하고 무조건적인 용서는 자신의 고유한 의미를 갖기 위해서 어떤 의미도, 어떤 목적성도, 심지어 어떤 명료함도 가져서는 안 된다. 그것은 불가능한 것의 광기다. 전환도 개선도 뉘우침이나 약속도 없이 여전히 다시 반복되는, 그래서 용서할 수 없는 그 지점에서 용서해야만 한다. 비록 이러한 극단적인 순수함이 과도하고, 과장되며, 미친 짓으로 보일지라도 그것은 불가능한 것의 광기로 남아야 한다. 그것은 혁명과 같이 도래하여 역사와 정치와 법의 일상적인 흐름을 불시에 습격하는 유일한 것이다. 그가 말하는 것처럼 용서가 도덕적 의무인 한 그것은 상대의 반응과 상관없이 해야 하며 용서란 타자에 대한 선한

의지로서 보편적 자비심을 행하는 것이기 때문에 무조건적이어야 한다. 이 용서는 보통 상대에게 용서를 선포한다. 이것이 은혜의 반응으로서의 용서인 이유는 그리스도인은 아무 자격이 안 되는 자기를 용서하신 십자가의 은혜를 경험했기에 은혜에 대한 반응으로서 자기도 무조건적으로 용서해야 하기 때문이다. "서로 친절하게 하며 불쌍히 여기며 서로 용서하기를 하나님이 그리스도 안에서 너희를 용서하심과 같이 하라"(엡 4:32).

4) 마지막으로 "화해로서의 용서"다. 나는 이를 "화해로 나아가는 용서"라고 표현한다. 개인적 용서는 화해로 나아가는 길을 열어준다. 고린도후서 5:18-19에 의하면 그리스도인은 화목케 하는 직분을 받은 자들이기 때문에 용서에서 화해로 나아가야 한다. 용서로 끝나지 않고 상처의 치유와 관계의 회복으로까지 나아가야 한다. 하지만 용서는 혼자 할 수 있는 데 반해 화해는 쌍방향의 것이다. 상대의 회개와 뉘우침이 없이 화해는 불가능하다. 용서를 화해로 착각하여 상대가 회개하지도 않고 죄에 대한 책임도 지지 않고 변화도 보이지 않는데 화해를 선포하거나 상대의 변화를 요구하는 것을 그만두어서는 안 된다. 그렇게 하면 용서마저도 "값싼 용서"가 되어버린다. 그것은 상대조차 변화의 기회를 갖지 못하도록 하며 건강한 관계로의 회복을 불가능하게 만든다. 물론 관계 개선을 위해 상대의 반응과 상관없이 화해를 "먼저" 선포하거나 화해를 시도하는 경우가 불가능한 것은 아니다. 하지만 실제적인 화해의 관계를 만들어가는 것은 상대의 변화 없이는 불가능하다.

용서 구하기란 무엇인가?: 가해자의 입장

이번에는 가해자 입장에서 용서의 과정을 말해보자. 가해자의 용서 과정은 피해자의 용서 과정과 다르다. 피해자 입장에서 적용된 용서의 과정을 가해자에게 그대로 적용할 수 없다. 이것을 혼동하기 때문에 가해자가 자기 자신을 쉽게 용서하는 경향이 생기고 오직 피해자가 자신의 자발적인 선택을 통해서만 할 수 있는 것을 가해자가 마치 자기의 권리나 되는 것처럼 피해자에게 용서를 요구하거나 제3자가 용서를 마치 피해자의 의무가 되는 것처럼 생각해 피해자에게 용서를 강요하는 어처구니없는 일이 벌어진다. 현실 기독교는 피해자의 입장에서 말할 수 있는 용서만을 용서로 이해하는 경향이 있다. 용서의 문제 앞에서 가해자가 어떻게 해야 하는지에 대해서는 거의 강조하지 않는다. 이런 경향이 피해자에게 용서를 강요하는 현상을 낳고 무엇보다 가해자에게 값싼 용서를 남발하는 경향을 만들어낸다. 얼마나 많은 피해자가 합당한 형태의 정의 실현과 세심한 화해의 과정 없이 용서를 강요당한 나머지 교회를 떠났던가? 얼마나 많은 가해자가 진실한 회개와 용서 구하기의 과정 없이 손쉽게 면죄부를 받고 이전 지위로의 복권 혹은 신분 세탁을 받았던가?

이는 마치 피해자가 존재하지 않는 것처럼 하나님과 가해자 사이에서만 죄의 문제를 처리하는 개신교의 경향이 만들어낸 문제이기도 하다. 죄는 결코 하나님과 가해자 사이에서만 벌어지지 않는다는 사실을 알아야 한다. 정강길은 "〈밀양〉, 관념적 기독교 맹점 예리하게 포착한 영화"(뉴스앤조이, 2007. 05. 29.)라는 글에서 다음과 같이 말했다. "누군가가 죄를 지었다는 것은 그 죄로 인해 고통받는 타자도 발생한다는 것이다. 즉 죄(sin)가 있는 곳에는 필연적으로 상처와 비탄과 한(恨)도 동전의 양면처럼 공존한다. 그렇다면 진정한 죄 사함은 신과 개인의 일대일 관계가 아니라 신과 죄인과 그 죄로 인해 고통받은 이웃이라는 '3자적 관계'에서 고찰되어야 진정으로 그 죄와 죄 사함이라는 용서와 치유가 이뤄진다. 궁극적인 죄 사함, 즉 진정한 구원과 용서와 치유는 신과 나라는 일대일 관계에서가 아닌 '신과 나 그리고 이웃이라는 3자적 관계'에서 현실화됨을 잊지 말아야 한다." 아주 적절한 지적이다. 〈밀양〉의 그 죄수는 이것을 전혀 이해하지 못했던 것 같다. 하나님과의 관계에서만 용서받으면 된다고 생각해서 자신이 죽인 아이의 엄마 앞에서 그토록 편안한 모습을 보인 것이다. 그는 자신으로 인해 고통받는 이웃과의 관계에서의 용서에 대해서 전혀 몰랐던 것이다. 그렇다는 것은 그가 온전한 회개의 과정을 거치지 않았음을 반증한다.

김영봉 목사는 『숨어계신 하나님』(IVP, 2008)에서 가해자가 온전한 용서에 참여하려면 세 가지 요소가 필요하다고 말한다. "회개의 3R"이라고 부르는데 첫째가 Repentance(회개), 둘째가 Restitution(보상) 그리고 마지막이 Reformation(개혁)이다. 하나님 앞에서 눈물로 자신의 잘못을 뉘우치는 것이 repentance(회개)이고, 자신이 끼친 잘못에 대해 어떻게든 보상하는 것이 restitution(보상)이며, 다시는 그런 잘못을 하지 않도록 자신을 고치는 것이 reformation(개혁)이다. 아이를 죽인 〈밀양〉의 그 죄수는 이를 알지 못했다. 그가 하지 못한 것은 특히 restitution(보상)으로서의 회개다. 하나님 앞에서 회개했다면 피해자에게도 죄에 대한 "인정과 뉘우침"을 보여야 하고 "사과와 배상"

이라는 책임을 져야 하는데 그는 그것을 하지 못했다. Restitution(보상)은 용서와 화해에 있어서 너무나 중요하다.

목회를 하면서 이것의 중요성을 실감한 적이 있었다. 예전에 우리 교회에 다녔던 성도님이 한번은 멀리서 나를 찾아와 상담한 적이 있다. 몰골이 초췌하고 술을 마신 것처럼 얼굴이 붉은 상태에서 찾아왔다. 얼마나 상태가 안 좋으면 예전에 담임 목사였던 사람 앞인데도 육두문자를 써가면서 자신의 이야기를 들려주었다. 그분은 최근 명절에 남매 간에 있었던 일을 이야기했다. 그분은 먼저 자신의 인생에 대해 이야기했다. 그 인생 이야기는 우리 교회에 출석했을 당시에는 전혀 이야기하지 않았던 스토리였다. 무슨 〈인생극장〉을 보는 것 같았다. 여기서 밝힐 수는 없지만 참으로 기구한 인생이었다. 남편을 일찍 여의고 홀로 된 엄마 밑에서 살아온 기구한 이야기를 듣자니 심장이 절여오는 느낌이었다. 두 딸이 이렇게 기구한 인생을 살았고 그로 인해 현재도 매우 힘들게 살고 있는 반면 장남은 이런 사연들도 모르고 엄마의 편애를 받고 자랐으며 도시로 유학을 떠났고 현재도 부유하게 살고 있었다. 그동안 참고 있던 성도님이 명절에 모인 오빠 앞에서 울고 소리 지르며 그동안 있었던 일들을 밝히 드러냈다. 오빠에게 너는 나쁜 놈이라고 욕을 하며 미친 듯 부르짖는 동생의 절규에 오빠는 이전에 알지 못했던 충격적인 이야기를 듣고 처음에는 어리둥절했으며 그 후에는 진심으로 눈물 흘리며 여동생들에게 미안하다고 사과했다. "미안하다. 이전 일들을 알지 못했다. 너희들이 그렇게 힘들게 살았는지 몰랐다. 정말 미안하다. 하지만 지나간 과거니 이제 잊어야지 어떡하니." 이렇게 이야기가 마무리되나 싶었는데 성도님은 지금도 잊을 수 없는 말을 내게 했다. 오빠를 향해 육두문자를 써가며 내게 이런 내용의 말을 했다. "목사님, 그냥 미안하다면 답니까? 우리는 평생 힘들게 살았고 우리가 그렇게 살아온 덕에 그 인간은 평생을 편안하게 살았는데? 우리는 앞으로도 힘들게 살 거고 그 인간은 아무 일 없다는 듯이 그냥 잘 먹고 잘살 텐데요? 목사님, 정말 중요한 게 뭔지 압니까? 바로 돈입니다. 미안하다는 말로 그냥 퉁 치지 말고 우리 삶에 대해 물질로 보상해야 하는 겁니다." 지금도 그분의 말이 뇌리에 맴돈다. "목사님, 정말 중요한 게 뭔지 압니까? 바로 돈입니다." 그렇다. 배상이 없는 사과는 진정한 사과가 아니다. 진정으로 회개한 자는 자신으로 인해 피해를 입은 자를 향해 잘못에 대한 인정과 뉘우침, 상대를 향한 진정한 사죄와 실제적인 배상의 과정을 밟아야 한다. 사죄와 배상을 면제해주는 것은 피해자의 몫이지 가해자의 권리가 아니며 가해자 측에서 요청해서도 안 된다. 한국교회는 가해자의 용서 구하기를 강조해야 하고 이를 훈련하는 과정도 만들어야 한다. 그렇지 않으면 도덕성을 회복할 수 없다.

오영희는 『상처의 덫에서 행복의 꽃 피우기』(학지사, 2015)에서 바른 용서 구하기의 절차에 대해 이렇게 말한다. 1) 첫 번째 단계는 내가 입힌 상처 직면하기다. 내가 입힌 상처에 직면하는 단계는 당신이 어떤 상처를 입혔고, 그것이 지금 현재 나와 상대방에게 어떤 영향을 끼치는지를 분명하게 인식하는 단계다. 2) 두 번째 단계는 용서 구하기를 해결 전략으로 스스로 선택하기다. "전환 단계"라 할 수 있다. 진심으로 용서를 구하기 위해서는 상처를 준 사람의 내부에서 우러나오는 심리적인 "전환"이 필요하다. 전환이란 중대한 마음의 변화로서 지금까지 사용해오던 부정이나 회피 등의 문제 해결 전략이 결국 더욱더 상처를 악화시키는 결과를 낳았을 뿐임을 깨닫고 용서 구하기를 바람직한 문제 해결 전략으로 신중하게 고려해보는 관점의 변화를 말한다. 전환의 핵심은 상처를 준 사람이 스스로 용서 구하기를 선택하는 것이다. 3) 세 번째 단계가 가장 중요한데, 진정한 용서 구하기 전략 실천하기다. 이는 7단계를 거친다. 새로운 눈으로 바라보기(맥락 속에서 깊이 이해하기), 상대의 감정에 공감하고 측은지심으로 느끼기, 불완전한 인간임을 통찰하기, 상처를 흡수하기, 구체적인 용서 구하는 행동하기(사과와 보상하기), 주변 사람들에게 도움 구하기, 용서 구하기를 공개적으로 선언하기 등의 단계를 거친다. 4) 마지막은 진정한 용서 구하기 전략 실천 평가하기다.

용서가 아닌 것은 무엇인가?

목회하면서 느끼는 점은 사람들이 용서에 대해 많이 오해하고 있다는 점이다. 상담하다 보면 용서하지 못하는 중요한 이유 중 하나가 용서에 대한 바른 이해를 갖지 못했기 때문임을 알 수 있다. 물론 용서 자체가 쉽지 않은 일이지만 용서의 어려움을 벗어나기 위해서는 용서가 아닌 것에 대한 이해가 필요하다. 이를 이해하는 데 유익한 책이 데이비드 스툽의『몰라서 못하고 알면서도 안 하는 용서 이야기』(예수전도단, 2005)다. 오영희의『상처의 덫에서 행복의 꽃 피우기』와 함께 두 책을 기초로 이야기를 풀어가겠다.

　　1) 그냥 잊는 것은 용서가 아니다. 상처는 잊히는 것이 아니다. 시간이 지나면 저절로 해결되는 것이 아니라 무의식 안에 잠재되어

강력한 효력을 발휘한다. 잊는 것은 단지 회피일 뿐이다. 용서하는 것은 잊는 것이 아니다. 반대로 기억해야만 용서할 수 있다. 그것을 생생하게 기억하는 만큼 용서가 깊어진다. 토마스 샤츠는 이렇게 말했다. "어리석은 자는 용서하지도 잊지도 않는다. 천진난만한 자는 용서하고 그냥 잊는다. 지혜로운 자는 용서하고 잊지는 않는다." 기억하지 않는다면 상대가 변하지 않았을 경우 똑같은 피해를 반복해서 당하게 된다. 역사를 반복하지 않기 위해서는 그 역사를 분명히 기억해야 하며 그 역사에서 배워야 한다.

2) 잘못을 그냥 눈감아주거나 잘못이 아니라고 하는 것은 용서가 아니다. 잘못이 아니라고 하거나 합리화하는 것은 용서가 아니다. 용서는 다른 사람에게서 부당하게 깊은 상처를 받았을 때 일어나는 행위다. 용서는 불의한 것을 불의한 것으로 인정할 때 이루어질 수 있다. 불의한 것이 아니라면 용서할 필요도 없다. 공의가 없으면 용서도 없다. 사실을 진리와 공의로 분명하게 직시한 후에야 진정한 해결이 있을 수 있다. 용서하기는 사면 또는 법적 처벌의 면제가 아니다. 용서하면서도 법적 처벌을 요구할 수 있다. 용서를 상대의 잘못을 잘못이 아닌 것으로 여기는 것으로, 상대의 잘못에 면죄부를 주는 것으로, 처벌을 두려워하지 않고 또다시 죄악을 행하도록 방조하는 것으로 오해하기 때문에 도리어 용서를 정당하지 않은 것 혹은 있어서는 안 되는 것으로 생각하게 된다. 하지만 용서하는 것은 책임을 묻지 않는다거나 불의와 맞서 싸우는 것을 포기하는 것이 아니다. 용서는 반드시 책임을 묻는 것과 정의를 전제로 한다.

3) 용서는 이해하는 것이 아니다. 용서는 반드시 이해를 전제로

하지 않는다. 상대를 완전히 이해해야 용서할 수 있다고 생각한다면 용서는 불가능하다. 상대를 온전히 이해할 수 없는 경우가 더 많다. 상대를 이해할 수 없기 때문에 용서를 피하게 되고 용서를 주저하거나 반대로 아픔을 빨리 무마하기 위해 쉽게 상대를 이해한다고, 그도 어쩔 수 없었을 것이라고 이해하는 경우도 많다. 이는 분명히 잘못이다. 손쉬운 용서도 잘못이고 이해하지 못한다고 해서 용서하지 않는 것도 문제다. 이해할 때까지 용서할 수 없다면 우리의 용서는 요원하기만 할 것이다. 용서는 이해가 되지 않아도 내 자신의 주체적 선택으로 할 수 있다. 이것이 앞서 말한 "선택으로서의 용서"다.

4) 용서는 화해하는 것이 아니다. 어쩌면 이것이 목회 현장에서 가장 흔하게 겪는 오해일지도 모르겠다. 용서를 선택하지만 화해까지는 나아가고 싶지 않은 경우가 있고 또 즉시 화해해서는 안 되는 경우도 많은데 용서를 화해로 착각하다 보니 용서조차 포기한다. 진정한 용서는 화해를 포함하고 있지만 화해를 이루지 못해도 용서는 할 수 있다. 예를 들어 자신에게 큰 피해를 끼쳐 평생 미워하던 사람이 일찍 죽었다고 가정해보자. 그는 이미 죽었기에 잘못을 뉘우칠 수도 무엇보다 화해할 수도 없다. 그렇기에 용서할 수 없다면 이 경우 우리는 평생 미움과 증오를 품고 살게 될 것이며 마음의 칼로 자신의 심장을 도려내는 일을 수없이 반복하면서 살아가야 한다. 이 얼마나 비극적인 일인가? 하지만 용서는 화해가 아니다. 용서는 혼자서도 할 수 있다. 상대의 반응과 상관없이 할 수 있다. 반면 화해는 혼자서 할 수 없으며 상대의 진실한 참여가 필요하다. 화해를 하려면 언제나 용서가 선행되어야 하지만 용서했다고 해서 반드시 화해가 따르는 것은

아니다. 화해는 쌍방적인 것이기 때문에 상대가 변하지 않고 용서를 진심으로 받아들이지 않는다면 화해는 불가능하다. 그러므로 화해를 하지 않더라도 용서는 할 수 있다.

5) 용서는 신뢰하는 것이 아니다. 신뢰는 상대의 반응을 전제로 한다. 예를 들어 외도한 남편을 용서할 수 있지만 용서했다고 해서 바로 신뢰할 수 있는 것은 아니다. 용서하지 않으면 내 마음에도 올무가 생기며 남편을 신뢰할 가능성도 제로가 된다. 하지만 용서했다고 해서 바로 신뢰가 생기는 것도 아니다. 신뢰는 죄를 뉘우치고 자신의 삶을 변화시키고자 하는 부단한 노력이 보일 때 자연스럽게 생긴다. 신뢰에는 시간이 걸린다. 신뢰는 상대의 헌신적인 반응에 의해 점차적으로 생긴다. 따라서 잘못을 범한 사람은 상대의 신뢰가 회복될 때까지 인내하며 신뢰를 줄 수 있는 지속적이고 책임 있는 행동을 해야 한다.

6) 용서는 분노하지 않거나 애통해하지 않는 것이 아니다. 용서는 반드시 분노와 애통의 과정을 거친다. 상실한 것에 대해서는 반드시 애통하는 시간을 가져야 한다. 불의한 것에 대해서는 반드시 분노의 과정을 거쳐야 한다. 애통하지 않으면 슬픔과 비탄이 미해결 과제로 남는다. 분노하지 않으면 분노와 증오가 미해결 과제로 남는다. 미해결 과제로 남은 것은 평생 따라다니면서 용서하지 않는 사람을 괴롭힌다. 그러므로 충분히 슬퍼하고 분노해야 한다. 미해결 감정은 제대로 경험해야 사라진다. 용서는 애통해하지 않는 것이 아니라 더 깊이 애통해하면서도 고통을 견뎌내는 능력을 발휘하는 것이다. 용서는 분노하지 않음이 아니라 크게 분노하면서도 공평과 정의에 관심

을 기울이면서 상대방과 자신을 모두 보호함이다. 건강한 분노는 공평과 정의에 관심을 기울이면서 상대방과 자신을 모두 보호하는 것이다. 깊은 슬픔은 자신을 사랑하게 한다. 자신을 용납하게 한다. 그리고 용서할 힘을 가지게 만든다.

7) 용서는 쉽게 되는 것이 아니다. 용서의 속도는 받은 상처의 깊이와 심각성에 따라 다르다. 깊은 상처는 쉽게 용서되는 것이 아니다. 어떻게 자기 자식을 죽인 유괴범을 쉽게 용서할 수 있겠는가? 어떻게 어린 자식들을 버리고 집을 나간 엄마를 쉽게 용서할 수 있겠는가? 내적 치유 수양회를 인도하다 보면 도저히 용서할 수 없어서 숨조차 쉬지 못하고 절규하는 분들을 많이 만난다. 이처럼 용서는 쉬운 것이 아니다. 데리다는 『신앙과 지식/세기와 용서』에서 용서가 불가능성을 지닌다고 말한다. 쉽게 용서할 수 있는 것에는 용서가 필요 없다. 그냥 관용을 베풀면 된다. 용서는 오직 용서할 수 없는 것만을 용서한다. 용서할 수 없고 용서해서도 안 되는 곳에서만 용서는 존재한다. 용서는 불가능성의 가능성이다. 그러니 쉽게 용서가 되지 않는다고 해서 자신을 정죄할 필요가 없다.

8) 용서는 단번에 되는 것이 아니다. 물론 예외적으로 단번에 용서하는 경우도 있다. 하지만 대부분의 경우 단번에 용서하는 것은 잘 일어나지 않는다. 그렇기에 성서는 이렇게 말한다. "예수께서 이르시되 네게 이르노니 일곱 번뿐 아니라 일곱 번을 일흔 번까지라도 할지니라"(마 18:22). 용서할 문제가 여러 가지일 수 있고 한 가지 문제도 여러 겹으로 겹쳐 있는 경우도 많다. 용서해야 할 문제가 너무 커서 조금씩 깊은 용서에 다다르게 되는 경우도 있다. 용서는 과정이다. 이

미 용서했는데 여전히 더 용서해야 할 것 같은 감정이 들면 다시 용서하면 된다. 이전의 용서가 거짓이었다고 말할 필요가 없다. 용서가 하나의 과정이라는 것을 알고 일곱 번을 일흔 번이라도 용서하면 된다.

9) 용서는 상대가 잘못을 뉘우칠 때만 하는 것이 아니다. 용서는 상대가 잘못을 뉘우치지 않아도 기본적으로 자신을 위해서 하는 것이다. "베풂을 위한 용서"만이 아니라 "유익을 위한 용서"도 용서다. 가해자의 태도에 따라 용서가 좌우된다면 피해자는 두 번 피해를 당하는 셈이 된다. 일반적으로 가해자는 쉽게 바뀌지 않는다. 쉽게 바뀌지 않는 상대 때문에 계속해서 용서하지 못하고 분노와 증오의 칼날을 품고 산다면 그것은 자신을 두 번 죽이는 셈이다. 상대가 바뀔 때까지 기다리지 말아야 한다. 그것은 계속해서 자신을 가해하도록 상대에게 권리를 주는 것과 같다. 이제는 상대에게 주었던 행복의 주도권을 회수해야 한다. 상대의 반응과 상관없이 자신을 위해서 미움과 분노의 쇠사슬을 끊어야 한다.

10) 용서는 상대를 좋아하게 되는 것이 아니다. 용서해도 여전히 상대가 미울 수 있다. 사랑의 반대말은 미움이 아니다. 무관심이고 두려움이다. 용서의 반대말도 미움이 아니다. 용서해도 여전히 이전의 감정이 올라올 수 있다. 여전히 예전 감정이 남아 있다고 해서 자신의 용서를 거짓된 것이라고 생각할 필요가 없다. 용서했다고 해서 자연적으로 상대가 좋아지는 것은 아니다. 좋아하는 감정은 용서를 통해 오는 것이 아니라 그가 나에게 준 감동을 통해서 오는 것이다. 그러니 좋아하는 감정이 없다고 해서 이상하게 여기지 말자. 좋아하는 감정이 없다고 해서 용서 이전과 이후가 같지 않다. 용서하기 전에는

그 감정에 묶여 있었지만 용서하고 나면 그 감정을 바르게 처리할 수 있는 능력이 생기게 된다. 이상과 같이 용서가 아닌 10가지 내용들을 살펴보았다. 교회는 이상과 같은 내용들을 성도들에게 지속적으로 가르치고 적용하도록 해야 한다.

2. 공동체적 차원의 용서

개인적 차원의 용서, 그중에서도 "피해자의 용서하기"만 강조하고 공동체적 차원의 용서에 대한 이해가 부재한 현실 기독교는 심각한 문제점을 드러내고 있다. 한 가지 예를 들어보자. 예전에 우리 교회를 방문하여 예배에 참여한 커플이 있었다. 우리 교회가 다른 교회와는 좀 다르다는 소문을 듣고 찾아온 것이다. 그때 공교롭게도 설교 주제가 "용서"였다. 그 커플이 예배를 마치고 돌아간 후 자매에게 메일이 왔다. 그녀의 사연은 이렇다. 그녀는 화성과 가까운 도시의 어느 교회를 다녔는데 그 교회는 규모가 있는 교회여서 파송 선교사가 여럿 있었다. 그중 모 국가에 있는 선교지에 매년 청년부에서 단기 선교를 갔다. 이 자매도 그 선교지에 단기 선교를 갔는데 파송 선교사에게 성추행을 당했다. 나중에 안 사실이지만 피해자가 여럿이었다. 그녀는 돌아와 담당 교역자에게 알렸다. 또한 이 일을 공동체가 공적으로 처리해주기를 바랐다. 매년 가는 선교지이며 단기 선교팀을 맞이하는 사람이 그 파송 선교사이기에 또 다른 피해자를 막고 싶었다. 하지만 교회는 그녀에게 용서를 강요했고 공적으로 처리하기보다는 사적인 문제로 처리했으며 비공식적으로 파송 선교사의 사과를 받았지만 그의 사역은 그대로 유지되었다. 이에 그 자매가 문제를 제기하자 사랑이 없다느니, 은혜를 모른다느니, 교회를 어지럽게 한다느니, 품행이 단정하지 못해서 그랬을 거라느니 온갖 모욕적인 말을 들어야 했고 여러 경로를 통해 문제를 제기하는 일을 그만두라는 압력을 받았다. 결국은 그 자매는 교회를 떠나야 했다. 이런 경우가 얼마나 많은지 모른다. 현재 우리 교회에 출석하는 어느 부부도 위의 경우와 매우 유사한 경험을 하고 이전 교회를 떠나야 했던 것을 보면 한국교회에서 이런 경우가 비일비재함을 알 수 있다. 더군다나 가해자가 교회 내에 있는 사람인 경우는 더 심각한 사태로 발전한다. 담임 목사나 중직자에 대한 맹목적인 복종을 은혜로운 신앙의 모습으로 오해하는 문화가 있기에 피해자는 더 강력한 제재를 받게 되고 결국 큰 상처를 받고 교회를 떠나게 된다. 상황이 이러하니 그 자매는 다른 교회와 다르다고 생각했던 우리 교회도 피해자에게 용서를 강요하는 교회와 다름없다고 보아 상대가 회개하지도 않고 책임도 지지 않는데 어떻게 용서하라고 할 수 있느냐는 내용의 메일을 보내온 것이다. 나는 그 심정에 공감했고 용서의 종류들과 용서와 화해의 차이를 자세히 설명했다. 특히 용서와 화해는 다르며, 상대와 상관없이 할 수 있는 것이 용서이고 상대가 회개하지도 않고 책임도 지지 않았는데 화해할 수는 없는 것이고, 무엇보다 그 사안은 공적 사안이니 가해자가 반드시 공적으로 책임을 지도록 했어야 했다고 설명해주었다. 무슨 말인지 충분히 이해했다는 답신 메일이 왔다.

위의 사건에 대해 듣고 내가 파악한 문제점은 네 가지다. 1) 첫째, 피해자에게 용서를 강요했다. 용서는 피해자의 자발적 선택을 통해서만 가능한 것이지 가해자나 제3자가 강요하거나 용서받을 권리를 주장할 수 있는 것이 아닌데 그 교회는 그것을 강요했다. 교회는 피해자에게 "안전한 공간"을 제공하지 못했다. 모든 걸 고백해도 정죄 없이 공감하고, 용서하지 않아도 강요 없이 수용하고 기다려주며, 권징이나 화해의 과정을 안전하게 밟을 수 있다는 신뢰를 주어야 하는데 그렇지 못했다. 2) 둘째, 가해자에게 용서 구하기의 과정을 밟도록 하지 않았다. 용서하기만 강조하지 용서 구하기를 강조하지도 가르치지도 실행하지도 않는 한국교회의 문제점을 그대로 드러냈다. 개인적 차원에서도 피해자의 용서하기와 가해자의 용서 구하기를 함께 강조해야 하지만 공동체적 차원에서는 가해자의 용서 구하기가 훨씬 더 중요함에도 불구하고 그렇게 하지 못했다. 한국교회는 그저 바겐세일하듯 가해자에게 값싼 용서만을 베풀 뿐인데 이 경우도 가해자의 인정과 뉘우침, 그리고 공적인 사과와 배상, 그리고 사퇴 같은 책임 있는 조치와 중독 치유 등이 전혀 없었다. 무엇보다 책임을 지지 않는 가해자에 대한 권징의 부재를 볼 수 있다. 3) 셋째, 피해자와 가해자의 관계 회복을 도모하지 않았다. 회복적 정의와 화해로서의 용서 개념이 부재하기 때문이다. 그 교회는 하워드 제어의 『회복적 정의란 무엇인가?』(KAP, 2010)와 에마뉘엘 카통골레와 크리스 라이스의 『화해의 제자도』(IVP, 2013)에서 말하는 회복적 정의를 통한 화해를 도모하지 않았다. 응보적이고 갈등 구조적인 정의가 아닌, 피해자와 가해자뿐 아니라 관련 사건으로 인해 피해 입은 모든 당사자의 상처까지 치유하는 것을 목적으로 하고, 피해자의 요구와 권리는 주변부가 아니라 중심적인 위치를 차지하며, 가해자는 자신이 가한 손해와 상해를 인정하고 그에 대한 책임을 지도록 장려하고, 당사자들의 참여와 대화를 통해 화해를 이루도록 하는 회복적 정의 개념이 한국교회에 없는 것은 매우 안타까운 일이다. 4) 마지막으로 공동체적 해결 과정이 없었다. 가장 큰 문제가 아닐까 생각한다. 한국교회는 공동체적인 차원의 문제가 발생해도 그것을 공적으로 다루지 않고 자꾸 사적 차원에서 해결하려고 한다. 심각한 문제가 발생할 때 공동체적으로 풀어갈 프로세스가 부재하다. 간혹 당회 같은 기존의 조직에서 논의하는 경우도 있지만 주로 비공개로 이루어지며 공동체에 부담이 되지 않도록 모든 걸 은혜로 덮어버리고 개인적 차원에서 피해자에게 용서만을 강요할 뿐 공개적으로 용서와 화해를 위한 공적 과정을 밟지는 않는다. 이런 상황 때문에 수많은 피해자가 2차 가해를 받고 교회를 떠나게 된다. 이제 한국교회는 공동체적 차원의 용서에 대해 고민해야 하며 피해자 중심주의를 적용한 프로세스를 준비해야 한다.

공동체적 차원의 용서의 어려움

마태복음 18:15-18을 보면 용서의 문제가 개인적인 차원만이 아닌 공동체적인 문제임을 알 수 있다. "네 형제가 죄를 범하거든 가서 너와 그 사람과만 상대하여 권고하라. 만일 들으면 네가 네 형제를 얻은 것이요. 만일 듣지 않거든 한두 사람을 데리고 가서 두세 증인의 입으로 말마다 확증하게 하라! 만일 그들의 말도 듣지 않거든 교회에 말하고 교회의 말도 듣지 않거든 이방인과 세리와 같이 여기라! 진실로 너희에게 이르노니 '무엇이든지 너희가 땅에서 매면 하늘에서도 매일 것이요. 무엇이든지 땅에서 풀면 하늘에서도 풀리리라.'" 존 하워드 요더는 『교회, 그 몸의 정치』(대장간, 2011)에서 이 문제를 다룬다. 그에 의하면, 예수는 랍비들이 하나의 짝으로 사용하는 "매는 것과 푸는 것"이라는 용어를 선택했다. 랍비들의 용법상 "매는 것"은 윤리적 판단이 필요한 질문에 답할 때 사용하는 말이다. 아울러 오늘날 우리가 사용하는 "의무를 지우다"(obligate)라는 단어의 어근에 여전히 그 뜻이 남아 있다. "푸는 것"(loose)은 의무로부터 자유하게 하는 것으로 산상수훈의 시작 부분에서 예수는 누구든지 계명 중에 작은 것 하나라도 "버리는"(loose) 사람은 천국에서 가장 작은 사람이 될 것이라고 경고했다. 그러므로 예수께서 명하신 이 행위에는 윤리적 판단과 화해라는 두 가지 차원이 있음을 알 수 있다. 교회 공동체는 죄 범한 사람이 더는 회복될 가능성이 없다고 판단하기 이전에 반드시 화해를 위한 이 세 가지 노력을 기울여야 한다. 요더의 해석은 이렇다. a. 이 과정은 개인이 주도해야 하지 목사의 역할로 생각해선 안 된다. 죄 범한 사람을 찾아가 대화할 사람은 목회자가 아니라 그 사건을 잘 아는 사람이어야 한다. b. 이 절차의 의도는 관계의 회복이지 처벌이 아니다. c. 어떤 죄는 중하고 어떤 죄는 경하다는 차이는 존재하지 않는다. 어떤 범죄든지 용서할 수 있지만 사소한 범죄란 있을 수 없다. d. 이 절차의 의도는 교회의 위신과 평판을 보호하거나 구경꾼들에게 죄의 심각성을 가르치려는 것이 아니라 죄 범한 사람을 공동체로 돌아오게 함으로써 그 사람을 다시 회복시키는 것이다.

하지만 이것을 현실 속에서 실현한다는 건 참으로 어려운 일이다. 현대 교회가 공동체의 성격 혹은 주 되심을 드러내는 정치적 실재로서의 성격을 거의 상실했기 때문에 더욱 그렇다. 화해의 절차를 이야기하는 마태복음 18:15-17의 말씀만 해도 문자 그대로 적용해야 하는 법적 절차가 아니라 공동체적 문제에 대한 해결 방식의 원리를 의미하기 때문에 적용에 신중함을 보여야 한다. 요더 자신의 경우를 예로 들어보자. 요더는 아나뱁티스트의 슈퍼스타였다. 비폭력 평화주의를 세상에 알리고 아나뱁티즘을 현대화하며 정치적 제자도와 희년, 화해의 공동체를 세상에 알린 전 세계 신학계의 영웅이었다. 그런 그가 많은 희생자에게 성추행과 성폭력 범죄를 저질렀다. 소식을 접한 사람들에게 너무나 큰 충격을 주었다. 회복적 정의를 세상에 알린 교단이면서도 교단과 신학교의 처리 과정은 모두를 실망케 했다. 처리 과정 중에 피해자들의 절규는 세상 밖으로 들리지 않았다. 그들은 피해자들에게 "안전한 공간"을 제공하지 못했다. 더군다나 제대로 된 사과를 하지 않은 요더는 얼마 안 있어 복권되었다. 그에게 인정과 뉘우침, 사과와 배상을 하도록 하는 책임 있는 과정이 부재했다. 메노나이트 교단이 이 정도니 일반 교회에서 마태복음 18:15-17을 적용한다는 것이 얼마나 어렵겠는가?

"존 하워드 요더의 성추행과 권력 남용에 대한 메노나이트의 반응"이라는 부제가 달린 존 D. 로스의 『야수의 송곳니를 뽑다』(대장간, 2018)는 이 사건의 전말을 소개하고 있다. 그 내용을 보면 이 문제가 총장에 의해 다루어질 때 요더가 마태복음 18장을 적용하면서 먼저 당사자와의 일대일 만남을 가져야 한다고 강하게 요구했음을 알 수 있다. 과연 요더의 요구와 그의 성서 해석은 정당한가? 마태복음의 문장은 당사자 모두가 힘의 우열이 없는 동등한 상황을 전제하고 기록한 것이다. 하지만 피해자 중 요더를 만나 정면으로 맞설 만큼 힘을 가진 사람은 거의 없었다. 따라서 가해자가 권력을 가진 사람일 경우에 마태복음 18장 말씀을 문자적으로 따르는 것은 도리어 본문의 진의를 왜곡할 수 있다. 성폭력의 특수성 또한 성서를 문자적으로 적용할 수 없도록 만든다. 성폭력과 관련해서 상호 관계성이나 동의를 전제로 하는 표현들이 적절하지 않은 이유는 대부분의 성폭력이 위력에 의해 발생하기 때문이다. 성직자들의 성폭력은 대부분 그의 보호를 신뢰하는 사람들에게 그들의 힘과 신뢰가 유리하게 작용할 때 발생한다. 성폭력 발생 이후에도 여전히 이러한 힘과 신뢰의 불균형이 존재하는 상황에서 먼저 일대일로 문제를 처리해야 한다는 건 말이 안 된다. 따라서 마태복음 18장을 문자적으로 따라야 하는 법적 절차가 아니라 화해의 공동체를 만들기 위한 해결 방식의 원리로 이해해야 한다. 그렇기에 적용 단계의 어려움이 남는다. 이제 공동체적 차원의 용서와 화해 과정에서 발생할 수 있는 몇 가지 문제만 살펴보도록 하겠다.

갈등과 용서의 차원을 혼동하는 경우

오래전 일이다. 목회하면서 평소에 공동체를 세우는 은혜의 원리뿐만 아니라 공동체적 차원의 용서라는 주제를 강조했기 때문에 어떤 분이 다른 분과 어떤 문제로 갈등을 빚자 내게 찾아와 그가 공개적으로 사과하도록 해야 한다고 요청했다. 그분은 평소에도 은혜보다는 정의를 많이 외치는 분이었다. 이런 경우가 참으로 어렵다. 목회하다

보면 많이 발생하는 일들은 대개 용서 차원의 문제가 아니라 갈등 차원의 문제다. 용서 차원의 문제란 일반적으로 피해자와 가해자의 구분이 명확한 경우이며 사안이 심각한 경우가 많다. 반면 갈등 차원의 문제는 그것이 명확하지 않다. 쌍방의 잘못과 책임인 경우가 많다. 누가 무엇을 잘못해서가 아니라 서로 기질과 경험과 생각과 입장이 달라 갈등이 발생한다. 이 두 가지를 구분하지 못하고 갈등 차원의 문제를 용서 차원의 문제로 이해할 때 어려움이 발생한다. 더 큰 어려움은 일대일의 갈등 상황을 개인적 차원의 용서 문제로 이해하지 않고 공동체적 차원의 용서 문제로 이해하여 공적으로 다뤄달라고 요청할 때 발생한다. 그 경우가 그랬다. 나를 찾아온 분은 자신이 피해자이니 가해자가 공적인 자리에서 용서를 빌어야 한다고 요구했다. 그 성도의 이야기를 듣고 바로 반응하지 않고 상대 성도에게도 찾아가 자세한 이야기를 들었다. 상대 성도는 자신이 상처받았고 그가 사과해야 한다고 이야기했다. 양자의 이야기를 모두 들어보니 서로가 모두 서로에게 상처를 줄 만한 내용을 이야기했다. 그런 이야기조차 관점의 차이 혹은 입장의 차이로 인한 것처럼 보였지만 말이다. 물론 약간은 개인의 역동에서 나온 말들도 있었다. 양쪽 이야기를 듣고 이 문제를 바로 처리하는 건 좋지 않다고 생각했다. 조금 더 시간을 두고 양쪽 이야기를 듣고 두 분과 함께 만나 서로의 이야기를 경청하도록 했다. 그 시간을 통해 서로에 대한 오해를 많이 풀 수 있었다. 앙금이 남아 있었지만 시간을 두고 지속적으로 만나면서 두 분은 절친한 관계로 발전하게 되었다. 이런 경우처럼 갈등 차원의 문제를 용서 차원의 문제로 이해하고 서로 격한 반응을 보이는 일을 목회의 현장에서는 자주 겪는다. 이때 두 차원을 지혜롭게 구분하고 적절하게 반응하며 갈등을 전환하는 것이 중요하다.

많은 문제가 갈등의 문제라는 걸 알 수 있다. 서로 다른 인간이 함께 모이는 한 갈등은 존재할 수밖에 없다. 갈등이 비정상적인 것이 아니다. 중요한 것은 그 갈등을 어떻게 해결하고 전환하느냐다. 존 폴 레더락은 『갈등전환』(대장간, 2018)에서 "갈등 해결"보다 "갈등 전환"의 패러다임이 필요하다고 역설한다. 해결이란 용어에는 여러 위험이 내포되어 있다. 강자가 갈등을 무마하기 위해 약자를 회유하거나, 그래서 갈등을 통해 정당하게 제기되어야 할 중요한 이슈마저 사장해버릴 여지가 있다. 첨예하고 복잡한 정치적·사회적 문제에 대한 성급한 해결책은 일반적으로 화려한 단어의 나열일 뿐 실질적 변화를 의미하지 않는 경우가 많다. 해결 위주의 사고는 진정 필요한 변화를 덮어버리는 또 다른 방식일 수 있다. 반면 갈등 전환은 다음의 두 가지 현실에 근거하고 있다. 첫째는 갈등이 인간관계에서 나타나는 자연스러운 현상이며, 둘째는 갈등이 변화의 동력이란 점이다. 갈등 전환은 사회적 갈등이 주기적으로 변한다는 것을 상상하고 이에 반응하는 것이다. 사회적 갈등은 건설적인 변화를 창출하기 위해 삶에 역동성을 불어넣을 기회다. 건설적인 변화는 구조적 폭력을 최소화하면서도 정의를 극대화하는 과정에서 이루어지고, 인간관계 속에서 발생하는 문제에 창의적으로 반응하면서 일어난다. 갈등 전환은 두 가지 기초 위에 세워진다. 첫째는 갈등을 긍정적으로 상상하는 능력이다. 이는 갈등을 건설적인 성장 가능성을 지닌 자연스런 현상으로 받아들이는 것이다. 둘째는 갈등이 가진 긍정적인 변화의 잠재력을 극대화하는 방식으로 반응하려는 의지다. 레더락의 말은 목회 현장에도 고스란히 적용된다. 교회에서 갈등은 자연스러운 현상임을 모두가 인식할 필요가 있다. 그런 갈등 상황이 발생하면 그것을 긍정적인 방향으로 전환하는 공적 프로세스를 세워야 한다.

또한 목회자는 이 문제를 중점에 두고 설교하고 목회해야 한다. 「갈등과 용서에 대한 개신교인 인식 조사 보고서」에 의하면 조사에 참여한 사람들은 갈등이 가장 심한 영역으로 "이념(정치)"을 꼽았다. 다음으로 계층(소득), 지역, 세대, 젠더(남녀 갈등), 종교 순이다. 그렇다면 교회도 목회적 차원에서 이 문제를 중요하게 다루어야 한다. 개인적 차원의 이슈만 다룰 것이 아니라 사회적 차원이라는 맥락에서 다양한 갈등 주제를 공동체적으로 다루어야만 한다. 우리 교회는 복음의 공공성을 회복하기 위해 공평과 정의를 실천하고 생명과 평화를 실현하는 일을 해왔으며 좌파와 우파를 아우르고 산업화 세대와 민주화 세대와 MZ 세대가 하나가 되는 교회를 세우는 일에 힘써왔다. 『코로나19 이후 시대와 한국교회의 과제』(새물결플러스, 2020)와 『탈성장 교회』(새물결플러스, 2023)에서 자세히 소개했듯이 코로나19 팬데믹 이후에는 정의·생태·평화를 구현하는 윤리적이고 생태적이며 미학적인 "탈성장 교회"를 추구해야 함을 강조했고, 특히 진리만을 주로 강조하고 선함은 덜 강조하며 아름다움은 거의 강조하지 않는 개신 교회가 미학적 영성이 부족하기 때문에 갈등을 넘어서는 힘이 약하다고 분석하며, 막힌 담을 헐고 둘을 하나 되게 하는 미학적 영성을 회복해야 한다고 말했다. 이런 일이 있었다. 우리 교회에 대한 좋은 소문을 듣고 등록할지 말지 살피기 위해 찾아오신 어르신이 계셨다. 일이 생겨 지난 공휴일에 "조국 사퇴"를 위한 광화문 집회에 나가지 못해 안타까웠다고 말씀하시는 분이셨다. 우리 교회 이름에 "더불어숲"이 들어가 있고 행사 포스터 중 하나에 들어가 있는 "나무가 나무에게 말했습니다. 우리 더불어 숲이 되어 지키자"라는 글귀를 보시고 "이 교회는 신영복 쪽이냐?"라는 질문을 내게 하셨다. 질문의 의도를 잘 알기에 솔직하게 말씀드렸다. "우리 교회는 신영복 쪽도 품고 반대쪽도 품습니다. 예수님의 복음은 좌파와 우파보다 넓고 깊고 크기 때문입니다. 우리 교회는 내 영혼만 구원받으면 되는 복음이 아니라 모든 대립과 분열과 경계선을 넘어 모두를 하나 되게 하는 복음을 믿습니다. 신영복 쪽도 품는 교회이니 등록하시려거든 이걸 미리 아셨으면 합니다. 대신 어르신 같은 분들도 존중하는 교회이니 마음이 동하시거든 등록하시면 됩니다." 감사하게도 4주 정도 예배에 참석하시더니 등록하셨고 누구보다도 교회를 사랑하고 목회자를 지지하는 분이 되셨다. 최근에도 보수 성향의 나이 드신 성도들과 진보 성향의 젊은 부부들이 동시에 등록하는 모습을 보면서 우리의 노력이 헛되지 않음을 실감하고 있다.

공동체적 차원을 개인적 차원으로 축소하는 경우

개인적 차원의 용서도 쉽지 않지만 공동체적 차원의 문제가 발생하면 더 해결이 어렵다. 특히 문제를 발생시킨 이가 잘못을 인정하지 않거나 회개하지 않거나 변화의 의지가 없을 때 해결이 더 어려워진다. 이럴 때 어떻게 해야 하는가? 권징에 대한 해석의 차이에 따라 해결 방식이 결정된다. 마태복음 18:15-17의 말씀은 공동체적 해결 방식을 인정하는 말이기도 하고 권징에 대한 말씀이기도 하다. 마태복음 18:18-20의 말씀이 기도에 대한 말씀이 아닌 이유가 여기에 있다. "진실로 너희에게 이르노니, '무엇이든지 너희가 땅에서 매면 하늘에서도 매일 것이요 무엇이든지 땅에서 풀면 하늘에서도 풀리리라.' 진실로 다시 너희에게 이르노니, '너희 중의 두 사람이 땅에서 합심하여 무엇이든지 구하면 하늘에 계신 내 아버지께서 그들을 위하여 이루게 하시리라. 두세 사람이 내 이름으로 모인 곳에는 나도 그들 중에 있느니라.'" 18절 말씀은 마태복음 16:19에도 나온다. "내가 천국 열쇠를 네게 주리니 네가 땅에서 무엇이든지 매면 하늘에서도 매일 것이요 네가 땅에서 무엇이든지 풀면 하늘에서도 풀리리라." 천국 열쇠에 대한 하이델베르크 교리문답을 보자. "천국 열쇠는 무엇인가? 그것은 거룩한 복음의 선포와 교회의 권징인데, 이 두 가지를 통해 믿는 자에게는 천국이 열리고 믿지 않는 자에게는 닫힌다." 따라서 19절 "두 사람이 땅에서 합심하여 무엇이든지 구하면"이라는 말은 합심기도를 말한다기보다는 교회에 권징을 요청하는 것을 의미한다. 그러므로 20절 "두세 사람이 내 이름으로 모인 곳에는 나도 그들 중에 있느니라"라는 말씀은 권징이 시행되는 곳에 하나님께서도 함께하신다는 의미로 해석해야 한다. 두세 사람이 내 이름으로 모인 곳이란 그저 숫자를 말하는 것이 아니라 권징의 절차를 통해 용서와 화해가 일어나는 공동체를 의미한다.

권징에 대한 입장 중 조심해야 하는 두 가지가 있다. 하나는 권징을 인정하지 않거나 가볍게 여기는 입장이고 다른 하나는 완고한 권징 혹은 사랑 없는 권징을 주장하는 입장이다. 먼저 가볍게 보는 입장을 살펴보자. 홍동우는『교회답지 않아 다투는 우리』(지우, 2023) 제3장에서 권징 문제를 다룬다. 그는 마태복음 16:18을 "베드로" 위에 교회를 세우겠다는 뜻으로 해석하고 베드로는 "반석"과 "돌밭"이라는 이중적 의미를 담고 있다고 말한다. 베드로를 "돌밭"과 연결하는 최근의 해석을 적용하는 것처럼 보이는데 교회는 반석과 돌밭 위에 세워진다는 의미로 푼다. 한마디로 교회는 알곡과 가라지가 함께 자라는 "혼합된 몸"이다. 이를 마태복음 18장 초반부와 연결하면 돌밭과 가라지는 "지극히 작은 자"가 된다. 교회는 이렇게 지극히 작은 자를 실족게 하지 않는 곳이고 그들을 초대하는 곳이다. 돌밭을 작은 자와 연결시키는 것이 다소 무리한 해석이라는 느낌을 지울 수 없지만 은혜로운 해석이긴 하다. 이런 해석에 기반하여 홍동우는 마태복음 18장의 권징 문제를 다룬다. 그는 권징을 인정한다. 다만 권징의 목적을 상실해가고 있는 것에 대해 우려를 표명한다. 권징의 목적은 용서와 화해인데 사회는 응보적 정의만을 주장한다. 따라서 회복적 정의를 회복해야 한다. 그렇기에 그는 마태복음 18:15-18 뒤에 나오는 23-34절은 "일만 달란트 빚진 자"의 비유를 통해 권징의 결말은 용서여야 한다고 주장한다. 마태복음 18:15-18은 죄를 범한 형제를 쫓아내는 규범에 대한 이야기가 아니라 죄를 범한 형제를 회복시키기 위해서 교회가 어디까지 노력해야 하느냐에 대한 이야기라는 것이다. 일곱 번을 일흔 번까지라도 해야 하는 것이기에 권징의 결말은 용서여야 한다고 말한다. 최고의 권징은 용서이고 권면을 듣지 않더라도 무제한적 용서를 통해 그를 회복할 방법을 궁구해야 한다.

은혜롭기는 한데 이는 매우 우려스러운 해석이다. 돌밭과 작은 자를 가해자로 연결하는 건 너무 억지스럽다. 일만 달란트 빚진 자의 비유와 일곱 번에 일흔 번까지라도 용서하라는 예수의 말씀은 피해자에게 하시는 말씀이고 마태복음 18:15-20의 권징은 가해자에 대한 공동체적 적용의 말씀인데, 피해자에게 하는 말씀을 가해자에게 적용하면서 권징의 결말이 용서여야 하고, 최고의 권징은 용서이며, 권면을 듣지 않더라도 무제한적으로 용서해야 한다는 건 듣기에 은혜로울지는 몰라도 이는 권징 자체를 부정하는 것이나 마찬가지다. 권징이라는 개념 자체가 홍동우가 말하듯이 단지 응보적 정의를 의미하는 것이 아니라 아무리 은혜로 문제를 해결하려 해도 그것을 받아들이지 않는 가해자가 존재해서 발생하는 것이기 때문이다. 은혜와 사랑이 부족해서 공동체가 어려워지는 경우도 있지만 정의와 권징이 부족해 공동체가 어려워지는 경우도 있다는 사실을 동시에 볼 줄 알아야 한다. 홍동우는 갈등의 차원과 용서의 차원을 혼동하는 것처럼 보인다. 갈등 차원의 문제를 용서 차원으로 비화하는 것도 문제지만 이처럼 용서 차원의 문제를 갈등 차원의 문제 정도로 가볍게 생각하는 것도 문제다. 또한 홍동우는 용서와 화해를 혼동하는 것처럼 보이기도 한다. 홍동우가 말한 것처럼 용서는 무제한적으로 할 수 있다. 하지만 끝내 화해를 이루지 못할 수도 있다. 권징의 문제가 대두되는 이유도 바로 그런 측면 때문이다. 권징은 주로 화해의 문제와 관련이 있고 그것은 가해자의 변화라는 중요한 지점을 통과한다. 그가 너무 간단하게 개인적 차원의 용서를 공동체적 차원의 용서에 적용하고 있는 건, 즉 공동체적 차원의 용서를 개인적 차원의 용서로 환원하고 있는 건 아닐까? 공동체적 차원의 용서를 고민해야 하는 이유

중 하나가 개인적 차원의 용서만으로는 문제가 해결될 수 없는 일도 많기 때문인데 말이다. 홍동우는 자신의 책에서 응보적 정의가 아니라 회복적 정의를 추구해야 한다고 말하지만, 탁월하게 회복적 정의를 실천하는 바로 그 공동체에서 요더는 면죄부를 받았고 권징은 제대로 이루어지지 않았으며 피해자들은 큰 상처 속에 절규했다는 사실과 그런 경우가 우리의 현실에서도 비일비재하다는 사실을 심각하게 생각하지 않는 듯하다. 다음 절에서 살펴보겠지만 피해자와 가해자와의 관계 속에서 피해자 중심주의를 가지고 회복적 정의를 이야기해야 하는데 제3자적 입장에서 서술하는 것처럼 보이며 그로 인해 피해자에 대한 배려가 그의 논의에 거의 보이지 않는다.

피해자 중심주의를 외면하는 경우

권징의 중요성을 매우 강조하는 입장도 있다. 홍동우의 『교회답지 않아 다투는 우리』와 거의 비슷한 시기에 같은 출판사에서 나온 손재익의 『분쟁하는 성도 화평케 하는 복음』(지우, 2023)이 견지하는 입장이 이러하다. 손재익은 고린도전서 6:1-11의 말씀을 근거로 성도는 신자 간에 문제가 생겼을 때 세상 법정이 아니라 교회 법정으로 가야 한다고 말한다. 개교회의 치리회는 입법과 행정, 사법 모두를 다루는 당회다. 목사와 장로가 치리자와 재판관의 역할을 한다. 교회 법정으로 가져가야 할 것은 신자와 신자 간의 민사상 문제만이 아니라 형사상의 문제도 포함한다. 교회의 기준과 세상의 기준이 다르기 때문이다. 교회 법정의 시벌은 세상 법정의 시벌과 달리 영적인 벌을 내린다. 이상과 같은 손재익의 주장은 듣기는 좋은데 현실적으로는 불가능한 이야기다. 어떻게 교회가 민사상의 문제와 형사상의 문제 모두를 판결하고 시벌을 집행할 수 있단 말인가? 사법적 전문성도 없고 시벌을 시행할 공권력도 없는데 말이다. 법을 다룰 지식이 없는 비전문가들이 이런 일들을 판결한다고? 조금만 마음에 안 들어도 교회를 옮기는 마당에 시벌을 시행한다고? 더군다나 영적인 시벌이라니? 형사상의 죄를 범했는데 수찬 정지나 면직 혹은 출교 등의 영적 시벌을 한다는 건 기본적인 법적 공평성에도 어긋난다. 더군다나 교회의 당회원들은 대개 당사자들과 가족 관계 혹은 친인척 관계에 있는 경우가 많다. 이해관계가 긴밀한 상황에서 과연 당회원들이 올바른 판결을 할 수 있을까?

무엇보다 피해자 중심주의가 드러나기 어렵다. 김성한은 『실패한 요더의 정치학』(IVP, 2021)에서 왜 교회가 요더의 성폭력 문제를 제대로 처리하지 못했는지 밝힌다. 여러 원인이 있지만 이 주제와 관련하여 한 가지만 소개한다. 요더와 같이 흔하지 않은 강력한 존재에게 마태복음 18장에 기초한 문제 해결 방식은 전혀 작동할 수 없다. 그들은 높은 이상을 가지고 있었지만 자신들이 상대하는 요더가 가진 힘의 크기를 간과했다. 요더와 같이 강력한 카리스마를 가진 인물이 계속해서 비행을 저지르는 동안, 남성 중심의 가부장적인 메노나이트 교회는 세상과 분리된 신자의 공동체라는 자기 확신 속에 갇혀 있었고 지나칠 정도로 순진했던 이들의 환상에 피해자들의 고통은 반영되지 않았다. 또한 교회의 남성 중심적 위계 구조가 요더의 성폭력을 지속되게 도왔다는 점을 부인할 수 없다. 무엇보다 메노나이트 교회는 역사적으로 교회와 국가의 관계를 호명하고 세상의 권력과 구조적 폭력에 대해 공동적으로 반응했다. 하지만 정작 교회 안에서 일어나는 다양한 형태의 폭력과 권력 남용으로 피해자들이 받은 고통에 대해서는 눈을 감고 있었다. 저 멀리 바깥의 폭력이 아니라 지금 이곳에서 일어나는 폭력을 어떻게 감소시키고 종식시킬 것인가에 대한 고민이 부재했던 것이다. 회복적 정의를 강조하는 메노나이트 교회마저 이런 지경인데 가부장적 특징을 더 강하게 드러내는 한국교회의 당회가 이런 문제를 과연 올바로 해결할 수 있을까? 기울어진 구조를 바꾸지 않는 한 피해자 중심주의를 적용하기는 어려울 것이다. 요더가 죽은 이후에야 새로이 여성 총장이 임명되면서 제대로 된 치리가 가능했던 사례에서 보듯이 여성 리더십이 중심에 서서 이런 문제를 해결해야만 가능한 일이다. 성폭력의 경우 기존 당회 구조가 아닌 성도들이 추천한 믿을 만한 여성 리더들이 다수 포진된 새로운 조직에서 처리해야만 피해자 중심주의를 적용할 수 있다. 교회의 민주화와 성평등이 먼저 이루어져야 용서와 화해의 공동체를 바로 세울 수 있다.

3. 사회적 차원의 용서

기독교는 한 개인의 내면적인 문제만이 아니라 이 세상을 지배하고 있는 "정사와 권세"의 문제를 핵심적으로 다룬다. 성서는 개인적 차원의 죄만이 아니라 공동체적 차원과 사회적 차원과 우주적 차원의 죄를 다룬다. 권세에 대한 신학을 발전시킨 개혁주의 학자들에 의하면 권세는 크게 세 가지 의미를 지닌다. 첫째, 권세는 영적·인격적·초자연적 존재다. 타락한 권세는 정규적으로 인간의 생활에 영향력을 행사하기 위해 미혹이라는 전술을 사용한다. 그들은 정체를 숨기며 인간 사회에 활동하는 어떤 것으로 자신의 존재를 가장한다. 둘째, 권세는 천사가 주조하는 어떤 제도의 영성이라고 볼 수 있다. 이는 천사가 이 세상을 다스리기 위해 사용하는 정신적인 수단이며, 특히 이데올로기를 통한 환상의 제시는 권세의 또 다른 표현이다. 셋째, 권세는 사회적 체제와 구조다. 제도의 영성은 객관적 제도로 실체화된다. 대체로 사람, 정치 및 사회적 제도, 역사적 조건과 정황 그리고 영적·종교적 제도는 권세의 다른 표현이다.

죄의 가장 분명한 형태 중 하나인 폭력만 놓고 봐도 죄를 개인적 차원으로만 접근할 수 없음을 알 수 있다. 슬라보예 지젝이 『폭력이란 무엇인가』(난장이, 2011)에서 규정한 것을 빌려 설명하자면, 가해적 폭력은 크게 "주관적 폭력"과 "객관적 폭력"으로 나눌 수 있다. 주관적 폭력은 명확히 식별 가능한 행위자가 저지르는 폭력이다. 가정폭력, 데이트 폭력, 학교 폭력, 묻지마 폭력이나 살인 예고와 실행 혹은 국가 간 전쟁처럼 우리가 흔히 목격하는 직접적이고 "가시적인 폭력"이다. 주관적 폭력은 평상시의 비폭력적 상황을 배경으로 하여 경험된다. 주관적 폭력은 정상적이고 평온한 상태를 혼란시키는 것으로 보인다. 객관적 폭력은 "비가시적인 폭력"이다. 객관적 폭력도 크게 두 가지로 볼 수 있는데 하나는 "상징적 폭력"이고 다른 하나는 "구조적 폭력"이다. 상징적 폭력은 "이데올로기적 폭력"이라고도 할 수 있는데 주로 언어와 지식을 통해 드러난다. 즉 지식과 권력은 타원의 두 초점처럼 함께 작동한다. 지식은 권력의 효과이고 권력은 지식의 효과다. 무슨 말이냐면 우리가 가진 지식이 바뀌지 않으면 우리 자신도 모르게 어떤 폭력적 상황에 복무하는 꼴이 된다는 말이다. 무엇보다 상징 자본을 많이 가진 자가 그렇지 못한 자에게 행하는 차별을 강화한다. 구조적 폭력은 "체제적 폭력"이라 할 수 있다. 체제적 폭력은 경제 체계나 정치 체계가 정상적으로 작동할 때, 즉 "정상적인 상태에 내재하는 폭력"이다. 바로 이런 사실로 인해 구조적 폭력이 가장 무서운 폭력이다. 영향력 면에서 가장 강력함에도 불구하고 보이지 않게 작동하기 때문이다. 자, 보라. 사회적·국가적 차원에서 일어나는 폭력의 문제를 단순히 개인적인 차원에서 접근할 수 있는가? 상징적 폭력이나 구조적 폭력 같은 비가시적인 폭력의 문제를 개인적 차원에서만 다룰 수 있는가? 개인적 차원과 사회적 차원은 완전히 다른 차원임을 분명히 인식해야 해결책이 나온다.

예수는 우리 개인적인 죄를 해결하기 위해서만 십자가에 달리신 것이 아니다. 그리스도께서는 십자가를 통해 정사와 권세의 정체를 드러내고 멸하셨다. "통치자들과 권세들을 무력화하여 드러내어 구경거리로 삼으시고 십자가로 그들을 이기셨느니라"(골 2:15). 십자가는 바로 정사와 권세의 "물리적·상징적·구조적 폭력"이 쏟아지는 현장이며 동시에 그 악과 죄와 폭력을 대속적이고 비폭력적인 사랑의 희생으로 극복하며 정사와 권세의 정체를 밝히 드러내고 그들을 무력화하여 패배시키며 생명과 평화 그리고 사랑과 정의의 나라를 이 땅에 새롭게 출범시킨 재창조의 현장이었다. 그렇기에 우리의 싸움은 혈과 육을 상대하는 것이 아니라 통치자와 권세들과 이 어둠의 세상 주관자들과 하늘에 있는 악의 영들과 벌이는 것이다(엡 6:12). 그 권세들은 무장 해제는 당했지만 완전히 파멸된 것은 아니다. 그리스도께서 이루신 일로 그분의 지배 아래 놓이긴 했으나 그 권세들은 여전히 존재하므로 그리스도인들은 그것들과 계속해서 싸우지 않으면 안 된다. 그리스도인 개개인과 교회 공동체는 사회적 차원의 문제에 대해 적극적으로 관여해야 한다.

사회적 차원의 문제에서 용서는 왜 중요한가? 그것은 용서야말로 실패로 점철된 사회를 다시 시작하게 만드는 힘이기 때문이다. 한나 아렌트는 『인간의 조건』(한길사, 2019) 제5장 33절과 34절에서 이 문제를 다룬다. 33절의 제목은 "환원 불가능성과 용서하는 힘"이고 34절의 제목은 "예측 불가능성과 약속하는 힘"이다. 인간 행위로 발생하는 두 가지 문제가 환원 불가능성과 예측 불가능성이다. 예측 불가능성은 인간의 어떤 행위가 잘못된 행위일지 아닐지 미리 알 수 없다는 의미다. 환원 불가능성은 인간이 한번 저지른 일은 돌이킬 수 없다는 의미다. 용서와 관련하여 환원 불가능성이 중요하니 이에 대해서만 이야기해보자. 잘못된 행위가 일단 저질러지고 나면 원상 회복이 불가능하다. 이 환원 불가능성에 대한 자연적 반응은 보복이다. 보복은 잘못에 대한 자연스럽고 자동적인 반동이고 보복하는 자를 과거의 덫에 걸리게 만듦으로 과거의 잘못에 속박시키는 행위다. 인간 행위의 환원 불가능성은 오직 용서를 통해 극복된다. 용서란 능동적인 정치 행위의 본보기이며 과거에 속박되지 않는 미래의 자발적인 재탄생이다. 아렌트에 의하면, 용서란 인간이 자신의 삶에서 겪는 실수나 실패에도 불구하고 언제나 다시 시작할 수 있다는 인간 실존의 능력을 말한다. 그런 의미에서 용서의 행위는 기적처럼 보인다. 기적은 강철 같은 인과율의 족쇄를 깨트리고 갑자기 출현하는 낯설고 완전히 새로운 사건이다. 실상 용서의 행위는 기적을 행하는 인간의 능력이다. 한나 아렌트는 이를 인간 존재의 "탄생성"이라고 말한다. 자연적인 황폐화로부터 구원하는 기적, 이것은 새로운 인간의 탄생과 새로운 시작이다. 탄생은 환원 불가능성의 극복이며 새로운 시작의 도래다.

사회적 차원의 용서의 차이점과 어려움

사회적 차원의 용서를 가장 멋지게 보여준 사례 중 하나가 남아공의 "진실화해위원회"의 성과다. "진실화해위원회"는 값싼 용서를 통해 망각의 길을 조장하는 현실 기독교의 모습과는 달리 공개적으로 진실하게 죄를 고백했을 때만 사면하는 방법을 선택했다. 진실 규명의 단계를 반드시 거쳤지만 용서와 화해가 사회 문제를 해결하는 과정의 핵심이었다. 그 진행 과정을 보여주는 데즈먼드 투투 주교의 『용서 없이 미래 없다』(홍성사, 2009)를 읽다 보면 백인들의 범죄로 인해 분노도 일어나지만 용서와 화해의 과정으로 인해 감동하게 된다. 여기서 이를 자세히 다루지는 않는다. 다만 이런 형태만을 유일한 길 혹은 절대적으로 적용해야 하는 길로 보아서는 안 된다는 점은 짚고 넘어가고 싶다. 이런 형태만을 기독교적인 사회적 해결책이라고 보아서도 안 된다. 남아공의 해법은 현실적인 측면도 있었다. 사회의 모든 차원에서 백인들이 권력과 자본을 독점한 상황이었고 학대 피해자들만이 아니라 "자유와 평등에 기반을 둔 민주 사회"로의 이행에 위협을 느끼는 사람들, 즉 기득권자들과 가해자들도 동료 시민으로서 협상 대상자로 여기고 동의를 구해야 하는 상황이었기 때문에 실용적인 방법을 선택한 측면도 있다. 이런 조건과 상황을 무시하고 이를 무조건적으로 적용한다고 상상해보라. 예를 들어 전후 독일에 이런 방식을 적용할 수 있을까? 홀로코스트 같은 "인류에 대한 범죄"를 저지른 당사국이, 더군다나 대량 학살과 인종 말살뿐 아니라 타국을 침략한 전범 국가가 자체적으로 "진실화해위원회"를 구성하고 공개적으로 죄를 고백하면 사면해주는 것이 과연 가능할까? 과연 정당화될 수 있을까? 우리는 남아공의 사례뿐 아니라 나치의 범죄를 정의롭게 해결한 독일의 사례에서도 사회적 차원의 용서와 화해에 대한 배움을 가져야 한다.

칼 야스퍼스는 『죄의 문제: 시민의 정치적 책임』(앨피, 2014)에서 제2차 세계대전에 대한 독일인의 죄에 대해 논하면서 죄의 개념을 형사적 죄, 정치적 죄, 도덕적 죄 그리고 형이상학적 죄, 네 가지로 구별한다. 1) "형사적 죄"는 명확한 법률을 위반한 객관적으로 증명 가능한 행위다. 심급은 형식적인 절차를 통해 범죄 사실을 신빙성 있게 확정하고 범죄 사실에 법률을 적용하는 법원이다. 2) "정치적 죄"는 정치인의 행위와 국민 지위에 존재한다. 내가 국민이라는 이유로 국가 행위의 결과를 감당해야 하고, 내가 국가 권력에 복종하고 국가 질서를 통해 나의 생존을 유지하고 있다면 정치적 죄는 바로 국민이라는 지위에 있다. 죄라기보다는 정치적 책임이다! 우리가 어떻게 통치받고 있는지도 공동 책임이다. 정치적 죄의 심급은 국내 정치뿐 아니라 국제 정치에서도 승리자의 권력과 의지에 달렸다. 승리가 결정권을 가진다. 승리자의 자의와 권력은 여타 결과를 감안한 정치적 지혜 혹은 자연법과 국제법의 이름으로 효력을 지닌 규범들에 대한 승인을 통해 제한된다. 3) "도덕적 죄"는 이유를 불문하고 내가 개인으로서 이행한 모든 행위에 대해, 정치적 행위와 군사적 행위를 포함한 모든 행위에 대해 도덕적인 책임을 진다는 걸 의미한다. "명령은 명령이다"라는 말은 결코 타당하지 않다. 명령에 따른 행위라 할지라도 범죄는 어디까지나 범죄이듯이 위험, 협박, 공포의 정도에 따라 참작 사유가 될 수 있지만, 모든 행위는 도덕적 평가를 피할 수 없다. 도덕적 죄의 심급은 자신의 양심이고, 친구, 친한 이웃, 내 영혼에 관심을 가진 애정 어린 동료 인간과의 소통이다. 4) "형이상학적 죄"는 인간 상호 간의 연대 속에 존재한다. 세계의 모든 불법과 불의에 대해, 특히 자신의 면전에서 또는 자신이 알고 있는 가운데 발생한 범죄에 대한 인간 각자의 공동 책임을 인정하는 근거가 바로 이 연대다. 내가 범죄를 방지하기 위해 할 수 있는 바를 행하지 않았다면, 나도 그 범죄에 대해 공동의 책임을 진다. 내가 타인의 살해를 막기 위해 생명을 바치지 않고 수수방관했다면, 나는 법적·정치적·도덕적 죄 개념으로는 적절하게 파악할 수 없는 방식으로 유죄임을 느낀다. 그러한 범죄가 자행되었는데 내가 아직 살아 있다는 사실은 씻을 수 없는 죄가 되어 내게 돌아온다. 야스퍼스는 이 네 가지 죄 차원에서 어떻게 독일인의 죄를 다뤄야 하는지 자세하게 다룬다. 기독교가 정사와 권세의 차원을 중요하게 다루는 종교라면 어렵더라도 개인적 차원의 죄만을 다룰 것이 아니라 이처럼 형사적·정치적·도덕적·형이상학적 죄까지 다루어야 한다. 남아공의 사례뿐 아니라 독일의 사례에서도 배움을 가지고 현실에 적용할 줄 알아야 한다.

『용서와 화해에 대한 성찰』(명인문화사, 2018) 안에 있는 이해완의 글 "용서와 화해, 그 불가능에서 가능성으로 가는 길"에 의하면 개인적 차원의 용서와 비교되는 공적 영역에서의 용서가 가지는 차이점은 크게 네 가지다. 1) 첫째, 용서의 주체가 될 수 있는 자격과 관련한 고려 요소가 있다. 원래 용서의 주체가 될 자격은 피해자 개인만이 가지는 것으로 보아야 한다. 가해자나 제3자는 용서의 주체가 될 수 없고 용서를 요구할 권리도 가지고 있지 않다. 정치적 용서는 용서 여부에 대한 피해자의 자율적 결정권을 침해하는 문제를 내포할 위험이 있다. 다만 정치적 용서가 새로운 미래의 탄생을 위해 반드시 필요하다는 것에 주목한다면, 피해자들의 신뢰를 받을 수 있는 대표성 있는 리더십이 주체가 되어 신중하게 용서의 캠페인을 벌이는 것은 정치적이고 공적인 차원에서 허용될 수 있는 것으로 보아야 한다.

2) 둘째, 용서의 내적 활동과 외적 표현 행위의 구분과 관련된 고려 요소들이 있다. 개인적 차원의 용서는 주로 피해자의 내면적 변화에 초점을 맞추는 반면 공적 영역에서의 정치적 용서의 초점은 집단적 차원의 용서를 이루기 위한 외적 표현 활동에 있을 수밖에 없으므로 무조건적인 용서를 말하는 개인의 내면적 용서와는 달리 여러 가지 가치적 충돌이 발생하게 된다. 정치적 차원의 용서는 시간적인 경과와 피해에 대한 보상 여부 등을 포함하여 용서를 말할 수 있는 상황 조건에 대한 검토를 필요로 하기에 필연적으로 조건적인 것일 수밖에 없는 제약을 내포하고 있음을 수용해야 한다.

3) 셋째, 정의의 문제와 관련된 고려 요소들이 있다. 개인적 차원

의 용서는 기본적으로 "나-타자"의 양자 관계를 전제로 하기에 나의 윤리적 준거점은 타자를 위한 윤리로서 비례성과 대가성을 초월한 잉여의 윤리 또는 상대방의 받을 자격이나 조건을 초월하는 아가페 사랑의 윤리에 세워진다. 그러나 정치적 용서는 기본적으로 "타자-타자"의 관계를 전제로 하는 것이므로, 제3자가 피해자들의 자율성에 반하여 그러한 잉여의 윤리를 강조하거나 강요하는 것은 공평성을 기준으로 하는 정의에 반하는 것으로 피해자를 부당하게 소외시키는 결과를 초래할 가능성이 많으므로 이러한 윤리적 준거점은 공평성으로서의 정의와 조화를 이루어야만 한다. 타자-타자의 관계, 곧 제3자가 등장한 관계의 면에서는 비교와 판단, 그것을 통한 공평함의 추구를 통한 갈등 해결의 노력이 필요하다.

4) 넷째, 정치적 차원의 용서는 가해자들에 대한 공적 처벌의 면제를 포함하는 경우가 많다는 점에서 구별되는 면이 있다. 정치적 차원의 용서는 공적 처벌이 집단 간 갈등 해결에 실질적으로 도움이 되지 않는 경우에 하나의 대안으로 제기되는 면이 강하여 전면적 또는 부분적으로 공적 처벌의 면제 내지 사면을 그 내용에 포함하는 경우가 많다. 따라서 정치적 차원의 용서는 이처럼 단순히 피해자 내면의 문제로만 귀착되는 것이 아니라는 점에서 공평성으로서의 정의 또는 제도적 정의와의 긴장 관계를 더욱 크게 의식하고 고려해야 하는 면이 있다. 이해완은 이러한 여러 특성으로 인해 공적 영역에서의 정치적 용서는 가해자의 진실 고백과 사죄, 손해 배상, 재발 방지 약속 등을 조건으로 하는 "조건적 용서"의 형태를 취하게 된다고 말한다. 물론 용서에 내포된 잉여적·초과적 측면 혹은 비대칭성의 특성을 항상

우선적으로 고려해야 하지만 말이다. 조건적인 용서를 말하는 "용서의 정치"와 무조건적인 용서를 말하는 "용서의 윤리"는 항상 긴장 관계에 있을 수밖에 없음을 언제나 숙고하는 것이 중요하다.

세월호 참사를 향한 잘못된 용서의 적용

한국교회는 사회적 차원의 용서에 대해서는 무감각하다. 복음의 공공성을 상실했기 때문이다. 목회에서 사회적 차원의 용서와 화해를 전혀 다루지 못하고 있다. 「갈등과 용서에 대한 개신교인 인식 조사 보고서」 결과 발표회에서 김상덕 교수가 말한 조사 보고서의 함의 중 하나가 사회적 차원의 용서 인식은 신앙 요인이 크게 영향을 주지 않는다는 점이다. 바른 신앙생활을 한다면 신앙적인 입장을 가지고 사회적 차원의 용서에 대해 인식해야 하는데 말이다. 복음은 근본적으로 "하나님 나라의 복음"이며 "공적인 진리"인데도 과연 개인의 내면의 문제나 전도와 양육 혹은 교회 공동체 내부적인 차원만 다루는 것이 참 목회일까? 이제 목회도 사회적 차원을 수용해야 한다. 세월호 참사 당시 한국교회는 세월호 참사가 일어난 팽목항이 정사와 권세로부터 무고한 자들이 폭력적 공격을 당하는 현장인 동시에 세월호 참사가 무고한 자들의 희생을 통해 정사와 권세의 정체가 밝히 드러난 이 시대의 십자가라는 신학적 진실을 이해하지 못했다.

당시 한국교회는 크게 두 가지 반응을 보였다. 1) 하나는 가인과 같은 반응이다. "내가 내 아우를 지키는 자니이까?" "내가 세월호 유가족들을 지키는 자니이까?" "내가 이 땅에 상처 입은 자들의 부르짖음과 무슨 상관입니까?" 마치 학생들에게 "가만히 있으라"라고 말했던 선장과 선원들처럼 한국교회는 그저 성도들에게 가만히 있으라고, 침묵하라고만 말했다. 이것은 철저한 방관이자 "아벨보다 나은 피"인 하나님의 아들 예수가 흘린 "의로운 피"를 통해, 즉 십자가를 통해 무고한 자의 탄원을 신원하여 주신 하나님의 정의에 대한 전면적인 부정이다. 정사와 권세가 이 땅의 연약한 자들에게 피해를 끼치고 있는데도 중립을 지키는 것이 과연 옳은가? 마틴 루터 킹 목사는 "사회적 전환기의 최대 비극은 악한 사람들의 거친 아우성이 아니라 선한 사람들의 소름 끼치는 침묵"이라고 말했다. 『신곡』을 쓴 단테의 말로 알려진 격언이 있다. "지옥에서 가장 뜨거운 자리는 중립을 지킨 자들을 위해 예비되어 있다." 그런데도 한국교회는 성도들에게 침묵을 지키고 가만히 있으라고만 말한다. 그러한 침묵은 불의한 폭력에 동참하는 암묵적 동조다. 침묵하라는 말이 바로 저 불의한 폭력 앞에서, 그리고 사회적 악과 악의 권세들 앞에서 그냥 가만히 있으라는 말과 크게 다르지 않다면, 한국교회는 악을 방관하며 면죄부를 주고 악을 조장하며 그에 동참하는 셈이다.

2) 다른 하나는 피해자와 가해자의 차이를 무시한 용서의 적용이다. 가해자의 죄를 용서하시는 십자가의 능력밖에 모르는 한국교회는 가해자에게 적용해야 할 것과 피해자에게 적용해야 할 것을 구분하지 못하고 자꾸 "우리도 공범이다"라는 말만 되풀이하고 있었다. 이는 사회적 차원에 개인적 차원의 용서를 적용하는 잘못이기도 하다. 피해자의 상처와 수치에 대한 치유와 회복 그리고 탄원에 대한 신원을 말해야 할 대목에서 그것은 하지 않고, 자신의 죄를 인정하지도 않고 죄에 대해 책임지지도 않으려 하며, 돌이켜 회개하지도 않으려

하고 가해자들의 죄와 죄책에 대한 용서에 대해서만 앵무새처럼 반복하고 있었다. 심판받아야 할 자들에게는 면죄부를 주고 피해자들과 정의를 외치는 의인들에게는 "우리도 공범이다"라고 말하며 회초리를 댔다. 자기 몸에 회초리를 댄 "회초리 기도회"는 실상 정의를 외치는 의인들과 피해자들에게 "내 탓이오"를 강요하며 그들을 회초리로 때린 것이나 다름없었다. 한국교회는 이처럼 가해자들은 쉽게 용서하면서 정의를 외치는 자들과 피해자들에게는 "내 탓이오"를 강요하는 행태를 반복적으로 보여왔다. 이런 행태를 통해 불의한 자들이 죄에 대한 자기 책임을 면제받고 자신들의 죄악으로 말미암아 고통받고 있는 사람들에게 죄책을 떠넘기도록 조장한다. 이렇게 함으로써 소외되고 가난하고 힘없는 약자와 소수자를 위해 자기를 희생하며 공평과 정의를 위해 섬기는 사람들과 피해자들로 하여금 기독교에 등을 돌리게 하고 있다.

사회적 차원의 용서와 화해에 대한 목회적 적용

더불어숲동산교회는 "하나님 나라의 신학과 십자가의 영성과 성령의 능력을 갖춘 급진적 제자 공동체를 통해 공교회성과 공동체성과 공공성을 회복하는 선교적 교회"라는 비전을 가지고 2010년 화성 봉담에서 시작된 교회다. 『페어 처치』(새물결플러스, 2017)와 『성자와 혁명가』(새물결플러스, 2019)에서 이를 자세히 소개했듯이 우리는 개척할 때부터 "삶을 가꾸고 마을을 일구고 세상을 돌보는 하나님 나라 공동체"로서 지역에 뿌리를 내리고 지역과 소통하고 지역을 섬기며 지역을 변화시키는 일을 해왔다. 그뿐만 아니라 사회적 이슈에 대해서도 적극적인 이해와 실천을 추구했다. 그러던 중 2014년 4월 16일에 세월호 참사가 터졌다. 세월호 참사가 발생하고 나서 교회적 차원에서 가장 먼저 한 일은 공정무역카페 앞 교회 로비의 나무 장식에 노란 리본을 다는 거였으며, 얼마 후 교회 공간이 있는 상가 앞 큰길가에 "지켜주지 못해서 미안합니다." "결코 잊지 않겠습니다." "가만히 있지 않겠습니다." "끝까지 함께하겠습니다"라는 문구가 담긴 플래카드를 교회 이름으로 걸고, 가로수 사이사이에 줄을 매달아 노란 리본을 달 수 있도록 탁자 위에 펜과 리본을 가져다놓았다. 참 많은 사람이 참여했다. 이렇게 한 이유는 크게 두 가지다.

1) 첫째는 애도의 공동체에 참여하기 위해서다. 앞서 말한 것처럼 용서는 분노하지 않거나 애통해하지 않는 것이 아니다. 진정한 용서는 분노와 애도의 과정을 거친다. 다만 사회적 차원에서는 이것을 피해자 개인에게 맡기는 것이 아니라 사회 공동체가 함께 이에 참여하여 애도의 공동체를 이루는 것이 중요하다. 애도의 공동체가 되지 않고 어떻게 진정한 공동체가 될 수 있겠는가? 우는 자들과 함께 울 줄 모르는 공동체는 타자의 고통을 자기의 것으로 받아들일 줄 모르는 공동체로서 인간을 진정으로 사랑할 줄 모르는 공동체다. 오직 이익과 효율만 추구하는 공동체는 인간을 인간으로 받아들이지 않고 숫자나 번호로 평가하는 공동체이기에 애도할 줄 모르고 사랑의 공동체를 만들 수도 없다. 오직 타자의 고통에 반응할 줄 아는 애도의 공동체만이 인간적인 공동체를 세울 수 있다. 하지만 권력은 늘 애도를 없애고 싶어 한다. 애도 자체가 권력의 정체를 드러내기 때문이다. 하지만 하나님은 인간의 고통에 반응하시는 분이다. 하나님의 성품

은 인간의 고통에 반응하는 하나님의 아픔을 통해서만 온전히 드러난다. 그렇기에 하나님은 아야의 딸 리스바의 애통하는 소리를 듣고 그 땅의 모든 기도를 막으셨다. 다윗이 그녀의 애통을 신원하여 준 후에야 하나님은 그 땅의 기도를 들으셨다. 하나님은 애도의 하나님이시고 신원하시는 분이다. 하나님의 성품을 닮은 교회 공동체도 그렇게 해야 한다.

2) 둘째로 기억하기 위해서다. 용서는 잊는 것이 아니라 반대로 기억해야만 할 수 있다. 애도의 본질 또한 기억하는 것이다. 강남순의 『데리다와의 데이트』(행성B, 2022)와 왕은철의 『애도예찬』(현대문학, 2012)에서 소개한 것처럼 애도를 상실의 대상과 결별하고 타자를 잊는 과정으로 이해한 프로이트와 달리 데리다는 진정한 애도란 죽음을 통해 도리어 상실의 대상과 새롭게 연결시키는 책임이 탄생하고 타자를 기억하는 여정의 시작이라고 말한다. 기독교 영성에 기억은 너무나도 중요한 역할을 한다. 성령은 기억하게 하는 영이다. "기억"(remember)은 "다시"(re) "하나 됨"(member)을 의미한다. 기억은 새로운 이야기를 통해 새로운 정체성을 얻게 된다. 세월호 참사도 마찬가지다. 기억이 단지 유가족들에게 한정되어서는 안 된다. 세월호 참사에 대한 기억은 사회화될 필요가 있다. 기억이 개인화되면 역사적 사건은 그 사회에 결코 교훈을 주지 못한다. 기억이 사회화될 때 역사적 사건은 사회의 것이 되고 잘못된 역사를 되풀이하지 않을 수 있다. 그렇게 될 때 지금까지의 역사와 다른 역사를 살 수 있으며 역사가 성숙하게 되는 계기로 작동할 수 있다. 이런 과정이야말로 용서와 화해의 공동체를 세우기 위해 반드시 거쳐야 하는 과정이다. 따라서 우리

는 기억의 "국가화"에 저항하고 기억을 "사회화"하여 지금까지와는 다른 삶을 추구하고 다른 세상을 만들기 위해 힘써야 한다. 무엇보다 희생자들과 살아남은 자들과 유가족들에게 우리 사회가 들려줄 이야기가 있다고 말할 수 있어야 한다. 그 과정을 통해 기억의 공동체가 만들어지는 것이다.

시간이 흐르면서 우리 사회가 보여주는 세월호 참사를 대하는 방식, 무엇보다 기득권층이 세월호 참사를 대하는 방식을 목도하며 분노할 수밖에 없었다. 그중에서도 가장 힘들었던 것은 세월호 유가족들에 대한 망언이었다. 일베들의 극악무도한 망언들은 하나의 일탈이라고 치부할 수 있지만 사회의 명망가들조차 망언을 일삼는 모습은 그렇게만 볼 수 없었다. 그들은 모두 사회가 추구하는 가치를 보여주는 사람들이었기 때문이다. 도대체 인간에 대한 예의라고는 눈곱만큼도 없고 "숭고함에 대한 저항"과 "속물성에 대한 정당화"만 남은 이 사회를 어떻게 바라보아야 할까? 더군다나 대조 사회의 모습을 보여주어야 할 한국교회 지도자들조차 비슷한 반응을 보이며 세월호 유가족들에게 상처를 주는 것을 보면서 더욱 분노할 수밖에 없었다. 물론 세월호 참사가 발생했을 때 처음에는 한국교회도 함께 아파했다. 세월호 유가족들을 여러 모양으로 섬기기도 했고 장례 치르는 일을 도왔으며 모금 활동을 적극적으로 했다. 정의의 윤리는 없고 개인적 차원의 자선과 시혜의 윤리가 전부인 한국교회는 참사가 터질 때마다 이렇게 모금 활동에 적극적이다. 하지만 거기까지다. 유가족들이 진상 규명을 외치자 거리를 두기 시작했다. 하나님의 정의에 대한 감각이 없고 우파 이데올로기에 물들었기 때문에 진상 규명은 종북 좌파에 놀아나거나 동조하는 행위로밖에 볼 수 없었던 것이다. 십자가가 피해자의 탄원을 신원하시는 하나님의 정의라는 사실을 이해하지 못하는 한국교회는 용서와 화해를 위해서는 반드시 진상 규명을 해야 한다는 것을 이해하지 못했다. 진실화해위원회의 활동을 통해서 보듯이 화해를 위해서는 반드시 먼저 진실(진상 규명)이 필요하다는 것조차 이해하지 못했다. 사회적·국가적 차원에서는 피해자들에 대한 공적인 기억과 명예 회복 그리고 치유와 보상의 과정이 있어야 하며 가해자들의 공개적인 인정과 뉘우침 그리고 사과와 배상과 처벌의 과정을 거쳐야 용서와 화해의 공동체를 만들 수 있다는 것도 이해하지 못했다.「갈등과 용서에 대한 개신교인 인식 조사 보고서」에 의하면 직분과 신앙의 수준이 높을수록 역사적·사회적 사건에 대한 사죄와 처벌에 대한 기준이 관대하다는데 이는 개인적 차원의 용서와 화해를 사회적 차원에 그대로 적용한 것에 대한 결과로 보인다. 그렇기에 계속해서 그리스도인 유가족들에게조차 상처를 입혀 그들이 모두 교회를 떠나도록 만들었고 사회에서는 그들이 지탄의 대상이 되었다. 사랑 없는 정의도 문제지만 정의 없는 사랑도 문제다. 사회적 차원에서는 정의 없는 사랑이 훨씬 더 큰 문제를 만들어낸다.

이런 상황을 지켜보면서 너무 안타까웠던 나는 주일 예배와 수요 예배 그리고 금요 철야 예배에서 강력하게 그들을 규탄함과 동시에 참 기독교의 반응은 무엇이어야 하는지에 대해 강하게 설교할 수밖에 없었다. 이런 모습이 반복되자 교회에서 핵심적인 역할을 하던 세 가정이 교회를 떠나겠다고 말했다는 소식이 귀에 들려왔다. 왜 목사가 정치적인 설교를 하느냐며 불만을 가지거나 내 설교가 담임 목사와 정치적 입장이 다르면 교회를 떠나라는 메시지로 들렸다는 분들이 계셨다. 내 설교에 대한 몰이해이고 내 의도에 대한 곡해였다. 그렇더라도 교회를 사랑하는 마음에서 나온 이야기들이라 생각해서 나는 세 가정 모두 개별적으로 만났다. 그분들의 이야기를 주의 깊게 들었고 깊이 공감했으며 너무나 아프고 실망하고 분노한 나머지 설교의 톤이 좀 격했던 면에 대해선 사과했다. 하지만 세월호 참사에 대한 바른 입장과 접근이 어떠해야 하는지 그 성서적 의미는 무엇인지에 대해서도 설명했다. 우리는 대화를 통해 서로를 이해할 수 있었고 그분들이 모두 교회에 남아 있기로 결정했으며 후에는 모두 세월호 참사와 관련된 일에 적극적으로 참여하셨다. 그 일이 있던 후 두 가지 변화가 생겼다.

1) 첫째, 좀 더 실제적인 사역이 시작되었다. 멀리서 애도하고 기억하는 것도 중요하지만 더 중요한 것은 그분들과 함께하는 것이라고 생각했다. 애도의 본질은 우는 자들과 함께 우는 것이다. 그러기 위해서는 먼저 우는 자들과 함께 있어야 한다. 우리와 함께하기 위해 이 땅에 오신 임마누엘의 하나님을 가시적으로 보여주기 위해서도 우리는 우는 자들과 함께 있어야 한다. 피해자들이 혼자가 아니라는 것을 공동체와 사회가 보여주어야 한다. 우리는 세월호 유가족들과 직접적인 관계를 맺고 그분들을 섬기기로 했다. 그렇게 해서 세월호 합동분향소의 유가족 부스에서 매주 수요일마다 유가족 어머니들과 함께 진행한 "어머니 자수 공방"을 시작했다. 그 외에 세월호 1주기를 맞아 화성과 수원역 앞에서 청소년부와 함께한 "안전 사회 캠페인", 세월호 참사 1주기 광화문 집회 참석, 1년에 한 번 세월호 유가

족 "목요 기도회" 주관, 매해 성탄 전 수요 예배를 세월호 성탄 연합 예배로 대체하는 등 여러 모양으로 동참했다. 세월호 2주기 추모제에서 교회 프로그램인 "토요일만 예술 학교"의 아이들이 함께 작곡한 "잊지 않을게 0416"을 304명의 청소년과 유가족들과 함께 불렀고, 2017년 12월에는 세월호 가족 극단 노란 리본의 연극 〈이웃에 살고 이웃에 죽고〉를 교회에서 공연했으며, 2018년에는 그리스도인 세월호 유가족 두 분을 모시고 세월호 기억 예배를 드리고 여기서 나온 헌금을 세월호 4.16재단에 기부했다.

2) 둘째, 교회 내에 "사회 선교부"를 신설했다. 사회 선교부는 사회적 이슈와 정치적 사안과 관련해서 교회의 사회 참여를 전담하는 부서다. 교회 전체 차원에서 사회 참여를 하다 보면 여러 입장과 형편 때문에 참여하기가 곤란한 사람들을 소외시킬 수 있다. 교회는 서로 반대되는 사람들도 함께할 수 있는 곳이다. 이 세상의 모든 대립과 반목을 넘어설 수 있는 진정한 공동체가 교회다. 따라서 우리는 사회 선교부를 통해 이 일을 하기로 했다. 그렇게 되면 한 부서의 일이기 때문에 불참이 훨씬 수월하다. 혹 이견이 발생할 때 합리적 의사소통의 과정을 통해 합의를 이룰 수도 있다.

결론

기후 위기로 인한 체제와 문명의 위기, 리오리엔트로 인한 새로운 문명의 충돌, 양극화로 인한 계층 간의 불화, 신냉전과 정치적 부족주의로 인한 분열과 전쟁 등으로 세계는 갈등이 첨예화되고 있다. 이런 시대에 기독교는 용서와 화해라는 기독교의 본질적 가치를 실현해야 한다. 다만 개인적 차원과 공동체적 차원 그리고 사회적 차원의 용서와 화해를 구분하여 접근할 필요가 있다. 그렇지 않으면 피해자에게 용서를 강요하거나 가해자에게 값싼 용서를 남발하게 된다. 또한 교회 내에 갈등을 전환하거나 회복적 정의를 구현할 수 있는 공적 과정이 있어야 하며 가해자가 책임을 지지 않을 경우 권징할 수 있는 구조를 갖추고 있어야 하고 교회는 피해자에게 안전한 공간이 되어야 한다. 그뿐만 아니라 전통적인 목회의 영역을 확장할 필요가 있다. 교회 내적인 문제만을 다루는 목회가 아니라 사회적 차원까지 목회의 영역을 확정해야 한다. 복음은 하나님 나라의 복음이고 공적인 진리이기 때문에 공적으로 선포되고 실천되어야 한다. 사회적 목회를 통해 사회적 이슈를 목회에서 다루어야 하며 사회적 차원의 용서와 화해에 대한 깊은 이해와 폭넓은 실천이 필요하다. 다만 목회 현장에는 이세 가지 차원이 공존하며 서로 얽혀 있음을 볼 수 있어야 한다. 세 가지 차원을 서로 구분하면서도 서로에게 끼치는 영향들을 함께 고려하는 균형 있고 지혜로운 관점이 필요하다.

참고문헌

강남순, 『용서에 대하여』, 동녘, 2017.

＿＿, 『데리다와의 데이트』, 행성B, 2022.

김성한, 『실패한 요더의 정치학』, IVP, 2021.

김영봉, 『숨어 계신 하나님』, IVP, 2008.

데리다, 『신앙과 지식/세기와 용서』, 아카넷, 2016.

데이비드 스툽, 『몰라서 못하고 알면서도 안 하는 용서 이야기』, 예수전도단, 2005.

데즈먼드 투투, 『용서 없이 미래 없다』, 홍성사, 2009.

라인홀드 니버, 『도덕적 인간과 비도덕적 사회』, 문예출판사, 2000.

로랑 베그, 『도덕적 인간은 왜 나쁜 사회를 만드는가』, 부키, 2013.

손재익, 『분쟁하는 성도 화평케 하는 복음』, 지우, 2023.

슬라보예 지젝, 『폭력이란 무엇인가』, 난장이, 2011.

에마뉘엘 카통골레·크리스 라이스, 『화해의 제자도』, IVP, 2013.

에버렛 워딩턴, 『용서와 화해』, IVP, 2006.

오영희, 『상처의 덫에서 행복의 꽃 피우기』, 학지사, 2015.

왕은철, 『애도예찬』, 현대문학, 2012.

요한 크리스토프 아놀드, 『잃어버린 기술, 용서』, 쉴터, 1999.

전우택 외, 『용서와 화해에 대한 성찰』, 명인문화사, 2018.

정강길, "〈밀양〉, 관념적 기독교 맹점 예리하게 포착한 영화", 뉴스앤조이, 2007. 05. 29.

존 D. 로스, 『야수의 송곳니를 뽑다』, 대장간, 2018.

존 폴 레더락, 『갈등전환』, 대장간, 2018.

존 하워드 요더, 『교회, 그 몸의 정치』, 대장간, 2011.

칼 야스퍼스, 『죄의 문제: 시민의 정치적 책임』, 앨피, 2014.

하워드 제어, 『회복적 정의란 무엇인가?』, KAP, 2011.

한나 아렌트, 『예루살렘의 아이히만』, 한길사, 2006.

＿＿＿, 『인간의 조건』, 한길사, 2019.

홍동우, 『교회답지 않아 다투는 우리』, 지우, 2023.

지앤컴리서치, 「갈등과 용서에 대한 개신교인 인식 조사 보고서」.

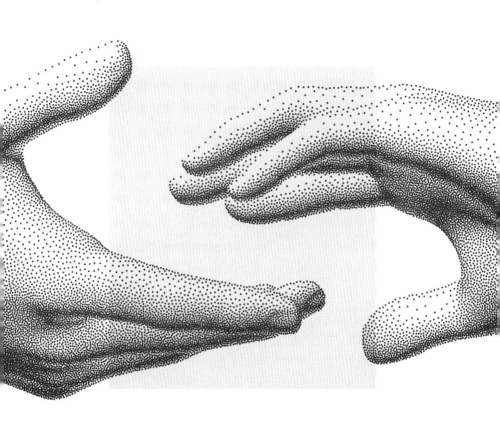

제3부

실천적 담론

형사법적 정의와 용서

천종호

I. 글을 시작하며

범죄 등이 발생하면 어떤 사람들은 피해자를 향해 "가해자를 절대 용서해주지 말라"고 외친다. 이 말에는 용서가 정의의 실현을 방해하므로 용서해주지 말고 정의를 이루라는 뜻이 내포되어 있다. 가해자를 용서해주지 말라는 말은 가해자에게 보복하라는 뜻일까? 속으로는 그렇게 하라고 외치고 싶을지 모르나 현대 법치 국가 아래서는 "사적 보복"은 허용되지 않고, 사적 보복을 하게 되면 가해자를 보복한 피해자가 새로이 가해자가 되어 "형사 처벌"[1]을 받게 될 것이므로 결국

---

[1] 국가의 형벌권의 내용과 그 집행 방법 따위를 규정한 법률을 통틀어 "형사법"이라고 하는데, 형법, 소년법, 형사소송법, 행형법 등 아주 다양한 법들이 이에 포함된다. "형사 처벌"은 형사법이 규정하고 있는 처벌인데 형법에서는 "형벌"이라 하고 소년법에서는 "보호 처분"이라 한다.

가해자를 용서해주지 말라는 것은 가해자로 하여금 엄한 형사 처벌을 받게 하여 정의를 실현하라는 뜻일 것이다.

범죄는 형사법에 위배되며 공동체와 그 구성원에게 해악을 끼치는 행위다. 범죄에 형사 처벌이라는 수단으로 정의를 세워가는 체계를 "형사법적 정의"[2]라 한다. 형사법적 정의는 형법을 비롯한 형사법에 근거하여 이루어지는 정의다. 형사법적 정의 체계에서 용서는 어떠한 의미를 지닐까? 형사법적 정의 체계에서 "용서가 작동할까? 작동한다면 어떤 방식으로 작동할까?" 이 질문을 보다 쉽게 표현하면 다음과 같다. "피해자가 용서한다는 의사를 표시하면 가해자는 무죄의 판결을 받을까? 무죄의 판결은 받지 않지만, 형은 감경될까?"

위와 같은 질문에 답하기 위해서는 먼저 "용서란 무엇인가?"라는 질문에 답해야만 한다. 이 질문에는 용서의 의미가 무엇인지, 용서의 당사자는 누구인지, 용서의 효과는 무엇인지, 용서는 어떻게 실천하는지 등 수많은 질문이 포괄되어 있다. 하지만 "용서란 무엇인가?"라는 질문에 답하는 것은 결코 쉬운 일이 아니다.

아래에서 용서란 무엇인가라는 질문에 대한 답을 찾아보고 이를 바탕으로 형사법적 정의와 용서에 관해 살펴보고자 한다.

---

2 민법을 비롯한 계약 관계나 재산 관계를 다루는 민사법에서도 정의는 이루어진다. "민사법적 정의"는 주로 변제받지 못한 대여금을 지급받거나 불법 행위에 따른 손해 배상을 받는 등 재산의 회복이나 지위의 회복 등을 통해 이루어진다.

II. 용서에 대하여

1. 용서의 의미

1) 다양하게 정의되는 용서 개념

용서의 개념은 학자에 따라 아주 다양하게 정의되고 있고 그들의 주장들을 따라가다 보면 용서 개념이 이렇게 모호한 것이었는가라는 질문에 봉착하게 된다. 강남순은 "모든 정황에 들어맞는 용서 개념은 없다"[3]라고 주장한다. 월터스토프는 "용서의 본질에 대한 합의가 있다면 좋을 것이다.…용서에 대한 20세기의 철학, 신학 문헌을 대충 살펴보기만 해도 근본적 의견 불일치가 드러난다"[4]라고 말한다. 누스바움도 "분노를 처리하는 좋은 방식이라고 생각되는 것에 무조건 용서라는 단어를 갖다 붙이는 경향이 있습니다. 그래서 혼동이 일어나고 비평은 어려워지죠. '용서'는 부당 행위를 처리하는 일반적 환경에서 권장할 만한 모든 것을 일컫는 만능의 용어가 되어버렸어요"[5]라고 말하며 사람들이 용서라는 단어를 아주 다양하게 사용하고 있음을 지적하고 있다.

일반 시민들은 용서가 학문적으로 어떤 의미를 지니는지에 관해서는 그다지 많은 관심을 기울이지 않는다. 그들은 오히려 피해자가

---

3 강남순, 『용서에 대하여』(동녘, 2017), 25.
4 니콜라스 월터스토프, 『사랑과 정의』(IVP, 2017), 293.
5 마사 C. 누스바움, 『분노와 용서, 적개심, 아량, 정의』(뿌리와이파리, 2018), 139.

가해자를 용서하게 되면 가해자에 대해 형사 처벌을 할 수 없게 되지는 않은지에 더 큰 관심을 보인다. 그들의 생각처럼 피해자의 용서가 있는 경우 형사 처벌을 면제해주거나 감경해주어야만 한다면 형사법적 정의에 있어 용서는 매우 중요한 법적 효과를 지니게 된다. 따라서 형사법적 정의를 논하기 위해서는 용서의 개념 정립이 필수적이다.

2) 회개는 용서의 개념에서 필수 요소인가

용서의 개념 정의와 관련하여 가장 첨예하게 대립되는 점이 "회개가 용서의 개념에서 필수 요소인가?"라는 점이다.

네이버 지식백과 검색사이트에서 "용서"를 검색해보라. 그러면 용서(容恕[Forgiveness])가 "지은 죄나 잘못한 일에 대하여 꾸짖거나 벌하지 아니하고 덮어줌"(표준국어대사전), "용서는 피해자가 가해자에 대한 감정과 태도의 변화를 통한 의도적이며 자발적인 과정이며, 쌓여가는 공격적인 마음을 가지고 복수와 같은 부정적인 정서를 버리는 것"(위키백과), "상대방의 허물이나 과실을 눈감아주거나 혹은 그 책임을 면제해주거나, 관계를 회복시켜주는 것"(라이프성경사전), "용서란 철학 용어로 잘못의 피해자가 잘못을 저지른 가해자에게 보이는 반응의 한 종류다. 피해자는 가해자가 가한 잘못에 더 연연해하지 않고 가해자를 향한 부정적인 감정을 누그러뜨린다"(두산백과두피디아), "관용을 베풀어 벌하지 않음. 꾸짖지 아니함. 놓아줌"(원불교대사전)이라고 다양하게 정의되고 있음을 알 수 있다. 위와 같이 정의된 용서의 개념들에서 주목해야 할 것은 용서의 개념 요소 중 가해자의 반성, 사과, 사죄, 참회, 회개 등(이하 "회개"라 함)이 포함되어 있지 않다는 점이다.

하지만 이와는 달리 학자들 사이에서는 회개가 용서의 개념에서 필수 요소인지에 관해 의견이 팽팽히 대립되고 있다. 방정열은 용서를 정의할 때 사과나 회개의 요소가 반드시 포함되어야 한다고 주장하고,[6] 뷔숄드도 "죄 지은 자가 죄를 인정하지도 않고, 후회하지도 않으면 어떻게 용서할 수 있는가?"[7]라고 피력하며 용서에 있어 회개가 필수 조건이라고 주장한다. 그러나 데리다는 "용서라는 이름에 합당한 용서가 만일 그런 것이 존재한다면 그것은 용서할 수 없는 것을 조건 없이 용서하는 것이라 주장해야만 하지 않나요?"[8]라고 반문한다.

그런데 회개와 같은 전제 조건이 있어야만 용서가 성립된다고 한다면, 가해자의 회개 없이 가해자에 대한 보복적 대응 행위를 포기하는 것을 무엇이라고 할 것인가? 이에 대해 월터스토프는 "그것은 상황을 가볍게 여기는 것이지 용서는 아니다"[9]라고 하나, 이는 무조건적 용서의 가치와 위대함을 무시하는 것으로서 받아들이기 어렵다. 게다가 기독교 신학의 전통에 따르면 하나님의 사랑이 무조건적이듯이 하나님의 용서도 무조건적인 것이라고 한다.[10] 만약 하나님의 용서에 있어 인간의 회개가 조건이 된다고 한다면 회개는 하나님의

---

6 방정열, 『용서, 그 불편함에 대하여』(세움북스, 2020), 104. 이러한 전제하에 방정열은 용서를 "가해자의 부당한 말과 행위로 피해자에게 심적·정신적·신체적 해가 발생했을 때, 가해자의 진심어린 사과(회개)를 전제로 피해 당사자가 자발적으로 가해자의 허물과 부당함을 덮어주는 것"이라고 정의한다(방정열, 119).

7 자끄 뷔숄드, 『완전한 자유, 용서』(국제제자훈련원, 2010), 163.

8 자크 데리다, 『신앙과 지식, 세기와 용서』(아카넷, 2016), 233.

9 니콜라스 월터스토프, 『사랑과 정의』, 293.

10 강남순, 『용서에 대하여』, 207.

선물이 아니라 인간의 공로가 되게 되고, 이는 회개와 관련하여서는 인간의 공로를 중시하는 율법주의를 따르는 것이 되므로 신학적으로 받아들이기 어렵다.

그러면 회개가 용서의 개념에 필수 요건이 아니라고 한다면 회개는 하나님의 용서에 있어 어떤 의미를 가지는 것인가? "회개와 용서는 율법을 준수해야만 돌아오는 보상이 아니라 하나님의 선물이다"[11]라는 점을 철저히 수긍한다면 하나님은 택하신 인간들의 죄를 인간의 공로와 관계없이 무조건적으로 용서해주셨고, 그렇게 용서받은 하나님의 자녀는 하나님의 은혜로 말미암아 진정한 회개에 이르게 된다고 해야 할 것이다. 이에 근거하면 회개는 택함을 받은 자녀들이 자신의 믿음을 증명하는 행위이지 용서의 조건이라고 하기는 어렵다. 게다가 하나님께서 주신 선물은 그 효과가 100% 발휘되므로 하나님께서 택한 인간들은 반드시 회개에 이르게 되지만, 이것을 두고 회개가 용서의 조건이라고는 할 수 없다고 생각한다. 예수께서 탕자의 이야기(눅 15:11-32)를 통해 우리에게 각인시키고자 하시는 바도 바로 이것이다. 탕자의 이야기에서 탕자의 아버지는 아들을 조건 없이 용서하고 아들이 돌아오기만을 학수고대하고 있다. 그러한 아버지의 마음을 비로소 깨닫게 된 탕자는 아버지의 사랑에 대한 반응으로 회개에 이르게 되고 귀향하여 아버지와의 화목(화해)에 이르게 된다. 다시 말하건대 하나님의 용서는 무조건적이다. 스미디스의 말처

---

11   고재백 외 12인, 『용서와 화해 그리고 치유』(새물결플러스, 2022), 255.

럼 "용서에는 부대 조건이 없다."[12]

앞서 논의한 점과 일반인들이 받아들이고 있는 용서의 개념을 모두 고려한다면 용서의 개념에는 반성과 같은 가해자의 회개를 전제로 하는 조건적 용서뿐만 아니라 무조건적 용서도 포함되어야 하고, 조건적 용서는 인간 상호 간의 용서의 실천에 있어 중요한 동기로 작용하는 것으로 이해함이 타당하다고 생각한다.

3) 용서란 무엇인가?

앞서 논의한 점을 토대로 인간이 행하는 용서의 개념 정립에 필요한 요소들을 언급하면 다음과 같다.

첫째, 용서는 "사람의 잘못"으로 인해 초래된 "손상"(損傷)과 관련한 행위다. 스미디스는 "누군가가 우리에게 부당한 상처를 주었을 때, 우리는 항상 '용서'라는 중대한 상황에 직면한다"[13]라고 말한다. 사람의 잘못으로 초래된 손상은 이를 입은 자의 입장에서 표현하면 "피해"라 하고, 손상을 가한 자의 입장에서는 "가해"라 한다. 따라서 피해가 없는 행위에 대한 반응에 대해서는 용서보다는 관용이나 용납이라는 용어를 사용함이 적절하다고 생각한다. 다시 말해 피해가 발생한 경우에는 용서, 관용 또는 용납이라는 용어를 혼용해도 무방하나, 그렇지 않고 단지 사상이나 종교나 견해가 다른 사람에 대하여 반감이나 적개심을 해소한 경우에는 용서보다는 관용이나 용납이라

---

12   루이스 스미디스, 『용서의 미학』(이레서원, 2005), 49.
13   루이스 스미디스, 『용서의 기술』(규장, 2004), 30.

는 용어를 사용하는 것이 보다 적절하다고 할 수 있다.

사람의 잘못에는 사람이 직접 잘못을 저지르는 경우가 대부분이 겠지만, 애완견을 잘못 관리하여 다른 사람이나 그의 재산 등에 손상을 입히는 경우도 있다. 한편 자기 자신을 용서해야 할 경우도 있다. 하지만 이러한 용서는 형사법적 정의의 용서라는 주제에 넣고 논하기는 어려우므로 여기에서는 제외하기로 한다.

피해를 유발하는 행위는 사람이 붐비는 지하철 안에서 큰 소리로 전화 통화를 하는 것과 같이 에티켓을 위반하는 행위, 타인에게 거짓말을 하는 등 도덕규범을 위반하는 행위, 가짜 뉴스로 타인의 명예를 훼손하는 등 타인에게 범죄를 저지르는 행위로 나눌 수 있다. 한편 피해는 그 내용에 따라 (명예 훼손, 모욕, 정신적 고통 등) 정신적인 것과 (사망, 상해, 폭행 등) 신체적인 것과 재산적인 것으로 나눌 수 있다.

둘째, 용서는 피해자가 가해자에게 하는 행위다. 피해를 기준으로 피해를 가한 "가해자"와 피해를 당한 "피해자"로 나뉜다. 가벼운 에티켓 위반 행위와 관련하여서도 가해자와 피해자로 지위를 구분할 수 있다. 용서할 수 있는 사람은 피해자다. 따라서 원칙적으로 피해자만이 용서권자가 된다. 피해자의 가족이나 유족은 피해자가 입은 손상과 관련해서는 용서의 권리를 행사할 수 없다.

셋째, 용서는 피해당한 자가 가해자와 관련해서 "부정적 감정과 보복적 대응을 포기하는" 행위다. 피해당한 피해자가 가해자에 대해 분노, 증오, 원한 같은 부정적 감정을 가지거나 보복적 대응을 하고 싶은 것은 자연스러운 것으로 받아들여진다. 피해의 정도가 클수록 부정적 감정은 커지고 지속되는 경향이 있고 이러한 부정적 감정을 통제하기 어려운 상황에서는 보복적 대응을 할 여지도 커진다. 용서는 가해자에 대한 이러한 부정적 감정과 보복적 대응을 포기하는 행위다.[14] 용서는 그냥 눈감아주는 행위도 아니고,[15] 망각하거나 지난 일을 묻어두는 것도 아니며,[16] 관용하는 것, 다시 말해 가해자를 너그러이 봐주는 것도 아니고,[17] 피해자의 정당한 권리를 포기하는 것도 아니다.[18] 에티켓 위반 행위와 같이 그에 대한 부정적 감정이 지속되지 않는 행위는 용서하기가 쉽다. 용서는 피해에 대한 부정적 감정과 보복적 대응을 포기하는 행위이므로 "사적 보복"만이 허용되는 사회에서는 용서의 의미는 아주 중대하다. 하지만 "공소제도"(公訴制度)를 통한 대응 외에는 사적 보복을 허용하지 않는 "공적 응보" 사회에서는 "친고죄"(피해자의 고소가 있어야만 형사 처벌을 부과하기 위한 절차를 개시할 수 있는 범죄)나 "반의사 불벌죄"(피해자의 의사에 반하여 형사 처벌을 할 수 없는 범죄)와 같은 예외를 제외하고는 용서를 하더라도 형사 처벌을 부과하는 데는 아무런 장애가 없다.

넷째, 용서는 피해와 관련하여 부정적 감정과 보복적 대응을 포기하고 "가해자-피해자라는 특수한 관계를 소멸시키는 행위"다. 그래서 용서를 가리켜 "우리 스스로의 내부에서 일어나는 것이다. 이

---

14 "용서는 그 행위를 없었던 것으로 취급하는 것이 아니라 부당 행위자를 그 행위로 인해 나쁘게 생각하지 않겠다는 결심을 실행에 옮기는 것이다"(니콜라스 월터스토프, 『사랑과 정의』, 302).

15 필립 얀시, 『용서: 은혜를 시험하는 자리』(IVP, 2023), 111.

16 니콜라스 월터스토프, 『사랑과 정의』, 297.

17 루이스 스미디스, 『용서의 미학』, 89.

18 루이스 스미디스, 『용서의 미학』, 136.

는 슬픔을 벗어던지는 것인 동시에 더 중요하게는 희생자로서의 역할을 벗어던지는 것"[19]이라고 하기도 한다. 피해가 발생하게 되면 원(原)-관계를 그대로 둔 채 가해자와 피해자라는 새로운 사회적 지위가 발생된다. 부모-자식 사이에 피해가 발생한 경우 부모와 자식이라는 원-관계와는 별도로 가해자-피해자라는 사회적 관계가 성립되고 그 사회적 관계는 용서로 소멸된다. "원수된 것을 십자가로 소멸하시고"(엡 2:16)라는 말씀은 용서의 의미를 잘 드러내주고 있다. 이 말씀은 인간이 하나님과의 원수 관계를 소멸시켜야만 손상된 하나님과의 관계를 온전히 회복할 수 있다는 뜻이다. 원-관계의 온전한 회복을 위해서는 망각이 필수다. 용서가 있기 전의 망각은 진정한 용서라고 할 수 없다.[20] 손상으로 인한 부정적 감정이나 보복행위를 할 의지의 포기 여부를 기준으로 용서 여부를 판단해야지 망각 여부를 기준으로 용서 여부를 판단해서는 안 된다.

한편 가해-피해는 가해자-피해자 관계를 발생시킬 뿐 아니라 원-관계에 손상을 입힌다. 따라서 가해자-피해자 관계가 소멸된다고 해서 원-관계가 바로 회복되는 것이 아니다. 예를 들어 직장동료들 사이에 명예 훼손 사건이 발생한 경우 용서를 통해 가해자-피해자 관계는 소멸되겠지만 직장 동료 관계는 종전처럼 원만해지지 않을 수도 있다. 원-관계가 회복되기 위해서는 용서 과정과는 별도로 화해 과정이 필요하다. 망각은 이 화해 과정에서 비로소 이루어진다.

---

19 시몬 비젠탈, 『모든 용서는 아름다운가』(뜨인돌, 2019), 311.
20 루이스 스미디스, 『용서의 기술』, 84.

왜냐하면 피해에 대한 망각이 이루어지지 않으면 완전한 관계의 회복은 어렵기 때문이다. 따라서 용서의 개념 요소에는 원-관계의 회복까지 포함시킬 수는 없다고 생각한다.[21] 스미디스도 "용서와 재결합은 같은 것이 아니며 그 둘을 연결시키면 용서가 용서하는 사람에게 불필요한 위험이 된다"[22]고 말하는 한편, 용서는 "예전과 같은 관계로 돌아오라는 환영장을 발행하고 있는 게 아니다"[23], "용서는 그 사람이 우리를 다시 해칠 수 있을 정도로 가까운 자리에 오도록 권유하는 의미가 아니다"[24]라고 말하기도 한다. 용서는 화해까지 포함하는 것이 아니라 화해를 가능케 하는 출발점일 뿐이라고 해야 한다.[25] 원-관계의 회복을 용서의 개념 요소에 포함시키면 용서의 실천이 매우 어렵게 된다. 스미디스는 "용서하지 못하게 하는 가장 확실한 방법은 용서하려면 그들에게 상처를 준 이들에게 돌아가야 한다고 말하는 것이다"[26]라고 말한다. 용서와 화해를 별개의 행위로 두고 보는 것이 용서의 실천에 보다 많은 사람을 초대할 수 있다.[27] 예를 들어 피해가 발생하기 전에는 서로 모르는 사이였다면 사실상 회복되어야 할 원-관

21 자크 데리다, 『신앙과 지식, 세기와 용서』, 248. 하지만 켈러는 용서와 화해를 "내적 용서"와 "외적 화해"로 나눈 다음 이 두 가지가 용서의 측면이자 단계라고 주장한다(팀 켈러, 『팀 켈러의 용서를 배우다』[서울: 두란노, 2022], 173). 켈러의 견해에 따르더라도 용서와 화해라는 단어는 사용되어야 하는데, 이는 켈러의 견해 속에 이미 용서와 화해의 구분이 전제되어 있다고 볼 여지도 있다.

22 루이스 스미디스, 『용서의 미학』, 45.

23 앞의 책.

24 앞의 책, 133.

25 고재백 외 12인, 『용서와 화해 그리고 치유』, 106.

26 루이스 스미디스, 『용서의 미학』(이레서원, 2005년), 51.

27 자끄 뷔솔드, 『완전한 자유, 용서』, 204.

계가 없다고 할 수 있을 것인데 피해자에게 가해자-피해자의 지위를 소멸시키는 것 외에 원-관계의 회복까지 하라고 요청한다면 피해자로서는 용서할 엄두가 나지 않을지도 모른다. 이 점에서 보면 "용서는 화해의 치료 요법에 해당되지 않으며 절대로 속해서는 안 될 것입니다"[28]라는 데리다의 말은 충분히 납득할 만하다.

이상의 점들을 종합해보면, "용서란 사람으로부터 초래된 손상(損傷)을 입은 자가 그 손상과 관련하여 가해자에 대한 부정적 감정과 보복적 대응을 포기하고 가해자-피해자 관계를 소멸시키는 행위"라고 할 수 있다.

4) 용서 행위에 대한 비판은 없는가

용서 행위에 대해서는 비판도 제기된다. 먼저 용서가 불공평하다는 비판이 있다. 그 근거는 용서가 가해자에게는 면죄부를 주지만 피해자에게는 피해와 고통 속에서 살아가게 만드는 것이 된다는 점에 있다. 하지만 한번 손상된 피해는 절대 원상 회복되지 않는다. 예컨대 피해자가 사망했을 때 죽은 사람이 되살아날 리가 없기에 원상 회복은 불가능하다. 그러므로 피해가 발생하면 완전한 회복이 어렵고 그로 인한 고통은 평생 지속될 수도 있다. 가해자에 대한 보복조차도 그러한 고통을 없애주지 못한다. 이러한 현실을 감안한다면 피해로 인한 고통에서 벗어나는 길은 용서밖에 없다고 해도 과언이 아니다. 이러한 측면에서 보면 용서는 오히려 불공평함을 되돌리는 최선의 길

---

28   자크 데리다, 『신앙과 지식, 세기와 용서』, 236.

이 될 수도 있다. 스미디스는 용서가 "잘못했다고 절대로 말하지 않는 사람을 용서하는 것이 자신을 치유하는 방법이라면, 용서를 거부하는 것은 자신에게 정당하지 않은 일이다"[29]라고까지 주장한다.

다음으로 용서가 부정직하다는 비판이 있다. 스미디스는 용서의 부정직성의 의미를 다음과 같이 말한다. "그들의 말에 따르면 용서는 현실을 왜곡한다. 용서할 때 우리는 고약한 일이 실제로는 일어나지 않은 것처럼 행동한다는 것이다. 혹은 이미 일어난 나쁜 일에 대해 그다지 나쁘지 않은 것처럼 행동한다는 것이다. 그들은 용서가 종교적인 형태의 자기기만이라고 말한다."[30] 하지만 모든 용서가 부정직한 것은 아니다. 용서가 정직하지 못하다는 주장은 정직하고 진실하게 용서하는 피해자를 모욕하는 일이 될 수 있음을 잊어서는 안 된다. 스미디스는 용서의 정직성에 대해 다음과 같이 말한다.

용서는 용서하는 자의 마음속에서 행해지기 때문에 실제로 보이지 않는 행위이지만 가장 정직한 행위이기도 하다. 용서는 정직한 것이다. 왜냐하면 용서가 정직한 판단, 정직한 고통, 정직한 미움과 더불어 발생하기 때문이다. 진정으로 용서하는 사람은 아프지 않는 척하지 않는다. 그들은 상처가 대단하지 않은 것처럼 가장하지도 않는다.[31]

끝으로 용서가 자연의 질서에 위배된다는 비판이 있다. 그 이유로 제

---

29   스미디스, 『용서의 미학』, 133.
30   앞의 책, 94.
31   앞의 책, 66.

시된 것은 용서는 인간의 선천적 욕구인 보복의 본성을 거스른다는 점이다. 하지만 보복하려는 욕구는 선천적이라고 할 수 없다. 신학적인 측면에서 보자면 창조 본연의 성품에는 보복의 의지와 감정은 포함되어 있지 않았다. 보복의 욕구는 아담과 하와의 범죄로 말미암아 타락한 인간 본성의 표출에 불과하다. 한편 인간과 동물이 다른 존재라는 측면에서 보자면 용서는 인간을 인간 되게 하는 자연스러운 행위라고 해야 한다. 그러나 용서라는 자연적 성품은 인간 공동체가 보여준 보복의 역사로 인해 그 모습을 찾기 어렵게 되어버렸다. 그러므로 아담과 하와의 범죄 이후에는 인간에게 있어 용서가 비본성적인 것이라고 할 수 있지만, 태초로 거슬러 올라가면 용서가 비본성적이라거나 자연의 질서에 위반된다고는 할 수 없다.

2. 용서의 권리와 의무

1) 용서권자는 누구인가

용서할 수 있는 자는 오직 "사람으로부터 초래된 손상을 입은 자", 다시 말해 "피해자"뿐이다.[32] 하나님의 명령을 위반하는 것은 하나님에 대한 손상이 되므로 하나님도 손상을 입으실 수 있다. 십계명 중 제1계명 내지 제4계명 위반 행위는 하나님에 대한 직접적인 손상이 된

---

32 자크 데리다 『신앙과 지식, 세기와 용서』, 239 ; 자끄 뷔쇼드, 『완전한 자유, 용서』, 32; 루이스 스미디스, 『용서의 미학』, 64쪽. 이에 대한 반대 견해는 니콜라스 월터스토프, 『사랑과 정의』, 294.

다. 한편 사람을 살해했을 경우 직접적인 손상을 입는 자는 살해당한 사람이지만 이 경우에도 하나님은 손상을 입게 되시는데 그 이유는 인간이 십계명 중 제6계명인 "살인하지 말라"는 명령을 위반했기 때문이다.[33] 물론 하나님은 완전하신 분이시라 인간의 행위로 인해 손상을 입는다는 것이 부적절한 표현이라고 생각할지 모르나 하나님은 인격적 존재시라 우리가 반항하거나 반역하는 등으로 하나님의 명령을 위반하면 슬퍼하시고(시 78:40), 근심하시며(사 63:10), 진노하신다(시 30:27). 이러한 슬픔, 근심, 진노, 미움 등은 하나님께 손상이 된다고 할 수 있다. 하지만 최고선이신 하나님이 받아들이는 손상은 인간이 입는 손상과는 동일하다고는 할 수 없다. "우리와 달리 하나님의 분노는 상처입은 자존심이 아니다."[34] 어쨌든 인간이 하나님의 명령을 위반하여 하나님께 손상을 입힌 경우 그 손상에 대해서는 하나님만이 용서하실 수 있다.[35]

용서의 권리를 행사할 수 있는 자는 피해자 자신뿐이므로 피해자로부터 용서의 권한을 위임받지 않은 이상 피해자를 대신하여 용서할 수는 없다.[36] 형사 재판을 담당할 때 부모가 성폭행 피해를 당한 미성년 자녀의 의사를 무시하고 가해자에게 처벌을 원하지 않는다며 "합의"를 해준 사례가 있었고, 소년 보호 재판을 처리할 때도 부모가 학교 폭력 피해를 당한 자녀의 의사를 묻지 않고 가해 학생의 처벌을

---

33   자끄 뷔숄드, 『완전한 자유, 용서』, 22.
34   팀 켈러, 『팀 켈러의 용서를 배우다』, 129.
35   자끄 뷔숄드, 『완전한 자유, 용서』, 35.
36   루이스 스미디스, 『용서의 미학』, 66.

바라지 않는다는 의사를 표시한 사례도 있었다. 이러한 합의 등은 피해자의 마음에 깊은 상처를 남길 수도 있다. 그러한 경우 피해자의 용서의 의사가 정당하게 표시된 것이라고 볼 수 없다. 용서권의 대리 행사는 피해자의 의사에 합치되게 이루어지거나 피해자로부터 대리권을 정당하게 수여받은 상태에서 이루어져야 한다.

피해자가 사망이라는 손상을 입은 경우 피해자는 더 이상 용서 행위를 할 수 없다.[37] 피해자가 가해자를 용서하라는 유언을 남기지 않는 이상 피해자의 유족이 가해자를 용서하는 경우 이는 엄밀히 말해 피해자와의 관계에서는 용서가 될 수 없다. 다만 피해자의 유족이 피해자의 사망으로 인해 입게 된 정신적 손상에 대해서는 피해자의 유족은 사망 피해자와는 별개의 독자적 지위에서 용서할 권리를 가진다. 이와는 반대로 피해자는 가해자가 사망한 경우나 행방이 묘연한 경우에도 용서할 수 있다. 용서를 통해 분노, 증오, 원한 같은 부정적 감정을 내려놓고 피해 의식에서 해방될 수 있기 때문이다.

2) 용서는 의무인가

(1) "하나님이 주권자인 아벨 공동체"와 "인간이 주권자인 가인 공

---

37   마 12:31-32에는 "성령"에 대한 모독죄와 거역죄가 결코 용서받지 못한다고 나온다. 한편 유대 민족에게는 결코 용서받을 수 없는 죄가 두 가지 있는데 하나는 살인이고, 또 하나는 명예 훼손이라고 한다. 그 이유는 살인의 경우에는 피해자가 가해자를 용서할 수 없기 때문이고, 명예 훼손의 경우에는 명예란 한번 훼손되면 결코 이전과 똑같이 복구될 수 없기 때문이다. 따라서 두 가지 죄는 참회가 가능하지만 용서는 불가능하다고 한다(시몬 비젠탈, 『모든 용서는 아름다운가』, 286). 반면에 아렌트는 극단적인 범죄(근본악이라 부르는 범죄)나 의도적인 악에는 용서가 적용되지 않는다고 말한다(한나 아렌트, 『인간의 조건』[한길사, 2019], 346).

동체"가 공존하는 시민 공동체에서 용서는 피해자의 권리이지 의무가 아니다.[38] 다시 말해 시민 공동체에서는 용서할 의무는 없다. 용서의 의무를 부과하는 것은 "아미시 공동체"와 같은 특정한 신앙 공동체에서만 가능하지 시민 공동체에서는 보편적으로 용서의 의무를 부과하지 않는다. 가해자의 회개가 있을 경우 용서해주는 것을 "조건적 용서"라고 하는데, 조건적 용서의 경우에도 시민 공동체에서는 가해자가 진심으로 회개했다고 해서 피해자에게 용서해야 할 도덕적 의무는 없다고 할 것이다.[39]

(2) 하지만 성서에는 용서를 의무로 지우는 경우가 있다. 따라서 아벨 공동체의 구성원들은 용서를 의무적으로 해야 할 경우가 있음을 명심해야 한다.

그 첫 번째는 가해자가 회개하는 경우다. 예수는 "만일 네 형제가 죄를 범하거든 경고하고 회개하거든 용서하라"(눅 17:3)고 말씀하시며 공동체 내에서 잘못을 저지른 형제가 회개하면 반드시 용서하라고 말씀하신다. 학자들은 이러한 회개를 전제로 하는 용서를 "조건적 용서"[40] 또는 "교환적 용서"[41]라고 한다.

두 번째는 공동선(共同善)의 성취를 위하여 용서의 의무가 부과되는 경우다. 아벨 공동체가 지향하는 공동선이란 "최고선이신 삼위일체 하나님과의 연합을 토대로 공동체의 구성원 상호 간의 연합 및

---

38 아벨 공동체와 가인 공동체의 구분에 관해서는 필자의 『천종호 판사의 하나님 나라와 공동선(서울: 두란노, 2022), 144 이하를 참고하라.

39 자끄 뷔숄드, 『완전한 자유, 용서』, 191.

40 자크 데리다, 『신앙과 지식, 세기와 용서』, 227.

41 마사 C. 누스바움, 『분노와 용서, 적개심, 아량, 정의』, 39.

연대를 통하여 이루어진 선"[42]이다. 개인이 중심이 된 개인주의 사회는 "차별"이 정체성의 뿌리다. 하지만 공동체, 특히 아벨 공동체는 "연약함이라는 동질성을 가진 인간"[43]을 정체성의 뿌리로 삼아 공동선을 지향하기에 용서가 제대로 작동되지 않으면 삼위일체이신 하나님과의 연합을 온전히 이룰 수 없고, 이는 공동체 구성원 상호 간의 연합도 이루지 못한다. 그래서 성서는 공동선의 성취를 위해 서로 용서하라고 명령하는 것이다(엡 4:32; 골 3:13). 나우웬은 "공동체 안에서 사는 사람은 정체성의 뿌리를 [개인주의와는] 전혀 다른 데 둘 수밖에 없고, 그러려면 늘 용서하며 살아야 한다. 당신의 모든 욕구를 채워주지 못하는 사람들, 기대와 달리 당신을 늘 중요하게 대하지만은 않는 사람들을 용서해야 한다. 그것은 힘겨운 싸움이다"[44]라고 말한다.

세 번째는 믿음의 증명으로서 용서의 의무를 이행하는 경우다. 예수 그리스도를 구세주로 믿고 자신의 죄를 회개하게 된 자는 구원을 얻는다. 구원을 얻은 자는 구원을 얻기 위해 하나님의 명령을 지키는 것이 아니라 구원을 얻어 영생과 하나님의 아들이라는 자격을 얻었다는 것에 감사하고 그것을 증명하기 위해 하나님의 명령을 지키게 된다. 우리의 믿음이 "죽은 것"(약 2:17)이 아니라면 하나님의 명령을 지켜내는 "행함"(약 2:17)이 있어야 한다. 그 행함은 구원받는 조건이 아니라 구원받았음에 대한 감사가 넘치고 있음을 증명하는 것이

---

42   천종호, 『천종호 판사의 하나님 나라와 공동선』, 337.
43   헨리 나우웬, 『헨리 나우웬의 공동체』(두란노, 2022), 215.
44   앞의 책, 193.

다. 용서의 경우도 마찬가지다. 용서는 믿음의 행위다.[45] 다시 말해 하나님의 원수였으나 용서로 인해 하나님 나라 자녀의 지위를 온전히 회복하게 되었음에 대한 감사를 드러내기 위해 우리에게 피해를 가한 자에 대하여 부정적 감정과 보복적 대응을 포기하는 것이 용서다.

하나님의 용서는 값싼 은혜가 아니라 믿음으로 증명해야 할 소중한 은혜다. 나우웬은 "탕자의 비유에 담긴 뜻이 인간은 죄를 짓고 하나님은 용서하신다는 것뿐이라면 죄를 짓는 것을 '주님께 용서할 기회를 드리는 행위'로 착각할 수밖에 없습니다. 그런 해석에 진정한 도전은 없습니다. 자신의 연약함을 어쩔 수 없는 일로 간주하고 결국 무슨 짓을 했든지 하나님이 못 본 척 눈감아주시고 집으로 인도해주시기를 기대하게 될 겁니다. 그러나 그처럼 감정적인 감상주의는 복음서의 메시지가 아닙니다"[46]라고 한다. 따라서 하나님의 용서를 받아 하나님의 자녀가 된 자라면 자신의 아버지가 어떤 분이신가를 증명할 의무와 책임이 있다. 또 우리가 구원을 얻어 하나님의 용서를 받았고 우리가 용서받은 죄가 얼마나 크고 무거운 것인지를 알게 된다면 우리가 당한 손상은 우리가 하나님께 가한 손상에 비해 지극히 작다는 것을 알게 될 것이고, 이것을 깨닫게 되는 순간 용서하라는 예수의 명령은 지키기가 쉬워질 것이다. 그래서 예수는 "너희가 사람의 잘못을 용서하면 너희 하늘 아버지께서도 너희 잘못을 용서하시려니와 너희가 사람의 잘못을 용서하지 않으면 너희 아버지께서도 너

---

45   필립 얀시, 『놀라운 하나님의 은혜』(IVP, 1998), 105.
46   헨리 나우웬, 『탕자의 귀향』(포이에마, 2016), 194.

희 잘못을 용서하지 아니하시리라"(마 6:14-15)고 말씀하시면서 우리에게 용서의 의무를 부과하신 것이다. 율법주의의 입장에서는 위 말씀을 반드시 용서해야만 하나님으로부터 용서받을 수 있다고 해석할 것이다. 하지만 지금은 은혜의 시대다. 온전히 율법을 지킬 수 있는 사람은 존재하지 않으므로 율법의 준수를 통하여 구원을 얻을 사람은 예수 외에는 단 한 사람도 없다. 마찬가지로 네 이웃을 네 몸과 같이 사랑하라는 계명에 포함된 것으로 볼 수 있는 이웃을 용서하라는 계명도 이를 온전히 지켜낼 수 있는 사람은 아무도 없다. 하나님은 이러한 인간의 비참함과 곤궁함을 아시고 예수 그리스도를 인류가 고안한 형벌 중 가장 고통스러운 십자가의 처형을 당하게 하심으로써 인간의 죄를 용서하는 길을 제시해두셨고, 이제 누구든지 예수 그리스도를 믿으면 죄 사함을 받게 되고 더 나아가 하나님의 아들의 지위를 회복한다. 인간이 용서받은 죄는 감히 측량할 수 없이 크고 중대한 것이고 하나님의 아들의 지위를 회복했다는 것은 헤아릴 수 없이 큰 은혜다. 그런 은혜를 받은 우리가 우리에게 죄를 범한 사람에 대하여 용서의 의무를 이행하지 못한다는 것은 사람들로 하여금 우리가 하나님으로부터 죄를 용서받았음에 대해 진정으로 감사하는 마음을 갖고 있는지 의심이 들게 한다. 또 우리가 용서의 의무를 이행하는 것은 우리가 용서받았을 뿐만 아니라 하나님의 상속자의 지위를 회복했음에 대한 증거이고 상속자가 가진 진정한 능력이다.

　(3) 따라서 용서가 유약한 노예 도덕의 산물이라는 니체의 주장은 받아들일 수 없다. 우리의 믿음은 하나님이 우리를 용서해주셨음을 믿는 것인데, 그 믿음은 천국에 가서 최종적으로 확인될 것이다.

하지만 이 땅에서 사는 동안 우리는 우리에게 죄를 지은 자를 용서해 줌으로써 믿음에 대한 확신을 더해나갈 수 있다. 자신은 1만 달란트(당시 노동자가 20만 년 일해야 모을 수 있는 금액)의 빚을 탕감 받았음에도 동료가 진 100데나리온(당시 노동자의 100일 치 품삯)의 빚을 탕감해주지 않은 종의 이야기(마 18:21-35)는 바로 이것을 우리에게 가르쳐준다. 우리에게 죄 지은 자를 용서하는 것은 하나님이 우리를 용서하신 것에 감사하며 우리가 행해야 할 믿음의 의무를 이행하는 것이고 우리의 믿음을 확인하는 것이다. 이러한 용서는 가해자의 회개를 필요로 하지 않고, 또 쌍방이 가해자가 된 경우에 베풀어지는 것도 아니다. 아무런 조건도 없이 행해지는 용서다. 이를 학자들은 "무조건적 용서"라고 한다.

그러나 용서의 의무를 이행하는 것은 결코 쉬운 일이 아니다. "용서는 인간의 본성이 아니라 신의 본성이다."[47] 용서의 발명자는 하나님이시다. "하나님은 그분조차도 바꾸실 수 없고 잊게 하실 수 없는 과거에 대한 치료법으로 용서를 발명하셨다."[48] 그 하나님에 의해 창조된 인간은 용서의 본성을 가지고 태어났다. 하지만 타락으로 인해 용서의 본성은 보복의 본성으로 변질되어버렸다. 따라서 이제 용서는 인간성을 거스르는 것이고 복수하고자 하는 인간의 본성에 대한 "저항"이 되어버렸다. 하지만 원수까지 사랑하라는 계명을 받은 우리는 용서의 의무를 이행함으로써 창조 본연의 본성을 회복시켜

---

47 루이스 스미디스, 『용서의 미학』, 62.
48 앞의 책, 132.

나가야 한다. 원수를 사랑하라는 명령을 수행함에 있어 첫 번째로 통과해야 할 관문이 용서다. 우리는 용서함으로써 범죄 인간의 본성에 저항하고 우리와 연합하고 계시는 하나님을 드러낼 수 있다. "당신이 물리침과 받아들임을 통해 저항하는 이유는 순전히 한 인간으로서 자신이 하나님의 임재 안에서 어떤 존재인지를 공표하고 싶어서다."[49]

우리의 성품에 창조 본연의 성품이 회복되지 않으면 용서의 의무를 이행할 수 없다. 용서를 우리의 성품에 새기려면 용서가 먼저 의무임을 받아들여야 한다. 이는 용서를 해도 그만 안 해도 그만인 것으로 생각해서는 안 된다는 뜻이다. 더 나아가 용서의 의무를 제대로 이행하려면 용서가 마음의 소원이 되어야 한다.[50] 이를 위해서는 용서에 대한 훈련이 필요하다.[51] "용서는 감정 이전에 훈련이다."[52] 용서의 모습을 보면, 전혀 용서하지 못하는 사람이 있는가 하면 가해자의 회개를 조건으로 용서를 실천하는 사람도 있고 더 나아가 무조건적으로 용서를 실천하는 사람도 있다. 용서하지 못하거나 조건적으로 용서를 실천하는 사람에 대해 도덕적으로 비난할 권리는 누구도 갖고 있지 않다. 인간에게는 완전한 사랑을 할 능력이 없듯이 완전한 용서를 베풀 능력도 없다. 예수는 도무지 사랑할 수 없는 원수까지도 사랑하라며 제자들을 극한으로 밀어붙이셨다. 하지만 제자들이 그 명령

---

49   헨리 나우웬, 『헨리 나우웬의 공동체』, 111.
50   루이스 스미디스, 『용서의 미학』, 73.
51   필립 얀시, 『용서: 은혜를 시험하는 자리』, 177.
52   팀 켈러, 『팀 켈러의 용서를 배우다』, 262.

을 온전히 실천하지 못함에도 그들을 사랑하셨다. 마찬가지로 용서의 개념을 조건적으로 정의할 필요는 없다. 앞서 이미 언급했듯이 용서라는 이름에 합당한 용서가, 만일 그런 것이 존재한다면 그것은 용서할 수 없는 것을 조건 없이 용서하는 것이어야 한다. 이러한 전제에서서 조건적 용서와 무조건적 용서에 관한 논의는 개념의 문제가 아니라 실천 문제로 다루어야 한다. 다시 말해 용서의 개념과 용서의 실천은 구분해야 한다.

3) 가해자는 용서받을 권리를 가지는가?

법적으로 아주 예외적인 경우를 제외하고는 의무가 존재하면 그에 상응한 권리도 존재한다. 예컨대 불법 행위로 인한 손해 배상 의무에 대하여는 손해 배상 청구권이라는 권리가 대응한다. 하지만 용서가 의무적으로 행해져야 할 경우라도 용서의 의무에 대해서는 그에 상응하는 권리가 존재하지 않는다. 가해자는 자신이 저지른 잘못을 뉘우쳤다고 해서 용서받을 권리를 획득하지는 않는다.[53] 용서는 피해자가 가해자에게 주는 선물이다. 선물을 달라고 요구할 수 없듯이 용서의 의무가 있다고 하여 그에 대해 그 누구라도 용서해달라고 요구할 권리는 없다. 하나님은 가해자가 범죄를 통해 하나님의 명령을 위반한 것에 대해서는 용서하실 수는 있으나 가해자가 피해자에게 가한 범죄에 대해서는 용서하실 수 없고, 피해자에게 용서를 강요하실 수도 없다. 피해자가 용서의 의무를 이행하지 않는다고 벌을 내리시지

53　루이스 스미디스, 『용서의 미학』, 132.

도 않는다. 다만 용서의 의무를 이행하여 고통에서 벗어나 자유를 되찾으라고 피해자를 어루만지실 뿐이다.

가해자는 자신이 저지른 범죄에 대하여 피해자로부터 용서를 받아야 할 뿐 아니라 하나님으로부터도 용서받아야 한다. 피해자에게 가해자를 용서해줄 의무가 있다고 하더라도 하나님은 피해자에게 용서를 구하지 않은 가해자에 대하여 적정한 응보를 하신다. 그래서 성서는 "내 사랑하는 자들아, 너희가 친히 원수를 갚지 말고 하나님의 진노하심에 맡기라 기록되었으되 원수 갚는 것이 내게 있으니 내가 갚으리라"(롬 12:19)고 말씀하시는 것이다. 영화 〈밀양〉에서 살인죄를 저지른 가해자는 "하나님으로부터 용서받았고 구원과 사랑으로 마음의 평화를 얻었다"고 말한다. 하지만 하나님으로부터 죄를 용서받았다고 하더라도 그가 용서받은 죄는 살인하지 말라는 하나님의 명령을 위반함에 따른 죄일 뿐이고, 피해자에 대한 죄는 여전히 용서받지 못한 상태였으므로 이 점을 고려한다면 마음의 평화를 얻었다는 것은 잘못 배운 신학에 따른 자기기만에 불과하다. 피해자에 대하여 진정으로 참회하는 마음이 있었더라면 비록 하나님으로부터 용서받았다고 하더라도 피해자의 아픔과 고통을 잊지 않았을 것이고, 그랬더라면 자신의 말이 피해자와 그 유족에게 심각한 2차 가해가 된다는 것을 깨닫고 그러한 말을 가래침을 뱉듯이 함부로 내뱉지는 않았을 것이다. 그리고 하나님으로부터 진정으로 용서받았다면 피해자로부터 용서받지 못한 죄책감에 피해자에게 용서를 구하는 외에는 그 어떤 말도 할 수 없었을 것이다. 스미디스는 자기 용서와 관련하여 다음과 같이 말한다.

자신을 용서했다는 것을 다른 사람에게 말해야 한다는 법은 없다. 혹 말하게 된다면 아마 당신은 좋게 말하지 못할 것이며, 그리하여 일을 더욱 악화시킬 것이다. 만일 하나님이 당신에게 주신 "자신을 용서할 자유"를 당신이 자랑하는 것처럼 보이면, 당신에게 상처를 입고 당신을 용서하지 않으려는 사람은 두 배로 격분할 것이다. 그 사람이 당신의 평안에 침을 뱉을지도 모른다. 모든 상황을 고려해볼 때 자기를 용서한 사실은 혼자만 알고 있는 것이 더 낫다.[54]

영화 〈밀양〉은 살인범만 겨냥한 것이 아니라 용서를 베푸시는 하나님의 은혜를 값싼 은혜로 전락시키고 있는 한국 기독교계 전체를 겨냥하고 있다. 사람들이 하나님의 은혜를 싸구려인 것으로 오해하지 않도록 우리의 신학과 언행에 신중을 기할 필요가 있다.

하지만 그럼에도 인간에게는 용서가 필요하다. 그 가장 큰 이유는 피해자가 용서를 통해 가해자와 피해자의 지위를 소멸시키고 범죄로 인하여 발생한 손상에 따르는 부정적 감정에서 벗어나 자유를 회복할 수 있기 때문이다.

---

54 앞의 책, 148.

3. 용서의 제도화

1) 피해의 환원 불가능성 또는 불가역성

역사와 마찬가지로 범죄는 일단 발생하면 되돌릴 길이 없다. 이를 범죄의 "환원 불가능성" 또는 "불가역성"이라 한다. 예를 들어 살인자를 아무리 엄하게 처벌한다고 해도 사망한 피해자가 다시 살아날 수는 없고 피해자의 유족들은 평생의 상처를 안고 살아가게 된다. 이러한 상황에서 사건의 진실 규명과 가해자의 진심 어린 사과가 피해자의 유족들에게 위로가 된 경우도 있다. 뉴욕주의 어느 판사는 7살짜리 아이를 유인하여 성폭행한 다음 살해하여 시체를 유기한 피고인에게 아이의 시체를 유기한 장소를 알려주면 20년 이하의 형을 구형하겠다고 말했는데도 피고인이 그 장소를 알려주지 않자 피고인에게 가석방 없는 종신형을 선고하면서 "지금 감옥에서 경험하는 지옥이 앞으로 영원히 직면하게 될 지옥의 예고편에 불과하길 바란다"고 말했다고 한다.[55] 그 판사는 피고인이 피해자의 시체를 유기한 장소조차 알려주지 않는 것으로 볼 때 피고인이 범죄에 대해 전혀 반성하고 있지 않다고 판단해서 이런 판결을 선고했을 것이다. 이 사례는 진실 규명과 사죄가 법정에서도 중요한 의미를 지닌다는 점을 잘 보여준다. 한편 부모 자식 관계나 직장 동료 관계와 같이 용서와 화해를 해야 함에도 하지 못할 경우 피해자 및 가해자 모두 어려운 상황에 직면할 수밖에 없는 관계에서는 용서와 이를 바탕으로 하는 화해는 공동

---

55 요한 크리스토프 아놀드, 『왜 용서해야 하는가』(포이에마, 2015), 11.

체적으로 매우 중요한 행위가 된다.

그런데 용서는 아담과 하와의 범죄로 인간 본연의 선(善)을 상실한 인간의 본성을 거스르는 것이므로[56] 이를 실천하기 위해서는 커다란 용기와 인내가 필요하고 어떤 경우에는 피해자의 희생이 따를 수도 있다. 한편 용서의 권리는 피해자가 배타적으로 향유하는 권리이고, 용서의 의무가 인정되는 경우에도 피해자에 대해 용서를 강권할 사람은 아무도 존재하지 않는다. 따라서 피해자에게 용서와 화해의 장에 올라서라고 요구하거나 강요하는 것은 적절치 않다. 한편 가해자로서는 사적 보복을 당하든지 아니면 공적 응보를 당하든지 하면 되지 자신의 감정이나 양심에 부합하지 않는 용서를 구걸하도록 강요하지 말라고 할 가능성이 높고, 특히 형사 처벌을 받은 뒤에는 피해자에게 용서를 구하거나 사과할 이유가 전혀 없다고 주장할 여지도 있다. 이러한 상황에서 용서와 화해의 제도를 일반화 및 상설화한다는 것은 불가능해 보인다. 남아프리카공화국도 아파르트헤이트 체제하의 진실 규명을 위해 한시적으로 적용되는 법을 만들어 용서와 화해의 과정을 주도했을 뿐이다. 그런데 특이하게도 용서와 화해를 공적으로 제도화한 민족과 국가가 있다. 바로 이스라엘이다.

2) 테슈바의 법칙

유대 민족은 1년 단위로 삶을 되돌아보아 정리하고 새롭게 시작하는데, 이러한 삶의 중심에는 "욤 키푸르"(대속죄일)가 있다. 히브리력으

---

56   필립 얀시, 『용서: 은혜를 시험하는 자리』, 177.

로 7월 10일에 거행되는 욤 키푸르는 1년 동안 지은 죄를 모두 용서받고 하나님과의 관계를 회복하기 위해 거행되는 절기다.[57] 욤 키푸르는 그 해에 행했던 회개할 만한 일을 모두 끄집어내는 중요한 기회가 된다.[58] 이날 제사장은 모든 이들의 죄를 사해주는 제사만 거행해야 하고 사람들은 먹거나 마시거나 씻는 일, 성관계를 맺는 일을 포함하여 그 어떤 일도 하지 않고 하루 종일 성전이나 회당에서 예배와 기도, 묵상만 한다.[59]

하지만 욤 키푸르에 하나님으로부터 죄의 용서를 구하기 위해서는 먼저 자신에게 피해를 입힌 자를 용서하거나 자신이 입힌 피해를 용서받아야 한다. "그러므로 예물을 제단에 드리려다가 거기서 네 형제에게 원망들을 만한 일이 있는 것이 생각나거든 예물을 제단 앞에 두고 먼저 가서 형제와 화목하고 그 후에 와서 예물을 드리라"(마 5:23-24)는 예수의 말씀은 욤 키푸르 절기를 1년 중 한 번만이 아니라 매 순간 지키라는 뜻으로 이해할 수 있다.

욤 키푸르 절기를 통해 죄를 용서받기 위해서 전제가 되어야 할 것은 테슈바(회개)다. 유대 민족은 테슈바를 중심으로 용서하고 용서받는 과정에 관하여 상세한 규정을 두고 있다. 이를 "테슈바(회개)의 법칙"이라고도 한다.[60] "유대교의 전승에 의하면 '테슈바'는 천지창조보다 앞서서 토라, 메시아의 이름 그리고 다른 여러 가지 신비와 함

---

57   마사 C. 누스바움, 『분노와 용서, 적개심, 아량, 정의』, 141.
58   앞의 책, 143.
59   앞의 책, 142.
60   앞의 책, 141.

께 생겨났다고 한다. 그렇기 때문에 세상에 '테슈바'가 불가능한 사람이나 시간이나 장소는 있을 수 없다는 것이다."[61] 누스바움은 "테슈바의 핵심은 율법을 지키고자 하는 유대교도가 준수해야 하는 대단히 긴 계명의 목록"이라고 한다.[62] 테슈바의 법칙으로 인해 테슈바는 단지 회개 행위만을 뜻하는 것이 아니라 넓은 의미로서 용서하고 용서받아 화해하는 과정으로 받아들여졌다. 테슈바의 법칙은 하나님 대 인간의 관계에 관한 것과 인간 대 인간의 관계에 관한 것으로 나눌 수 있다. 인간 사이의 테슈바가 어떻게 진행되는지에 대해서는 아래 누스바움의 글을 보면 알 수 있다.

> 인간 대 인간의 관계에서 이루어지는 테슈바는 어느 지점까지는 비파생적 성격을 띱니다. 타인을 상대로 한 모든 범죄가 신을 상대로 한 범죄인 것은 맞지만, 신 앞에서 회개하고 용서받는다고 해서 인간에게도 빚을 갚은 것은 아니거든요. (재산이 관련된 범죄에서는) 금전적 보상이나 재산상의 보상만으로도 충분치 않습니다. 대신 죄를 저지른 사람은 다른 사람에게 직접 다가가 자신의 잘못을 공개적으로 고백하고 앞으로 다시는 같은 일을 하지 않겠다는 결심과 후회를 표현해야 합니다. 그 죄와 관련된 영역에서는 인생 진로를 전적으로 바꾸겠다고 말이죠. 그런 다음에는 피해자가 사과를 받아들여야만 합니다.[63]

유대교 전통은 용서를 미덕이라고 봅니다. 피해자는 원한을 품어서는

---

61   시몬 비젠탈, 『모든 용서는 아름다운가』, 413.
62   마사 C. 누스바움, 『분노와 용서, 적개심, 아량, 정의』, 142.
63   앞의 책, 146.

안 되며 애초부터 마음이 녹아 있어야 하고 화를 낼 때는 더뎌야 합니다. (마이모니데스는 비유대인들은 언제나 원한을 품는다고 말합니다. 용서하는 태도는 유대인들만의 특징이라는 거죠.) 하지만 만일 그 피해자가 최초에 완고한 마음을 품고 있었다면, 죄인이 세 명의 친구와 함께 피해자를 찾아와 용서해줄 것을 부탁해야 합니다. 그런데도 피해자의 대답이 "아니오"라면, 죄인은 (서로 다른) 두 번째, 세 번째 친구 무리와 함께 찾아와야 하고 그 친구들은 모두 설득력 있는 주장을 해야 합니다. 그때부터는 입장이 바뀌어 고집스러운 피해자가 오히려 죄인이 됩니다. 단 사제지간에는 예외입니다. 피해자가 죄인의 스승이라면 제자는 "천 번이라도" 다시 돌아가야 합니다.[64]

테슈바의 법칙은 회개하고 용서하는 것을 넘어 화해까지도 도모하는 제도다. 테슈바의 시작은 테슈바(참회)다. 다음 단계는 피해자를 찾아가 잘못된 것을 바로 잡으려고 노력하는 것이고 이것이 화해다. 예수의 말씀 중에는 용서보다 화해에 방점을 찍고 읽어야 할 말씀이 있다. 마태복음 5:23-24 말씀과 "네 형제가 죄를 범하거든 가서 너와 그 사람과만 상대하여 권고하라! 만일 들으면 네가 네 형제를 얻은 것이요. 만일 듣지 않거든 한두 사람을 데리고 가서 두세 증인의 입으로 말마다 확증하게 하라! 만일 그들의 말도 듣지 않거든 교회에 말하고 교회의 말도 듣지 않거든 이방인과 세리와 같이 여기라"(마 18:35-18)는 말씀이 그 예다. 테슈바의 마지막 단계는 카파라(속죄)다. 그런 뒤

---

64   앞의 책, 147.

에야 하나님과의 관계가 이전처럼 회복된다고 본다. 다윗왕도 우리야와 밧세바 부부에 대한 범죄에 대하여 참회했음에도 그에 대한 처벌을 면하지 못했고(삼하 12:10-11), 그러고 나서야 하나님과의 관계를 회복할 수 있었다.

욤 키푸르와 테슈바는 화석화된 과거의 유물이 아니라 오늘날에도 여전히 유대 민족의 문화 속에서 생명력을 유지하고 있다. 어떤 유대인은 로슈 하샤나(히브리력의 새해인 7월 첫날)로부터 욤 키푸르 사이에 자신이 생각하기에 어떤 식으로든 상처를 준 것 같은 모든 사람에게 편지를 써 용서를 구한다고 한다.[65] 욤 키푸르와 테슈바는 디아스포라의 유대인들이 "홀로코스트"(Holocaust, 하나님께 바쳐진 희생물) 또는 "쇼아"(Shoah, 가장 큰 재앙)라는 절멸의 위기속에서도 그들만의 고유한 정체성을 굳게 지켜주는 데 중요한 역할을 수행해왔다.

3) 현대 사회에서의 테슈바 정신의 수용

현대 사회는 "정의 중독"[66] 또는 "정의감 중독"이라는 질병으로 과도한 사회적 비용을 지불하고 있다. 정의 중독은 타인이 겪는 고통을 통해서 쾌락을 누리려는 사람들의 심리에 기반하고 있다. 니체는 "남의 고통을 보면 기분이 좋아지고 남을 고통스럽게 만들면 더욱 기분이 좋아진다. 이것은 하나의 냉혹한 명제다"[67]라고 한다. 또 정의 중독은 자신이 피해입지 않았음에도 피해입었다는 잘못된 피해의식에 사로

---

65   시몬 비젠탈, 『모든 용서는 아름다운가』, 232.

66   나카노 노부코, 『정의중독』(시크릿하우스, 2021), 9.

67   프리드리히 니체, 『도덕의 계보학』, 98.

잡혀 이른바 상대가 "공인"(公人)이라는 등의 이유로 과도하게 분노, 증오, 원한을 표출하는 사람들의 심리에 기초하고 있다. 이런 현상들은 거의 대부분의 현대인이 자신을 피해자로 여기고 있는 것은 아닌가 하는 생각마저 들게 만든다.

노부코는 정의 중독과 관련하여 "타인에게 '정의의 철퇴'를 가하면 뇌의 쾌락 중추가 자극받아 쾌락 물질인 도파민이 분비된다. 이 쾌락에 한번 빠지면 쉽게 헤어나지 못하며 항상 벌할 대상을 찾아 헤매고 타인을 절대 용서하려 하지 않는다. 나는 이런 상태를 정의에 취해버린 중독 상태, 이른바 '정의 중독'이라 부른다. 인지 구조가 의존증과 거의 비슷하기 때문이다"라고 한다. 한마디로 "분노를 느끼며 그걸 정의로 포장"[68]하는 것이다. 정의 중독을 치료할 마땅한 치료제는 아직 찾지 못했다. 하지만 욤 키푸르 절기에 거행되는 테슈바 제도의 정신에서 정의 중독으로 병든 현대인과 현대 사회를 치유할 유익한 해결책을 찾게 될지도 모른다.

---

68   헨리 나우웬, 『탕자의 귀향』, 362.

III. 형사법적 정의와 용서

1. 사적 보복에서 공적 응보로

1) 사적 보복의 시대와 용서

인류 역사 초기에는 보복이 사적으로 행해졌다. 사적 보복의 시대에는 명예가 중시되었기에 보복을 단념한다는 것은 가해자에 대한 굴복을 의미하거나 피해자의 나약함을 입증하는 것으로 여겨졌다.[69] 유럽에서 19세기 초까지 유지된 "결투 제도"[70]는 손상된 명예를 회복하거나 남자다움을 드러내는 상징성을 띠고 있었다. 따라서 피해자의 가족이나 후손이 보복해주지 않는 것은 조상과 그들의 희생을 배반하는 것이거나[71] 보복을 실행해야 할 사람이나 가문의 유약성을 보여주는 것으로 받아들여졌기에 보복하지 않는다는 것은 사회적으로 죽음을 의미했다. 이러한 이유로 고대 그리스 철학에서는 용서는 조금도 중시되지 않았다.[72] "아리스토텔레스의 글에는 우리가 이해하는 방식의 용서에 대한 인식이 없고 따라서 용서를 칭찬하는 말도 없다."[73] 또 대부분의 불교 문헌에서 용서라는 단어는 중요한 위치를 차지하지 못하고 있다.[74] 용서의 정립과 실천은 유대-기독교적 전통에

---

69 고재백 외 12인, 『용서와 화해 그리고 치유』, 28.
70 팀 켈러, 『팀 켈러의 용서를 배우다』, 91.
71 필립 얀시, 『용서: 은혜를 시험하는 자리』, 135.
72 팀 켈러, 『팀 켈러의 용서를 배우다』, 83.
73 니콜라스 월터스토프, 『사랑과 정의』, 318.
74 고재백 외 12인, 『용서와 화해 그리고 치유』, 212.

서 시작되고 심화된 것이라고 평가된다. 아렌트는 "인간사의 영역에서 용서의 역할을 발견한 사람은 나사렛 예수다"[75]라고 말한다.

그런데 사적 보복의 경우는 피해자가 입은 손상의 정도를 초과하는 때가 많았다. 창세기에서 라멕은 "아다와 씰라여, 내 목소리를 들으라! 라멕의 아내들이여, 내 말을 들으라! 나의 상처로 말미암아 내가 사람을 죽였고 나의 상함으로 말미암아 소년을 죽였도다. 가인을 위하여는 벌이 칠 배일진대 라멕을 위하여는 벌이 칠십칠 배이리로다"(창 4:23-24)라고 호기롭게 외친다. 이 말은 가인을 해치는 자에 대해서는 7배의 보복이 가해질 것이었지만 라멕 자신을 해친 자에 대해서는 77배의 보복을 가하겠다는 뜻이다. 이러한 라멕의 말에서 아담과 하와 이후 인류의 역사가 진행되면서 보복은 브레이크가 고장난 채로 내리막길을 내달리는 자동차처럼 그 정도를 더해갔음을 알 수 있다. 하지만 이러한 균형을 잃은 보복은 보복의 악순환을 낳을 뿐이었다.[76]

이에 사적 보복의 악순환을 막기 위한 장치들이 고안되었다. 그 첫 번째가 바로 "동해보복 법칙"(同害報復法則, jus talionis)이다. "이에는 이, 눈에는 눈"으로 표현되는 동해보복 법칙은 현재의 시각에서 보면 야만적이라고 평가되기 쉽다. 하지만 사적 보복의 불균형성이 상식이 되어 있던 고대 사회에서는 동해보복의 법칙은 사적 보복의 한계를 그어주는 법칙으로서 인류에게 있어서는 응보적 정의의 발전에

중대한 이정표가 되었다.

두 번째 장치는 도피성(逃避性) 제도다. 도피성 제도는 이스라엘 민족 특유의 제도로 "부지 중에 살인한 자가 피살자의 가장 가까운 형제나 친지로부터 피의 보복을 피해 생명을 건지기 위해 도피할 수 있도록 마련된 성읍으로 이는 살인자 중에서도 고의성 여부를 가려 형벌을 내리거나 애매한 죽음을 방지하기 위한 제도다"(네이버 지식백과, 라이프성경사전) 도피성 제도의 핵심 목적은 보복의 제약이다. 구약 성서에는 도피성 제도의 목적, 운용 방법, 도피성의 개수 및 위치 등에 관하여 상세한 규정을 두고 있다(민 35:9-28; 신 19:1-13; 수 20:1-9).

이런 사적 보복의 시대에서 용서의 사례는 그 예가 드물 수밖에 없었다. 그럼에도 사적 보복의 시대에도 용서는 보복 행위의 중단을 의미하는 것으로서 규범적으로 매주 중대한 의미를 갖고 있었다. 중세 스콜라 신학자인 안셀무스(1033-1109)도 용서가 형벌의 포기를 요구하는 것으로 보았다고 한다.[77] 불명예와 수치를 당할 것이 예상됨에도 불구하고 용서한다는 것은 수치와 희생을 감수해야만 하는 것이었다.

2) 공적 응보의 시대와 용서

사적 보복은 동해보복 법칙이나 도피성 제도 등으로 보복의 제약이 제도화되었으나 그것만으로는 가해와 보복 사이의 균형을 유지하기는 어려웠다. 이에 사적 보복 제도는 공동체나 국가에 의한 공적 응보

---

77   니콜라스 월터스토프, 『사랑과 정의』, 290.

체제로 전환되었다. 공적 응보 제도가 도입되면 국가는 동일 유사 범죄 상호 간의 공평성과 범죄자의 인권을 고려하지 않을 수 없다. 이는 공적 응보 제도가 발달될수록 공적 응보가 오로지 피해자의 사적 원한을 국가가 대신하여 갚아주는 것이라는 생각은 더 이상 유지하기 어렵게 되고, 이에 대한 반동으로 피해자들의 부정적 감정을 해소하기 위해 가해자에 대하여 엄벌을 요청하는 경향성이 심화되는 것을 의미한다.

공적 응보 제도를 지탱하는 토대는 적법 절차를 통하여 적정한 형사 처벌이 내려지는 것이다. 형사 처벌의 목적에 관하여는 응보설, 예방설(일반 예방설, 특별 예방설), 질책설 등 다양한 의견이 제시되고 있는데, 니체는 "오늘날 사람들이 도대체 무엇 때문에 처벌받는지 분명하게 말하기는 어렵다"[78]고 한다. 공적 응보는 형사 처벌 이전에 가해자에 대한 "공적 질책"이 전제된다. 이 점을 중시하여 월터스토프는 "하나님이 정부에게 맡긴 과제는 응보적 형벌이 아니라 질책적 형벌이다"[79]라고 주장한다. 형사 처벌에 있어 질책의 의미는 국가가 가해자의 범죄에 대하여 국가 공동체가 정립한 법규범에 위반된다고 선포하는 것이다. 다시 말해 질책은 국가가 피해자와는 별개의 지위에 서서 가해자에 대하여 유죄 판결을 내리며 그를 도덕적으로 비난하는 것이다. 이는 우주 만물의 주권자이신 하나님이 살인자에 대하여 하나님의 계명을 위반했다고 선포하시는 것과 같은 구조를 지닌다.

---

78   프리드리히 니체, 『도덕의 계보학』(연암서가, 2020), 120.
79   니콜라스 월터스토프, 『사랑과 정의』, 349.

질책의 권한은 원칙적으로 피해자의 의사와는 관계없이 행사되므로 질책은 피해자의 용서와 관계없이 행해진다. 다시 말해 국가는 피해자가 가해자를 용서해도 원칙적으로는 가해자에 대하여 무죄나 면소의 판결을 내릴 수가 없다. 질책이 이러한 의미를 지니고 있으나 질책만으로는 형사 처벌의 목적을 정당화할 수 없다. 왜냐하면 국가가 형사 처벌로서 질책만 실시한다면 보복을 국가에 위임한 피해자들로부터 정당성을 인정받지 못할 것이기 때문이다.

형사 재판의 시작은 "기소"(起訴)다. 기소는 심판 기관에 형사 처벌이 필요한 사건에 대한 재판을 요구하는 행위다. 기소는 "사적 기소"와 "공적 기소"로 나눌 수 있다. 사적 기소 제도와 공적 기소 제도는 기소할 수 있는 공적 지위를 가진 자의 존재 여부에 따라 구분된다. 그러한 공적 지위를 가진 자를 통상 "검사"라 한다.

인류 역사에 있어 기소 제도는 사적 기소 제도로부터 출발했다. 사적 기소 또는 "사인 소추주의"(私人訴追主義) 법체계하에서는 검사 직책이 존재하지 않았으므로 모든 기소는 시민에 의해 시작되었다. 영국에서는 1985년 범죄 소추법(Prosecution of Offences Act)이 제정될 때까지 사인 소추주의가 유지되었다.[80] 하지만 사적 기소 제도는 공적 기소 제도와 비교해볼 때 많은 결함을 갖고 있었다. 이에 대해 누스바움은 아래와 같이 설명한다.

이 체제는 수많은 문제가 발생했습니다. 예를 들면(소크라테스의 적들

80 　이재상·조균석, 『형사소송법』(박영사, 2016), 92.

이 소크라테스를 기소한 경우에서처럼) 서로 다투던 개인이 상대방을 적대적으로 기소할 가능성도 높았고, (기소를 하는 데는 시간이 걸리고 법률가를 고용하려면 돈도 필요했으므로) 부와 지위에 따라 기소가 이루어진다는 불평등의 문제도 있었으며, 상대적으로 부유한 시민 중 기소를 맡아줄 사람이 없는 가해 행위에 대해서는 아예 기소가 이루어지지 않는다는 난점도 있었죠. 플라톤의 『에우튀프론』은 이 중 마지막 문제를 다루면서, 선의를 가진 사람에게 이 제도가 지우는 부담을 보여줍니다. 에우튀프론의 아버지가 시민권이 없는 어떤 날품팔이를 살해합니다. 하지만 그 날품팔이에게는 기소를 해줄 만한 친척이 한 명도 없었기에 아무 일도 일어나지 않아요.…그러나 가장 큰 문제는 사적 기소라는 제도가 보복적 정념을 더욱 북돋았다는 사실입니다.…피해자를 퓨리(분노)의 입장에 두고, 그에게 특정한 가해자를 끝까지 추적해야 할 의무를 지우죠. 이 체제가 지속적 분노와 집착에 기름을 붓는 듯합니다.[81]

이러한 사적 기소 제도의 결함을 파악한 사람들은 공적 기소 제도를 모색하게 되었다. 국가 공무원인 검사가 공소권 행사의 주체가 되는 국가 소추주의(国家訴追主義)는 역사적으로 14세기 프랑스의 "왕의 대관"(procureur du roi)에서 유래하는 제도다.[82] 프랑스는 왕의 대관(代官) 제도를 도입하기 전 소추권(공소권)과 심판권이 모두 재판관에게 집중되어 있었다. 법원이 공소권과 재판권을 모두 행사할 수 있는 규문

---

81 마사 C. 누스바움, 『분노와 용서, 적개심, 아량, 정의』, 352.
82 이재상·조균석, 『형사소송법』, 92.

주의(糾問主義)는 재판관이 사건에 대한 예단을 가질 수 있어 공정한 재판을 하는 것이 쉽지 않았다. 이에 재판관으로 하여금 공정한 재판을 할 수 있도록 하기 위해 공소권과 재판권을 분리하고 공소권을 왕의 대관에게 맡기게 된 것이 검사 제도의 시작이다.

공적 기소 제도가 도입된 이후 사적 보복은 허용되지 않을 뿐 아니라 정당방위 등 법이 허용하는 행위의 범위를 넘을 경우에는 정당성조차 보장되지 않게 되었다. 이로 인해 범죄 피해자는 비자발적으로 보복적 대응을 포기할 수밖에 없었고, 공적 기소 제도를 통하여 가해자의 형사 처벌이 자신이 원하는 정도에 이르지 않을 경우에는 분노, 증오, 원한 같은 부정적 감정을 해소하기가 매우 어렵게 되었다. "범죄 피해자 구조법"이 존재하나 그러한 법만으로는 피해자의 감정을 완벽히 해소시키지는 못한다.

이러한 공적 기소 제도의 시대에서 용서는 사적 보복의 시대와는 다른 의미와 효과를 가진다. 먼저 공적 기소 제도 시대에 가해자에 대한 형사 처벌은 앞서 언급한 바와 같이 용서와는 별개로 진행될 수 있다는 점이다. 사적 보복의 시대에는 피해자의 용서가 보복이나 응보의 포기를 의미하므로 피해자가 가해자를 용서한 경우 가해자에 대한 보복이나 처벌을 할 수 없는 중요한 의미를 지니고 있었다. 하지만 공적 기소 제도를 채택하고 있는 공적 응보 시대에는 피해자가 가해자를 용서하더라도 친고죄나 반의사 불벌죄 등 특수한 경우를 제외하고서는 가해자에 대한 형사 처벌을 부과하는 데는 아무런 장애가 존재하지 않는다. 다시 말해 공적 응보의 시대에는 용서가 정의의 실현을 방해하지 못한다. 형사 처벌의 목적이 질책에 있다는 월터스토프는 용서를 "온전하고 완전한 용서"와 "부분적 용서"로 나누는데,[83] 전자는 사적 보복 시대의 용서에 해당되고 후자는 공적 응보 시대의 용서에 해당된다고 할 수 있다. 이러한 구분을 전제로 월터스토프는 "정의로운 억제 제도가 있고 정의가 그런 제도의 존재를 요구한다면, 누군가가 그 법을 어긴 사람을 완전하고 온전히 용서했다는 이유로 그에게 해당 제재를 적용하지 않는 것은 정의를 침해하는 일이다. 용서는 부분적이어야만 한다"[84]라고 주장한다.

한편으로, 공적 응보 시대에는 피해자의 용서와는 별개로 형사처벌 절차가 진행되기 때문에 가해자에 대한 형사 처벌에 대한 불만을 품은 피해자의 분노, 증오, 원한 등 부정적 감정을 완벽하게 해소시키기가 어렵다. 이러한 사태 앞에서 용서는 피해자 자신과 그 유족에게 매우 큰 의미가 될 수 있다. 볼프는 원래의 상태를 정확히 회복시켜주는 정의가 불가능하기 때문에 용서가 필요하다고 한다.[85] 현대에 이르러 용서에 관한 논의의 대부분이 가해자에 대한 적정한 처벌과 용서라는 "규범적 측면"이 아니라 피해자의 자유 회복과 용서라는 "심리적 측면"에서 이루어지는 것도 바로 이 때문이라고 할 수 있다.

83 니콜라스 월터스토프, 『사랑과 정의』, 350.
84 앞의 책, 361.
85 미로슬라프 볼프, 『배제와 포용』(IVP, 2012), 193.

2. 형사법적 정의의 실현과 용서

1) 범죄와 형사법적 정의

정의(正義)는 사랑이나 용서만큼이나 다양하게 정의된다. 정의를 동태적으로 개념을 정의하면 "각자에게 그의 정당한 몫(사회적 가치)을 분배하고, 분배된 몫을 배타적으로 향유하게 하며, 향유하는 데 문제가 있을 경우 시정하고, 분배의 격차가 심할 경우 재분배(조정)하는 것"이라고 할 수 있다.[86] 위 개념 정의에 따르면 정의는 분배, 향유, 시정, 재분배의 네 국면으로 나눌 수 있고, 이를 다시 두 국면으로 압축하면 아리스토텔레스의 분류 방식인 분배 및 재분배에 관한 "배분적 정의"와 향유 및 시정에 관한 "시정적 정의"가 된다. 배분적 정의는 주로 정치학이나 복지학에서 논의되고 시정적 정의는 주로 법학, 특히 형사 법학에서 논의된다.

시정적 정의는 민사법에서는 주로 손해 배상을 통해서 이루어지고, 형사법에서는 범죄에 대한 보응을 통해서 이루어진다. 공적 응보 시대에 범죄는 형사법에 위반하는 행위를 의미한다. 시정적 정의는 다시 응보적 정의와 회복적 정의로 나눌 수 있다. 응보주의자들, 특히 범죄자를 처벌하지 않는 것이 정의를 이중으로 훼손한다고 주장하는 칸트는 범죄자에 대해 응보 이외의 목적, 예컨대 특별 예방(범죄자의 재범을 막기 위해 형벌을 부과)이나 일반 예방(범죄자 이외의 일반 국민에게 범죄를 저지르면 안 된다는 것을 보여주기 위해 형벌을 부과)을 목적으로 형

---

86   천종호, 『천종호 판사의 선, 정의, 법』(두란노, 2020), 149.

벌을 부과하는 것은 범죄자에 대하여 정당하게 대우한 것이 아니므로 시정적 정의는 응보적 정의만을 목적으로 삼아야 한다고 주장한다. 하지만 누스바움은 이러한 응보주의자들에 대하여 분노와 보복에 대한 "인과응보의 길"에 있는 사람들이라고 한다.[87]

범죄는 행위의 결과 측면에서는 "범죄 피해"라는 공동체적 해악을 발생시키지만, 관계적 측면에서는 가해자-피해자라는 사회적 관계를 발생시킬 뿐 아니라 원-관계를 손상시킨다. 앞서 이미 언급했듯이 일단 범죄가 발생하면 되돌릴 길이 없고, 이를 범죄의 "환원 불가능성" 또는 "불가역성"이라고 한다. 다시 말해 범죄라는 현상에는 "불가역성의 곤경"이 존재한다. 한편 범죄에 대한 형사 처벌이 진행되는 경우 피해자로서는 그것이 정의에 미치지 못하는 상황을 바로잡아 정의를 이루는 것이라고 생각할 것이고 가해자로서는 그것이 그저 보복에 지나지 않고 불의를 영속화하는 것이라고 생각할 것이다.[88] 이를 "편파성의 곤경"이라고 한다.

이러한 곤경들은 공동체에 해결하기 어려운 사태를 초래한다. 범죄에 대하여 사적 보복이나 공적 응보를 제대로 시행하지 않는 것은 결과적으로 피해자인 개인에게 범죄를 무한정 수용하게 만드는 것이 될 뿐 아니라 경우에 따라서는 가해자인 범죄자에게 사실상 범죄할 권리를 사후적으로 용인하는 꼴이 된다. 가해자에게 범죄를 저지를 권리를 용인하는 것은 가해자와 피해자의 지위를 갑과 을의 지

---

87   마사 C. 누스바움, 『분노와 용서, 적개심, 아량, 정의』, 28.

88   미로슬라프 볼프, 『배제와 포용』, 191.

위로 고착시키게 된다. 이는 피해자로 하여금 영원한 피해자로 남게 만들 수 있다. 이러한 고착 상태에 대한 피해자의 두려움은 매우 크고 복합적이다. 상대방에게 나약하게 보이지 않을지, 잘못한 것을 너무 쉽게 놓아주는 것은 아닐지,[89] 더 나아가 가해자가 그러한 용인과 지위를 바탕으로 새로운 피해를 입히지나 않을지 하는 두려움 말이다. 이는 관계성, 지속성, 공연성을 특성으로 하는 학교 폭력에서 흔히 볼 수 있는 모습이다.[90] 따라서 관계적 범죄, 예를 들어 가족 간의 범죄, 직장이나 군대 내에서의 범죄, 학생들 사이의 학교 폭력의 경우에는 발생한 범죄가 일회적으로 그칠 것이라는 점에 대한 확신과 지위의 대등성의 회복은 피해자에게는 범죄에 대한 응보만큼은 아니라 할지라도 중대한 관심의 대상이 된다.

용서와 화해는 범죄의 불가역성의 곤경과 편파성의 곤경을 극복할 수 있는 길이다. 아렌트는 "자신이 무엇을 행했는지 알지 못하고, 알 수 있다 할지라도 행한 것을 되돌릴 수 없는 무능력한 환원 불가능성의 곤경에서 벗어나게 하는 것은 용서하는 능력이다"[91]라고 주장하고, 볼프는 "'단순한 반작용이 아닌' 진정으로 자유로운 행위로서의 용서는 기억에 남은 과거가 지닌 힘을 깨뜨리고 정의에 대한 확신에 찬 주장들을 초월한다. 그렇게 함으로써 복수의 회오리가 멈추게 만든다. 이것이 용서의 사회적 의미다"[92]라고 주장한다.

---

89   아론 라자르, 『사과에 대하여』(바다출판사, 2020), 308.

90   천종호, 『호통판사 천종호의 변명』(우리학교, 2018), 123 이하 참고.

91   한나 아렌트, 『인간의 조건』, 342.

92   미로슬라프 볼프, 『배제와 포용』, 191.

범죄와 관련하여 용서의 과정은 범죄로 인해 일시적으로 발생된 가해자-피해자 관계를 소멸시켜주지만, 화해의 과정은 손상된 가해자-피해자의 원-관계를 회복시켜준다. 범죄가 발생하기 전에는 서로 알지 못했던 사람들 사이에서 범죄가 발생한 경우는 시민 관계 외에는 회복될 원-관계가 존재하지 않는다고 할 수 있다. 이러한 경우에는 금전적 피해 배상만으로 형사법적 정의가 이루어질 수 있으므로 원-관계인 시민 관계의 회복은 공동체의 연대를 위해서는 의미를 갖고 있을지 몰라도 당사자에게는 큰 의미를 갖지 못한다. 하지만 관계적 범죄에 있어서는 가해자에 대한 처벌도 중요하겠지만 가해자-피해자 관계를 소멸시키고 원-관계를 회복시키는 것도 아주 중요하다. 이러한 경우 가해자가 피해자에게 자신의 잘못을 말하고 용서를 구하는 것은 원-관계의 회복을 위한 출발점이 된다.

관계적 범죄에서 범죄가 일회성에 그친다는 확신은 가해자가 피해자에게 용서를 구하고 재범하지 않겠다는 의지를 보여주었을 때다. 따라서 관계적 범죄에 있어 가해자가 피해자에게 용서를 구하는 것은 범죄로 인해 초래되었던 가해자의 묵인된 권리와 지위를 내려놓고 피해자에게서 빼앗았던 권리를 되돌려주는 것이다. 이러한 의미에서 "용서는 권력에 대한 인정이다."[93] 그럼으로써 가해자와 피해자의 지위는 소멸된다. 이에 대해 켈러는 "용서란 가해자와 자신을 동일하게 여긴다는 뜻이다"[94]라고 말한다. "회복의 길"이라고 할 수

93　아론 라자르, 『사과에 대하여』, 308.
94　팀 켈러, 『팀 켈러의 용서를 배우다』, 249.

있는 이 과정에는 가해자에게 고통이나 모욕을 주어 가해자의 지위를 격하시킴으로써 피해자의 지위를 높이는 행위는 허용되지 않는다. 그것을 허용하는 것은 누스바움이 말하는 "지위의 길"에 해당한다. 지위의 길은 피해자가 자신이 입은 피해를 오직 상대적 지위에 관한 것으로만 보고, 다시 말해 아리스토텔레스가 이야기한 것처럼 피해를 오직 피해자 자신의 "지위-격하"로만 보고 피해자가 어떤 식으로든 자기가 입은 피해를 가해자에게 갚아주되 그 과정에 가해자에게 고통이나 모욕을 주어 가해자의 지위를 격하시키는 방식이다.[95] 피해자는 "가해자에게 자신의 추락을 환기시키면서 반대 급부로 상대의 고통을 즐길 수도 있다. 또는 가해자가 아직 충분히 고통을 겪지 않았다며 끝내 사과를 유보할 수도 있다."[96] 최근 학교 교사에 대하여 과도한 배상을 요구하거나 지속적으로 학교 교사를 괴롭히고 있는 학부모들의 모습에서 지위의 길이 어떤지를 잘 볼 수 있다. 회복의 길은 인과응보의 길과 지위의 길 사이에 난 좁은 길이고, 인과응보의 길의 문제점을 보완할 수 있는 길이다. 한쪽으로 치우치지 않는 회복의 길은 진정으로 피해자의 회복을 갈구하는 길이다. 필자가 직접 처리한 사건 중 회복의 길이 어떤지를 보여주는 사례 한 가지를 소개한다.

15세 소년이 몇 건의 절도 비행을 저질러 재판받게 되었다. 소년의 비행 전력은 많지 않았지만 이 시점에서 비행을 멈추지 않으면 더 나빠질 것 같았다. 그래서 피해자들을 직접 찾아가 피해를 변상하고 용서를 받아

---

95   마사 C. 누스바움, 『분노와 용서, 적개심, 아량, 정의』, 29.
96   아론 라자르, 『사과에 대하여』, 309.

오라고 하였다. 소년은 보호자와 함께 피해자들을 찾아가 피해를 변상하고 그 증거로 탄원서를 제출했다. 그런데 탄원서 중 특이한 내용이 있었다. 대부분의 탄원서는 소년이 용서를 빌고 피해도 변상했으므로 선처를 바란다는 내용이었는데, 그 탄원서에는 "절도 피해를 본 후 다시 피해를 볼지 모른다는 생각에 집을 비우기가 겁이 났고, 밤에 잠을 잘 때도 너무 불안해 일상생활을 하기가 힘들었다. 그런데 피해 보상을 위해 찾아온 범인이 어린 소년이라는 것을 알고 나니 마음이 놓인다"고 기재되어 있었다.[97]

2) 형사법 절차에 있어 용서-화해의 실천

(1) 형사법 절차에 있어 용서-화해의 모습과 의미

형사 재판 과정에서 피고인이 담당 판사에게 자신이 반성하고 있고 피해자에 대하여 용서를 구하는 모습을 종종 보게 된다. 하지만 용서의 권리는 피해자의 것이고 국가나 법관은 용서의 주체가 될 수 없기에 피해자가 아니라 판사에게 용서를 구하는 것은 진심 어린 용서를 구하는 것이 아니다. 한편 형사 재판 과정에 피해자나 피해자의 유족이 문서 등을 통하여 "피고인에 대한 처벌을 원하지 않는다"는 의사를 표시하는 경우도 있다. 이러한 의사 표시는 가해자와 사전 조율하에 하는 경우가 대부분이지만 그렇지 않고 피해자측이 일방적으로 하는 경우도 있다.

---

97 천종호, 『호통판사 천종호의 변명』, 196.

이상과 같은 피고인과 피해자 측의 재판 과정에서의 행위는 형법 제51조 제4호에 규정된 "범행 후의 정황"으로서 형법 제53조에 따라 "정상 참작 감경"이 가능하다. 정상 참작 감경은 정상에 참작할 만한 사유가 있는 경우 반드시 감경해야만 하는 "필요적 감경"이 아니라 판사의 재량에 따라 감경 여부가 결정되는 "임의적 감경"에 해당하고, 더 나아가 형의 감경만 할 수 있을 뿐이다. 따라서 보통의 시민들이 생각하는 것처럼 위와 같은 행위들이 있다고 하여 판사가 피고인에 대한 형을 면제하거나 무죄를 선고할 수 있는 것은 아니다.

그런데 형법에는 특수한 경우 피해자의 처벌을 원하는 의사 표시가 없거나 처벌을 원하지 않는 의사 표시가 있는 경우 형사 처벌을 부과할 수 없는 경우를 규정하고 있다.

그중 하나가 친고죄다. 친고죄는 피해자의 고소가 있어야만 형사 처벌을 부과하기 위한 절차(수사 및 공소)를 개시할 수 있는 범죄다. 형법상 친고죄로는 사자 명예 훼손죄(형법 제309조), 모욕죄(형법 제311조), 비밀 침해죄(형법 제316조), 업무상 비밀 누설죄(형법 제317조), 친족 사이의 재산에 관련된 범죄(형법 제328조) 등이 있다. 친고죄는 범인을 알게 된 날로부터 6개월 이내에 고소해야 가해자에게 수사가 개시되고, 그 기간이 경과된 뒤에 한 고소는 효력을 발생하지 못함을 명심해야 한다. 그리고 친고죄는 고소한 뒤에 고소를 취소하면 진행되는 형사 처벌 부과 절차는 종료된다. 따라서 고소의 취소가 수사단계에서 이루어지면 수사 기관은 "공소권 없음"을 처분하고, 고소의 취소가 재판 단계에서 이루어지면 법원은 "공소 기각의 판결"을 선고한다.

또 다른 하나는 "반의사 불벌죄"다. 반의사 불벌죄는 피해자의 의사에 반하여 형사 처벌을 할 수 없는 범죄다. 이 범주에 포함되는 죄로는 외국 원수에 대한 폭행·협박 등의 죄(형법 제107조), 외국 사절에 대한 폭행·협박 등의 죄(형법 제108조), 외국의 국기·국장 모독죄(형법 제109조), 폭행죄(형법 제260조 제3항), 과실 치상죄(형법 제266조 제2항), 협박죄(형법 제283조 제3항), 명예 훼손죄(형법 제312조 제2항) 등이 있다. 반의사 불벌죄는 피해자의 고소가 없어도 수사를 개시하거나 기소를 할 수는 있으나, 그 이후 고소가 취소되면 공소권 없음 처분을 내리거나 공소 기각의 판결을 선고해야만 한다.

친고죄나 반의사 불벌죄의 경우 조심해야 할 것은 고소를 취소하거나 가해자에 대한 처벌을 원하지 않는다는 의사를 표시하면 그 의사를 번복할 수 없다는 점이다. 또 고소를 취소하면 가해자에 대한 처벌이 감경되는 것이 아니라 아예 형사 처벌을 할 수가 없게 된다는 점이다. 그러므로 친고죄나 반의사 불벌죄의 고소를 취소하는 등의 행위를 할 때는 이 점을 반드시 염두에 두어야만 한다.

(2) 사면과 용서

한편 용서나 화해가 없이도 형 집행을 면제하는 제도가 있다. 그것이 바로 사면 제도다. 사면에는 일반 사면과 특별 사면이 있는데, 전자는 해당 범죄를 범한 자 전부에 대하여 형의 실효나 공소권을 소멸시키는 국가 원수의 명령이고, 후자는 특정인에 대해서만 형의 집행을 면제하는 국가 원수의 명령이다.

국가 원수가 사면권을 행사함에 있어 주의해야 할 점은 사면하고자 하는 범죄에 있어 피해자가 존재하는 경우 피해자나 그 유족들의 입장도 배려한 다음 사면권을 행사해야 한다는 점이다. 이를 무시하고 사면권을 행사한 경우 그 정당성을 인정받지 못할 여지가 있을 뿐 아니라 사법적 정의의 실현에도 악영향을 끼칠 수 있음을 명심해야 한다.

(3) 소년법과 용서

미성년자는 법적으로 일정한 제약을 받는다. 미성년자에 대한 법적 제약을 이해하기 쉽게 설명하면, 근로 기준법은 미성년자를 원칙적으로 근로를 하지 못하게 하고, 공직 선거법은 미성년자에 대하여 선거권이나 피선거권을 부여하지 못하게 하며, 청소년 보호법은 미성년자에게 술과 담배 등을 판매하지 못하게 하고, 민법은 미성년자에게 친권자의 동의 없이 법률 행위나 결혼을 못하게 한다는 등이 미성년자에 대한 법적 제약이다. 형법도 마찬가지인데 형법은 14세 미만의 형사 미성년자에 대하여 형벌을 부과하지 못하도록 하고 있다. 이러한 법적 제약의 이면에는 미성년자가 친권자나 국가로부터 그 제약을 상쇄할 수 있는 보호를 제공받아야 한다는 공리가 작동하고 있다. 이러한 공리를 "국친 사상"이라 한다. 따라서 국가가 미성년자에 대하여 법적 제약은 철저히 유지하게 하면서도 그에 상응한 보호가 제공되도록 감독하지 않는 것은 국가의 의무를 심각하게 위반하는 것이 된다.

소년법은 소년을 14세부터 18세까지의 범죄 소년과 13세부터 10세까지의 촉법소년으로 구분한다. 범죄 소년에 대해서는 형벌이나 소년 보호 처분 중 하나를 선택할 수 있다. 범죄 소년에 대하여 소년 보호 처분을 선택한 경우는 소년에 대한 용서와 관용이 베풀어졌다고 볼 수 있다. 그렇게 할 수 있는 논리적 근거는 앞서 본 미성년자에 대한 법 제약의 이면에 있는 국친 사상이다. 한편 13세 이하의 소년에 대해서는 형벌은 부과할 수 없으나 소년 보호 처분은 부과할 수 있다. 이는 소년 비행의 중대성에 비추어볼 때 수긍은 되나 형법의 하위법인 소년법이 형벌을 부과하지 못하도록 한 상위법인 형법에 위반하여 소년 보호 처분을 할 수 있도록 하는 것이 법체계상 문제가 될 여지도 있다고 보는 것이다.

3) 집단적 범죄와 용서

집단적 범죄로 인한 고통과 증오는 공동체 전체가 겪는 것인 데다가 세대를 따라 전달되는 경향이 있다. 이러한 특성으로 인해 집단적 범죄와 관련하여 용서와 화해를 이룬다는 것은 거의 불가능한 것으로 보이고, 설령 용서와 화해를 이루었다고 생각될 때에도 집단 속에 내재된 증오와 복수심은 사라진 것이 아니라 휘저어주면 언제든지 다시 떠오를 준비가 되어 있는 침전물처럼 침전되어 있는 경우가 많다. 이러한 침전물은 적당히 휘저어주기만 하면 수면 위로 떠올라 맑아진 강물을 진흙탕 물로 만들기도 하는데, 집단적 범죄가 발생한 후 수백 년이 지나 가해자들에 대하여 피비린내 나는 복수가 자행되는 것은 바로 이 때문이다. 그럼에도 집단적 범죄에 있어 용서와 화해의 과정을 포기할 수는 없다. 왜냐하면 불완전하나마 평화를 이루는 것이 당사자와 그 이후의 세대와 인류 전체에 유익하기 때문이다.

용서는 원칙적으로 가해자와 피해자 사이에서 행해지는 것이다. 가해자와 피해자가 각 1명씩이라면 두 사람 사이에서 용서의 과정이 필요하고, 가해자와 피해자가 모두 다수인 경우에는 모든 사람이 용서의 과정에 참여해야 한다. 만약 한 국가가 다른 국가에 대해 불법적으로 침략한 경우라면 침략한 국가와 국민은 침략당한 국가와 그 국민 모두에게 용서를 구하고 용서받아야 한다. 이 경우 모든 국민이 용서를 구한다는 말을 하기란 사실상 어렵고 양심에 반한다는 이유로 그렇게 말하려고 하지도 않을 것이므로 국가의 대표가 국가와 국민을 대신하여 용서를 구하게 된다. 하지만 국제 외교의 실례를 들여다보면 한국과 일본의 예처럼 용서를 구하는 의사를 표시하는 것이 매우 드문 일이고 어렵고 힘든 교섭 과정을 통해서 이루어진다는 것을 당장 알게 된다.

집단적 범죄에 대한 정의 실현을 위한 접근 방식으로는 크게 세 가지가 있다. 그 하나는 홀로코스트 범죄에 대한 "뉘른베르크 재판"(Judgement at Nuremberg) 사례다. 이는 범죄한 모든 사람을 개별 재판하여 단죄를 받게 하는 방식이다. 두 번째 방식은 범죄자에 대한 일괄 사면 혹은 국민적 망각의 방식이다. 이 방식의 예는 칠레에서 볼 수 있다. 칠레의 아우구스토 피노체트 장군과 그의 동료들은 군사 정권을 민간 정부에 이양하는 전제 조건으로 스스로 셀프 사면을 베풀었다.[98] 위 두 방식에서 타협점을 찾은 제3의 길은 남아프리카공화국의 "아파르트헤이트 체제"(1948-1991) 아래서 저질러진 범죄

---

98 데즈먼드 M. 투투, 『용서 없이 미래 없다』(사자와어린양, 2022), 54.

를 처리하기 위해 만들어진 "진실화해위원회"(Truth and Reconciliation Comission, TRC) 방식이다. 남아프리카공화국이 고심 끝에 TRC방식을 채택하게 된 근본 동기는 아래와 같다.

부당 행위자들을 뉘른베르크에서처럼 일종의 즉결 심판으로 재판할 수 있을까? 투투를 비롯한 남아프리카공화국의 지도적 인물들은 이 질문을 제기했다가 그 제안을 빠르게 거부했습니다.…재판은 결과적으로 진실을 밝혀내지 못할 수도 있었습니다.…한편 즉각적이고 일반적인 사면도 미래로 나아가는 데 필요한 공적 신뢰를 악화시킬 수 있었습니다. 그런 사면은 터무니없는 일이 벌어졌다는 사실을 말할 수 없을 테니까요. 미래의 국가와 헌법이 신뢰를 얻으려면 그런 진술이 꼭 필요했습니다. 투투는 이러한 침묵이 피해자들의 고통을 인정하지 않음으로써 2차적 피해를 입힐 것이라고 암시했습니다.…진실화해위원회의 작동 원리는 사람들을 소환하여 증언하도록 하고 과오를 인정한 것에 대한 보상으로 사면을 베풀어주는 것이었습니다. 투투가 분명히 밝히듯이 이러한 결합에는 논쟁의 여지가 대단히 많았습니다. 아주 많은 사람이 처벌이 없으면 진실을 인정해봐야 아무런 가치가 없다고 생각했거든요. 더욱이 그들은 처벌이 없다면 진실이 아예 출현할 수 없을 거라고 의심했습니다. 그러나 증인으로 나설 피해자들이 아주 많이 존재하는 상황이었기에 가해자들에게는 진실과 경합해서는 안 된다는 강한 동기가 있었습니다. 보통 진실을 부정하게 만드는 가장 강력한 동기는 처벌에 대한 공포인데, 이런 공포가 결여되어 있었으니 더 그랬죠. 사회적 입지를 다져야 한다는 동기도 두 방향에서 작용했습니다. 새로운 나라에서는 잘못을 옳다고 주장하거나 다른 방식으로 과오의 인정에 대한 요구에 저항하며 자긍심을 느낀다는 게 더 이상 가능하지 않다는 점이 이미 명확히 드러나 있었으니까요. 게다가 진실화해위원회는 백인들뿐 아니라 아프리카 민족회의 구성원을 포함한 혁명가들의 부당 행위도 수사하겠다는 입장을 밝힌 터였습니다.[99]

TRC방식은 백인으로부터는 너무 급진적인 마녀사냥이라는 비판을 받았고 흑인으로부터는 너무 온건한 방식이라는 비판을 받았으나 전 세계적으로 범죄적 과거에 대해 공정한 청산을 했다는 평가를 받았다.[100] TRC방식은 "국민 통합의 증진과 화해를 위한 법"을 통해 정식화되었고, "이 법은 순전히 정치적인 동기에서 혹은 1960년과 1994년 사이에 정권이나 아프리카 국민회의를 포함한 정치 조직의 명령에 따라 인권의 유린이나 범죄를 저지른 사람들이 사면을 요청할 수 있도록 규정되었다. 단 철저히 고백한다는 조건하에서였다. 현명하게도 입법자는 양심의 가책이나 용서를 요구하지 않았다. 영혼[101]은 신(神)의 영역에 속한 것이었다. 다만 지난 과거를 분명히 드러내 보일 것을 요구했다." TRC방식은 미래지향적 모델로 평가되어 우리나라를 비롯한 많은 나라에서 모방되고 있다.[102] 하지만 모든 집단적

---

99   마사 C. 누스바움, 『분노와 용서, 적개심, 아량, 정의』, 479.

100   데즈먼드 M. 투투, 『용서 없이 미래 없다』, 17.

101   자크 랑, 『넬슨 만델라 평전』(실천문학사, 2007), 325.

102   우리나라도 2005년 "진실·화해를 위한 과거사정리 기본법"을 제정했고, 이 법에 따라 출범된 제1기 진실·화해를 위한 과거사 정리 위원회는 2005. 12. 1부터 2010. 12. 31 까지 활동했고, 현재는 2020. 12. 10에 출범한 2기 진실·화해를 위한 과거사 정리 위

범죄에 있어 TRC방식이 채택되어야 하는 것은 아니라고 본다. 시대적 상황과 조건에 맞는 방식을 찾는 것이 무엇보다 중요하다고 생각한다.

한편 집단적 범죄와 관련하여 시대적 상황과 조건에 맞는 용서와 화해의 방식을 찾아 그 과정을 마쳤다고 하더라도 집단적 범죄로 인한 고통과 증오가 쉽게 사라지지 않을 뿐 아니라 세대를 따라 대물림된다는 것을 감안한다면 "빙하가 서서히 녹듯이 한 번에 한 명의 마음, 한 명의 정신이 여러 세대에 걸쳐서 변화하여 기억의 고통이 서서히 역사에 자리를 내주는 날까지"[103] 용서와 화해의 과정은 계속되어야 한다. 집단적 범죄에 있어 "진정한" 용서와 화해를 이루는 길은 바로 여기에 있다.

IV. 글을 맺으며

이 글을 쓰면서 필자는 용서라는 주제로 장녀와 대화하던 중에 사람들이 "용서"라는 말 자체에 대해서도 본능적으로 거부 반응을 보인다는 것을 깨닫게 되고서는 잠시 충격을 받았다. 얀시는 "용서에도 은혜처럼 무자격, 과분함, 불공평함이라는 사람들을 격분시키는 특성이 있다"[104]라고 말한다. 어떤 사람들은 용서가 현실을 부정하는 부

원회가 활동하고 있다.
103 마이클 이그나티에프, 『평범한 미덕의 공동체』(원더박스, 2018), 174.
104 필립 얀시, 『용서: 은혜를 시험하는 자리』, 81.

정직한 것이라고 말하기도 한다. 이러한 점 등을 고려하면 사람들은 용서라는 행위 자체를 근본적으로 부조리한 일로 받아들이고 있다고 말할 수 있을 것이다.

용서는 타락한 인간의 성품을 거스르는 것이고 동해 보복의 도덕적 충동을 거스르는 것이다. 때문에 사람들 중에는 전혀 용서하지 못하는 사람이 있는가 하면 가해자의 회개를 조건으로 용서를 실천하는 사람도 있고 더 나아가 무조건적으로 용서를 실천하는 사람도 있다. 따라서 용서의 개념을 조건적으로 정의할 필요는 없고 용서의 개념은 용서의 실천과 구분해서 논의되어야 한다.

공적 응보의 시대에는 가해자에 대한 형사 처벌의 수위가 피해자의 생각보다는 낮은 경우가 많고 이러한 경우 피해자로서는 가해자에 대한 분노나 보복 감정을 멈추지 않을 수도 있다. 한편 공적 응보를 통해 가해자에게 수치를 가하거나 지위를 격하시키는 것은 현행 형사 처벌 제도에서는 허용되지 않는다. 결국 응보의 길이나 지위의 길은 피해자의 부정적 감정이나 복수심을 완전히 해소해주지 못한다. 이 두 길 외의 제3의 길이 필요한데 그것이 회복의 길이다. 그런데 제3의 길에서는 용서가 매우 중요한 역할을 담당한다.

회복의 길에서도 피해자의 아픔은 완전히 보상되지 않는다. "아픔을 회복시킬 수 있는 정의(正義)란 없다"[105]는 레비나스의 말처럼 형사법적 정의만으로는 피해자가 온전한 만족을 얻을 수는 없다. 하지만 용서-화해의 과정은 피해자의 상처 치유에 있어서는 매우 중요한

---

105 에마뉘엘 레비나스, 『존재에서 존재자로』(민음사, 2003), 154.

계기를 제공할 것이다. 가해자가 자발적으로 진심 어린 용서를 구하고 피해자가 가해자를 용서하게 되면 피해자는 마음의 평정을 얻게 되어 치유를 향해 한 발 앞으로 내딛게 될 것이며 가해자와 피해자의 원-관계 또한 회복의 출발점에 서게 될 것이다. "용서가 정의를 대체할 수는 없"[106]겠지만 피해자의 상처 치유에 있어서 용서가 지닌 의미는 중대하다고 하지 않을 수 없다.

---

106 미로슬라프 볼프, 『배제와 포용』, 194.

참고문헌

단행본

강남순, 『용서에 대하여』, 동녘, 2017.

고재백 외 12인, 『용서와 화해 그리고 치유』, 새물결플러스, 2022.

나카노 노부코, 『정의중독』, 시크릿하우스, 2021.

니콜라스 월터스토프, 『사랑과 정의』, IVP, 2017.

데즈먼드 M. 투투, 『용서 없이 미래 없다』, 사자와어린양, 2022.

루이스 스미디스, 『용서의 미학』, 이레서원, 2005.

_____, 『용서의 기술』, 규장, 2004.

마사 C. 누스바움, 『분노와 용서, 적개심, 아량, 정의』, 뿌리와이파리, 2018.

마이클 이그나티에프, 『평범한 미덕의 공동체』, 원더박스, 2018.

미로슬라프 볼프, 『배제와 포용』, IVP, 2012.

방정열, 『용서, 그 불편함에 대하여』, 세움북스, 2020.

시몬 비젠탈 『모든 용서는 아름다운가』, 뜨인돌, 2019.

아론 라자르, 『사과에 대하여』, 바다출판사, 2020.

에마뉘엘 레비나스, 『존재에서 존재자로』, 민음사, 2003.

요한 크리스토프 아놀드, 『왜 용서해야 하는가』, 포이에마, 2015.

이재상·조균석, 『형사소송법』, 박영사, 2016.

자끄 뷔숄드, 『완전한 자유, 용서』, 국제제자훈련원, 2010.

자크 데리다, 『신앙과 지식, 세기와 용서』, 아카넷, 2016.

자크 랑, 『넬슨 만델라 평전』, 실천문학사, 2007.

천종호, 『천종호 판사의 선, 정의, 법』, 두란노, 2020.

_____, 『천종호 판사의 하나님 나라와 공동선』, 두란노, 2022.

____, 『호통판사 천종호의 변명』, 우리학교, 2018.

팀 켈러, 『팀 켈러의 용서를 배우다』, 두란노, 2022.

프리드리히 니체, 『도덕의 계보학』, 연암서가, 2020,.

필립 얀시 『놀라운 하나님의 은혜』, IVP, 1998.

____, 『용서: 은혜를 시험하는 자리』, IVP, 2023.

한나 아렌트, 『인간의 조건』, 한길사, 2019.

헨리 나우웬, 『탕자의 귀향』, 포이에마, 2016.

____, 『헨리 나우웬의 공동체』, 두란노, 2022.

논문

김석수 "정의, 용서 그리고 치유", 『철학논집』 제51집, 2017년 11월.

김한균 "국가범죄와 과거사 청산 완결의 과제: 진실·화해를 위한 과거사 정리 기본법 제정 방향』, 『형사정책 연구』 28권 1호, 2017년 봄.

조극훈, "헤겔 철학에서 용서 담론과 회복적 정의", 『문화와 융합』 제39권 제5호, 2017년 10월.

독일교회의 나치 시기 과거사 극복의 역사

독일교회의 사죄와 용서와 화해의 노력과 그 의의

고재백

역사 전쟁 속 사죄와 용서와 화해의 문제

우리 사회에 많은 사람이 전쟁 같은 갈등과 대결과 혐오 속에 살아간
다. 이런 양상이 갈수록 심화되고 있다. 우리나라가 갈등 공화국이라
는 진단은 오래되었다. 몇 해 전에 발표된 조사 결과들에 따르면 우리
나라의 갈등 지수가 여러 분야에서 세계 주요 국가 중 최악이었다. 최
근에 실시된 우리나라 그리스도인의 인식 조사 결과도 이와 유사했
다.[1] 그리스도인들은 우리 사회의 갈등을 매우 우려하며 정치적·이
념적 갈등이 특히 심각하다고 인식했다. 그중 대표적인 사례로 역사
문제를 지목했다.

---

1   이음사회문화연구원, 지앤컴리서치 공동 설문 조사 결과, 「우리 사회 갈등과 용서와
     화해에 대한 개신교인 인식 조사 결과 보고서」, 2024. 02.(비매품). 이 보고서에 실린
     김상덕 교수의 글을 참고하라.

우리나라는 지금 현대사를 둘러싸고 가히 역사 전쟁 중이다. 일제 강점기의 역사 문제에 대해 한일 간 갈등이 여전하고 국내에서도 각종 미디어를 무기 삼아 내전과 같은 대결이 전개되고 있다. 2024년 역사적 사실에 대한 한 무리의 도발이 집요하고 대단히 노골적이며 무도하고 퇴행적이다. 이 전쟁이 역사를 빌미로 삼았지만, 정작 역사의 정의와 진실에 반하는 망국적 정치가 자행되고 있는 것으로 보인다. 그 최전선에서 일부 교회 지도자와 교인들이 돌격대 역할을 하고 있다. 기독교는 진실과 평화의 종교이고 용서와 화해를 가르치며 따르는 신앙이 아닌가? 그런데 이 역사 전쟁에서 일부 그리스도인들이 역사적 사실과 진실을 부정하고 왜곡하며 혐오와 갈등을 조장하는 전투에 앞장서고 있다. 그 이유를 여러 요인에서 찾을 수 있겠지만, 무엇보다 우리의 과거사가 제대로 극복되지 못한 결과로 보인다. 현대사 속 과거사에 대한 진실 규명과 더불어 가해자에 대한 단죄와 희생자에 대한 사죄가 대단히 부족했다. 그리고 역사 교육이 많이 부족한 탓이 아닌가 싶다.

기독교 2천 년의 역사 속에 다수의 빛과 그림자가 공존한다. 로마 가톨릭과 개신교를 포괄하는 종교인 기독교는 인류의 역사 발전에 상당히 기여했다. 그러나 신의 이름으로 신앙을 위해 타 종교나 비정통파 그리스도인에 대해 혹은 같은 그리스도인이지만 종파가 다른 신자들에게 전쟁과 학살을 자행했던 것도 사실이다. 다수는 이런 죄악에 대해 눈을 감거나 적극적으로 혹은 소극적으로 협력하기도 했다. 우리나라 현대사 속 기독교도 마찬가지다. 다양한 영역에서 한국 교회는 근대화의 선구자로, 인권의 보루로, 약자들의 대변자로, 사회 봉사의 주역으로 인정과 존중을 받을 만했다. 그러나 어두운 그림자가 많다는 점도 부인할 수 없다. 문제는 이런 잘못에 대해 회피하고 침묵하거나 변명하느냐 아니면 직면하여 성찰하고 사죄하느냐 하는 것이다. 그런데 오늘날 한국교회 일부의 민낯을 보기가 낯부끄럽다. 기실 일부에 해당하겠지만, 친일과 부역 및 독재를 미화하거나 옹호하는 것과 과거 어두운 역사의 청산과 극복에 역행하고 있는 것이 사실이다. 더욱이 역사를 앞세워 혐오와 증오의 정치에 앞장서고 있기도 하다. 다시 한번 역사 앞에 죄를 짓고 있다.

그런데 정작 우리나라 그리스도인 다수는 역사 문제에 대해 냉철한 인식을 갖고 있는 것으로 보인다. 용서와 화해에 대한 설문 조사의 결과에 따르면, 그리스도인의 다수가 역사 문제와 관련하여 진실한 사죄 없이는 용서하기 어렵다고 답했다. 우리나라 역사 속의 가해자가 사죄하고 정당한 대가를 치를 때에야 용서할 수 있겠다는 것이다.

이런 역사 문제와 기독교의 용서와 화해와 관련하여 우리가 주목할 만한 사례가 나치 시대(1933-1945)의 독일교회다. 현대사 속의 한국교회와 마찬가지로 독일교회가 나치 시대에 부끄러운 부역의 역사가 있었고 나치 패망 이후 과거사에 대해 여러 차례 죄책을 고백했다. 그리고 독일교회가 과거사를 청산하는 과정에서 행한 일과 관련하여 여러 한계가 지적되고 있지만, 이후 독일의 재건과 발전의 구심점 역할을 했다는 평가를 받는다. 오늘날 기독교의 과거사 문제가 주목받고 용서와 화해가 강조되는 시기에 이러한 독일교회의 역사를 탐구하여 우리의 거울이자 반면교사로 삼는 것이 필요하고 시의적절해 보인다.

나치 시대의 독일 과거사[2]

20세기는 "극단의 시대"였고, "제노사이드(Genocide[인종 학살])의 시대"였다. 두 시대 개념은 여러 면에서 중첩되었다. 두 차례의 세계대전과 여러 국가의 전쟁들, 중요한 혁명들 그리고 냉전 시대를 경험했고 그 과정에서 비무장 민간인에 대한 대량 학살이 세계 곳곳에서 자행되었다. 나치의 유대인 대학살을 비롯해서 여러 차례의 대규모 인종 학살로 점철된 세기였다. 이 사건들은 대부분 국가가 주도하거나 후원했고 혹은 국가의 공인하에서 자행되었으며 또한 많은 경우 종교가 직간접적으로 개입했다. 그 결과는 가히 상상을 초월한다. 연구자들의 추정에 따르면 이 시기 희생자의 규모는 최소 6,000만 명에서 최대 1억 7,500만 명에 이른다.

　나치 독일은 20세기에 규모와 방법에서 가장 극단적인 인종 학살을 자행했다. 유대인과 집시 등을 비인간화하고 "하위 인간" 혹은 "인간 이하"로서 박멸되어 마땅한 자들로 취급했다. 나치 정부의 국민 계몽 선전부 장관 괴벨스는 유대인을 "세계의 적, 문화의 파괴자, 인류의 기생충, 혼돈의 자식, 악마의 화신, 부패의 효소, 인류를 멸망

2　참고. 고재백, "세계 현대사 속 과거사 청산과 역사 화해의 노력들: 세계 과거사 청산의 역사", 고재백, 오유석, 허고광, 『용서와 화해 그리고 치유』(새물결플러스, 2022), 135-178.

시키도록 인간의 탈을 쓴 악마"로 규정했다. 1942년에 나치 친위대는 유대인과 같은 "인간 형태의 짐승"의 위협에 대해 독일 대중을 교육하려는 목적으로 잡지 「하위 인간」을 출간했다. 이 잡지는 "인간과 하위 인간의 투쟁"을 역사의 법칙으로 제시했다. 히틀러는 유대인과 아리아인의 인종 혼합을 "영원한 창조주의 의지에 반하는 죄악"이라고 주장했다. 이러한 인식은 유대인뿐만 아니라 슬라브인 집시, 성소수자, 장애인들에게도 해당되었다. 홀로코스트(Holocaust)를 통해 약 600만 명의 유대인이 집단 학살되었다. 그 외에도 나치 독일은 "인간 이하"이자 "바람직하지 않은 인종"이라는 명목으로 집시, 장애인, 동성애자, 여호와의 증인 신도, 공산주의자 등을 포함한 민간인 500만여 명을 학살했다. (또한 약 8백만 명을 강제 노역에 동원했다. 강제 수용자와 강제 노동자 및 학살 희생자의 통계가 중첩되어 있어서 단순 합산으로 판단하기는 어렵지만, 독일의 전쟁 범죄로 인한 희생자의 규모는 전대미문이었다. 제2차 세계대전의 인명 피해는 수천만에 이르고 물적 피해 규모는 헤아리기 어려울 정도였다. 전쟁의 폐허는 마치 지구의 종말을 보는 듯했을 터이니 정신적 피해야말로 글로 다 표현할 수 없을 정도였을 것이다.)

나치는 집권하자 마자 유대인 박해를 시작하여 점차 탄압의 강도를 강화했다. 1933년 1월 30일 히틀러가 제국 수상으로 임명되고 이어서 나치 정부가 수립된 이후에 곧 반유대주의 정책이 실행되었다. 나치는 유대인이 소유한 기업을 파산시켰으며 유대인을 공직에서 추방했다. 이후 여러 법령을 통해 재산 몰수 등으로 유대계 독일인의 경제적인 기반을 무너뜨렸다. 1935년 뉘른베르크 인종법에 따라 유대인의 시민권을 박탈했고 비유대인과의 결혼을 금지했다.

1938년 11월의 소위 "수정의 밤"은 본격적인 유대인 박해와 학살의 시작을 알리는 사건이었다. 그날 밤 독일 내 수많은 유대인의 상점과 백화점 및 유대인 예배당과 개인 주택들이 공격받아 마치 유리가 깨어져 파편들이 쌓이듯이 파괴되었다. 그리고 이후 많은 유대인이 집단 수용소에 감금되고, 재산은 몰수되었으며, 강제 노동에 동원되었고, 해외로 추방되었다. 1939년 1월 히틀러가 유럽의 모든 유대인을 상대로 절멸 정책을 공언하면서 가공할 인종 학살이 본격화되었다. 1942년 1월 아돌프 아이히만을 비롯한 주요 관료들이 "유대인 문제의 최종 해결책"을 결정하면서 가스실에서 대량 인종 학살이 자행되었다.

이런 참담한 역사에 대해 히틀러와 나치의 책임으로 돌려야 할까? 혹은 모든 독일인이 짊어져야 할 책임일까? 그동안의 연구 결과에 따르면, 나치 시대의 죄과는 히틀러와 나치를 넘어서 많은 독일인에게 돌려져야 하고 독일교회와 교인들도 이 책임에서 벗어날 수 없다. 평범한 독일인들 다수가 "열성적으로, 민첩하게, 자기 만족적으로, 심지어 즐겁게" 인종 학살에 참여했다고 한다.

그런데 나치 독일의 제노사이드에 대해 부정하거나 수정하려는 움직임이 그동안 지속되었다. 이러한 부정론이나 수정주의 해석에 따르면, 인종 학살은 존재하지 않았고 신화 또는 허구이거나 날조다. 홀로코스트도 가스실도 없었고, 유대인은 학살당하지 않았고 추방당했으며 학살된 유대인의 수는 그동안 과장되었고 실제로는 20만 명에 불과하며, 이들 중 다수는 연합군의 폭격에 희생되었다. 더욱이 제2차 세계대전의 주된 책임은 독일이 아니라 유대인에게 있는 것이고, 독일은 위협적인 공산주의 소련에 맞서 방어 전쟁을 실행한 것이며, 유대인들은 공산주의자라서 희생당한 것이라고도 한다. 이런 역사 해석과 논의들은 독일의 헌법 정신에 위배되며, 대부분의 역사가에 의해 논박된다. 그럼에도 여전히 나치 시대와 단죄된 전범들을 옹호하는 세력이 존재하고 있다. 그리고 이러한 집단이 정치 세력화하여 최근 그 정치적 영향력을 강화하고 있다.

나치에 대한 기독교의 지지와 협력의 배경

히틀러와 나치에 대한 독일 기독교의 대응은 크게 세 그룹으로 분류된다. 히틀러와 나치를 열광적으로 지지하고 협력한 "독일적 그리스도인"(Die Deutschen Christen)[3] 그룹, 나치에 저항한 고백교회 그룹, 이 두 진영 사이에 다수의 중간 그룹이 있었다. 친나치 세력인 "독일적 그리스도인"은 전체 독일 교인의 약 2%에 불과했는데, 여기에 속한 목사들과 신학자들 및 교계 지도자들이 나치 시대 내내 독일교회와 신학계의 주요 직책을 차지하며 나치에 부역했다. 고백교회에 소속된 교회와 목사는 독일교회의 약 20% 내외를 차지했는데, 이들 중 다수는 히틀러와 나치에 대해 무비판적이었거나 부분적인 사안에 대해

---

3   Die Deutschen Christen은 독일 민족주의 지향성이 강하고 나치 인종주의를 적극 지지하며 추종했던 개신교의 한 부류로서 "독일적"이라는 용어로 번역하는 것이 적절할 것이다. 이들 회원은 총 50만-60만 명으로 추산되며, 전체 개신교인의 2%에 불과하지만 이들이 나치 시기에 교회 조직의 주요 직책을 차지했다.

서만 소극적으로 비판했다. 반면에 고백교회 내의 소수파만 나치에 적극적으로 저항했다. 나머지 대략 80% 정도의 세 번째 중간 그룹의 스펙트럼은 넓었다. 이 범위 안에는 시기에 따라서 혹은 나치의 정책에 따라서 부분적으로 지지하거나 혹은 반대하거나 때로는 침묵하거나 방관한 부류들이 공존했다.

당시 독일교회는 나치에 저항하고 독일을 다른 길로 이끌 만한 충분한 힘과 영향력을 갖고 있었으나 그렇게 하지 않았다. 당시 인구 구성상 로마 가톨릭과 개신교를 포함하여 기독교 교인이 전체 인구의 97%였다. 이들 중 개신교 그리스도인은 2/3, 로마 가톨릭 신자는 1/3을 차지했다. 이들은 교회에 등록하고 국가에 교회세를 납부하는 공식적인 신자들이었다. 그 밖에 유대인은 전체 인구 중 1%에 미치지 못했으며 나머지 인구는 무신론자거나 타 종교인이었다. 이런 배경에서 기독교는 국가와 사회의 각 영역에서 큰 영향력을 발휘할 수 있었고 더욱이 국가 정책에 직접 반대하거나 시민들로 하여금 그것에 반대하도록 영향을 끼칠 잠재력을 가졌다. 히틀러와 나치도 이를 잘 알고 있어서 권력 장악 과정에서 기독교의 협력이 필요했고 그래서 교회를 장악하고자 했다. 실제로 히틀러가 교회의 반대에 따라 정부 정책을 포기한 사례도 있었다.

그렇다면, 독일교회의 지도자들과 교인 중 다수가 히틀러와 나치를 지지하고 인종 학살과 같은 정책을 지지하거나 방관한 배경은 도대체 무엇일까? 왜? 어떻게 그럴 수 있었을까? 고백교회의 지도자 중 한 명이며 대표적인 기독교 저항 운동가인 마르틴 니묄러 목사가 쓴 아래의 시가 나치 시대 독일교회와 독일 교인들의 처지와 인식을 적절히 대변해준다.

> 나치가 공산주의자들을 덮쳤을 때 / 나는 침묵했다. / 나는 공산주의자
> 가 아니었기에
> 그다음에 그들이 사회 민주당원들을 가두었을 때 / 나는 침묵했다. / 나
> 는 사회 민주당원이 아니었다.
> 그다음에 그들이 노동조합원들을 덮쳤을 때 / 나는 아무 말도 하지 않았
> 다. / 나는 노동조합원이 아니었다.
> 그다음에 그들이 유대인들에게 왔을 때 / 나는 아무 말도 하지 않았다. /
> 나는 유대인이 아니었다.
> 그들이 나에게 닥쳤을 때는 / 나를 위해 말해줄 이들이 / 아무도 남아 있
> 지 않았다.

독일교회가 나치에 협력했던 데는 주목할 만한 몇 가지 역사적 배경
이 있다. 우선 역사를 장기적으로 추적하면 루터의 신학적 정치사상
을 주목하게 된다. 이것이 종교개혁 이후로 국가 권력과 교회가 독특
하게 긴밀한 관계를 맺게 했고 이 역사가 나치 시대로 이어졌다. 루
터는 두 왕국론으로 신학적 정치사상을 이론화했는데 하나님이 세운
교회와 국가라는 두 기관이 협력 관계를 유지해야 한다고 주장했다.
이 틀 안에서 루터의 개혁 운동이 성공할 수 있었다. 이러한 이론적이
고 역사적인 토대 위에서 국가가 교회를 관리하고 통제하는 국가교
회주의 체제가 정착되었다. 종교개혁 이후 거의 400여 년간 이 체계
안에서 교회는 국가의 보호와 지원을 받았다. 그래서 독일 기독교의

대다수를 차지하는 루터파 교회의 지도자와 교인들은 정부와 권력자에 대해 대체로 무비판적이었고 협력적이었으며 나치 시대에도 마찬가지였다.

역사를 단기적으로 접근하면, 1918년 제1차 세계대전에서 패배한 독일의 전후 상황이 독일교회가 나치를 지지하고 협력하게 만든 중요한 배경으로 작용했다. 이런 역사적 맥락에서 독일교회와 나치를 결속시킨 것은 무엇보다 민족주의, 반자유주의, 반공산주의, 반유대주의였다.

유럽의 19세기와 20세기 초는 민족주의 시대였다. 독일인들은 민족의 구원자를 대망했고 마침 히틀러가 독일 민족의 영광을 회복하겠다는 약속과 함께 등장했다. 민족주의 시대에 민족은 종교화되었고, 종교는 민족화되었으며, 기독교는 "민족적 개신교주의"라는 사조에 지배되었다. 이런 상황에서 독일이 제1차 세계대전에서 패배했고 굴욕적인 베르사유 조약에 사인했다. 조약에 따라 독일은 승전국에 막대한 배상금을 지불하고, 식민지뿐만 아니라 독일 동부와 서부의 영토 일부를 상실하며, 군대의 규모를 대폭 제한해야 했다. 독일인들이 깊은 패배감에 잠겨 있을 때 루터교 신문은 한 사설을 통해 이렇게 한탄했다. "민족이 오늘날처럼 어두운 밤에 처했던 적은 없었다.…그 (베르사유) 조약은 평화가 아니라 전쟁, 축복이 아니라 저주를 위한 조약이다." 이런 시대적 배경에서 그리스도인들은 민족적 좌절감을 신앙으로 극복하고자 했고 히틀러와 나치에게서 희망을 발견했다. 그리고 많은 목사와 그리스도인들도 자연스럽게 이 흐름에 편승했다.

여기에 더해 기독교는 자유주의적 물결에 위협감을 느끼고 있었다. 전쟁 시기에 바이마르 혁명을 통해 독일 제국이 붕괴되고 공화국이 탄생했다. 독일교회는 종교개혁 이후 "왕좌와 제단"의 동맹이라 불리는 국가교회주의 체제 안에서 국가의 보호와 지원을 받았다. 그런데 신생 바이마르 공화국은 국가와 교회의 분리를 담은 자유주의적 정책을 추진했다. 그래서 교회에 대한 각종 지원과 후원 제도를 철폐하고자 했다. 그러니 독일교회는 독일 제국을 무너뜨린 혁명과 바이마르 공화국을 인정하기 어려웠고 오히려 반자유주의적인 경향을 표출했다. 이런 상황에서 고백교회 지도자 마르틴 니묄러 목사와 그의 동생이 바이마르 공화국 초기에 급진적 우파 단체인 자유 군단에 가입하여 활동했다. 히틀러와 나치는 이런 시대적 흐름을 타고 등장해 국가 권력을 장악했다. 이때 두 형제 목사는 이들의 출현을 환영하며 하나님께 감사했다.

반공주의 사조 역시 독일교회 안에서 지배적인 영향력을 행사했다. 19세기 후반기에 사회주의와 노동 운동이 전 유럽에서 확산 일로에 있었다. 그 여세를 이어서 1917년 러시아 혁명이 발발했고, 1922년에 볼셰비키 소련이 탄생했다. 1920년대 초 독일 역사상 최악의 인플레이션과 30년대 초 대공황이 독일을 강타하면서 사회 경제적 위기와 불안이 전 사회를 짓눌렀다. 이런 상황에서 사회주의와 공산주의 세력 그리고 이들과 연계된 노동조합 운동의 영향력이 고조되었다. 독일교회는 이들 세력을 무신론적인 적이라고 생각했다. 앞서 소개한 루터파 신문은 공포심을 드러낸다. "무신론자들의 전선은 세계를 정복하기 원한다.…흑사병처럼 그것은 모든 사람을 [보호하는] 장벽을 타고 넘는다." 이때 히틀러와 나치는 국내의 좌파 세력과 볼셰비즘으로부터 기독교를 보호해줄 적임자로 자처했고 다수는 그렇게 믿고 따랐다.

특히 반유대주의는 서양의 긴 역사 속에서 기독교와 늘 공존했고 오랫동안 독일교회를 지배한 이념이자 정서였다. 고대 시대에 이어서 중세 시대에 유럽에 깊게 뿌리 내린 반유대주의는 루터의 종교개혁을 통해 정당화되었고, 19세기 이후에 인종주의와 결합되어 확산되다가 나치 시대에 폭력적으로 분출되었다. 유대인 혐오는 기독교 내 어느 그룹에서나 마찬가지였다. 나치를 지지한 "독일적 그리스도인" 운동은 강한 반유대적 인종주의를 표방했고, 나치 시대에 저항의 상징이었던 고백교회의 지도자들과 교인들 다수 그리고 침묵과 방관의 그리스도인 그룹도 이런 정서를 자연스럽게 공유했다. 나치가 유대인의 독일 시민권을 박탈한 1935년 이전에 벌써 기독교 지도자들이 "유대인 문제"를 제기하고 유대인들의 "위험"에 맞선 대응을 촉구했다. 당시 명망 있는 성서 언어학자 게르하르트 키텔은 나치 시대 내내 유대인 문제를 연구했고 반유대주의 선전을 학문으로 포장했다. 그는 유대인의 악하고 위험한 특성을 이론화했고 유대인들이 타 인종과 결혼하여 "잡종화"라는 폐해를 끼쳤다고 주장했다. 그리고 유대인의 시민권을 박탈하고 공적 영역에서 추방할 것을 주장했다. 또한 그는 유대인과 비유대인의 결혼과 성관계를 금지하는 특별법 제정을 요구했다.

마지막으로 이런 다양한 이념과 정서들과 더불어서 또 다른 현실적인 배경을 주목할 필요가 있다. 대다수 독일인이 히틀러와 나치가 자신들에게 경제적 이익과 물질적 안락함을 제공하리라 기대했다고 한다. 마찬가지로 다수의 독일교회 지도자와 그리스도인들이 나치가 전통적인 국가교회주의 체제처럼 기독교에 조직적이고 재정적인 이익과 안정을 제공해주고 교회를 적대 세력들로부터 보호해주리라 믿고 기대했던 것으로 보인다.

당시 독일교회를 둘러싼 위기의 상황들이 그리스도인들로 하여금 히틀러와 나치에게서 탈출구를 찾게 만들었다. 히틀러와 나치는 유대인을 희생양 삼고 좌파들로부터 독일을 구하며 독일 민족의 영광을 되살리겠다고 약속했다. 1933년에 "독일적 그리스도인"이 개최한 제국 집회의 개막 연설이 히틀러와 나치를 "루터가 바라던 독일 혁명의 선구자"로 칭송했던 것이나 고백교회 다수의 지도자가 히틀러와 나치의 등장을 환영했던 것도 바로 이런 배경 때문이었다. 기독교와 나치가 민족주의와 반공주의 및 반유대주의를 매개로 해서 긴밀하게 결속하고 이런 관계가 독일교회에 물질적 이익과 안정을 제공할 것으로 보였다. 이런 맥락에서 독일교회 다수의 지도자와 교인들이 나치의 반민주적이고 반인권적인 정책에 대해서, 그리고 반인륜적 전쟁 범죄와 인종 학살에 대해서 적극적으로나 소극적으로 부역하거나 침묵하고 방관하게 되었다.

나치 시대 독일교회의 저항: 부분적 저항과 작은 승리의 역사

나치 시대 독일교회에 대한 역사적 서술과 평가는 긍정적이고 부정적인 면을 모두 담고 있다. 그런데 그동안의 연구에 따르면 저울의 추는 부정적인 쪽으로 많이 기운다. 독일교회에 대한 역사 서술은 오랫동안 시대에 따라 강조점을 달리했다. 초기에는 대체로 나치의 탄압 때문에 교회가 저항할 수 없었다는 서사가 주를 이루었다. 그 이후에는 "교회 투쟁"을 강조하는 역사 서술이 부상했다. 나치에 대한 고백교회의 저항 운동과 고백교회 내부의 소수 적극적 저항파 지도자들의 활동을 강조하는 경향이 강했다. 그런데 이런 서사는 나치 시기 독일교회의 저항을 과대평가하고 흑역사를 과소평가하는 한계를 지닌다. 이제 역사에 대해 엄밀하고 냉정한 평가와 서술이 필요한 시대가 되었다. 교회의 자랑스러운 역사를 과대평가하거나 어두운 과거사를 덮거나 과소평가하는 것을 지양해야 할 것이다. 역사적 사실의 규명과 이에 기반한 성찰과 기억이 후대의 책무이기 때문이다.

그런데 교회 투쟁은 나치에 대한 교회의 투쟁보다는 나치를 추종한 "독일적 그리스도인"과 이에 저항한 고백교회 간의 갈등과 대립의 성격이 강했다. 사실 독일교회와 교인 중 일부는 히틀러와 나치에 대해 저항했는데 다른 일부는 지지하고 협력했다. 나머지 다수는 침묵하거나 방관했다. 이 침묵은 소극적 지지 혹은 소극적 저항으로 해석하는 것이 가능하다. 그런 점에서 다수의 독일교회와 교인들이 히틀러와 나치의 통치와 범죄에 부역했다는 평가 역시 가능하다.

독일교회 부역의 역사를 다루기에 앞서 먼저 저항의 역사를 주목해보자. 나치에 대한 독일교회의 저항은 "부분적 저항"이고 "작은 승리"로 해석된다. 나치에 대한 독일교회의 저항은 스펙트럼이 넓다. 그것은 침묵과 방관 및 불평을 포함하는 비협조로 시작하여 점차 강도를 높여서 "방어적인 소극적 저항", 나치의 이념과 정책과 대비되는 신앙과 신학 고백, 나치 정부의 통제를 받는 어용 기구인 "제국 교회"와 그 대표자인 제국 감독에 대한 저항, 정부의 억압 정책에 대한 비판과 정부를 향한 저항을 포함하여 그 끝에 국가 전복의 음모에 참여한 공격적 저항까지 다양한 반대 행위를 포괄한다. 교회 지도자와 그리스도인 중 다수가 히틀러와 나치를 지지하고 협력하거나 침묵하고 방관한 상황에서 소수가 저항했다는 점에서, 이 소수의 저항 활동도 나치 자체를 부정한 것이 아니라 나치의 정책 중에서 교회에 관련된 일부 사안에 대해서 주로 저항했다는 점에서, 그리고 그리스도인 다수가 나치의 정책에 대해 비동의나 침묵이나 태업이라는 소극적 방식으로 저항했다는 점에서 결국 독일교회의 저항은 부분적이었고 작은 승리였다고 평가할 수 있다.

나치 시대에 독일교회가 남긴 저항과 승리의 유산을 역사적 흐름에 따라 살펴보자. 감시와 억압과 학살의 엄혹한 시기에 나치에 맞서 투쟁한 저항 운동가들의 이름을 부르고 그들의 활동을 기억하는 일은 특히 우리 시대에 뜻깊은 일일 것이다.

먼저 고백교회의 활동과 "바르멘 신학 선언"은 저항의 성과로 평가할 만하다. 고백교회는 제3제국 시기 내내 나치와 "제국 교회"에 대립각을 세웠다. 바르트와 본회퍼 등의 목사와 신학자들은 설교와 강의 및 글 등을 통해 지속적으로 나치의 인종주의와 히틀러의 우상화를 거부하는 목소리를 냈고 성서 중심의 신앙을 외쳤다. 나치 치하에서 이들의 목소리는 하나의 저항 운동이었다. 이 고백교회가 신학선언을 공표했다. 이 신학 선언을 독일교회의 승리로 평가할 만한가에 대해 논란의 여지는 있다. 그런데 나치가 독일의 전체주의화와 획일화를 급진전시키고 노골적인 인종주의 탄압 정책을 자행하고, 이에 대해서 다수의 그리스도인이 침묵하거나 방관하며, 오히려 이들이 고백교회의 저항 움직임을 비판하고 반대하는 상황에서 고백교회가 당시의 시대상에 대해 비판적인 내용을 담은 신학 선언을 발표한 것은 긍정적으로 평가받을 만하다.

　　나치 시대에 저항의 상징이 된 고백교회는 두 가지 요인에 의해 등장했다. 하나는 나치 정부가 교회 조직에 개입하고 간섭하는 문제였다. 그동안 독일교회는 독립적인 28개의 주(州) 교회로 구성되었다. 이 중 다수는 루터교회였고, 그 외에 소수는 개혁교회와 연합교회 소속이었다. 나치는 전체주의적 국가 이념에 따라서 "지도자"가 신임한 "제국 감독"이 이끄는 획일화된 "제국 교회" 즉 "독일 개신교회"(Deutsche Evangelische Kirche: DEK)를 만들고자 했다. 다른 하나는 유대인을 차별하는 "아리아인 조항"을 독일교회에 강요한 문제였다. 이것은 비(非)아리아인을 공직에서 추방한다는 내용을 담은 새로운 법의 조항이다. 친나치 세력인 "독일적 그리스도인"이 선거를 통해 교회의 주요 직책을 장악했고 이어서 인종 차별적 조항을 교회에서 채택하려고 획책했다. 이 두 사안에 맞서 베를린의 목사들을 중심으로 "목사 비상 동맹"이 결성되었고 이어서 고백교회가 탄생했다. 1934년 5월 말에 부퍼탈의 바르멘에서 개신교회 신앙 고백 회의가 개최되었다. 여기서 고백교회의 창립과 신학 선언이 발표되었다. 바르트가 초안을 작성한 이 선언문은 "독일적 그리스도인" 집단의 이단적 가르침을 반대하고 성서와 그리스도 중심의 신앙을 고백한다고 천명했다.

바르멘 신학 선언이 히틀러와 나치에 대한 독일교회의 저항 운동이라고 그동안 평가되었지만, 사실상 저항 운동의 역사에서 갖는 의미는 그렇게 크지 않다. 이 선언은 히틀러와 나치를 직접적으로 비판한 저항의 선포가 아니었다. 교회 구조의 문제와 교회 내부의 잘못된 가르침을 주로 비판했다. 그래서 제국 교회와 "독일적 그리스도인"에 맞선 기독교 내부의 "교회 투쟁"이었다. 그리고 이 선언이 사회적으로나 교회적으로 끼친 직접적인 영향도 크지 않았다. 다만 이 신학 선언의 간접적인 영향은 주목할 만하다. 1934년 이후로 고백교회가 다수의 보수파와 소수의 적극적 저항파로 분화하는 데 이 선언이 중요한 역할을 했다. 그해 10월에 베를린의 달렘에서 열린 고백교회 제2차 회의에서 이런 분화가 완성되었다. 그 이후 고백교회의 저항 활동도 새로운 차원으로 전개되었다. 고백교회의 다수파는 바르멘 신학 선언이 교회와 국가의 긴밀한 관계와 교회에 대한 국가의 보호라는 전통 위에 서 있다고 해석했다. 반면에 소수파는 이 선언의 핵심 메시지가 불의한 국가로부터의 결별이라고 강조했다. 이로써 달렘 회의는 고백교회의 소수 저항파가 나치 국가로부터 벗어나는 분기점이 되었다. 독일교회의 저항사에서 달렘 회의가 바르멘 신학 선언보다 더 중요한 이유가 바로 여기에 있다.

다음으로 나치 시대에 일부 주(州) 교회의 교인들이 나치의 정책에 공개적으로 반대하여 정부의 정책을 변경시킨 것도 저항 운동의 승리였다. 1934년 여름에 몇 개의 주 교회 감독이 나치를 지지하되 제국 교회 기구 아래 교회를 획일화하는 정책에 대해 반대를 표명했다. 그러면서 주 교회 전통과 지방 감독의 역할을 고수하고자 했다. 이를 위해 두 개 주 교회 대표들이 제국 교회의 행태를 비판하고 정부가 개입하여 문제를 해결하도록 촉구하는 서신을 히틀러에게 전달했다. 이에 대해 정부는 이들의 비판에 근거가 없다고 답했고 이에 맞서 두 주 교회는 제국 교회에 저항을 선언했다. 제국 교회는 두 주 교회의 감독을 가택 연금하고 여러 권리를 박탈하며 일부 주 교회 기관의 직원들을 해임하는 조치로 맞대응했다. 일부 주 교회에서는 "독일적 그리스도인"의 열성 지지자들이 감독의 해임을 요구하며 압박했다.

이런 상황에서 일부 교회와 교인들이 비밀경찰 게슈타포의 감시와 여러 위협에도 불구하고 정부 정책을 비판하는 공개 집회와 시위 행진을 벌였다. 1934년 9월과 10월에 저항하는 두 개의 주 교회 목사들과 평신도 지지자들이 항의 표시를 담은 기도회를 개최하고 찬송을 부르며 거리를 행진하면서 전단을 뿌렸다. 그런데 이들 집회에서는 나치를 지지하는 세력이 나치당 당가를 부르며 맞대응했다. 이에 해당 지역의 지방 정부와 나치당 임원들이 심각한 소요 사태를 우려하며 총통에게 해결을 요청했다. 마침내 히틀러가 주 교회 감독들을 베를린으로 초청해 만난 자리에서 제국 교회의 정책을 철회하고 기존 지방 감독들의 지위를 보장하겠다고 약속했다. 이처럼 정부의 정책을 철회시킨 이 사건은 교회의 승리로 기록될 만하다.

그다음으로 고백교회 저항파가 달렘 회의 이후 나치 정책에 대해 직접 비판하고 반대를 표명한 것은 저항사에 기록될 만한 사건이었다. 그들은 1935년 3월에 베를린-달렘에서 개최된 구프로이센 연합교회의 고백교회 총회에서 선언문을 작성해 소속 교회에 그 선언문을 보내 일요 예배에서 낭독하도록 요청했다. 이 서신에서 인종주의 문제가 공식적으로 명시되었다. 이 서신이 알려지자 나치는 낭독을 금지했고 이를 거부한 다수의 목사를 체포했다. 이듬해 5월에는 고백교회의 일부 지도자들이 나치의 부도덕성과 교회에 대한 부당한 정책을 지적하고 시정을 요구하는 진정서를 히틀러에게 전달했다. 그리고 반유대주의 정책 및 독일 민족과 히틀러에 대한 우상숭배적 행태 등에 대해 신학적 근거를 제시하며 반대했다. 그리스도인에게 유대인 혐오를 부추기는 것은 이웃 사랑의 계명을 어기는 것이고, 혈통·인종·민족에 영원한 가치를 부여하는 것은 십계명의 우상숭배 금지를 위배하도록 강요하는 것과 같다고 밝혔다.

이러한 서신들은 하나의 기관으로서 독일교회 차원에서 고백교회가 나치에게 용감하게 저항한 대표적인 사례이자 "작은 승리"로 평가받는다. 이 사건은 고백교회의 신자들에게 국가가 하나님의 계명에 어긋나는 복종을 요구할 경우 저항할 수 있다는 메시지를 제공했고 또한 나치에게 충성하는 국민에게는 나치의 이념과 정책에 반대하는 교회가 있다는 사실을 보여주었다. 그런 점에서 이 사건의 역사적 의의가 적지 않다. 그러나 당시 고백교회 내 다수파는 볼셰비즘에 맞서 투쟁하는 지도자 히틀러를 지지하고 달렘파의 저항을 "반역"으로 낙인찍었다. 이에 저항파는 사실상 고립되었다. 또한 이 진정서는 히틀러와 나치 정부에 대한 전면적 부정과 저항이 아니고 부분적인 비판을 담았을 뿐이었다. 오히려 이후 저항파의 입장이 후퇴했다. 진정서가 작성자들의 의도와 달리 해외에서 공개되며 국제적으로 나치 독일에 대한 비판 여론이 형성되었다. 이에 놀란 저항파가 입장을 완화한 목회 서신을 발표했다. 이 서신에서 나치의 교회 개입에 대한 비판만 남겼고 반유대주의와 강제 수용소 등 정치적인 사안은 삭제되었다. 더욱이 달렘파에 소속된 몇 명의 주 교회 감독들은 이 온건한 서신조차도 거부하고 독자적으로 성명을 발표하여 총통을 지지한다고 표명했다. 결국 이 사건은 독일교회의 부분적이면서 작은 저항으로 평가될 수 있겠다.

또 다른 저항의 사례로 교회 지도자들이 정부의 장애인 안락사 프로그램에 반대하여 정책의 일부 변화를 초래한 일도 작은 승리로 기록될 만하다. 1939년에 히틀러가 "살 가치가 없는 생명"을 제거하는 프로그램을 승인했다. 정부는 인종과 우생학에 근거하여 유대인이나 집시뿐만 아니라 장애인과 정신 질환자들까지 제거하는 안락사 정책을 실행했다. 1941년 주 교회 감독 부름이 로마 가톨릭 주교와 함께 공개적으로 이 정책을 비판했다. 그리고 불온한 움직임이 대중적으로 확산되는 듯했다. 몇 해 뒤 1943년 프로이센 지방 고백교회 지회는 살인하지 말라는 계명을 근거로 안락사 정책을 강하게 비판했다. 이런 움직임이 확산되자 정부 정책에 변화가 나타났다. 그런 점에서 이 저항은 작은 성과로 보인다. 하지만 여기에도 한계가 있었다. 처음 비판이 확산할 때 히틀러는 성인들에 대한 안락사를 중단시켰다. 그런데 아동 안락사나 독일 밖 점령지의 성인 안락사는 계속되었다. 또한 고백교회와 지도자들 대다수는 유대인 문제나 홀로코스트에 대해서 여전히 침묵했다.

교회라는 기관을 벗어나서 그리스도인들이 소규모 그룹으로 펼친 저항 운동도 작은 승리의 역사에 해당한다. 그중의 하나가 프라이부르크 그룹의 활동이다. 이 그룹은 1938년 말에서 1944년 9월 사이에 시차를 두고 형성되어 독립되었으나 핵심 인물이 중첩된 세 개의 모임으로 구성되었다. 이 모임은 프라이부르크 고백교회 교인들과 대학교수들을 중심으로 시작하여 로마 가톨릭 신자들도 포함했다. 그리고 나중에 하나는 고백교회 지도부의 위임을 받아 유대인을 돕는 비밀 모임으로, 다른 하나는 나치 이후의 정책 수립을 위한 교수들의 비밀 연구 모임으로 발전했다. 이 연구 모임은 그리스도인의 저항권에 대해 논의했고 미래 독일의 구체적인 국내외 정책에 관한 연구 작업을 진행했다. 그리고 논의와 연구의 결과를 방대한 문서로 작성했다. 비밀 활동으로 끝났지만, 이들의 작업이 체제 전복 이후의 단계를 준비했고 전후 독일의 재건에 일정하게 기여했다는 점은 긍정적으로 평가받을 만하다.

유대인을 도왔던 비밀 모임은 소위 "그뤼버 사무실"로 불린다. 고백교회 지도부의 위임을 받아 그뤼버 목사를 비롯한 40여 명의 직원들이 수많은 유대인을 도왔다. 고백교회 교인들이 위험을 무릅쓰고 유대인들을 숨겨주었고, 자신의 신분증을 기부했으며, 또 유대인들이 해외로 망명하도록 도왔다. 교인들이 기부한 신분증을 활용하여 유대인들이 합법적인 시민처럼 시내를 통행하고 해외로 망명을 떠날 수 있었다. 이러한 활동 혐의로 교인들이 체포되었고 그중 일부는 처형되었다.

마지막으로, 기독교 신자들이 정치적인 범주에서 가장 적극적으로 펼친 저항 활동에는 히틀러 암살과 체제 전복에 참여한 사례가 있는데 이 사례를 꼭 기억할 필요가 있다. 이러한 활동을 교회의 저항에 포함시킬 수 있는가 하는 의문도 있지만, 기독교 신앙을 고백하는 신자들의 개별적인 활동도 교회의 저항이라는 범주로 포괄할 수 있겠다. 이들은 그리스도인의 정체성을 가지고 이웃과 형제를 위해 자신을 희생하는 기독교의 사랑의 정신을 구현한 신자들이었기 때문이다. 나치 체제를 전복시키고 "더 나은 독일"을 추구하며 히틀러 암살을 기획한 거사가 1944년 7월 20일에 발생했다. 나치의 중추 세력인 군대 내부에서 정권에 반대하는 적지 않은 고위 장교들이 규합되었고 이들이 민간 저항 단체와 함께 독재자를 제거하고 법치 국가를 회복시키고자 했다. 비록 실패했지만 가장 큰 규모의 저항 시도였고 히틀러와 나치에 가한 충격은 실로 대단했다. 이 거사에 참여한 그리스도인 민간 저항가로 본회퍼, 페를레스, 게르스텐마이어, 쇤펠트 등은 독일교회의 저항사에 당당히 기록될 만하다. 이 저항으로 희생된 본회퍼는 현대 기독교의 순교자로 기념되고 있고 그의 저술은 이후에 큰 영향을 지속적으로 끼치고 있다.

　　결론적으로 독일 기독교의 저항은 작은 승리를 거둔 부분적 저항이었다. 이 역사가 나치 몰락 이후 독일인들에게 자부심이 되었고 교회가 전후 독일 사회의 복구와 회복의 주체이자 원동력이 되도록 했다. 전후에 독일이 탈나치화 과정을 겪으면서 부끄러운 역사를 청산하는 과정에서 많은 독일인이 과거사의 책임에 짓눌렸다. 그런 상황에서 나치에 저항한 기독교 지도자와 교인들의 저항에서 위로를 얻을 수 있었다. 그리고 이 역사에 근거해서 전후 연합국 점령군은 독일의 재건과 통합의 임무를 독일교회에 맡겼다. 이는 교회가 전후에 조직을 갖추고 영향력을 행사할 수 있는 유일한 공조직이었고 또한 고백교회의 저항 운동이 인정을 받았기 때문에 가능했다.

독일 기독교 부역의 역사: 독일교회의 나치화와 나치에 대한 협력

> 오 주여, 강한 손으로 보호하소서 / 우리 민족과 조국을!
> 우리의 지도자의 길을 따라 허락하소서 / 당신의 자비와 은총을 비추도록!
> 우리의 가슴 속에 새로이 일깨우소서 / 독일의 혈통, 힘 그리고 충성을
> 그래서 우리를 강하고 순수하게 / 당신의 독일의 자녀가 되게 하소서!

이 글은 독일 튀링겐 지방 "독일적 그리스도인"의 기도문이다. 튀링겐은 독일 중에서 루터의 종교개혁 사상과 민족주의적 기독교 전통이 가장 강한 지역 중 한 곳이다. 이 기도는 나치가 지도자 히틀러의 영도 아래 독일 민족의 우월성에 기반한 민족주의적이고 인종주의적인 이념에 따라서 독일의 영광을 재건해주리라는 인식을 잘 드러낸다. "독일적 그리스도인" 신앙 운동은 나치 집권 이전에 등장한 자생적 교회 운동이었고 이후 교회와 나치를 연결하는 매개체 역할을 했다. 종교개혁 운동의 영향이 크게 작용했던 튀링겐은 이 민족주의적이고 인종주의적인 신앙 운동의 중심지였다. 그리스도인의 일부가

히틀러에 열광했고 나치에 협력했던 배경을 잘 보여주기도 한다.

독일교회가 나치에 부역한 과거사는 작은 승리의 빛을 뒤덮은 큰 패배의 그림자를 독일 사회에 드리웠다. 이 흑역사는 최근까지 철저히 규명되지 못했다고 한다. 여전히 연구의 대상이며 각종 증거와 증언들이 발굴되고 축적되는 중이라고 한다. 그래서 종합적인 해석과 단정적인 역사 서술을 제시하는 것이 아직은 이른 상황이다.

최근까지의 연구에 따르면, 독일교회와 교인들이 나치에 부역한 과정은 크게 두 가지 측면으로 정리할 수 있다. 하나는 나치가 주도적으로 교회의 협력을 이끌어낸 측면이다. 이를 위해서 나치 당국은 한편으로 유사 기독교적인 선전 선동을, 다른 한편으로 교회에 대한 박해를 활용했다. 다른 하나는 교회가 자발적이고 능동적으로 히틀러에 열광하고 나치에 협력한 측면이다.

먼저 히틀러와 나치는 집권 과정과 집권 후 초기에 교회와 교인들을 상대로 선전 선동을 적극 활용했다. 이를 통해 기독교의 지지와 협력을 끌어내서 대중적인 지지 기반을 확보하고자 했다. 히틀러와 나치의 주요 지도자들이 기독교적이거나 친기독교적이었는가에 대해 그동안 논란이 있었다. 결론적으로 그들은 대체로 비기독교적이거나 기독교에 대해 적대적이었고 이교적이었다고 평가받는다. 그런데도 그들은 다양한 방식으로 스스로를 독일교회의 구원자이자 신실한 기독교 신앙인으로 미화하면서 교인들의 지지를 끌어내고자 했다. 그들은 로마 가톨릭과 개신교를 포함한 기독교가 가장 큰 대중적 기반을 가진 위협 세력이 될 수 있다고 보았다. 이데올로기적으로나 세계관 측면에서 기독교가 나치와 크게 달랐기 때문에 언제든 반대 세력이 될 잠재력이 있다고 판단했기 때문이었다.

그래서 히틀러와 나치는 기독교적 요소를 활용하여 다양한 선전 선동을 펼쳤다. 우선 나치를 기독교 종교로 포장했다. 나치당 강령에 "긍정적 기독교" 조항을 넣고 나치가 기독교와 같은 정신적 토대 위에서 동일한 목적을 추구한다고 천명했다. 전통적 기독교가 예수의 죽음, 섬김, 복종 등 부정적이고 나약한 가르침을 전파했다면, 이제 독일 기독교는 긍정적이고 강한 가르침을 펼치며 실천해야 하며 특히 독일 민족을 위해 투쟁해야 한다는 점을 강조했다. 그러면서 교회를 상대로 긍정적이며 민족에 합당한 기독교 신앙을 고백하고 정부와 함께 싸우면서 독일 민족을 위해 복무하자고 호소했다. 다음으로 기독교 신앙인의 언행을 적극적으로 사용했다. 히틀러는 자신이 기독교적으로 "경건하고 신실한 지도자"의 면모를 갖추었다고 과시했다. 제국 수상에 취임한 직후 라디오 연설을 통해 "기독교를 우리 민족의 도덕적 기반"으로 삼겠다고 천명하고 "전능하신 하나님"을 부르며 독일 민족을 위한 복과 지혜를 기원했다. 이러한 종교적 태도가 사람들의 마음에 깊은 인상을 남겼던 것으로 보인다. 그리스도인들은 히틀러에 대한 신화를 만들어 유포했다. 그 신화의 내용은 히틀러가 경건 서적을 매일 읽고 주머니에 신약성서를 갖고 다니며 매일 읽는다는 것이다. 이렇게 현혹된 일부 교인들은 나치 운동을 기독교적 신앙 운동으로 생각해서 지지하고 협력했다.

둘째로, 나치가 교회를 박해하면서 충성과 협력을 강요한 측면을 간과할 수 없다. 나치는 국가 체계와 전 사회적 질서와 마찬가지로 독일교회를 획일화하고 나치화하려고 했다. 이를 통해 교회를 효과적으로 통제하고 협력 체계를 구축하여 지지 세력을 확대하고자 했다. 그러면서 "긍정적 기독교"에 반대하는 사람들에 대해서는 엄벌로 다스렸다. 나치에 저항한 교회 지도자와 신학자들을 겁박하고 탄압한 사례를 모두 열거하기 어려울 정도였다. 친나치 교수 단체와 학생 단체를 설립하거나 지원하여 나치를 지지하지 않는 신학 교수들을 협박하여 쫓아내기도 했다. 고백교회 소속 신학 교육 기관은 축소되거나 폐쇄되었다. 목사들에게 히틀러와 나치에 대한 충성 서약을 강요하고 교회의 예배와 집회 및 재정 사용을 감시하고 통제했다. 교회 청소년들을 나치 청소년 행사에 동원하고 적극적으로 나치화하고자 했다.

몇 가지 기독교 박해 사례를 주목해보자. 나치 집권 후 1년여 사이에 정부의 정책을 비판하며 불복종을 논의한 서신들이 교회 안에 회람되었다. 이것이 발각되어 참여한 목사들에게 "특별 법정"은 각각 몇 개월의 징역형과 무거운 벌금형을 선고했다. 이는 나치가 국민을 간접적으로 협박하고 공포심을 키우는 무언의 메시지였다. 1933년 제국 감독을 수장으로 하는 "제국 교회"를 창설했고 수장인 제국 감독에는 히틀러에게 충성하는 독일적 기독교 운동의 지도자 뮐러를 앉혔으며, 주요 교회 기관을 이 운동의 구성원으로 채웠다. 그리고 이어서 인종법에 따라서 비아리안계 목사들을 퇴출시키고자 했다. 이러한 정책에 저항하는 목사 비상 동맹의 지도자들이 대통령과 히틀러에게 진정서를 보내 항의했다. 이에 히틀러가 기독교 지도자 12명을 초청하며 대응했다. 이 자리에서 위협을 느낀 교회 지도자들이 교회 안에서 화해를 위해 일하겠으며 지도자와 국가에 대해 무조건적으로 충성하겠다는 입장을 공개 성명서로 밝혔다. 바로 당일 저녁에 게슈타포가 대표적 지도자 마르틴 니묄러 목사의 집을 수색했고, 이틀 후에 휴직 명령을 내렸으며, 2주 후에는 퇴직을 강행했다. 이런 상황에서 니묄러 목사의 집 현관에 폭탄이 투척되기도 했다. 1935년 3월 구프로이센 연합교회의 고백교회 총회가 작성하여 소속 교회에서 낭독하도록 한 선언문이 인종주의 문제를 제기하자 나치는 낭독을 금지하고, 목사들에게 낭독하지 않겠다는 보고서를 당국에 제출하도록 명령했다. 이를 거부한 715명의 목사가 체포되었다. 이들 중에서 파울 슈나이더 목사는 강제 수용소에서 순교했다. 1937년 이후 교회에 대한 박해를 강화했다. 니묄러 목사를 체포하여 구속했고 고백교회 신학교들을 폐쇄했다. 교회 기관들의 활동이 제한되기도 하고, 교회 언론과 출판물이 검열되고 통제되었다. 나치 시대 내내 교회에 대한 통제와 박해가 지속되었다.

세 번째로, 독일교회가 적극적이건 소극적이건 능동적으로 기독교를 나치화하고 나치 정책에 협력했다. 나치 시기에 독일교회의 패배이자 흑역사로 평가받는 사건과 그 역사적 의의를 시간의 흐름에 따라 정리해보자.

먼저 1933년 1월 30일 히틀러가 제국 수상에 임명되고 집권하자 다수의 교인이 히틀러에 열광하고 나치의 등장을 환영했다. 이것이 독일교회 흑역사의 출발이자 가장 중요한 패배라고 할 수 있다. "독일적 그리스도인" 소속을 비롯해 다수의 교회에서 축하의 감사예배와 축제가 개최되었다. 이들은 히틀러를 메시아와 같이 여겼고 그가 제국 수상에 임명된 것을 마치 독일 민족을 위한 신의 뜻이 이루어진 것처럼 인식했다. 동시대의 증언과 자료들에 따르면, 많은 독일인이 히틀러를 구세주와 새로운 그리스도처럼 믿었고 그의 책 『나의 투쟁』을 새로운 성서처럼 받아들였다. 몇몇 지방의 경우 다수의 목사가 히틀러 지지를 선언했고 일부는 나치당에 가입했다. 후일 고백교회의 지도자가 되었던 목사 중 다수도 마찬가지로 환영과 기대감을 표현했다.

다음으로 신학적 측면에서 보면, 독일교회가 민족주의와 인종주의 사상을 신학화하여 다수의 교인들로 하여금 히틀러와 나치를 지지하고 협력하도록 영향력을 행사했다. 특히 일부 신학자들은 한편으로 보수적인 "질서의 신학"을 정립했고, 다른 한편으로 기독교를 탈유대화하면서 히틀러와 나치에 대한 부역의 대열에 앞장섰다. 이러한 신학 작업의 토대로 활용된 것이 루터의 정치사상이었다. 질서의 신학을 주창한 신학자들이 1934년 6월에 고백교회의 바르멘 신학 선언에 대항하여 안스바하 선언문을 발표했다. 이 선언문은 하나님이 가족, 민족, 국가라는 창조 질서를 통하여 자신을 계시하시는데, "우리 민족을 위해 총통을 경건하고 신실한 최고 지도자로서 보내주시고 국가 사회주의 국가 질서 가운데서 선한 정부를 주심을 감사한다"고 고백했다. 이처럼 질서의 신학은 기독교 신앙을 독일 민족과 운명 공동체로 결합시켜서 신자들로 하여금 히틀러 체제에 협력하도록 정당성을 제공했다.

이들 친나치 신학자들은 기독교의 탈유대화 작업에 적극적이었다. 당시 반유대주의의 광풍 속에서 그들은 기독교가 유대교에 뿌리를 두고 있고 유대인 예수를 믿고 따른다는 사실에 곤혹스러워했다.

이에 그들은 예수를 유대인이 아니라 아리아인 계통의 갈릴리인이라 주장하고 히브리어 사용을 금지했고, 성서와 찬송가에서 유대적인 흔적들을 지웠다. 1939년 3월, 주 교회 감독 중 1/3이 서명한 "고데스베르크 선언"은 기독교가 유대교와 반대된다고 천명했다. 이런 탈유대화의 절정은 그해 5월에 설립된 "탈유대인 연구소"(약칭)의 활동이었다. 이 연구소는 특히 성서에서 유대적 특성과 요소들을 제거하고자 했다. 구약성서를 빼고 신약성서에서 유대적인 용어와 서술 내용을 지운 새로운 성서를 제작하여 보급했다. 그들은 홀로코스트의 참상에 대해 듣고 알았음에도 불구하고 유대인에 대한 혐오를 거두지 않았다.

그다음으로 교회의 신앙생활 영역에서도 나치에 대한 열광과 지지가 분출되었다. 나치 정부 수립 이후 많은 교회가 나치의 깃발을 "독일 희망의 상징"으로 제단 주위에 게양했다. 일부 교회의 경우에는 예배 동안에 나치식으로 오른손을 들고 나치당 당가를 불렀으며 결혼식이나 입교식에서 성서 대신 히틀러의 『나의 투쟁』을 선물하기도 했다. 일부 목사는 히틀러의 말을 직접 인용하여 설교하기도 했다. 일부 교회에서는 나치 문양을 넣은 교회 종을 사용했다. 성탄절 찬송가 "고요한 밤 거룩한 밤"의 가사에서 예수의 자리에 히틀러가 들어간 노래가 불렸다. "고요한 밤 거룩한 밤, 어둠에 묻힌 밤 / 쉼 없이 싸우는 총통만이 / 밤낮 독일을 지켜보며 / 언제나 우리를 돌보시네." 기독교적 언어들이 나치화되어 사용되는 경우도 많았다. 일례로 "원죄"는 아리아인의 피를 모독하는 것을, 믿음은 히틀러와 나치에 대한 전폭적 신뢰를 의미하는 용어로 사용되었다. 그리고 메시아는 지도자 히틀러로, 기독교의 삼위일체 교리에서 성부·성자·성령은 민족·제국·지도자로 대체되었다. "하일"(Heil)은 중세 때부터 인사말로 사용되었는데, 나치 시대에는 오른손을 뻗어 펼치며 "히틀러 만세"(Heil Hitler!)를 외치는 인사말로 사용되었다. 인사받은 사람은 같은 방식으로 응답해야 했고 이를 행하지 않으면 탄압받았다.

이에 더해서 독일교회는 나치의 반유대주의 정책과 유대인 탄압에 대해 다양한 방식으로 협력했다. 1935년에 제정된 뉘른베르크 법은 모든 독일인과 유대인 사이의 성관계 금지 및 결혼을 무효로 하는 내용을 담고 있었다. 이 법의 공표와 함께 수백만 명의 독일인들이 자신의 아리아인 혈통의 순수성을 입증해야 했다. 일부 직종의 공무원 지원서 및 결혼 신청서에 4명의 조부모의 서명과 확인 도장이 필수적이었다. 친가와 외가의 4인 조부모를 통해 아리아인과 유대인 및 혼혈인이 구별되었다. 그 4인 조부모가 유아 세례를 받은 장소와 날짜가 확인될 때 순수 아리아인으로 입증되었다. 유대인 신앙을 갖거나 유대인과 결혼한 사람은 유대인으로 분류되었고 이들의 신분증명서에 "J" 표시가 찍혔다. 이런 과정에서 독일인과 타 인종 혹은 혼혈인을 확실하게 입증하는 것은 무엇보다 교회의 유아 세례 증명서였다. 따라서 교회가 인종 분리 정책을 실행하는 중요한 기관이 되었다. 대부분의 교회 실무자는 관료주의 전통에 따라 공직자로서 이런 인종 차별 업무를 충실히 수행했다. 이들은 인종 차별 정책에 대해 문제의식을 갖거나 저항하지 않았다. 오히려 나치의 반유대주의 정책에 충직하게 공모했다. 또한 아리안 인종법이 교회에 도입되고 비아리아인 목사들이 교회에서 퇴출당했을 때 일부 교회와 교인들이 동조했다. 어느 교회에서는 유대인 목사가 집전하거나 유대인이 참여하는 성만찬에 대해 교인들이 불평했다. 유대인 목사가 예배를 인도하는 교회의 경우 일부 나치 교인들이 교회 밖에서 시위를 벌이고 교회 안에서는 목사가 예배 집전을 시작하면 곧바로 교인들이 퇴장했다. 유대인 목사 부부가 집으로 돌아가는 길에서는 항의자들이 그 부부를 뒤따르면서 유대인 혐오 욕설을 퍼부었다. 물론 일부 교회와 교인들이 유대계 목사에 대해 지지 활동을 펼치기도 했지만, 끝내 유대계 목사들은 사직하고 외국으로 망명했다. 1938년 11월 "수정의 밤"이 발발했을 때 독일교회에 유대계 목사는 남아 있지 않았다.

더욱이 일부 목사들이 나치의 인종 학살에 적극 가담한 사례도 최근 밝혀졌다. 물론 이들이 교회의 대표자들이거나 그리스도인의 다수를 차지하는 것은 아니지만, 교회 지도자인 목사가 적극적으로 인종 학살에 협력한 것을 간과할 수는 없다. 어느 목사이자 신학 교수는 전쟁 중에 볼셰비키와 대치한 동부 전선에 배치된 부대 강의 요원으로 복무했다. 그가 유대인과 동일시되던 볼셰비키를 대상으로 삼은 무고한 양민 학살을 독려했을 것이 분명하다. 또 다른 목사는 실제로 직접 유대인을 학살했다. 그는 특수 작전 부대를 지휘했다. 그리고 1941년에 유대인 1백만 명을 학살한 "이동 학살 작전"을 실행했다. 이것은 특수 제작한 트럭을 이용하여 유대인을 독가스로 학살한 작전이었다. 그는 뉘른베르크 전범 재판에서 사형을 선고받았는데, 이후 종신형으로 감형되었다가 마침내 석방되어 목사직에 복귀했다.

마지막으로 독일교회 다수의 침묵과 무관심도 주목할 사안이다. 독일교회의 일부가 나치에 저항하고, 또 다른 일부가 나치에 적극적으로 협력할 때, 나머지 다수의 교회 지도자와 교인들은 나치의 범죄에 대해 무관심하거나 침묵했다. 이 침묵은 사실상 나치에 대한 소극적 동조로 해석될 여지가 있다.

결국 이처럼 독일교회와 교인의 대다수가 나치화되었거나 다양한 방식으로 적극적으로나 소극적으로 나치에 부역했다는 평가는 과하지 않다. 이런 점에서 나치 시대의 독일 기독교가 나치의 공모자였다는 해석도 틀리지 않다. 독일교회가 부분 저항을 통해 작은 승리를 거둔 것처럼 보이지만, 사실상 큰 패배를 경험했고 이 흑역사에 대해 참회와 죄책을 고백하는 멍에를 메지 않을 수 없었다.

독일교회의 부역과 관련하여 한 가지 주목해야 할 부분이 있다. 나치 시대 교회 지도자들의 역할과 책임에 대한 평가의 문제다. 이들은 일요일마다 교회에서 설교하며 교인들을 가르치고 이끈 목사들이고 독일교회의 공식 기구의 대표자들이자 독일교회의 신학과 신앙에 지대한 영향을 끼친 신학자들이다. 이들 지도자와 교인들의 관계에 대해 역사가 로버트 에릭슨은 다음과 같이 질문한다. (나치 시기 독일교회 역사를 연구하는 대표적 연구자인 그의 글을 조금 수정해 인용하면 이렇다.) 독일교회의 목사와 신학자 및 지도자들 다수가 나치의 등장을 환영하고 축하하며 하나님의 뜻으로 해석하고 가르쳤을 때, 주일 예배의 설교와 학교의 종교 교육을 통해 나치에 협력하도록 가르치고 반인륜 범죄에 침묵했을 때, 독일교회의 대표적인 기구들뿐만 아니라 고백교회의 지도자들 다수가 나치에 우호적이고 홀로코스트에 대해 방관했을 때, 신학자들이 유대인을 증오하고 혐오하며 신학의 이름으로 글과 방송을 통해 반유대주의를 설파할 때, 교인들은 어떻게 반응해야 했을까? 이를 비판하거나 거부할 수 있었을까? 로버트 에릭슨은 이렇게 답한다. 독일교회 지도자들이 히틀러와 나치를 지지하고 정당성을 확인해줄 때, 그들은 평범한 신자들에게 "학살 면허증"을 부여한 것과 마찬가지였다. 그의 주장을 참고하면, 이런 상황에서 다수의 "평범한 독일인들"과 마찬가지로 다수의 "평범한 교인들"이 거리낌 없이 전쟁 범죄와 인종 학살에 참여했음을 부인할 수 없다. 물론 교인들이 나치의 악행과 범죄에 대해 양심과 이성에 따라 생각하고 판단하여 행동하지 않은 것, 즉 이들 자신의 무사유의 죄를 부정하거나 간과할 수는 없다. 그럼에도 당시 역사의 상황을 고려하면 누구보다 목사와 교회 지도자들의 죄책이 무겁다.

전후 독일의 탈나치화와 과거사 극복: 사죄와 용서와 화해의 노력들

독일이 나치 시대의 과거사를 극복하고자 노력한 과정을 세계가 주목했다. 과거사의 "극복"이란 역사 속에 은폐되고 왜곡된 진실의 규명, 가해자에 대한 단죄, 희생자와 피해자에 대한 보상과 배상, 과거사에 대한 지속적인 교육과 기억을 포괄한다. 1970년에 빌리 브란트 서독 총리가 폴란드의 나치 희생자 위령탑 앞에서 무릎을 꿇고 홀로코스트에 대해 사죄했다. 이는 렘브란트의 작품 〈돌아온 탕자〉에서 아버지 앞에 무릎 꿇은 아들을 연상시킨다. 이 장면은 독일의 과거사 극복 과정에서 가장 상징적인 사건으로 회자된다. 이후 서독의 총리나 대통령들은 재임 중 기회가 있을 때마다 홀로코스트를 비롯해 과거사에 대해 사죄했다. 분단 시기의 동독 출신이자 기독교 목사의 딸이며 통일 독일의 여성 총리였던 앙겔라 메르켈이 한 추념사에서 이렇게 말했다. "우리는 나치의 각종 범죄, 제2차 세계대전의 희생자들, 홀로코스트에 대해 영원한 책임이 있다." 이 말처럼 독일은 지속적으로 과거사에 대해 사죄하고 책임지고자 다양한 방식으로 노력했다.[4] 이러한 노력에 담긴 진정성이 세계의 인정을 받았다. 물론 그 과정에서 드러난 한계도 지적받고 있다. 모범적인 사례는 배우고 한계는 반면교사로 삼는 자세가 필요할 것이다.

독일의 과거사 극복 과정이 항상 순탄한 것만은 아니었다. 1945년 5월 나치 정권의 패망 이후 1949년 9월 서독 정부 수립에 이르는 군정기 동안 미국, 영국, 프랑스, 소련, 4개국 점령국 군정 당국이 주도한 탈나치화가 진행되었다. 탈나치화는 주요 전범의 사법적 단죄와 주요 협력자들의 인적이고 정치적인 청산을 의미했다. 이 과정은 독일 뉘른베르크에서 열린 국제 군사 재판(1945.11-1946.10)으로 시작되었다. 이를 통해 나치의 주요 전범에 대한 사법적 청산이 진행되었다. 이어진 "뉘른베르크 후속 재판"(1946.11-1949.3)에서 유대인 학살과 관련된 책임자들에 대한 단죄가 추진되었다. 이 두 뉘른베르크 재판은 승전국들이 주도한 일방적인 "승자의 재판"이어서 한계도 지적되기는 하지만, 긍정적인 평가도 가능하다. 긴 과거사 극복의 시작을 알렸고 또한 역사상 최초로 "반인류 범죄"가 국제법으로 규

---

4   참고. 최성철, "나치의 망령에서 벗어나기: 독일의 과거사 극복과 역사적 화해", 고재백, 오유석, 허고광, 『용서와 화해 그리고 치유』(새물결플러스, 2022), 295-333.

정되었다는 점에서 의미가 있다. 전쟁 전이나 전쟁 중에 민간인을 상대로 살해, 절멸, 노예화, 추방과 같은 비인간적 행위를 저지르거나, 정치적·인종적·종교적 이유로 박해하는 것이 이 범죄에 해당한다. 재판 과정에서 히틀러 정권의 참혹한 악행들이 폭로되면서 독일 시민들을 탈나치화하는 재교육의 효과도 거두었다.

연합국 군정 당국은 사법적 청산과 함께 사회 전반적으로 나치의 잔재를 제거하는 사회적 탈나치화를 진행했다. 이 작업은 나치당과 모든 연관 조직 및 기구를 해체하고, 나치당의 고위 간부를 체포하며, 공직과 국영 기업 및 사기업, 교육, 언론, 출판계의 주요 직위에서 나치당원을 일소하는 것을 포괄한다. 이 기준에 따라 종전 후 1년간 약 20만 명의 나치당원이 체포되어 수감되었고 약 15만 명의 공무원과 7만 3천 명의 경제인들이 해고되었다. 이어서 나치당원과 협력자들을 심사하고 분류하여 처벌하는 작업을 진행했다. 신설된 "나치 심사청"이 19세 이상의 모든 독일인을 대상으로 설문 조사를 실시하고 응답자들의 죄의 경중을 다섯 가지 종류(주요 책임자, 적극적 참여자, 소극적 참여자, 단순 가담자, 무혐의자)로 분류하여 심사하고 판결했다. 결과적으로 심사 대상자 중 소수 일부만 법적 처벌 대상자로 분류되었고 이들 중에서도 소수의 적극 참여자를 제외하고 다수는 단순 가담자로 인정되었다. 더욱이 적극 참여자로 단죄된 자들 대부분이 곧 석방되어 옛 직위에 복귀했다.

서독 정부가 수립된 이후 과거사 극복 과정은 우여곡절을 겪으며 진행되었다. 분단국가 시대의 동독을 논외로 하고, 서독에 초점을 맞추어보면, 1950-60년대에 과거사 논의가 주춤했다. 국제적으로 냉전과 체제 대결이, 국내적으로는 전후 복구와 재건 및 국민 통합이 우선 과제였다. 이런 상황에서 과거사에 대한 관심은 약화되었고 청산 작업은 후퇴하는 듯했다. 나치 혐의자들이 공적 영역에 대거 재등장하여 독일이 "재나치화"되었다는 비판이 제기될 정도였다. 새로운 국가를 건설하는 데 나치 시대의 인력이 필요했던 것이다. 그러다가 1960년대 이후에 독일인이 스스로 과거사를 본격적으로 청산하기 시작했다. 나치 시대의 책임에서 벗어난 새로운 세대가 등장하고 이들을 중심으로 새로운 비판 문화가 형성되면서 과거사 청산에 대한 요구가 높아졌다. 때마침 1960년대 초 예루살렘에서 유대인 집단 학살의 책임자 아이히만에 대한 재판이 진행되었고 세계의 이목을 끌었다. 국내에서는 유대인 집단 학살과 강제 수용소 문제가 쟁점화되었고 책임자들을 사법적으로 단죄해야 한다는 여론의 압력이 커졌다. 이에 따라 홀로코스트 관련자들에 대한 사법적 처벌이 이루어졌고 인종 학살의 참상을 규명하는 작업이 급진전했다. 이후 이를 바탕으로 희생자와 피해자 및 이들의 후손에 대한 배상과 보상이 지속적으로 이루어졌다. 1980년대 후반에 냉전이 종식되면서 과거사 청산 작업의 기류가 변하는 듯했다. 과거사 청산에 대한 저항이 역사학계 안팎에서 분출되었다. 이런 논란에도 불구하고 1990년대 이후 독일의 과거사 청산이 지속되었고 그 범위도 더욱 확대되었다. 피해자의 범위는 유대인을 넘어 집시, 성소수자를 비롯해 외국인 강제 노역자를 포괄했고 피해자와 그 후손에 대한 각종 배상과 보상의 규모도 계속 커졌다. 과거사 극복은 역사를 기억하고 성찰하며 기념하는 교육과 문화 영역으로 확장되었다. 오늘날까지 피해당한 주변국들과의 화해를 위한 외교 정책과 공동 교과서 집필 및 학생 교류 등을 포함한 과거사 청산이 폭넓게 이어지고 있다.

독일의 과거사 극복과 역사적 화해 노력은 유럽의 통합과 독일의 통일에 긍정적으로 기여했다고 평가받는다. 유럽은 오랫동안 "독일 문제"를 안고 있었다. 두 차례 세계대전을 일으킨 독일은 주변국들에 침략자이자 유럽 질서의 파괴자로서 골칫거리 취급을 받았다. 특히 독일이 통일되는 과정에서 주변국들은 통일 독일이 가져올 악영향을 크게 우려하며 지켜보았다. 그런데 독일의 과거사 극복 노력이 주변국들의 우려를 잠재웠고 통일을 지지하게 만들었다. 더욱이 이러한 과거사 극복 노력은 유럽 공동체 안에서 독일이 주도적 역할을 할 수 있도록 뒷받침해주었다. 그런 점에서 과거사 청산이 과거에 얽매이는 것이 아니라 미래 발전의 원동력이 된다는 점을 독일의 사례가 입증해준다.

나치 패망 이후 독일교회의 탈나치화

독일의 패전과 나치 정권의 몰락 이후 독일교회는 여러 어려운 과업을 떠맡게 되었다. 나치 시기와 전쟁은 국토의 폐허와 사회 경제적 붕괴를 남겼고, 정치와 치안의 공백을 초래했으며, 정신적 불안을 확산시켰다. 이런 상황에서 독일교회는 나치 시기 전후로 대부분의 조직과 인력을 유지했던 거의 유일한 공적 기관이었다. 많은 독일인은 도움을 받을 수 있는 교회를 의지했다. 승전국 군정도 교회에 많은 역할을 기대했다. 독일교회가 나치에 부역하거나 침묵했던 과오로 인해 비판의 대상이 될 수 있었지만, 나치에 맞서 투쟁한 역사와 종전 이후 과거사에 대해 참회한 고백교회를 독일인들이 인정했기 때문이었다.

전후 독일 사회의 전반적인 흐름에 맞추어 교회도 탈나치화 작업에 착수했다. 이 과정은 두 가지 방식으로 진행되었는데, 하나는 승전국 군정이 주도한 것이고 다른 하나는 교회가 스스로 주도한 것이었다. 종전 직후 교계에서 나치 부역자 처리 문제가 공론화되었다. 예를 들어 니묄러 목사는 교계를 이끌고 나가기에 부적합한 사람들을 교회 지도부로부터 분리시켜야 한다고 주장했다. 그러나 교계는 법적 구속력을 지닌 연합군 군정이 행하는 탈나치화 작업을 지켜봐야 했다.

군정이 먼저 독일교회 내부의 나치 협력자들에 대해 인적 청산 작업을 진행했다. 그 결과로 상당수의 목사와 교회 기관의 종사자들이 해고와 처벌의 대상자로 분류되었다. 그런데 독일교회의 대표 기구와 주요 지도자들 및 신자들의 다수가 군정의 탈나치화 과정에 대해 부정적이었다. 뉘른베르크 전범 재판에 대해서 교회는 적극적으로 반대 여론을 확산시켰다. 대표적인 지도자인 부름 목사는 그 재판이 무고한 사람들을 희생시킬 수 있고 오히려 교회에 적대적인 자들이 공직 자리를 차지하게 될 것이라고 주장했다. 교회 연합 기구는 탈나치화가 사랑과 정의 대신에 거짓말과 염탐과 선전 공세를 확산시켰을 뿐이고 다수의 목사와 교회 기관 종사자들을 퇴출시킴으로써 교회의 영향력을 떨어뜨릴 것이라며 연합국 군정에 재고를 요청했다. 그리고 정치적 청산이 필요하기는 하지만 처벌은 반드시 개인의 범죄를 입증할 증명서를 토대로 해야 한다고 주장했다. 일부 지방의 교회 지도자들은 탈나치화가 과거의 끔찍한 시기를 기억하게 할 뿐 실익은 없이 부당한 결과를 가져올 것이기에 교인들에게 공적인 고발이나 증언에 참여하지 말 것을 촉구하기도 했다.

다음으로 독일교회가 자체적으로 교회의 탈나치화와 정화 작업을 추진했다. 교회에 일임된 탈나치화 작업은 각 주의 주 교회마다 서로 다른 방법으로 진행되었다. 그 과정에서 공통적으로 가장 어려운 점은 나치 부역의 정도를 판단하는 일이었다. 대표적인 사례로 어느 곳보다 나치 지지 세력이 강했던 튀링겐주의 교회 정화법을 주목할 만하다. 이 법에 따르면 다음에 해당하는 자는 교회에서 면직되어야 했다. 나치 시대에 "교회 정치적인 행동으로 인하여 공직 의무를 훼손하거나 교회에 해를 끼친 목사, 교계 공직자, 상임 근무자, 근무자"는 해임되어야 했다. 구체적인 기준으로 1933년 4월 1일 이전 나치당과 "독일적 그리스도인" 단체 가입자, 4월 1일 이후에 가입했으나 각 조직의 주요 책임자, 나치 정부로부터 서훈을 받은 자, 그 외 적극적 참여자가 제시되었다. 이 기준에 해당하더라도 다음과 같은 자들은 제외되었다. 나치당이나 "독일적 그리스도인"의 세계관에 저항하고 탈퇴한 자, 나치당 반대 활동이나 교회를 위한 행동으로 불이익이나 탄압을 받은 자, 직무 수행 중 나치나 "독일적 그리스도인"에 저항했음이 입증된 자들은 면책되었다.

결과적으로 교회 자체의 탈나치화 작업은 전반적으로 큰 성과를 거두지 못했고 오히려 교회 내부의 저항에 부닥쳤다. 한편으로, 다수의 교회 지도자가 나치의 박해 때문에 부역하거나 침묵했으며 나치의 만행을 몰랐다고 변명했다. 더욱이 자신들이 나치에 용감하게 맞서다가 고난을 겪은 희생자였다는 신화를 만들어냈다. 이런 변명과 신화는 오래 지속되었다. 그러나 역사적 연구들이 입증하듯이 다수의 교회 지도자는 자발적이고 능동적으로 나치에 부역했음이 확인되었다. 그리고 유대인들이 각종 법으로 차별받고 학교와 거리에서 차별적 언어가 난무할 때, "수정의 밤" 사건에서 유대인들의 집과 상점 등이 파괴될 때, 집단적으로 죽음의 수용소로 이송되어 끔찍한 참상을 겪을 때, 그들은 침묵 속에 지켜보았다. 더욱이 일부는 그 과정에 직접 참여했다.

다른 한편으로 일부 교회 지도자들은 탈나치화 작업을 축소하거나 무력화시키려고 다양한 방법을 동원했다. 그들은 처음부터 나치 주동자들을 최소한으로만 처벌하도록 주장하며 혐의자들을 변호하고 구제하려고 했다. 나치당원이나 적극적인 부역자들이 히틀러와 나치의 본질을 알지 못했다고 변호하거나 이들이 사실은 나치에 대해 은밀한 반대자였거나 또는 단순 가담자에 불과했음을 증명하려고 했다. 기소된 전범을 위해 무죄 탄원서를 작성하거나 "신분을 세탁하는 증명서"를 발급해 사면되도록 노력하기도 했다. 혹은 혐의자들이 비록 나치의 공범이었지만 좋은 신앙인이라거나 정직하고 착한 성품이라는 점을 보증하며 탄원했다. 이 덕분에 유대인 학살 범죄로 사형을 선고받았던 자가 사면되는 사례도 있었다. 마지막으로, 일부 교회와 교인들은 나치 범죄자들이 해외로 망명할 수 있도록 도왔다. 이 일에는 로마 가톨릭 지도자들이 앞장섰고 개신교 역시 크게 조력했다. 이런 사실은 최근 들어서 자료들이 공개되고 연구가 진척되면서 확인되었다. 단적인 사례로 1946년부터 1955년까지 약 10만 명의 독일어 사용자들이 아르헨티나로 망명했다. 이 중에는 아이히만 같은 나치 지도부가 다수 포함되었다. 그 외에도 상당수가 남미뿐만 아니라 미국이나 캐나다로 도주했다. 이들은 여권과 길 안내자 및 비용을 부담할 조력자가 필요했는데 교회의 역할이 컸던 것으로 확인되었다.

이런 상황에서 다수의 교회 지도자가 나치 시대의 부역과 공모를 인정하거나 과오에 대해 반성과 성찰하는 모습을 보여주지 못했다. 오히려 일부 교회와 그리스도인의 저항 활동을 과대평가하거나 과장하는 흐름이 있었다. 니묄러나 본회퍼와 같은 대표적인 저항파 인물들이 기독교 전체를 대표하는 것처럼 그리고 고백교회가 마치 저항 조직이었던 것처럼 설명했다. 교회가 나치의 박해 아래서도 최대한 나치 범죄에 반대했다는 이야기를 앞세웠다. 이러한 교회의 분위기가 팽배한 상황에서 나치에 부역한 목사와 신학자 대다수는 자신의 경력과 지위와 활동을 계속 유지할 수 있었다.

이처럼 교회의 탈나치화가 성공하지 못한 것은 여러 이유에서 비롯된 것으로 보인다. 무엇보다 교회 지도자들과 교인 중 다수와 그들의 친인척이 바로 나치당원이거나 나치 협력자였기 때문이었다. 다음으로 탈나치화가 교회의 영향력을 위축시키고 위협을 초래하리라는 우려 때문이었다. 수만 명에 이르는 나치 협력자들이 공공 기관에서 해고되면 수많은 교인이 직업을 잃고 그 자리를 부적합한 교회의 "적들"이 차지할 것으로 예상했던 것이다. 여기서 말하는 적은 사회 민주주의자들과 노동자 세력 등의 좌파와 유대인들이었다.

나치 패망 이후 독일교회의 죄책 고백

1945년 10월 슈투트가르트에 모인 기독교 지도자들이 나치 시대 독일교회의 죄에 대해 이렇게 자책했다. "우리가 더 용감하게 고백하지 못했고, 더 신실하게 기도하지 못했으며, 더 기쁘게 신앙하지 못했고, 더 뜨겁게 사랑하지 못했던 우리 자신을 고발합니다." 그리고 이렇게 끝맺는다. "온 세상에 새로운 시작이 필요한 이때 우리는 기도합니다. 오소서, 창조자 성령이시여!"

교회의 탈나치화 과정에서 중요한 쟁점 중 하나는 나치 시대의 범죄에 대한 교회의 책임 문제였다. 전후에 나치 범죄와 관련하여 그것이 독일인들의 "집단적 죄"라는 인식이 대체로 강했다. 그래서 군정의 탈나치화가 독일인의 집단적 죄를 다룸으로써 독일인들의 자기반성과 재교육을 이끌어내지 못했다는 비판이 제기되었다. 이와 달리 개인들의 죄를 강조하는 해석이 제시되었다. 특히 로마 가톨릭교회의 경우에는 교회라는 기관의 죄가 아니라 개인의 죄라고 주장했다. 로마 가톨릭의 입장은 구약성서가 민족의 죄를 다루지만 신약성서는 개인의 죄에 초점을 맞춘다는 점에 근거했다. 이와 달리 개신교회는 나치의 모든 죄를 교회 자체의 죄로 받아들였다.

독일 기독교의 죄책 고백 움직임은 이미 나치 시대에 시작했고 종전 직후에도 이어졌다. 본회퍼는 1940년 9월 나치에 부역한 독일교회의 죄책에 대해 기록했다. 그는 이를 중요한 신학적 의제로 삼고 죄책 고백을 교회 재건을 위한 필요 조건으로 보았다. 일부 주 교회 감독들은 교회의 죄책에 대해 무겁게 생각했다. 전쟁 종식 직전에 저항 운동 지도자 보델슈빙 목사도 "국민의 죄책감과 운명에 대한 책임을 회피할 수 없고 하고 싶지도 않다"고 설교했다. 패전 이후 고백교회만이 아니라 대부분의 교회와 신자들도 독일교회의 재건과 개신교의 연합을 중요한 과제로 삼으면서 선결 과제로 부역에 대한 반성과 회개를 중요시했다. 그러나 전후의 독일교회는 자신의 잘못에 대해 정직하게 대면하고 책임을 인정하려고 하지 않았다. 오히려 잘못과 책임을 회피하거나 죄책의 범위를 놓고 논쟁을 벌였다. 한 주 교회 감독은 독일교회가 독일인들의 죄의 짐을 홀로 감당하는 것에 반대했다. 이런 상황에서 마르틴 니묄러가 종전 후 개신교 지도자들의 모임에서 "원초적인 죄와 책임은 교회에 있다"며 논쟁의 방향을 제시했다.

나치 패망 직후에 독일교회가 기관으로서 몇 차례 죄책을 고백했지만, 당시나 그 이후에도 주목받지 못했다. 1945년 7월 슈판다우에서 개최된 고백 총회에서 각 교회 목사들에게 전달될 목회 서신이 결의되었다. 여기서 나치 시대에 자행된 타락과 무질서, 고백교회의 분열과 히틀러 정권에 대한 미약한 저항을 언급하면서 민족과 교회의 회개를 호소했다. 1945년 8월 프랑크푸르트에서 개최된 교회 회의는 다음 내용을 담은 담화문을 발표했다. "나치 정권은 유례없는 광신주의와 악마적·묵시적 세력이었고, 하나님의 인도에 따라 바르멘의 정신으로 교회를 새로 조직할 것이며, 자유와 정의의 사회 질서를 위해 교회가 자기 책임을 인식할 것을 촉구한다." 1945년 8월 트레이사에서 개최된 교회 회의가 개 교회에 보낸 담화문은 나치 범죄와 교회의 책임을 구체적으로 명시했다. 집단 수용소, 유대인과 장애인들에 대한 학살, 청소년들을 잘못된 길로 인도한 것 등에 대해 분명히 교회에 책임이 있다. 이처럼 독일교회가 몇 차례 죄책을 고백했지만, 당시 기독교 교인들과 전체 독일인들의 관심을 끌지는 못했다.

그러다가 1945년 10월의 슈투트가르트와 1947년 8월 다름슈타트에서 발표된 죄책 고백은 교회에서나 사회에서 큰 반향을 불러일으켰다. 기관으로서 교회가 과거사에 대해 공개적으로 사죄하고 용서를 구하면서 책임을 인정하고 화해를 위해 노력한 점은 높이 평가할 만하다. 이러한 사죄와 화해의 움직임이 전후 독일 사회에서 교회에 대한 신뢰를 회복하고 전쟁의 폐허 속에서 교회가 독일 사회를 이끌어 갈 수 있는 원동력이 되기도 했다. 그러나 두 죄책 고백에 대한 역사적 평가는 그리 후하지 않다.

1945년 10월 독일 기독교 지도자들이 슈투트가르트에서 개신교 평의회를 개최하고 독일교회가 나치 시대의 죄악에 대해 독일 민족과 함께 공동의 책임을 지고 있다고 고백했다. 이 고백 선언은 세계교회협의회(WCC)의 대표자들과 가진 모임에서 이들의 요청에 따라 작성되었다. 이 선언은 크게 두 가지 내용을 담고 있다. 하나는 독일교회가 독일 민족과 "고통의 공동체"로서 함께 고통당했다는 것이고, 다른 하나는 "죄책의 연대"로서 독일 민족과 함께 집단적 책임을 지고 있다는 것이다. 그러면서 우리, 즉 독일교회와 독일 민족이 많은 민족과 나라에 고통을 주었음을 인정했고 나치에 맞서 싸웠지만 부족했음을 자책했다. 이제 교회가 스스로 정화하고 질서를 세워서 세계의 교회들과 연대하여 평화와 사랑의 정신으로 상처받은 인류의 회복을 위해 노력하겠다고 다짐했다. 독일교회는 이 죄책 고백을 통해 세계교회협의회와 대화하고 협력할 수 있는 회원 자격을 얻을 수 있었다. 그리고 교회가 독일인들뿐만 아니라 미국을 비롯한 전승국의 신뢰를 회복하고 미국의 경제적 지원을 얻는 데도 일조했다. 그런 점에서 이 고백은 독일교회와 더불어 독일 사회의 재건과 이후의 발전에 중요한 의의를 지닌다.

그런데 이 죄책 고백은 몇 가지 한계를 드러냈다. 먼저 사죄와 죄책의 선언이 자발적이기보다는 사실상 세계교회협의회의 요청에 의한 것이었다. 세계교회의 일치를 위한 에큐메니컬 운동에 참여하고 지원받기 위한 조건으로 이런 선언이 요구되었다. 이에 부응하지 않으면 독일 재건을 위한 국제적인 경제적 지원을 받기 어려웠다. 다음으로 이 고백은 교회가 독일 국민과 함께 고통당했다는 점을 먼저 언급하고 이어서 집단적 책임을 표명했다. 이는 다수의 교회와 교인들이 나치에 부역했고 그에 따라서 수많은 희생자가 발생했다는 점을 고려하면 비판받아 마땅한 태도일 것이다. 교회의 구체적인 죄에 대한 고백과 반성이 없이 민족의 집단적 책임으로 돌리는 것은 자기반성과 성찰의 자세가 아닐 것이다. 그다음으로 가공할 폭력 통치로 표출된 나치의 "정신"에 맞서서 예수 그리스도의 이름으로 수년 동안 투쟁했지만 더욱 용감하지 못했다고 반성했다. 그런데 이는 고백교회 내 소수파의 저항과 이들의 희생에 대해 침묵하면서 교회와 신자들의 믿음 부족으로 책임을 돌리는 것으로 보인다. 마지막으로 "수많은 민족과 나라에 끝없는 고통을 안겨주었음"을 고백하지만, 히틀러와 나치의 실체와 악행들에 대해서, 그리고 유대인을 비롯한 다양한 희생자들과 그들의 참상에 대해서 한마디도 언급하지 않았다.

슈투트가르트 죄책 고백은 당시 교회 안에 이 고백의 정당성에 대한 격론을 불러일으켰다. 한편에서는 이 고백이 독일인 전체를 나치 추종자로 인식하는 집단 범죄와 동일한 논리를 가지고 있어서 독일인에게 불명예를 안겼다고 비판했다. 다른 한편에서는 교회 지도자들이 자신들의 죄에 대해 마지못해 수긍했을 뿐이며 이보다 더 나아가 자신들의 실패와 부역 행위를 명확히 고백해야 한다고 요구했다. 또 다른 한편에서는 이 선언이 외국에 공표되지 않고 국내 언론에만 보도되었다는 점에서 그것을 강하게 비판하고 그 의의를 낮게 평가하기도 했다. 마지막으로 일부의 독일교회와 여론은 회개와 성찰보다 중요한 일이 전후 긴급 상황에서 국민의 생활에 실제적인 도움을 베푸는 것이라고 주장하며 죄책 고백을 못마땅해했다. 이런 현실론이 앞서 살펴본 것처럼 한동안 과거사 극복 과정에서 장애물로 작용했다.

이러한 논란 속에서 1947년 8월에 "우리 민족의 정치적 경로에 대한 독일 개신교회 연합평의회의 담화"라는 제목으로 다름슈타트 선언이 발표되었다. 이 담화는 그동안 교회가 정치적 의도와 행동 측면에서 잘못된 길을 갔던 죄에 대해 고백하고 교회가 새롭게 지향해야 할 사회정치적 방향을 제시했다. 먼저 "그리스도 안에서 하나님과 세계의 화해에 대한 말씀"을 제시하고, 다음으로 이 말씀을 듣고 수용하고 행동하며 전파하는 데 필요 조건으로 교회의 죄책을 고백했다.

이 고백은 앞선 슈투트가르트 죄책 선언에 비해 더 구체적으로 네 가지 잘못을 제시했다. 첫째로, 민족주의의 과잉을 잘못으로 고백했다. 교회가 독일 민족의 선민의식에 근거하여 독일 민족을 하나님의 보좌에 올려놓았고 강력한 권력을 지지했으며 군국주의적 팽창에 협력했다는 것이다. 둘째로, 낡은 보수주의 세력과 동맹을 맺고 "기독교적 전선"을 세워서 자유를 배신하고 공동선에 역행하는 독재 체제를 허용하고 승인한 것도 잘못된 길이었음을 고백했다. 셋째로, 정치와 관련하여 악과 어둠과 불의에 맞서 선과 빛과 정의의 단일 전선을 형성해야 한다는 명목으로 다른 신념과 사상을 인정하지 않고 자기 신념만을 절대화한 것에 대해서도 죄책을 인정했다. 마지막으로, 마르크스주의가 인권을 박탈당한 사람들의 문제를 상기시키고 경고했음에도 불구하고 교회가 반공주의에 매몰되어 이 문제에 대해 침묵하고 이웃 사랑을 실천하지 않은 잘못을 사죄했다. 이러한 죄책 고백 위에 그리스도 중심의 신앙과 이웃 사랑을 강조하고 법과 복지 및 국내의 평화와 민족들의 화해에 봉사하는 더 나은 독일 국가 건설을 위해 교회가 기여해야 한다는 다짐으로 담화가 끝맺는다.

이 선언도 한계점을 지적받았고 교회 안에서 논쟁도 불러일으켰다. 무엇보다 이 선언은 나치 시대에 "인권을 박탈당한 사람들의 문제"에 대해 두루뭉술하게 인정했지만, 반유대주의와 인종 학살의 참상에 대해서는 여전히 침묵하고 있다. 그래서 나치 시대에 교회의 가장 큰 죄책에 대한 통절한 성찰을 확인하기 어렵다. 이 선언에 대한 찬반양론도 뜨거웠다. 한쪽에서는 독일의 그리스도인들이 예외 없이 모두 히틀러를 따른 것은 아니었다는 비판적 입장을 제시했다. 이에 맞서 참회의 고백들이 독일에서 진지하게 받아들여지고 있지 않다는 자성과 반론이 제기되었다. 이 두 입장은 나치 시기의 교회에 대한 대립적인 평가를 반영한 것이었다. 즉 독일교회가 나치 시기에 "시험의 통과"에 성공했는지 실패했는지, "믿음의 용기"를 입증했는지 아니면 그렇지 못했는지 상반된 평가가 팽팽히 맞섰다. 또한 이 선언이 마르크스주의에 대해 우호적인 입장을 표현함으로써 마치 교회가 공산주의 볼셰비즘을 지지하는 것으로 오해받게 했다는 비판도 제기되었다.

이런 논란에도 불구하고 두 죄책의 고백은 종전 후 독일과 독일 기독교의 변화를 이끄는 디딤돌이 되었다. 바로 이 신앙 고백의 토대 위에 독일교회의 연합 기구인 독일개신교협의회(EKD, Evangelische Kirche in Deutschland)가 1948년 7월에 설립되었다. 전후 독일 기독교의 주요 과제는 교회 조직의 재건이었다. 당시 신학자와 교회 대표자들이 무엇보다 독일교회 연합 기구의 형성에 큰 관심을 기울이고 토론했다. 나치 시대의 교회 행태에 대한 신학적 반성이나 새로운 정신적 기초 없이 개신교 조직을 만들 수는 없었다. 그래서 이 문제를 두고 상당한 의견 대립을 거친 후에야 최소한의 합의에 이를 수 있었다. 그 결과가 1945년 슈튜트가르트 죄책 고백, 1947년 다름슈타트 담화였다.

독일개신교협의회는 기존의 독립적인 세 교단, 즉 루터교회와 개혁교회 및 연합교회를 하나로 통합한 연합체 기구였다. 이 세 교회는 신앙 고백을 달리하지만 신학적 공통 분모로서 성서를 강조하고 성서 안에서 복음에 관한 종교개혁의 이해와 바르멘 선언의 정신을 공유했다. 협의회는 독일에 있는 개신교회들이 모든 지역 신앙 공동체에서 거룩하고 보편적인 그리스도의 교회로서 한 주님을 섬긴다는 문장으로 이런 의지를 표현했다. 그리고 이어서 연합 기구의 목표로 회원 교회들이 신앙 고백을 두고 대립하지 않도록 하고, 교회 생활과 행동에 있어 본질적인 문제에서 동의할 수 있는 기초를 튼튼히 함으로써 개별 교회들이 이 기구 안에서 서로 협력하게 하는 것이라고 명시했다. 동시에 독일 복음적 기독교의 공동체라는 지위를 획득했으며, 명칭에서 이를 잘 드러냈다. 그동안 독일교회는 "독일적"(deutsch)이라는 용어를 통해 민족주의적 성향을 강하게 표명했다. 이와 달리 새 기구는 종교개혁의 정신인 복음주의를 강조하면서 기관 명칭에 "복음적"(evangelisch)이라는 용어를 앞세웠다. 그리고 "독일"은 교회의 국가 소재지를 밝히는 용어로만 사용했다. 독일교회가 나치 시대에 형성된 "제국 기독교"의 그림자와 "독일적"이라는 오래된 민족주의적 멍에에서 벗어났다는 점에서 이 변화는 큰 의미를 지닌다.

종전 이후 "독일개신교협의회"와 더불어 평신도 중심의 신앙 운동인 "교회의 날"이 나치 시대 고백교회 저항의 역사와 전후의 죄책 고백의 정신을 이었다. "교회의 날"은 1848년에 디아코니아 선교 활동의 일환으로 시작되었다가 그 역사적 토대 위에 1949년에 재출발했다. 이 신앙 운동은 "조직화된 종교 그 자체에만 관심을 가짐으로써 참다운 기능이 마비되어버린 교회 상태에서 벗어나 교회가 정치, 경제, 문화 등 각 삶의 국면으로 침투"할 것을 목표로 삼았다. "교회의 날"은 기성 교회와 독일개신교협의회를 존중하지만 비판자 역할을 하는 것과 교회의 일원으로서 평신도들이 자신이 속한 지역 교회에서 신앙인으로서의 책임과 의무를 충실히 이행하는 것을 지향했다. 이 대회는 초기에는 해마다, 1954년 이후에는 격년으로 개최되며 당시의 신학적이고 정치적인 주제를 토론하여 답을 찾고 대안을 제시하려 노력하는 토론장 역할을 담당했다. 이러한 노력 덕분에 독일 교회는 정치적이고 사회적인 문제에 대해 책임 있게 연대하고 참여하며 교회의 공적인 역할을 주도적으로 실천할 수 있었다.

1949년 동·서독 정부의 수립과 분단 이후 독일교회는 독일 문제와 유럽 문제 등 국내 정치적이고 국제적인 사안에 대해서 발언하며 적극적으로 행동했다. 독일교회는 나치 청산과 더불어 민주주의를 정착시키는 과정에서 민주화 운동에 앞장섰다. 그리고 교회가 분단 시기의 동·서독 화해와 교류 및 통일을 위해, 그리고 냉전 시기에 이웃 국가들과의 화해와 평화를 위해 활동한 행적들은 많다. 그중에서 몇 가지 사례만 간추려보자. 우선 1955년 독일이 패전한 후 10년 만에 재무장과 북대서양 조약 기구(NATO) 가입 문제가 첨예한 쟁점이 되었다. 이때 동부 유럽 공산권의 〈바르샤바 조약 기구〉가 출범하면서 동·서 "냉전의 시대"가 시작되었다. 이 문제로 독일 내부 여론이 분열되었고 교회도 논란에 휘말렸다. 교회 내 보수적인 분파들은 정부의 재무장 정책을 지지했고 "독일개신교협의회"의 지도부인 평의회는 반대 성명을 발표했다. "교회의 날"도 재무장에 반대하며 평화 운동을 펼쳤다. 다음으로 1959년 서독에 미군의 전술 핵무기가 배치되면서 한 번 더 평화 운동이 분출되었다. 공산주의의 위협에 맞서 핵무기 배치를 찬성한 보수주의 교회들과 달리 "독일개신교협의회"와 "교회의 날"은 동·서의 대결 대신 평화의 길을 추구했다. 그 이후 1961년 베를린 장벽이 세워지면서 동·서독 분단이 공고화되었을 때 독일교회는 동·서독 간의 중재를 자청했고 교류와 협력을 통한 통일 운동을 적극적으로 펼쳤다. 냉전 시대에 이웃한 동구 사회주의 국가들과의 화해 운동에도 독일교회가 앞장섰다. 이러한 독일교회의 공적 책임과 실천이 가능했던 것은 고백교회의 저항의 역사와 독일교회의 죄책 고백의 정신 그리고 전후 교회의 과거사 극복 과정의 한계에 대한 적극적 대면과 성찰이 독일교회 안에 자리 잡고 있었기 때문이라고 평가할 수 있다.

독일교회의 역사적 성찰과 화해 노력에 주목하기

우리 시대의 역사 전쟁은 마치 역사의 "키질하기"처럼 여겨진다. 역사 전쟁을 겪으며 어릴 적 보았던 어머니의 키질 장면을 떠올리게 되었다. 역사의 변혁기마다 그렇듯이 현재의 역사 전쟁도 역사의 주인이 키를 들고 흔들고 까불러서 우리 사회의 알곡과 쭉정이나 티끌을 골라내는 작업이 아닌가 싶다. 그래서 역사의 진실과 왜곡이 가려지고, 숨어 있던 것이 백일하에 나타나며, 오랫동안 가면 속에 가려졌던 자들이 본색을 드러내는 일을 목격하게 된다. 이런 과정에 갈등과 대결과 혼란이 불가피하다. 그렇지만 불편하고 어두운 과거사를 외면하지 않고 적극적으로 대면하면 역사가 키질을 통해서 바로 세워지게 되는 것이다.

과거사를 대면하는 것은 기억하기 위해서다. 사람은 불편한 경험을 쉽게 잊거나 애써 잊으려는 경향이 있다. 과거사를 기억하는 것은 역사를 부정하고 기억을 왜곡하여 자신의 목적을 추구하는 자들에 맞서기 위한 기억 투쟁이다. 또한 같은 역사를 반복하지 않고 성찰을 통해 좀 더 나은 현재와 미래를 만들기 위해서다. 기억하지 않으면 역사가 부정되거나 왜곡되며 그런 잘못된 기억이 종래에는 또 다른 파괴를 초래할 것이기 때문이다. 그래서 오늘과 내일의 삶을 위해 기어이 과거사에 직면하는 것이다.

우리 사회 역사 전쟁의 심각성과 일부 한국교회의 참전을 우려하면서 독일과 독일교회의 과거사를 주목했다. 독일의 역사적 선례는 한국교회에 성찰을 촉구하는 것으로 보인다. 독일교회의 과거사는 우리 한국교회 현대사의 여러 장면을 아프게 떠올리게 한다. 나치 시대의 독일교회가 일제 강점기와 권위주의 시대의 한국교회와 많이 닮아 있고 그 당시에 독일교회를 지배했던 인식과 사고가 현재 우리 역사 속의 편협한 민족주의, 반공산주의, 인종적이고 종교적인 배타주의와 유사하다. 이런 경향은 과거만이 아니라 여전히 오늘날에도 진행되고 있다. 독일교회처럼 우리나라 교회의 다수도 불의와 폭압에 순응하고 협력했고, 교회의 작은 이익과 안녕을 탐했으며, 교파 간의 경쟁과 갈등이나 무엇보다 개인의 신앙과 개교회의 성장에 매몰되었던 것이 아닌가 싶다. 또한 나치 시대의 독일이든 현대사 속 한국이든 교회가 기독교의 가장 중요한 정신과 가치인 이웃 사랑을 잃었을 때, 그래서 이웃이 누구이든 그들에 대해 냉담하거나 혹은 부정적이고 배타적인 태도를 가질 때 교인들이 국가적 혹은 집단적 인종 학살 범죄의 구경꾼이나 협력자 혹은 적극적 주동자가 될 수 있었던 것이 아니겠는가. 여기에 더해서 어느 시대 어느 곳에서든 신학이 기독교 신앙을 공공 영역과 공공선에서 분리하고 정치와 권력에 비루하게 복종할 때, 혐오와 공포를 부추기고 차별과 폭력과 학살을 정당화할 수 있었다. 그런 결과로 설교단의 설교와 강단의 신학이 다수의 교인으로 하여금 권력자를 구원자로 환영하고, 인종 학살을 방조하거나 협력하게 하며, 때로는 소위 학살 면허증을 제공하기도 했다. 물론 독일과 마찬가지로 우리 한국교회도 저항과 희생의 역사를 갖고 있다. 우리는 이 점을 충분히 높게 평가하며 자랑할 만하다. 그러나 부끄러운 과거사가 자랑스러운 역사를 덮고도 남을 정도로 크고 무겁다. 그래서 역사적 선례라는 거울에 비추어서 우리의 과거사를 대면하고 성찰하며 사죄하고 화해를 위해 노력하는 자세가 어느 때보다 필요해보인다.

독일 교회의 저항의 역사와 과거사 극복의 과정에 대해서 평가해볼 만하다. 독일교회는 "부분적인 저항의 역사"와 더불어 "부분적인 과거사 극복의 역사"를 간직하고 있다. 고백교회를 중심으로 나치에 저항한 역사, 그 속에서 고난당하고 희생되어 순교한 분들의 역사가 오롯이 빛나고 있다. 그리고 전후 죄책 선언을 통해 자신의 잘못을 고백하고 이를 극복하고자 노력했다. 그럼에도 그 과정과 내용은 불완전했고 불충분했다. 그런 결과로 나치 시기에 교회를 이끌고 국가에 부역했던 지도자들과 신학자들은 전후에도 자기의 역할과 직책을 그대로 유지했다. 이들 중 다수가 과거의 책임에 대해 회개하고 사죄했다는 기록을 확인하기 어렵다. 그리고 과거사를 청산하는 과정에서 다수의 교회 지도자가 미온적인 태도를 보이거나 오히려 과거사 극복에 역행하는 영향력을 행사했다. 교회의 과거사 극복 과정은 지난했다. 물론 이런 역사는 지난하지만, 당대와 후대에 인정받았다. 그리고 이를 바탕으로 교회가 국가와 사회에 대해 리더십을 발휘할 수 있었다. 이러한 배경에서 독일교회는 전후 복구와 재건 및 독일인의 민주적 발전과 이후 통일 과정에서 주도적인 역할을 감당할 수 있었다.

그런데 현재 한국교회는 어떤가? 우리 사회의 갈등 상황과 관련하여 다수의 개신교인은 교회와 신자들이 갈등의 해소자가 되어야 하는데 평화자로서 행동하지 못한다고 인식하고 있다. 한국교회는 과거 역사에서 부끄러운 일을 많이 했다. 현재도 일부 교회와 신자들이 갈등과 대결의 원인을 제공한 당사자가 되어 있다. 이런 상황에서 현재의 역사 전쟁을 새로운 시작을 준비하는 키질로 생각하고 독일교회의 역사를 우리의 부분적 모범이자 부분적 반면교사로 삼기를 기대한다. 슈투트가르트 죄책 고백의 한 대목을 마지막으로 한 번 더 주목하고자 한다. 이 고백이 지닌 전체적인 한계를 인정하면서도 다음과 같은 성찰과 책임 의식이 무엇보다 현재의 우리에게 당장 긴요하다고 보기 때문이다. "우리가 더 용감하게 고백하지 못했고, 더 신실하게 기도하지 못했으며, 더 기쁘게 신앙하지 못했고, 더 뜨겁게 사랑하지 못했던 우리 자신을 고발합니다. 온 세상에 새로운 시작이 필요한 이때 우리는 기도합니다. 오소서, 창조자 성령이시여!" 이 기도의 맥락에 논란과 비판의 여지가 있음을 인정하면서도 이 기도에 담긴 진정성만큼은 공감하게 된다. 창조의 성령이 함께하여 우리 사회와 교회가 역사 전쟁을, 과거사를 극복하고 새롭게 시작하는 기회로 삼기를 기도한다. 그 시작은 과거와의 대면, 그리고 기억이다. 그 뒤로는 죄책 고백과 화해의 노력이 이어져야 할 것이다.

더 읽을거리

고재길, "독일 고백교회의 저항에 대한 연구",「신학과 사회」30(3), 2016, 47-77.

고재백, 오유석, 허고광,『용서와 화해 그리고 치유』, 새물결플러스, 2022.

딘 G. 스트라우드 편집,『역사의 그늘에 서서: 히틀러 치하 독일 신학자들의 설교』, 감은사, 2022.

한나 아렌트,『예루살렘의 아이히만』, 한길사, 2006.

안병직 외,『세계의 과거사 청산: 역사와 기억』, 푸른역사, 2005.

로버트 에릭슨,『홀로코스트의 공모: 나치 독일의 교회들과 대학들』, 한국기독교연구소, 2024.

이병철, "독일 제3제국과 기독교의 저항",「서양사연구」, 제37집, 2007, 131-171.

추태화,『권력과 신앙: 히틀러 정권과 기독교』, 씨코북스, 2012.

용서와 화해

기독교상담의 시선에서

이희철

한국에서 분열과 갈등은 심해지고 있다. 과학 기술이 발달하고 의학이 발달하여 편리함과 건강은 보장되고 있음에도 불구하고 분열과 갈등은 더 심해지고 있다. 노인과 청년, 남자와 여자, 보수와 진보, 부자와 빈자 사이의 양극화는 심화되고 있다. 인터넷과 인공 지능 등 과학 기술의 급속한 발달 때문에 사람들은 만나지 않고도 만난 듯하다. 사람과 사람은 서로에게 관심을 갖지 않아도 서로를 알고 있다고 착각한다. 서로에게 관심을 갖지 않아도 살 만하다. 그래서 무관심이 사회 덕목이 되었다. 비대면에 익숙해져서 대면으로 만나면 서로를 어떻게 대해야 할지를 몰라서 당황해한다. 전쟁, 가정 폭력, 학교 폭력, 성폭력 등이 여전히 일어나고 있음을 알기는 하지만, 나와 상관없으면 괜찮다고 생각한다. 이어령의 시 "식물인간"은 오래전에 쓰인 시

이지만 현재를 말하고 있는 듯하다.[1]

사람들은 모두 괜찮다고 한다
비 오는 날엔 우산이 있으니까 괜찮다고 한다
잠 오지 않는 날이면 술 한 잔이 있으니 괜찮다고 한다

수면제가 있으니까 괜찮다고 한다
계를 탈 차례가 오면 돈이 없어도 괜찮다고 한다
독감에 걸려도 괜찮다고 한다
텔레비전에는 약 광고가 많으니까
약방은 다방보다는 많으니까
괜찮다고 한다

광대가 줄을 타다 떨어져도 그것은 서커스니까
괜찮다고 한다
아이가 자동차에 치여도 그것은 암이 아니니까
괜찮다고 한다
철새들이 죽어도 그것은 사람이 아니니까
괜찮다고 한다

도시의 어스름한 골목길에서

---

1   이어령, 『어느 무신론자의 기도』(도서출판 열림원, 2008), 85-87.

속옷을 벗어야 하는 계집애들이

눈물을 흘리고 또 흘려도,

나에겐 약혼자가 있으니

괜찮다고 한다

(중략)

차표나 극장이나 호텔이나 무엇이든

예약을 끝낸 사람들은 근심하지 않는다

길게 줄 서 있는 사람들을

모두 괜찮다고들 한다 죽음까지도 보험에 들었으니

괜찮다고 한다.

손톱을 다듬다가, 귀를 후비다가,

양말을 갈아 신고 넥타이를 매다가,

커피를 마시며 신문을 읽다가

혼잣말처럼 괜찮다고

괜찮다고 중얼거린다

어제오늘 일이 아니니 괜찮다고 한다

모두 옛날이야기를 하듯이 말들을 한다

만화책을 보듯이 말들을 한다

오늘도 해가 뜨니 괜찮다고

내일도 해가 뜨니 괜찮다고

"어서 오십시오"라고
백화점 문지기들처럼 말들을 한다

그런데도 누군가 울고 있다
해가 뜨는데도,
약 광고가 있는데도,
우산이 있고,
술이 있고,
수면제가 있고,
봄이 오고 있는데도

누군가가 지금 울고 있다.

누군가가 울고 있어도 우리는 괜찮다고 말하고 그냥 지나간 적이 있지 않은가? 억울해서 울고 있는데 시간이 지나면 해결되리라고 말해본 적이 있지 않은가? 자신의 잘못도 아닌데 자책하며 저항하지 못하고 자신을 수치스럽게 여기는 사람에게 "어쩔 수 없었어. 액땜했다고 생각해" 하면서 위로해본 적이 있지는 않은가?

서로 만나지 않으면 갈등이 없다. 서로 관계하지 않으면 갈등이 생기지 않는다. 갈등이 없으면 용서가 필요 없다. 함께 살지 않으면 다툴 일이 없고, 목소리를 높이거나 화를 낼 일이 없다. 함께 살면서 갈등은 생길 수밖에 없고 용서가 필요할 수도 있다. 용서는 분열과 갈등을 다루는 수단이고 과정이기 때문이다. 그래서 용서와 화해는 형

제자매로서 함께 살아가기 위한 선택일 수 있다.[2]

그렇지만 급변하는 사회에 적응하기 위해 사람들은 지나가는 사람은 물론이고 곁에 있는 사람에게조차 눈을 돌릴 여력이 없다. 과거라는 박물관으로 내몰리는 것들에 애도의 표현을 할 여유가 없다. 지그문트 바우만(Zygmunt Bauman)은 이러한 사회를 "액체 사회"(Liquid society)라고 부른다. 이러한 사회에서 사람들은 혼자 있는 즐거움을 느끼는 듯하지만 고립되어 불안하게 된다. 러셀 제이코비(Russell Jacoby)는 과거를 기억하지 못하는 현상을 "사회적 건망증"(social amnesia)이라고 말하지만, 사람들은 과거만 잊어버리는 것이 아니라 현재 옆에 있는 사람도 망각하고 사는 듯하다.

급속히 변하는 복잡한 사회에서 사람들의 경험은 다양하다. 하나의 경험으로 모든 경험을 이해하거나 일반화시킬 수 없다. 용서도 마찬가지다. 용서는 무엇이고, 용서가 필요한 이유를 하나의 경험에 근거해서 답할 수 없다. 그래서 아래서 짧은 사례들을 제시하고 용서와 용서가 아닌 가짜 용서를 이야기하고자 한다. 왜 우리는 용서를 어렵게 생각하는지를 말하고자 한다. 용서하는 방법도 말하고자 한다.

용서가 왜 필요할까? 사람이 살아가면서 용서가 있어야 할까? 화해를 꼭 해야만 할까? 그냥 안 보고 살아가도 되지 않을까?

---

2   Archie Smith and Ursula Riedel-Pfaefflin, *Siblings by Choice: Race, Gender, and Violence* (St. Louis, Ms: Chalice Press, 2004).

1. 네 가지 이야기

이야기 1

쉴라(Sheila)는 어려서 아버지와 세 명의 형제에게 성적 학대를 받았던 경험을 다루기 위해 심리 치료를 받는 중이었다. 칼뱅주의 전통의 보수적인 신앙을 가진 가족은 매주 두 번 이상 교회에 출석한다. 아버지는 교회 장로다. 그녀는 가족과 교회에 자신이 받은 학대에 대해 말했지만, 교회 목사는 그녀를 믿지 않고 오히려 아버지와 형제들을 두둔했다. 목사는 자신의 말을 믿을 줄 알았는데 그렇지 않았다. 아버지와 형제들은 자신들이 저지른 학대에 대한 책임을 부인하기 때문에 쉴라는 하나님 앞에서 자신의 가치를 의심하기 시작했다. 그녀는 하나님이 성적 학대로 자신을 벌주어서 무엇인가 자신에게 가르쳐주려고 하신다고 믿었다. 결국 그녀는 상담을 받았고 상담사는 하나님은 누구에게도 그렇게 하시지 않는다고 재확인시켜주고자 노력했다. 쉴라는 하나님이 자신을 보호해줬어야 하는데 오히려 자신을 버렸다고 느끼기 시작했다.[3]

이야기 2

남동생과 누나는 방에서 퉁탕거리다가 남동생이 뛰쳐나오고 누나는 울고 있다. 장난친다고 남동생이 누나를 몸으로 눌러 바닥에서 못 움

---

3   Dalene Fuller Rogers, *Pastoral Care for Post-Traumatic Stress Disorder* (New York: Routledge, 2009), 49-50.

직이게 했던 것이다. 누나는 "그래서 영석이가 내 방에 못 들어오게 하는 거예요" 하고 방으로 들어온 부모에게 울음을 터트린다.

이야기 3

중학교 여학생의 말이다. "몸 사진을 찍어서 보내지 않으면 부모님에게 다 말해버린다고 해서 찍어서 보냈는데 이제는 만나자고 해서 만났는데 그 아저씨가 잘해줘서 그냥 만나고 있어요."

이야기 4

한재명 잠수사는 세월호 참사 나흘 뒤인 4월 20일부터 7월 10일까지 현장에서 희생자를 수습하는 작업을 했다. 몸을 사리지 않고 희생자 수습에 나섰던 그는 골 괴사와 트라우마로 인해 더 이상 잠수사로 일을 할 수 없는 상태가 되었다. 어둡고 좁은 공간에 들어가면 식은땀이 나고 숨이 가빠지기 시작한다. 길에서 중고생들이 무리를 지어서 다가오면 가슴이 철렁한다. 물과 관련된 장면을 보면 현기증을 느낀다. 현재 그는 아내와 함께 참치 전문점을 운영하며 트라우마 치료를 받고 있다.[4]

위의 네 가지 이야기는 서로 다르다. 이야기마다 성별, 인종, 연령, 장소가 다르다. 서로 다르지만 폭력이라는 공통점을 지니고 있다. 쉴라는 아버지와 세 명의 형제에게 성폭력을 당했다. 남매 사이에 벌어진

---

4   세월호 민간 잠수사 11인, 『나는 세월호 잠수사다』(안산온마음센터, 2019), 155, 167.

장난이었지만 한쪽이 바닥에 눌려서 가압당했기 때문에 폭력이었다. 여중생은 인터넷에서 만난 아저씨에게 정신적 노예가 되었다. 이것은 정신적 폭력이다. 한재명 잠수사는 희생자 수습을 나섰다가 의도치 않게 상해를 입었고 잠수사 직업을 그만두어야 했다. 그는 적절한 돌봄을 받지 않았기에 천직이라고 여겼던 잠수 일을 어쩔 수 없이 그만두어야 했다. 유가족을 위해 주검을 육지로 올리는 돌봄을 하는 잠수사는 적절한 돌봄을 받지 못했다. 돌봄의 부재는 방관이고 방치일 수 있다. 이것은 폭력이다. 위의 모든 사례는 폭력으로 인한 상처를 품고 있다.

　법에 근거하여 이해할 때, 폭력은 규범에 의해서 결정될 수 있다. 정해진 규범에 어긋날 때 폭력이 될 수 있다. 반면에 폭력을 관계적으로 이해할 때, 폭력은 관계에서만 성립된다. 혼자서 주먹으로 벽을 친다고 해서 폭력이라고 할 수 없다. 주먹으로 벽을 쳤을 때, 옆집에 자고 있던 아이가 경기를 일으키기 시작한다면 폭력일 수 있다. 물론 법적으로는 과실과 고의를 따져보아야 하겠지만, 관계와 관련해서는 폭력으로 이해할 수 있다. 위의 네 가지 사례에서 보듯이 폭력의 주체와 대상이 명확할 수도 있고 주체와 대상의 관계가 불명확할 수도 있다. 그렇지만 폭력은 어떻게 해서 성립이 되는가? 폭력은 영어로 violence다. 규범을 어긴다는 뜻을 담고 있다. 반면에 폭력의 한자는 暴力으로서 지나친 힘이라는 뜻을 담고 있다. 규범을 어기는 행동이 폭력일 수도 있지만 과도한 힘이 가해질 때 폭력일 수도 있다. 한자 의미에서 보듯이 지나친 힘이 가해질 때 폭력이 성립된다. 대상의 의지와 상관없이 힘이 가해지거나 대상이 가해진 힘을 견딜 수 없을 때 폭력이 성립된다. 그래서 폭력은 대상의 의지와 상관없이 가해진 지나친 힘이다. 힘은 에너지라고 생각할 때 적당한 힘은 생활하는 데 도움이 된다. 그러나 지나친 힘은 상처를 줄 수 있고 해(害)를 입힐 수 있다. 지나친 힘이 주는 해를 지금은 목격할 수 없지만, 시간이 지나면 드러나는 경우가 있다. 아동 학대가 그렇다. 아동은 자신이 학대받는지를 모른다. 말로 표현하지 못하는 경우가 많다. 오랫동안 학대받은 아동은 낮은 자존감, 약한 주도성, 부적절한 자기 비난, 비현실적 죄책감과 수치심, 심리적 불안정 등을 지니고 있다. 세월이 지나고 학대하던 부모나 어른이 떠나서 책임을 물을 수 없다. 학대받은 아동은 이제 성인이 되었지만 학대로 인한 심리적 억압에서 여전히 벗어나지 못하고 있다. 위의 쉴라의 사례와 같이 상담받으면서 자신이 어려서 학대받았다는 사실을 깨닫게 된다. 그때는 이미 지나친 힘, 즉 학대를 가한 사람은 떠나고 없기 때문에 또는 가해자가 기억이 나지 않는다고 부인하기 때문에 그 주체를 명확하게 알 수도 없고 책임을 물을 수도 없게 된다. 그래서 용서와 화해가 단순하고 쉬운 과정일 수 없다.

2. 왜 용서가 어려운가?

용서해본 경험이 있는가? 용서받아본 경험이 있는가? 용서가 단순하고 쉬운 행위라고 생각하는가? 용서를 단순하고 쉬운 행위라고 가볍게 생각할 수 있어서 쉽게 용서하는 경우도 있다. 그렇지만 가볍게 취한 용서의 행동이 진정한 용서였는지는 생각해봐야 한다. 반면에 기독교에서는 용서가 어렵게 느껴질 수 있다. 다음과 같은 두 가지 이유 때문에 용서를 어렵게 생각할 수 있다.

1) 용서는 거룩한 행위다

용서는 거룩한 행위라고 생각해서 용서를 어렵게 생각한다. 지앤컴리서치가 제출한 「갈등과 용서에 대한 개신교인 인식 조사 보고서」에 의하면 개신교인들은 무조건적 용서를 지양하면서도 종교와 용서가 깊은 연관성을 가지고 있다고 여긴다. 특히 교회 중직자와 신앙 단계가 높은 신자일수록 어떤 일도 용서하도록 노력해야 한다는 용서의 당위성을 인정하고 있다.[5] 거룩한 행위로서 용서는 흠이 없어야 할 수 있다고 생각해서 용서할 엄두를 내지 못한다. 용서는 거룩한 행위이기 때문에 그리스도인이 성결한 삶을 살려면 용서할 수 있어야 한다고 여긴다. "내가 거룩하니 너희도 거룩하라"(레 11:45; 벧전 1:16)는 말씀 때문에 그는 거룩하기 위해서는 용서해야 한다고 여긴다. 그래서 하나님이 거룩하셨기에 용서할 수 있었고 하나님께 순종하는 그리스도인이라면 용서를 마땅히 지켜야 할 덕목으로 생각한다. 그래서 용서하지 못하면 죄책감을 느끼고 아직 성숙하지 못한 그리스도인이라고 생각한다. 잘못을 자주 저지르는 내가 감히 남을 어떻게 용서할 자격이 있는가 하면서 용서하는 과정에 참여할 자격이 없다고

---

5   지앤컴리서치, 「갈등과 용서에 대한 개신교인 인식 조사 보고서」(지앤컴리서치, 2024.
     1. 23.), 119.

생각한다. 그러나 용서는 모든 사람이 더불어 살기 위해 필요한 행위일 뿐이다. 그리스도인뿐 아니라 모든 사람이 함께 살아가기 위해서는 때로 용서가 필요할 뿐이다.

2) 용서는 개인의 능력이다

용서는 능력 또는 힘이라고 생각한다. 용서를 능력으로 여기다 보니까 키워야 할 힘으로 생각한다. 아동이 자라나면서 다리에 힘이 생겨야 걸을 수 있다. 고등 교육을 수학할 능력이 생겨야 대학교에 입학할 자격을 얻을 수 있다. 마찬가지로 용서를 능력으로 여긴다. 용서를 내면의 능력으로 내재화시킨 것이다. 관계 속에서 일어나는 관계적 행동으로 생각하지 않고 내면에서 시작되는 개인의 능력으로 여기기 때문에 용서할 수 있는 능력을 개인이 키워야 한다고 생각한다. 결국에 용서할 능력이 생겨야 성숙한 사람이라고 생각하게 만든다. 용서할 줄 알아야 어른이라고 여긴다. 용서는 힘이 있는 자, 성숙한 자, 어른이 행하는 거룩한 행위라고 생각한다. 마하트마 간디의 명언을 기억한다. "약한 사람은 용서할 수 없다. 용서는 강한 사람의 덕목이다." 간디는 강한 사람만이 용서할 수 있다고 말하는 것이 아니다. 간디의 의도는 약한 사람이 용서를 할 수 있는 대등한 위치에 서야 한다는 것이다. 그런데 우리는 어린아이가 하는 용서는 귀엽게만 여긴다. 약한 사람이 하는 용서를 가볍게 여긴다. 여성이 하는 용서를 순수하게 여기지 않는다. 용서를 관계에서 이루어지는 행위로 보지 않고 개인의 능력으로 보기 때문이다. 용서는 혼자서 할 수 있는 능력이기 때문에 용서의 능력이 없는 사람은 용서가 힘들다고 생각하게 된다.

주기도문에서 예수는 "우리가 다른 사람을 용서한 것 같이 우리를 용서하여주시옵소서"라고 기도를 가르쳐주었을 때, "우리"에 방점을 찍어야 한다. 예수는 하늘에 있는 하나님으로서 용서를 행하지 않으시고 성육신한 예수, 즉 인간 예수로서 대등한 위치에서 용서했다. 완전한 하나님이 아니라 불완전한 인간으로서 예수는 용서를 행하고 가르쳐주었다. 용서는 강하고 완벽한 사람이 하는 덕목이 아니라 인간이 더불어 살기 위해 서로에게 하는 행위다. 지앤컴리서치가 제출한 「개신교인 인식 조사 보고서」에 의하면 주기도문의 "우리가 우리에게 죄 지은 자를 사하여 준 것같이"에서 "우리가"는 "나 자신"을 뜻한다고 답한 개신교인이 62.1%로 훨씬 높았다.[6] 용서를 개인적 행위로 생각하고 있다는 뜻이다.

용서를 신성한 행위로 승격시키고 개인의 능력으로 내면화시켜서 개인이 행하는 신성한 행위가 되었다. 그리스도인에게 용서는 신성한 행위이기 때문에 해야 하는 덕스러운 행위로서 누구나 할 수 없는 행위로 여겨졌다. 일상에서 항상 일어날 수 있는 인간적 행위가 아니라 성숙한 개인의 거룩한 능력으로 여겨져서 용서를 어려운 작업으로 생각한다.

---

6   지앤컴리서치, 「갈등과 용서에 대한 개신교인 인식 조사 보고서」, 131.

3. 용서와 비슷한 이웃이지만 용서는 아니래요

용서와 비슷한 옷을 입고 있어서 용서라고 착각하는 경우들이 있다. 다음의 것들은 용서와 이웃이지만 용서는 아니다.

1) 면책

면책을 용서라고 생각하기도 한다. 면책은 죄의 대가를 감하거나 없애주는 것이다. 죄를 지은 사람이 치러야 할 대가를 없애주는 면책은 피해자뿐 아니라 제3자도 할 수 있지만, 용서는 피해자만이 할 수 있다. 삼일절이나 광복절에 대통령이 하는 특별 사면도 면책이다. 국민 화합을 명분으로 제3자로서 대통령이 죄인을 풀어주는 특별 사면은 죗값을 마땅히 치러야 할 사람에게 주어지는 면책이다. 판사나 대통령은 제3자로서 면책할 수 있는 권한이 있다. 예배 중에 집례자가 속죄의 선포를 하는 경우도 마찬가지다. 집례자는 회개하는 사람들에게 죄 사함을 선포한다. 집례자가 피해받은 당사자가 아니지만 속죄를 선포할 수 있다.

영화 〈밀양〉에서 원수를 사랑하라는 말씀을 지키기 위해 신애는 자신의 아들을 죽인 살인범을 용서하러 교도소에 간다. 하지만 교도소 안에서 주님을 만나서 회개하고 죄를 씻음 받았다는 살인범의 말에 신애는 분노하며 말한다.

어떻게 용서를 해요? 용서하고 싶어도 난 할 수가 없어요. 그 인간은 이미 용서를 받았는데, 그래서 마음의 평안을 얻었는데, 내가 그 인간을 용서하기도 전에 어떻게 하나님이 그 인간을 먼저 용서할 수 있어요?

살인범은 판사에게 또는 하나님에게 면책받을 수 있지만 용서는 아니다. 용서는 피해자였던 신애의 권한이다. 용서는 제3자가 할 수 없다. 용서는 피해당한 자가 가해자에게 할 수 있는 권한이다.

2) 용납

용납도 용서와 비슷한 옷을 입고 있어서 용서라고 착각한다. 용납은 가해자의 행위가 부도덕하거나 위법이지만 여러 가지 이유에서 가해자가 책임지지 않게 하거나 비판하지 않는 것이다. 예를 들어 옥상에서 어린아이가 장난으로 돌을 던졌는데 지나가던 사람이 돌에 맞아 치명적인 상처를 입었지만, 어린아이이기 때문에 법적인 책임을 묻지 않고 용납해줄 수 있다. 폭력을 행했지만 조현병을 지닌 사람이기 때문에 용납해줄 수 있다. 인지적 판단 능력이 없는 사람이 행한 가해에 대해서는 용납해주는 것이다. 손해를 입었지만 그에게 책임을 물을 수 없기에 용서가 필요한 상황이 아니다. 용납해주는 것이다.

3) 잊어주기

잊어버리거나 덮어주는 것이 용서라고 착각하기도 한다. 네이버 사전에도 용서를 "지은 죄나 잘못한 일에 대하여 꾸짖거나 벌하지 아니하고 덮어줌"이라고 정의하고 있기 때문에 용서를 잊어버리고 덮어주는 행위로 생각할 수 있다. 오히려 이 정의는 용납에 가까운 설명이다. 성서에 "그들의 불의를 긍휼히 여기고 그들의 죄를 다시 기억하지 아니하리라"(히 8:12)고 기록되었으니 죄를 기억하지 않는 것이 용서가 아닐까? 이는 불의한 행동을 잊어버린다는 뜻이 아니라 그들의 죄에 보복하지 않겠다는 뜻이다. 의도적으로 잊어버리지 못한다. 의도적으로 잊는 것은 불가능하다. 애를 써도 피해당한 기억은 사라지지 않는다. 성폭력이나 세뇌(가스라이팅)를 지속적으로 당하여 심각한 트라우마가 생긴 피해자는 기억과 정체성에 영향을 주는 해리 장애를 경험할 수 있다. 견디기 힘들 정도의 트라우마 경험 때문에 기억 상실이나 파편적 기억이 증상으로 나타날 수 있다. 그렇지만 기억 상실 또는 파편적 기억은 의도적이거나 의지적일 수 없다. 이러한 증상은 자신을 보호하기 위한 신경 과학적 현상일 수 있다. 세월이 가면 잊히기도 하고 심각한 정신적 피해 때문에 잊어버릴 수도 있다. 그렇지만 잊어버리거나 덮어주는 것이 용서는 아니다. 자신을 보호하기 위한 피해자의 최선의 방법이 잊어버리거나 덮어주는 행위일 수 있지만 용서는 아니다. 많은 경우에 주변 사람들이 "그만 잊어버려"라고 말하거나 가해자의 이차 가해가 두려워서 피해자는 잊어버리려고 하거나 덮으려고 한다. 그렇지만 이것은 용서가 아니다.

4) 합리화

합법화 또는 합리화가 용서라고 착각하기도 한다. 합리화(합법화)는 본질적으로 가해적 행위이지만 여러 상황을 고려하여 그 행위를 올바르다고 여기게 하는 것이다. 강제로 감금된 어느 여성이 함께 감금된 다른 사람을 총으로 죽이지 않으면 자신도 죽인다고 해서 어쩔 수 없이 총으로 죽였다. 어쩔 수 없는 상황이다. 그 여성은 죄책감의 늪에 빠졌다. 그렇지만 어쩔 수 없었다고 스스로를 위로하기도 했다. 그래도 경찰의 도움으로 풀려난 후 죄책감은 사라지지 않았고 오히려 그녀를 더 깊은 늪으로 빠지게 하여 사람들 만나기를 기피했다. 주위 사람들이 "어쩔 수 없었어요. 당신 잘못이 아닙니다"라고 말해도 그녀는 죄책감에서 벗어나지 못했다. 합리화가 용서가 아니기 때문이다. 합리화는 이성적인 논리일 수 있다. 이성적으로 이해되지만 감정적 속박에서 벗어날 수 없다. 합리화는 용서가 아니기 때문에 감정적 속박에서 벗어나는 도움을 줄 수 없다.

5) 방임

방임이 용서라고 착각하기도 한다. 방임은 간섭하거나 돌보지 않고 내버려두고 모른체 하는 것이다. 목격하고도 간섭하거나 돌보지 않는 것이다. 지속적인 방임은 피해자들이 받은 가해적 행위에 대하여 느끼는 감정들을 표현하지 못하게 한다. 분노, 억울, 슬픔, 괴로움 등의 감정을 느끼지만 표현하지 못하게 한다. 이러한 감정을 느끼지만 표현하지 않고 말하지 않으면 조용히 지나갈 수 있다. 이것이 방임의 결과일 수 있다. 조용히 지나가면 해결되었다고 생각한다. 그러나 여전히 울고 있는 자가 있다. 여전히 아파하는 자가 있다. 방임하면 언젠가 용서할 날이 오리라고 기대하는 경우도 있다. 방임은 도덕적 해이 때문에 일어나는 나쁜 습관이다. "지구 온난화는 지금 우리와 상관없어. 지금 일어날 일도 아닌데 신경 꺼. 우리만 당하지 않으면 괜찮아. 지금 내가 잘 먹고 잘 살면 다음에 무슨 일이 일어날지 걱정할 필요 없어. 내일 일은 내일 걱정하라고 했잖아." 도덕적 해이로 인해 사회적 현실을 방임하게 되고 시간이 지나면 다 해결될 것이라는 막연하고 잘못된 생각을 하게 한다. 그러므로 용서는 더 멀어지게 된다.

4. 용서의 조건

용서는 종교의 덕목이고 의무라는 생각이 있다. 용서를 성스러운 행위로 여기기 때문에 일상에서 이루어지는 용서를 사사롭게 여기거나 하찮게 여길 수 있다. 용서는 정신적으로 건강한 사람이 하는 행위라고 생각하기도 한다. 물론 취중에 한 용서의 발언을 믿기는 어려울 수 있지만, 정신적으로 건강한 사람이 하는 행위로 간주하면 조현병을 포함한 정신 질환을 가진 사람이 하는 용서를 진정한 용서로 볼 수 있을까? 우리는 그러한 용서는 신뢰할 수 없을까?

용서가 항상 좋지는 않다. 용서가 관계 회복에 도움이 될 수 있지만 도움이 안 되거나 심지어는 악화시킬 수도 있다. 가해자와 피해자가 준비가 안 되었을 경우에는 더욱 그렇다. 그래서 무조건 모든 상황에서 용서가 필요하지는 않다. 어떤 경우에 용서가 적절하게 필요할까? 아버지와 형제들은 자신의 잘못을 부인하는데 쉴라는 그들을 용서해야 하는가? 몸 사진을 요구했지만 잘해주는 그 아저씨를 여전히 만나는 여중생에게 용서가 필요할까? 남매 사이에 장난치다가 일어난 사소한 일인데 용서가 필요할까? 용서할 대상이 없는 잠수사는 용서의 과정에 참여해야 할까? 용서가 항상 필요하지도 않을뿐더러 모든 순간에 효과적일 수도 없다. 몇 가지 전제 조건이 있어야 용서가 일어날 수 있다.

1) 가해자와 피해자가 있어야 한다

피해를 준 가해자가 있으면 피해당한 피해자가 있어야 한다. 정신적이든지 물질적이든지 신체적이든지 간에 가해 행위를 한 사람이나 기관이 있고 이에 대한 피해자가 있어야 한다. 가해자는 있는데 피해자는 없다면 용서가 어렵다. 피해자가 죽어서 그 자리에 없으면 가해자는 용서를 구할 수가 없다. 5·18 민주 항쟁에서 사살 명령 때문에 사촌 동생이 사살되는 순간을 막지 못했던 한 군인은 죄책감 때문에 일상생활을 영위하기가 어려웠다. 몰려드는 죄책감을 용서해줄 사람이 이젠 여기에 없다. 그러나 그는 죄책감으로 인해 사죄하고 싶다. 이러한 경우에 용서가 이루어질 수 없다. 그래서 용서와 비슷한 옷을 입은 면책으로 대체될 수도 있다. 주위에 있는 사람들이 피해자를 대신해서 가해자의 책임을 면해주는 말을 할 수 있다. 그렇지만 용서는 가해자와 피해자가 있어야 한다.

2) 잘못에 대한 인식이 있어야 한다

용서는 가해자와 피해자가 잘못에 대한 인식이 있어야 한다. 몸 사진을 전송하기를 요구했지만 잘해주기 때문에 계속 만나는 여중생과 아저씨 사이에는 용서가 필요할까? 잘못에 대한 인식이 없기 때문에 용서가 시작될 수 없다. 법적인 처벌은 요구할 수 있어도 잘못에 대한 인식이 없기 때문에 용서가 일어날 수 없다. 아동 학대의 경우에 그럴 수 있다. 어려서 아동 학대를 당할 때는 인지하지 못했지만, 청년

이 되고서 아버지가 자기에게 한 행동이 아동 학대였음을 깨닫게 된다. 아동 학대를 당하고 있는 그 순간에 아동은 인지적으로 판단하지 못하여 아동 학대가 잘못된 것이라고 표현하지 못할 수 있다. 이웃이나 지인들은 아동 학대가 일어나지 않도록 경계하고 발생 시에 사건을 덮어버리기보다는 아동을 보호하고 돌보는 모습을 취해야 한다. 할 수 있으면 아동이 미술 치료나 놀이 치료 등의 적절한 상담 치료 과정을 통해 학대로 인한 감정과 생각을 표현할 수 있도록 도와야 한다. 이러한 경우에는 용서보다는 돌봄과 치료가 우선되어야 한다. 용서는 반드시 필요하지 않다. 가해자와 피해자가 잘못에 대한 인식이 있어야 용서가 시작될 수 있다.

3) 용서는 피해자의 의무가 아니라 권리다

용서의 주체는 피해자이기 때문에 피해자가 시작해야 용서가 일어날 수 있다. 가해자가 자신을 용서할 수 없다. 용서는 피해자만이 할 수 있다. 용서는 피해자의 의무가 아니라 권리이기 때문에 피해자가 결정해야 용서는 시작될 수 있다. 피해자가 시작하는 용서는 과정이기 때문에 "당신을 용서합니다!"라고 선포한다고 용서가 마무리되지 않는다. 용서는 가해자의 책임 있는 자세와 피해자의 노력이 함께 가야 하는 과정이다. 용서는 가해자와 피해자가 많이 노력해야만 하는 오랜 시간이 요구되는 과정이다.

5. 용서의 종류

용서라고 해서 모두 같지 않다. 앞서 설명한 용서와 비슷한 옷을 입은 이웃들도 있지만 용서가 시간과 방법에 따라서 다를 수 있다. 용서의 종류를 세 가지로 나눌 수 있다.

1) 성급한 용서

성급한 용서는 가해자가 뉘우치지 않는데도 피해자가 용서해주는 것이다. 가해자가 뉘우치지 않고 용서를 구하지도 않는데 용서하는 행동을 취하는 것이다. 용서가 그리스도인의 덕목이라고 생각해서 그리스도인 피해자는 가해자가 뉘우치기도 전에 섣불리 용서를 할 수 있다. 하지만 피해자는 가해자가 죄를 뉘우치고 회개해야지만 용서할 수 있다(눅 17:3). 뉘우침이 없는 용서는 일방적일 수밖에 없다. 가해자가 뉘우치는 행동을 보이지 않는데 피해자가 하는 용서는 상처가 난 자신의 마음을 피해자가 스스로 다스릴 수밖에 없게 만든다. 성급하게 용서하고 나서 피해자는 자신이 받은 마음의 상처를 돌아보고 자책하거나 스스로 위로한다. 성급하게 용서하다 보니 피해자가 자신의 감정과 정신적 상태를 파악할 여유가 없었기 때문이다. 성급한 용서를 한 피해자는 스스로 자기 자신을 보상할 수밖에 없다. 특히 가해자가 뉘우치지 않는 경우는 성급한 용서가 어쩔 수 없는 최선일 수 있다.

2) 미성숙한 용서

미성숙한 용서는 피해자가 가해자를 용서하지 않았으면서도 용서한다고 말하는 것이다. 분노와 억울함을 느끼지만 용서한다고 말하는 것이다. 가해자의 위력 때문에 또는 주위 사람들의 권유 때문에 어쩔 수 없이 하는 용서일 수 있다. 용서해주지 않으면 가해자가 또 해를 끼칠까 봐 두려워 용서한다고 말할 수 있다. 피해자가 존중받는 경험을 하지 못하면서 가해자에게 용서한다고 말한다. 가해자가 피해자에게 보상하는 책임 있는 행동을 하지도 않아서 여전히 가해자와 피해자는 갑을 관계 또는 상하 관계 또는 속박된 관계를 벗어나지 못한다.

3) 성숙한 용서

성숙한 용서는 가해자의 진정한 뉘우침을 전제로 한다. 가해자가 자신의 잘못을 인정하고 잘못에 대한 책임을 지려는 노력을 보일 때 성숙한 용서가 가능하다. 가해자가 피해자의 인격을 존중하고 적절한 보상을 하려는 자세를 취할 때 피해자는 자아 존중감이 높아지고 용서하려는 의지가 강해진다. 성숙한 용서는 가해자와 피해자가 서로의 인격을 존중하는 모습을 보이는 상태까지 갈 수 있다. 가해자가 피해자의 상태를 바라보고 자신의 잘못을 인정할 때 피해자는 용서하는 마음이 열리기 시작한다. 성숙한 용서는 가해자가 잘못을 인정하고 피해자에게 보상하려는 책임 있는 노력을 하기 때문에 피해자가 존중받는 경험을 하면서 일어나는 피해자와 가해자의 지속적인 노력의 과정이다. 이 과정에서 가해자와 피해자는 지속적으로 소통하고 뉘우치며 용서하는 행위를 반복한다. 가해자와 피해자가 함께 노력하는 성숙한 용서는 화해까지도 연결될 수 있다.

성급한 용서, 미성숙한 용서, 성숙한 용서, 이 세 가지는 서로 다르지만 모두 용서다. 서로 다르지만 용서이기 때문에 이러한 용서를 할 수밖에 없는 한계를 인정하고 이러한 용서도 존중해야 한다. 용서는 과정이기에 성급한 용서를 할 때가 있다면, 성숙한 용서가 시작되는 때도 있을 수 있다.

6. 용서 과정에 담긴 가치들

용서는 이벤트가 아니라 과정이다. 용서한다고 한 번 말한다고 마침표가 찍히지 않는다. 용서는 책임과 노력이 담긴 과정이다. 용서를 위해서 책임과 노력뿐 아니라 시간과 인내가 필요하다. 용서 과정이 의미 있게 하려면 가치들이 담겨 있어야 하고 과정 가운데 내재된 가치들이 존중되어야 한다. 용서 과정을 돕는 사람은 용서 과정에 내재된 가치들이 무엇인지 돌아보아야 한다. 가치들은 목표가 아니다. 목표를 두고 용서 과정을 진행하면 섣부르게 용서를 이벤트로 만들기 쉽다. 용서는 과정이기에 목표를 두기보다는 내재된 가치들을 살펴보고 존중해야 한다. 그 예로는 다음과 같은 가치 선언문이다.

* 각 사람은 각자의 진실을 가지고 있기 때문에 모든 사람을 존경하는 태도로 대해야 한다.

* 우리는 자신의 행동에 책임을 져야 하고 이러한 행동에 상호 책임을 져야 한다.

* 우리는 공동체 구성원으로 존재하며 구성원으로서 서로 연결되어 있다.

* 용서는 개인마다 속도가 다르기 때문에 자신의 속도에 맞게 걸어가도록 허용하는 과정이어야 한다.

* 우리는 적절한 방법으로 그리고 피해자의 방법에 따라 화해의 기회를 제공한다.[7]

위의 가치 선언문에 기초하여 용서 과정에 담긴 중요한 가치들을 아래서 설명하고자 한다.

1) 사실이 아니라 진실을 담고 있는 모든 사람은 존중받아야 한다

진실과 사실은 다르다. 사실은 일어난 사건이지만 진실은 그 사건에 대한 이해다. 사건은 같지만 사건에 대한 이해는 사람마다 다를 수 있다. 사람마다 객관적 사실에 대한 이해가 다르기 때문에 사람마다 진실이 다를 수 있음을 인정해야 한다. 용서 과정은 법적인 절차가 아니기 때문에 사실보다는 진실의 목소리를 들어야 한다. 진실의 목소리가 들리도록 서로를 존중해야 한다.

---

7   로레인 수투츠만 암스투츠, 한영선 역, 『피해자 가해자 대화모임』(대장간, 2020), 36-37.

2) 자신의 행동에 책임을 지고 서로의 행동에 상호 책임을 져야 한다.

용서 과정에 참여할 때 각 사람은 자신의 행동을 돌아보고 책임져야 한다. 피해를 끼친 가해자는 처음에는 자기 행동을 돌아보기 싫어서 부인할 수 있다. 자신이 저지른 잘못을 내면화시켜서 자신을 "잘못" 그 자체라고 여기고 잘못된 행동과 자신을 융합시키는 경우 자신의 잘못을 구별하여 시인하기가 더 어렵다. 잘못된 행동과 자신을 분리하지 못해서 자기 자신을 수치스럽게 느끼기 때문에 자책하기만 하지 자신의 잘못된 행동을 분별하지 못한다. 피해자도 마찬가지로 불행한 사건을 내면화시켜서 자신이 그 사건의 원인 제공을 했다고 비합리적 사고를 할 수 있다. 불행한 사건과 자신을 분리하지 못하기 때문에 자기 자신 때문에 가해자가 그러한 잘못을 했다고 왜곡된 생각을 한다. 다음과 같은 로마 가톨릭교회의 고백 기도가 있다. "모든 것이 내 탓이요, 내 탓이요, 내 큰 탓이로소이다." 이 고백 기도는 남의 잘못을 내 탓이라고 여기는 기도가 아니라 자신의 잘못된 행동을 돌아보면서 하는 기도다. 그런데 우리는 고백 기도의 의도와 다르게 자기 행동을 잘 살펴보지도 않고 자신을 잘못되었다고 탓하는 경우가 있다. 용서 과정에서 각 사람은 자기 행동을 돌아볼 수 있어야 한다. 그리고 각 사람이 자기 행동을 살펴볼 수 있도록 모든 사람이 상호 책임을 져야 한다.

3) 모두가 공동체 구성원이고 구성원으로서 서로 연결되어 있다

우리가 상호 책임을 져야 하는 이유는 우리는 모두 공동체에 속했고 공동체 구성원으로서 서로 연결되어 있기 때문이다. 용서 과정은 가해자와 피해자 사이의 양자 관계가 아니라 연관된 모든 사람이 함께 참여하는 공동체적 과정이다. 잔잔한 호수에 조약돌을 던지면 호수 전체에 물결이 생기듯 한 사람의 잘못은 모두에게 영향을 준다. 성폭력을 당한 여성은 모든 남성이 두려워질 수 있다. 남성을 신뢰하기 어렵고 가까이하지 못한다. 잠시 남자 친구를 사귀지만 오래가지 못한다. 비극 하나가 공동체 전체를 힘들게 할 수 있다. 공동체는 회피하거나 덮어버리기보다는 상호 책임을 지는 모습을 보여야 한다. 모두가 연결된 공동체이기 때문에 정도의 차이는 있지만 모두가 적당한 책임을 져야 한다. 하나님의 뜻대로 행하는 자가 내 형제이고 자매이며 어머니이므로(막 3: 35) 용서의 가치를 존중하는 모든 사람은 공동체로서 상호 존중하며 상호 책임을 져야 한다.

4) 용서의 속도와 방법은 다를 수 있다

용서의 속도와 방법은 서로 다를 수 있다. 어떤 이는 쉽게 분노와 원한을 가라앉히고 용서를 마무리하지만 다른 이는 일이 년 심지어는 몇십 년의 시간이 필요할 수 있다. 적절한 용서 과정을 거친다면 용서가 더 짧은 기간에 이루어질 수 있지만 용서의 속도는 사람마다 서로 다르다는 점을 기억해야 한다. 상처가 깊을수록 용서의 속도는 느릴 수 있다. 예를 들어 자연재해보다 인재로 인한 상처가 용서의 속도를 느리게 한다. 우연한 폭력보다 의도한 폭력으로 인한 상처가 용서를 더 힘들게 한다. 그래서 분해서 울고 있는 사람에게 "다른 사람은 훌훌 털고 일어나는데 당신은 왜 아직도 울고 있어요"라고 말하지 않아야 한다. 오히려 울고 있는 자에게 용서를 성급하게 강요하기보다는 우는 자와 함께 울어주는 자세를 취해야 한다. 용서의 방법도 사람마다 서로 다르다. 그러므로 피해자의 용서 방법을 존중하고 그 방법이 적절한지 돌아볼 수 있는 시간을 가진 후 그 방법에 따라 화해의 기회를 만들어가야 한다. 어떤 이는 용서의 과정에 가족이나 지인을 참여시키기를 원하고 다른 이는 가해자와 둘이서만 하기를 원할 수 있다. 어떤 이는 가해자가 보상을 먼저 해주기를 원하고 다른 이는 보상보다는 진실이 알려지기를 원할 수 있다. 피해자의 용서 방법을 존중하고 그 방법이 적절하게 진행될 수 있게 해야 한다.

7. 한국교회가 해야 할 일

지앤컴리서치가 제출한 「갈등과 용서에 대한 개신교인 인식 조사 보고서」에 의하면 개신교인 47.1%가 한국교회가 사회 갈등 완화를 위해 "노력하고 있다"고 생각하는 반면에 42.9%는 "노력하고 있지 않다"고 생각한다. 사회 갈등을 완화시키기 위해 "노력하고 있다"는 반응이 조금 더 높지만 여전히 "노력하고 있지 않다"는 반응이 많다는 점을 생각해야 한다. 주일 예배 출석 빈도가 높을수록 "노력하고 있다"는 반응이 높은 반면에 가나안 성도의 절반 이상은 "노력하고 있지 않다"는 반응을 했다는 점은 사회 갈등 완화를 위한 노력에 있어서 한국교회 안과 밖의 시각 차이가 있음을 뜻할 수 있다.[8]

---

8   지앤컴리서치, 「갈등과 용서에 대한 개신교인 인식 조사 보고서」, 104.

사회 갈등을 완화시키기 위해 한국교회가 "노력하고 있지 않다" 는 42.9%의 반응을 감안하여 한국교회는 사회 갈등 완화를 위해 어떠한 역할을 할 수 있을까? 한국교회는 용서와 화해를 위한 역할을 해야 한다. 사회적 용서와 화해가 이루어지기 위해 한국교회는 어떻게 행동해야 할까? 한국교회는 판사 또는 검사의 역할을 수행하는 자세를 버려야 하지만, 전쟁과 폭력에 대하여 방관하거나 무비평적 자세를 취해서는 안 된다. 전쟁과 폭력에 의한 사회 갈등에는 반드시 가해자와 피해자가 있고 용서와 화해가 필요할 수도 있다. "나라가 임하시오며, 뜻이 하늘에서 이루어진 것 같이 땅에서도 이루어지이다.…우리에게 죄지은 자를 사하여 준 것 같이 우리 죄를 사하여 주시옵고"(마 6:9-13)라는 주기도문이 어떻게 한국교회에서 실천될 수 있을까? 전쟁과 폭력에 반대한다고 앉아서 말하는 것으로 충분치 않다. 폭력을 조장하는 사회 갈등에 안타까운 마음의 표시를 하는 것으로 충분치 않다. 회복적 정의(restorative justice)라는 용어를 사용하여 갈등과 대립이 있는 곳에 정의와 평화를 관념화 또는 내면화하기보다는 삶에서 실천할 수 있도록 노력해야 한다. 마찬가지로 주기도문이 관념에 머물지 않게 하기 위해서는 한국교회가 구체적인 실천을 해야 한다.

1) 이야기를 적극적으로 경청하라

폭력이 발생되는 사건에는 목격자, 피해자, 가해자가 있다. 각자가 그 사건에 대한 이야기가 있다. 공유하는 이야기가 있고 각자의 독특한 이야기가 있다. 서로 이야기가 다르지만, 이야기를 충분히 하게 해야 한다. 각자의 이야기는 사건에 대한 자신의 목소리이기 때문에 사건이 발생한 정황에 대하여 각 사람의 관점에서 나오는 목소리다. 그 목소리가 사건에 대한 왜곡이나 은폐라고 생각하면 적극적 경청이 힘들다. 판사 또는 검사같이 판단하려고 하면 사람에게 관심을 기울이기보다는 사건에 대한 목소리의 정확성과 시시비비에 관심을 기울이게 된다. 예를 들어 "무엇을 제안해도 제 마음에 들지 않아요"라는 피해자의 말에 어떻게 반응할 수 있는가? 정확성과 시시비비에 관심을 가진 사람은 "예를 들어 무엇이 마음에 안 드시나요?" 하고 대답할 수 있다. 이러한 경우에는 마음에 들지 않는 원인을 찾으려고 노력하게 된다. 반면에 적극적 경청은 사람에게 관심을 기울이게 한다. 원인보다는 사람에게 관심을 가진다. "무엇을 제안해도 제 마음에 들지 않아요"라는 피해자의 반응은 가해자 이야기를 담고 있다. 가해자를 경험한 후 만들어진 가해자에 대한 이야기다. 가해자 이야기가 있어야 피해자 이야기가 더 분명해진다. 그래서 다음과 같이 반응할 수 있다. "가해자에게 실망을 많이 해서 이제는 무엇도 기대되지 않으시겠어요." "당신이 가해자라면 어떻게 하시겠습니까?" 적극적 경청은 사람과 사람 사이의 관계에 관심을 갖게 한다. 적극적 경청은 가해자와 피해자 사이에 공감대를 형성하는 첫걸음이 될 수 있다. 한국교회는 돌봄 사역의 사명이 있다. 용서와 화해가 일어나려면 한국교회는 우선 적극적 경청을 실천해야 한다. 원인을 찾으려고 탐색의 눈을 밝히기보다는 이념, 신앙관, 성별, 인종 등의 차이와 상관없이 사람과 그가 연결된 관계를 적극적으로 경청해야 한다.

2) 피해자의 고통을 알려야 한다

피해자들은 자신들의 고통이 알려지기를 원한다. 그들은 가해자에게 법적인 책임을 묻기 전에 우선 피해자들이 겪은 고통의 참담함을 알아주기를 기대한다. 그들이 원하는 것은 사람들이 자신들이 당한 고통을 진심으로 알아주는 일이다. 트라우마 전문가 주디스 허만(Judith Herman)은 자신이 인터뷰한 트라우마 생존자들은 정의가 무엇이냐는 질문에 이구동성으로 다음과 같이 대답했다고 한다.[9]

정의는 진실이 알려지는 것이죠. 진실이 알려지기를 원합니다.

진실이 알려지는 것은 공동체가 하는 일이다. 피해자가 혼자서 진실을 알리기에는 역부족인 경우가 많다. 특히 고통에 얽매여 있는 피해자는 진실의 목소리를 외칠 힘이 전혀 없다. 공동체가 진실을 알리고 공유할 때 피해자는 힘을 얻는다. 세월호 참사와 이태원 참사에 대한 소셜 미디어 뉴스와 댓글들은 참사 피해자들의 진실을 왜곡하여 갈등을 심화시켰다. 안타깝게도 한국교회는 우는 자와 함께 울기보다는 묵인하고 수동적인 자세를 취하거나 비난과 비방의 자세를 취했다. 피해자는 많은 경우에 보상이나 책임자 처벌보다도 우선 진실이 알려지기를 원한다. 한국교회는 진실을 알리는 데 용기를 내야 한다. 그것이 용서와 화해를 이루기 위한 한국교회의 사명이기 때문이다.

---

9   Judith Herman, *Truth and Repair: How Trauma Survivors Envision Justice* (New York: Basic Books, 2023), 63.

3) 피해자를 존중받는 인격체로 수용하여 한국교회의 치유자로서 정체성을 바꾼다

거라사의 귀신 들린 사람은 치유된 후 예수와 머물기를 원했지만 예수가 집으로 돌려보냈다(눅 8:26-39). 무슨 이유에서 그는 집으로 돌아가지 않고 예수와 함께 있기를 청했을까? 아마도 돌아가면 마을 사람들이 그를 멀리할까 봐 두려웠을지도 모른다. 치유되어 새사람으로 변했지만 그는 마을 사람이 자신의 변화된 정체성을 믿지 않고 자신을 거부하고 멀리할 것이라고 예상했을지도 모른다.

소외되면 피해자는 더 자신만의 공간으로 숨어버린다. 공동체가 보여주는 반목과 괄시의 시선 때문이다. 돌봄이 없는 공동체에서는 소외와 비난이 자주 일어난다. 돌봄의 부재는 트라우마다. 돌봄은 공동체 구성원 모두가 존중받는 인격체로서 회복되게 한다.

피해자들을 위해 해야 할 중요한 점은 그들이 자신의 정체성을 재구성하도록 도와야 한다는 것이다. 많은 경우에 피해자들은 자신의 정체성이 공적으로 왜곡되어 노출된다. 그래서 대중 매체나 소셜 미디어를 통해 학대를 다시 당하거나 트라우마를 재경험하게 된다. 왜곡되고 무책임한 비난 댓글은 피해자의 상처를 더 깊게 하고 피해자가 자책하게 만든다. 한국교회 내에 용서와 화해가 강물같이 넘치게 하려면 피해자를 존중받는 인격체로서 수용하고 교회가 하나님 나라를 이 땅에 임하게 하는 원동력을 피해자에게서 찾을 수 있도록 해야 한다. 그러기 위해 한국교회는 피해자를 치유의 대상으로 바라보는 것에 머물지 말고 피해자가 "상처입은 치유자", 즉 상처받았음에도 불구하고 세상을 변화시키는 적극적인 치유자로서 교회와 사회에 참여할 수 있도록 도와야 한다.

나가는 말

용서 없이도 살아갈 수 있다. 화해가 없어도 세상은 사라지지 않는다. 그런데 왜 한국교회는 용서와 화해를 강박적으로 이루려고 하는가? 한국교회는 설익은 용서와 화해의 열매를 따기 전에 나무에 거름을 주고 뿌리를 튼튼하게 해야 한다. 용서와 화해는 일회성에 그치는 이벤트가 아니라 한국교회가 농부가 되어 지속적으로 돌봄의 거름을 주고 오랫동안 기다려야 하는 과정이다. 돌봄의 거름은 정의와 사랑을 섞은 거름이다. "누가 내 부모이고 형제자매들인가?"(막 3:33)라는 예수의 질문에 피해자도 한국교회의 형제자매라는 점을 상기해야 한다. 정의와 사랑이 섞인 돌봄의 거름을 모두에게 골고루 준다면 용서와 화해의 열매는 저절로 맛있게 열리지 않을까?

추천 도서

고미영, 『지역사회를 위한 이야기치료』, 공동체, 2016.

레페스포럼, 『종교로 평화 만들기』, 모시는사람들, 2022.

로레인 수투츠만 암스투츠, 한영선 역, 『피해자 가해자 대화모임』, 대장간, 2020.

마사 누스바움, 김동혁 역, 『분노와 용서』, 뿌리와 이파리, 2018.

손운산, 『용서와 치료』, 이화여자대학교출판부, 2008.

앤드류 레스터, 이희철·허영자 역, 『앵그리 크리스천』, 돌봄, 2016.

주디스 허먼, 최현정 역, 『트라우마: 가정폭력에서 정치적 테러까지』, 열린책들, 2012.

팀 켈러, 윤종석 역, 『용서를 배우다』, 두란노, 2022.

캐롤린 요더, 김복기 역, 『트라우마의 이해와 치유』, 대장간, 2018.

깨어진 세상이 교회에 기대하는 것

영화로 만나는 용서와 치유

최은

0. 용서는 진부하다?

복수도 아니고 용서만큼 재미없는 게 있을까. 대중 영화의 주제로서 말이다. 요즘 세련된 영화라면 원수는 쉽게 용서하면 안 되고(나만 손해다), 정의 실현이라는 이름으로 믿고 맡길 공권력이나 영웅 따위는 없으며(이미 부패했다), 대의명분으로서의 정의는 무시당하고 조롱당하기 일쑤인 세상에 용서라니. 꽤 용감하다 싶은 네 편의 영화를 추려 보았다.

　임오정 감독의 〈지옥만세〉와 얀 코마사의 〈문신을 한 신부님〉, 프란 크랜즈의 〈매스〉, 켄 로치의 〈나의 올드 오크〉에는 모두 용서하는 자와 용서받아야 할 자들이 등장한다. 물론 이 영화들의 내러티브가 모두 피해자와 가해자라는 명확한 대립 구도를 갖고 있거나 피해자가 가해자를 조건 없이 용서하게 함으로써 소위 기독교적인 가치를 재현하고 있는 것은 아니다. 예컨대 〈지옥만세〉처럼 왜곡된 진리를 믿는 사람들을 등장시켜 오히려 "그런 용서라면 난 못해!"라는 태도로 강변하는 작품도 있다. 하지만 이 경우 중요한 것은 "그런" 용서란 무슨 뜻인지 역설적으로 되짚어보는 일일 것이다.

세상 인기 없는 용서를 다루면서 이 작품들은 현실 세계를 알리바이로 사용했다. 〈지옥만세〉는 2018년 언론 보도로 알려진 피지섬 사이비 사건을 모티프로 했다. 신도 수백 명을 남태평양 피지섬에 가두고 여러 해 동안 강제 노동과 폭행으로 괴롭힌 사이비 교주에게 징역 7년 형이 최종 선고되었던 사건이다. 〈문신을 한 신부님〉은 폴란드에서 19세 청년이 3개월 동안 신부 노릇을 했던 사건을, 〈매스〉는 플로리다 파크랜드의 한 고등학교에서 벌어진 총기 난사 사건을 모티프로 한다. 〈나의 올드 오크〉는 더럼 지역의 폐 탄광 마을을 모델로 한 영화로 1984년의 광산 파업이 과거사로 언급된다.

세상에 용서와 화해가 필요한 현장은 수를 헤아릴 수 없겠으나 위 작품들은 특별히 가해자와 피해자가 만나고 대화하는 장소 언저리에서 "교회"라는 이름과 배경이 발견되는 영화들이다. 〈매스〉와 〈문신을 한 신부님〉이 직접적으로 교회라는 공간을 중심으로 공동체의 회복과 용서와 화해를 말한다면, 〈지옥만세〉와 〈나의 올드 오크〉는 각각 사이비가 운영하는 이른바 대안 학교와 마을의 오랜 주점이라는 공간을 통해 우회적으로 혹은 역설적으로 용서와 화해에 있어서 교회의 역할에 대한 비전과 통찰을 제공한다.

이 와중에 우리는 기독교적 가치가 전처럼 존중받지 못한다는 사실을 새삼 가슴 아프게 확인하게 될 것이다. 미로슬라브 볼프는 예언자적인 종교로서 기독교가 지금과 같은 다원주의 사회에 선한 영향력을 끼치고 싶다면, 그럴수록 권력의 핵심보다는 사회의 변두리에 머물러야 할 것이라고 주장했다. 기독교가 많은 행위 주체 중 하나가 된 현상을 겸허히 받아들이고 더러는 다른 신앙을 가진 이들이 우리의 교리를 어떻게 이해하는지 경청하는 것도 중요하다고 그는 말한다. 그러니 우울해하지 말고, 초기 기독교 공동체가 그랬듯이 변방에서 고통을 호소하는 작디작은 목소리들로부터 다시 시작해보자고. 그렇게 하기에 영화는 좋은 선생이며 맞춤한 예술이다. 하여 모르는 척 한번 물어보자. 상처투성이인 이 세상은 교회에 무엇을 기대할까? 과연 아직 기대가 남아 있기는 한 것일까?

1. 전혀 "다른" 질서와 변화가 있는 용서: <지옥만세> (2022)

1) 절망을 불러오는 가해자의 "구원"

사는 것이 지옥 같아 죽고 싶었던 나미(오우리)와 선우(방효린)는 제주도 수학여행 기간에 서울로 특별한 여행을 떠난다. 죽을 때 죽더라도 그 전에 반드시 해야 할 일이 생겼기 때문이다. 집안이 망해 야반도주한 학교 폭력 가해자 박채린(정이주)이 서울에서 멀쩡하게 대안 학교에 다니며 유학 준비를 하고 있다는 소식에 분노한 둘은 채린의 인생에 "기스"(흠, 상처)라도 내고 와야겠다고 결심했다. 하지만 미처 그것까지는 몰랐다. 채린이 회심해서 독실한 신자가 되어 있을 줄은. 채린은 그들의 등장을 두고 기적이며 기도 응답이라고 말했다. 얼싸안고 반가워하며 고맙다고 했다가 무릎 꿇고 자기에게 복수하라고 호소했다가 용서를 구하는 착한 얼굴의 채린은 나미와 선우에게 낯설고 혼란스럽기만 했다. 복수를 하든 용서를 하든 채린은 자신의 죄를 공개적으로 고백했으므로 "회개 점수"를 추가 획득하여 남태평양 섬의 낙원행 티켓을 얻게 될 것이다. 복수가 원수의 구원이 되는 아이러니를 어떻게 이해할 것인가. 과연 채린의 회개는 진심일까? 그 아이는 진짜로 변한 걸까?

채린의 교회는 누가 보아도 비상식적인 사이비이며 명백한 범죄 집단이다. 그런데 종교 비판이나 사회 고발 드라마이기보다는 소녀들의 모험과 성장담인 〈지옥만세〉에서 채린이 다니는 교회가 이단인지 정통 교단인지는 적어도 나미와 선우에게 그다지 중요하지 않은 것처럼 보인다. 그보다 중요한 것은 가해자 채린이 곧 낙원에 가서 행복해질 거라는 짜증나는 가정과, 낙원이라는 곳이 치열한 경쟁을 통해 다른 사람을 짓밟아야 갈 수 있는 곳이라면 그곳이 현실의 "지옥"과 다르지 않다는 판단, 그리고 그런 낙원이라면 제아무리 친절한 사람들이 모인 곳이라 해도 절대로 가고 싶지 않다는 결론일 것이다.

따라서 임오정 감독의 〈지옥만세〉는 그 선배 격인 〈이끼〉(2010)와 〈사이비〉(2013), 〈사바하〉(2019)와도 다르고 이창동의 〈밀양〉(2007)이나 연상호의 시리즈물 〈지옥〉(2021) 같은 작품들과도 다르다. 우선 〈이끼〉와 〈사이비〉와 〈사바하〉처럼 사이비 집단의 기괴함과 다름을 강조하는 대신 〈지옥만세〉는 오히려 현실 사회와 종교 집단이 닮은 점에 주목했다. 따돌림과 학교 폭력의 피해자인 선우의 눈에는 그것이 유독 선명하게 보인다. 예컨대 채린이 새 집단에서도 여전히 여왕벌의 자리를 꿰차고 있는 가운데 착하고 순한 혜진(이은솔)의 말은 아무도 들어주지 않는 것을 보고 선우는 혜진에게 연민과 동질감을 느낀다. 이런 방식으로 사이비는 하나의 독특하고 예외적인 범죄 집단이 아니라 현실 사회의 축소판이자 사회악의 표상이 된다. 단 이 집단이 파멸하는 방식이 형사나 검사나 국정원 직원 또는 이단 퇴치 전문가 같은 영웅에 의해서가 아니라 스스로의 모순에 의해서라는 점은 생각보다 중요하다. 점수로 아이들을 통제하고 낙원에 갈 순서를 결정할 권력을 지닌 교사 한명호(박성훈)는 자신이 혜진의 부친을 살해한 줄 알고 절망 끝에 자살을 선택했다. 신의 용서를 믿었고 회개 점수가 가장 높다고 가르친 종교였음에도 불구하고 명호는 스스로 용서받지 못할 살인자라고 최종 선언한 셈이다. 낙원행이 좌절되면서 애초에 막다른 인생이었던 그는 더 이상 갈 곳이 없다고 생각했다. 그의 죽음으로 그들의 공동체는 와해되었는데, 이 일은 불쑥 나타나 그들의 용서와 "구원"에 의문을 제기한 소녀들이 만들어낸 작은 균열에서 촉발되었다.

한편 장로교단을 바탕으로 한 〈밀양〉에서 피해자에게 용서를 구하는 대신 신에게 용서를 구하고 해맑게 용서받았다고 말하는 가해자가 문제였다면, 〈지옥만세〉의 채린은 적어도 표면적으로는 피해자들을 보자마자 납작 엎드려 용서를 구해서 오히려 그들을 당황하게 한다. 〈지옥〉에서는 정통 교단의 지도자들이 원죄 개념을 놓고 풍자적인 방식으로나마 논쟁을 벌였지만, 여기서는 기독교의 핵심 교리에 대한 이해를 추구하는 장면도 딱히 없어 보인다. 이를테면 이 영화는 "도대체 그리스도인들은 왜 그렇게 이기적이야?" "가해자가 왜 그렇게 뻔뻔해?" "신께 용서받았다고? 그럼 피해자는?" "왜 피해자에게는 사과 안 해?" "그래서! 정통 기독교랑 사이비가 뭐가 달라?"라고 더 이상 묻지 않는다. 피해자가 뻔뻔하지 않은 가해자를 용서할 것인가라는 문제 앞에서 선우와 나미는 속죄의 교리를 문제 삼는 대신 사과의 동기와 진정성을 묻는다. 채린은 용서라는 지고의 가치를 오로지 낙원에 가기 위한 수단으로 삼음으로써 두 친구를 또 한 번 유린했다. 채린은 전혀 달라지지 않았다.

2) 용서 없는(?) 지옥을 선택한 그들의 성장

결국 선우와 나미는 채린을 용서하지 않기로 한다. 그런데 그것은 용서가 아니면 무엇이었을까? 명호가 혜진의 아버지를 내려치는 장면을 목격한 선우와 나미는 혜진의 도움으로 탈출에 성공하는 반면 채린은 명호와 공모한 것으로 찍혀 낙원행 1등 후보에서 순식간에 "악마"로 추락하여 감금된다. 파렴치한 본색을 드러낸 채린을 두고 도망하다가 명호가 목을 맨 것을 본 두 친구는 명호가 올 것이라고 믿고 기다리는 채린에게 돌아가 그를 구출해낸다. 그리고 애초에 자살을 위해 준비해두었던 번개탄으로 비닐하우스에 불을 지르고 귀갓길에 오른다.

　끔찍한 밤이 지나고 그들이 헤어질 때, 선우와 나미가 손대지 않았으나 밤사이 "기스(상처) 난" 얼굴이 된 채린은 이번에는 아마도 진심으로 미안하다고 말한다. 나미는 "우린 너 용서 안 한다"고 선언했다. 단지 "죽는 놈 떡 하나 더 준" 것뿐이라고. 선우가 끼어들었다. "미운 놈인데?"

"죽는 놈", "미운 놈" 운운하는 말은 처음 자살에 실패한 나미가 폐장한 온천장에서 다시 목매달기로 결심한 후에 선우와 나눈 영화 초반 대화에서 이미 한 번 등장했다. 나미는 "죽는 놈 떡 하나 더 주는 셈 치고" 자신의 시신을 수습해달라고 선우에게 부탁한다. 그때도 선우는 똑같이 말했다. 선우가 "미운 놈"이라고, 나미의 실수를 정정했던 것은 이중적인 의미가 있음을 우리는 영화 말미인 이 시점에 상기하게 된다. 그것은 잘못 인용된 속담을 교정하는 것이면서 동시에 선우에게 나미가 진짜 "미운 놈"이었음을 의미하는 복선이었다.

교주의 생일잔치가 있던 날, 나미의 마음이 채린을 용서하는 방향으로 움직이는 것을 보고 선우는 채린을 믿을 수 없다며 나미를 비난한다. "너 하나도 안 변했어." 교주의 생일 케이크를 보자 채린 일당에 의해 얼굴에 케이크를 뒤집어쓴 자기 생일날의 기억이 떠올라 한 말이다. 옥상에서 곧 뛰어내릴 것 같은 선우를 말리며 나미는 인정했다. "미안해. 나 하나도 안 변했어." 선우는 나미에게 사과하지 말라고 한다. 나미 엄마의 치킨 가게 앱에 심한 악플을 단 사람이 채린 일당이 아니라 선우 자신이었다고 선우는 고백했다. 나미도 그들과 함께 웃고 있었기 때문이었다.

여기서 영화는 채린을 용서할 것인가 말 것인가를 결정하기 전에 선우가 넘어서야 할 관문이 있었다는 점을 폭로한다. 그것은 나미를 용서하는 일이면서 동시에 그에게 자신의 잘못을 고백하는 일이었다. 가해자를 처벌하기 전에 자신도 가해자였음을 인정하는 것은 "복음적"인 용서의 시작이다. 시몬 베유는 "나라는 존재도 실은 생각과는 다른 모습이다. 그것을 아는 것이 용서다"라고 말했다. 그에 따르면 용서는 비난의 악순환을 끊고 죄책감의 중압을 덜어주는 것이다. 우리는 용서를 통해 자신이 생각만큼 가해자와 다르지 않음을 깨닫게 된다.[1]

그런 의미에서 용서와 관련해서 가장 의미 있는 통찰을 보여주는 인물은 나미라고 볼 수 있다. 봉사 점수로 혜진과 동점인 상황에서 채린은 나미에게 증언을 요청한다. 나미가 채린의 사과를 받아들이고 공개적으로 용서하면 채린이 회개 점수를 추가로 얻어 그의 낙원행이 결정될 터였다. 나미는 용서를 유예하며 이렇게 말한다. "나 하나도 안 변했어. 그런데 너 왜 나한테만 사과해? 진짜 바라는 것이 기적이라면 선우한테 사과해야지." 그리고 용서가 선우에게 달려 있다고 말하는데, 이것은 다름 아닌 자신에게 용서의 "자격이 없음"을 인정하는 행위였다. 그뿐만 아니라 나미는 "솔직히 너랑 다니면서 덜 죽고 싶었어"라고 말함으로써 악플에 대해서 선우를 용서했음을 표현한다.

결국 채린을 용서하기 전에 이 둘은 서로 용서를 구하고 화해에 이르게 되었고 그렇게 해서 생긴 마음의 힘은 눈을 못 마주칠 정도로 두려웠던 가해자 채린을 마지막에는 불쌍히 여길 수 있도록 해주었다. 그들은 자신들의 표현대로라면 채린을 용서하지 않았지만, 불쌍히 여길 수는 있었다. 선우는 채린에게 명호의 유서를 전하며 그냥 잘 살라고 마지막 인사를 남긴다. 나미가 덧붙였다. "그래. 절대 죽지 마. 존나 무서워."

---

1   필립 얀시, 윤종석 역, 『용서: 은혜를 시험하는 자리』(IVP, 2023), 113.

그들이 반복하는 "안 변했다"라는 표현에 기대자면, 이날 이후 선우와 나미는 "변했"고 이는 이 모험의 결과로 둘이 성장했음을 뜻한다. 〈지옥만세〉는 이를 위해 시작과 끝 지점에서 각기 대구를 이루는 몇 가지 모티프를 사용했다. 나미의 자살 기도에서 출발한 내러티브는 명호의 자살로 일단락을 지었는데, 자기 방에서 번개탄을 피우면서 혼자 춤을 추던 나미의 모습은 비닐하우스에 번개탄으로 불을 지르고 함께 춤을 추는 두 친구의 모습으로 "변했"다. 선우와 나미가 서울로 향하던 날 밤 두 친구에게 소외감을 주었을 수안보 불꽃 축제의 이미지와 그날 나미가 언급했던 수학여행의 캠프파이어는 마지막에 비닐하우스 화재와 불꽃 이미지로 "변했"고, 그것은 그들만의 수학여행이 평생 잊을 수 없을 마지막 밤이었음을 뜻한다. 그러나 무엇보다 가장 많이 변한 것은 나미의 태도와 두 친구의 관계다. 여행을 마치고 돌아온 길에서 선우와 나미는 선우를 괴롭히던 무리와 마주친다. 그들이 선우와 나미를 싸잡아 조롱하자 나미는 이번에는 방관하거나 동조하지 않고 선우 편에 서서 그들에게 맞선다.

그리하여, 다시 묻는다. 그것은 용서가 아니고 무엇이었을까? 선우가 나미를, 나미가 선우를 용서한 것은 분명해 보인다. 그들 공통의 가해자인 채린은 어떨까? 채린을 용서하지 않았다는 나미의 말을 곧이곧대로 믿어야 할까? 그것은 혹시 멋쩍음에서 나온 반어적인 표현이었을까? 어쩌면 그럴지도 모른다. 실은, "미운 놈 떡 하나 더 준다"는 것이야말로 가해자의 태도와 상관없이 무조건적으로 베푸는 용서의 핵심일 것이다. 이것이 바로 우리가 그리스도로부터 받은 용서와 같은 종류의 용서 아닌가. 다만 용서했느냐 안 했느냐 만큼이나 중요한 것은 적어도 이 영화가 용서를 향한 길에 이 두 친구를 안전하게 내려놓았다는 점이다. 이를테면 선우가 나미에게 "미운 놈"이라고 말할 수 있었던 것처럼 그들은 이번에는 채린에게 "죽는 놈" 아닌 "미운 놈"이라고 말할 수 있었다. 이 경우 용서는 한 번 더 유예되었다.

이제 영화가 두 친구를 마주보게 만든 특별한 엔딩을 생각해보자. 나미가 자전거를 타고 멀어져가는 선우를 지켜보다가 그를 다시 불러 세운다. 깜짝 놀라 돌아온 선우에게 나미는 "웰컴 백 투 더 헬!"이라고 말하고, 선우는 "오키오키, 갈게" 하고 돌아서서 미소를 지으며 갈 길을 간다. 두 친구가 한 방향으로 달려가며 그들만의 "낙원"을 꿈꾸는 것으로 끝을 삼지 않아서 고맙다. "왕따"였던 그들이 함께 뭉쳐 힘이 생겼다고 남은 채린 패거리와 맞붙어 싸울 것처럼 보이지 않는 것도. 그럴 거였으면 여행에서 돌아오자마자 마주친 아이들에게 그렇게 했을 것이다. 이와 같은 결말은 성공해봐야 가해자들의 모방이나 거울 이미지가 될 수밖에 없는 복수와 폭력의 악순환을 끊어내고,[2] 두려움을 피하지 않으며, 물론 죽지도 않고 이 두 친구가 지옥 같은 현실을 함께 또 따로 잘 살아낼 것이라고 기대하게 한다.

영화 〈지옥만세〉는 낙원행 티켓을 목적으로 한 사이비 집단의 구원론과 왜곡된 용서를 거부한 선우와 나미를 통해 역설적으로 대중의 욕망으로서 이 시대 한국 영화가 기원하는 진정한 의미의 구원

---

2 볼프는 희생자들은 자신들이 너무나 자주 압제자들의 행동을 모방하고 스스로 원수의 거울 이미지가 되도록 내버려두었다는 사실에 대해 회개해야 한다고 급진적으로 주장했다. 미로슬라브 볼프, 박세혁 역, 『배제와 포용』(IVP, 2012), 184. "만약 오늘 희생자가 회개하지 않는다면, 내일은 그들이 가해자가 되어 자기기만 속에 스스로 희생당했다는 이유로 자신의 비행에 대한 책임을 면하려고 할 것이다"(같은 책, 185).

과 용서의 이미지를 드러내보였다. "'그런 낙원'이라면 사양할래"라는 의미와 연대의 표현으로 "지옥만세"를 외치는 두 친구는 무엇이 낙원인지는 몰랐지만 이제 낙원이 아닌 것을 분별할 수 있는 지혜를 얻을 만큼 성장했다. 동시대 그리스도인들의 공동체가 널리 공유했으면 하는 지혜이기도 하다.

2. 아프다고 말할 수 있는 곳: 용서로 증오에 맞선 〈문신을 한 신부님〉 (2019)

1) 가짜가 드러낸 진실

소년원에서 가석방으로 출소한 다니엘(바르토시 비엘레니아)은 존경하는 토마시 신부(루카즈 시므라트) 같은 훌륭한 사제가 되고 싶었지만, 신학교는 전과자들에게 열려 있는 곳이 아니었다. 실망을 안고 목공소에 취업하러 외딴 마을에 들어간 첫날, 다니엘은 우연히 성당 관리 집사 리디아(알렉산드라 코니에치나)의 딸 엘리자(엘리자 리쳄벨)를 만난다. 얼떨결에 자기가 신부라고 거짓말을 했다가 다니엘은 얼마간 이 성당의 주임 신부 자리를 대신해야 하는 상황에 빠진다. 주임 신부는 치료받으러 갔다 올 동안만 마을을 지켜달라고 부탁하고 떠났다.

졸지에 "토마시 신부"가 된 다니엘은 이 마을에 머물며 미사를 집전하고 사람들을 만나면서 그들이 1년 전 마을 사람 일곱의 생명을 앗아간 끔찍한 사고에서 아직 헤어나지 못하고 있다는 사실을 알게 된다. 청년 여섯 명이 탄 차를 가해자 스와베크의 차가 정면에서 들이 받아 일어난 참사였다. 경건한 마을 사람들은 희생자들을 기억하는 공간을 마련해놓고 매일 아침저녁으로 마을 어귀에서 추모의 기도를 드리고 있었는데, 그들은 고인이 된 스와베크를 여섯 명의 청년 희생자들과 함께 추모하는 것을 거부했다. 하여 추모 게시판의 희생자는 일곱이 아닌 여섯이다. 마음속에 분노를 가득 품고서 그들은 "하나님이 우리 아들을 데려갔어요. 어쩔 수 없는 일이었어요"라고 말하며 버티고 있었다. 폴란드의 얀 코마사 감독이 연출한 〈문신을 한 신부님〉은 이 가짜 신부 다니엘의 등장이 몸과 마음이 병든 주임 신부에서부터 마을 젊은이들과 유족들과 죽음을 앞둔 노인에 이르기까지 마을 공동체의 모두에게 은총이고 축복이었다고 말한다.

소년원의 토마시 신부에게 배운 대로 솔직한 기도와 강론과 고해 상담으로 단번에 신도들의 마음을 얻은 다니엘이 이 마을에서 "사제"로서 가장 먼저 도전한 것은 참사를 겪은 마을 사람들이 점잖음과 교양을 잠시 내려놓고 각자의 슬픔과 분노와 두려움에 직면하게 한 일이었다. 그리고 아직 정리하지 못한 유품들을 꺼내놓을 것을 제안한다. 유족 중에는 오빠를 잃은 엘리자와 그의 모친인 관리 집사 리디아도 있었다. 실은 리디아도 다른 유족들처럼 혹은 그 누구보다 가혹하게 가해자 스와베크의 아내 에바(바바라 쿠르자이)에게 증오와 저주로 가득 찬 편지를 보냈다는 사실이 밝혀지면서 엘리자는 큰 충격을 받는다. 남편이 4년째 금주 중이었다고 에바는 주장하지만 주정뱅이에 부부 싸움이 잦았던 데다가 외지인이었던 이 스와베크 부부를 의심하고 증오하는 사람들은 스와베크가 음주 살인을 저지른 것이라고 믿었다. 사람들이 스와베크의 장례를 마을에서 치르는 것을 거부해서 그의 유골은 에바가 아직 집에 보관하고 있었다.

가해자의 가족이라는 이유로 희생자 유가족에서 제외된, 참사의 또 다른 희생자 에바는 여러모로 다니엘에게 연민과 공감을 불러일으키는 존재였다. 마을의 화해와 치유에 있어서 에바가 핵심이라는 사실을 다니엘은 직감적으로 알고 있었다. 늙은 주임 신부는 아마도 에바를 위로하고 그를 돕고 싶어 했던 것 같지만 정작 교구 묘지에 가해자의 유해를 안장하는 것은 막았다. 분위기가 좀 잠잠해지면 마을에서 장례를 치를 수 있도록 돕겠다고 약속했고 에바는 그때를 기다리고 있었지만 좀처럼 때는 찾아오지 않았다.

다니엘은 이 사건의 배후에 마을의 실력자이며 목공소 사장이기도 한 발키에비치 시장(레섹 리호타)이 있다는 사실도 알게 된다. 문제를 키우지 않고 갈등을 적당히 봉합하기를 원했던 시장은 다니엘에게 행동을 주의할 것을 경고한다. 시장은 청년들이 마약을 흡입하고 있다는 사실을 알고 있었고 그로 인해 정치적인 입지가 난감해질 것을 염려했던 것으로 보인다. 실제로 운전자를 포함해서 사고 당일 청년들은 몇 시간 전까지 마약을 했다는 사실을 엘리자가 알려주었다. 엘리자는 약에 취해 오빠의 장례식에도 참석할 수 없었다.

누군가가 이 상황을 책임져야 한다면 인류 역사의 오랜 관습대로 가장 만만한 약자가 희생되는 편이 좋을 일이었다. 한때 알콜 중독이었던 외지인 가해자를 향한 적대감으로 에너지를 모아 대다수가 신도들인 마을 유가족들의 심기를 불편하게 하지 않는 것이 최선의 방법이라고 시장은 생각했다. 여기에 우리 아이들은 나쁜 짓을 했을 리 없다는 믿음과 숭고하고 순수한 희생양이어야 한다는 유가족들의 그릇된 의지가 암묵적으로 동조했음은 물론이다.

"당신에게 힘이 있지만, 옳은 것은 접니다"라고 말하는 다니엘에게 시장은 "당신이 옳을 순 있겠지. 힘은 내가 쥐고 있어"라고 말했다. 주교를 통해 다니엘에게 영향력을 행사할 수 있다는 뜻이었다. 시장은 같은 종류의 협박을 아마도 주임 신부에게도 했을 것이다. 주임 신부의 알콜 의존증과 질병은 그렇게 해서 생긴 마음의 병이었을 가능성이 크다.

2) 용서의 급진성: 저항이 된 회개와 용서

가짜 토마시 신부인 다니엘은 시장의 권력에 저항하기로 한다. 시장의 목공소 개업식에서 요청받은 대로 예의바른 축복 기도를 하는 대신 그는 진흙탕에 무릎을 꿇고 권력과 욕망을 좇는 자기 자신의 죄를 회개하며 이른바 "번영 신학"에 일침을 가하는 기도를 드린다. "제 죄를 고백합니다. 권력자가 되길 원하고 존경받고 관심받길 원합니다. 더 갖되 남들보다 낫기를 원합니다.⋯저보다 못한 자를 찾아 저를 세우고자 합니다. 저로 하여금 겸허하게 하소서. 사죄합니다." 소년원 동기인 핀체르(토마시 지엥텍)가 나타나 다니엘의 정체를 폭로하겠다고 협박할 때도 다니엘은 죄의 고백으로 상황을 정면 돌파했다. 그 주의 미사에서 다니엘은 이렇게 강론했다. "전 살인자입니다. 맞습니다. 제가 죽였어요. 머릿속으로 죽였고 실제로 죽이려다 실패했으며 마침내 실행에 옮겼습니다. 우리가 뭘 잘하는지 아세요? 사람들을 손가락질하는 거요." 이 부분에서 다니엘은 카메라를 정면으로 응시한다. "잊었다고 용서한 게 아닙니다. 없던 일인 듯 외면해도 안 되죠.

용서는 사랑입니다."

다니엘에게 용서는 사랑이었다. 가장 무력해 보이지만 가장 급진적인 사랑. 그리고 우리가 아는 한 그것은 예수 그리스도의 사랑이기도 하다. 그런데 급진적인 사랑은 그에 마땅한 행위를 요구한다. 죄를 지었더라도 그 죄가 무엇이든지 사랑해야 한다고 설교한 다니엘은 돌아오는 성체 축일에 모인 헌금을 모두 스와베크의 장례식을 위해 사용하겠다고 공표한다. 그리고 교구 묘지에 스와베크를 안장하기로 한다. 유족들은 극구 반대했지만 다니엘의 의지를 꺾을 수는 없었다. 리디아는 숨어서 장례식을 지켜보고 시장과 그의 가족은 멀찍이 서 있었으며 일부 유족들은 장례 행렬에 참석했다. 마을에 불쑥 등장한 청년 사제로부터 시작된 죄의 고백과 화해의 기운은 조금씩 사람들의 마음을 열어가고 있었다.

더욱이 에바에게도 이 장례식은 공동체에 다시 받아들여진다는 것 이상의 의미가 있었다. 이날 에바는 그간 가해자의 가족이라는 이유로 핍박받았던 것 못지않게 그를 괴롭혔던 문제를 다니엘에게 처음으로 고백한다. 사고 직전 에바는 남편과 다투고 그를 쫓아냈다. 문을 열어주지 않으면 죽어버리겠다는 남편의 협박이 있었고 그날 이후 남편은 돌아오지 못했다. 음주 측정에서 남편이 결백 판정을 받았음에도 불구하고 에바가 그의 억울함을 주장하거나 자신에 대한 부당한 폭력에 적극적으로 저항하지 못하고 숨죽여 칩거했던 것은 마음 깊이 자리 잡은 자책과 죄책감 때문이기도 했을 것이다. 장례식은 에바에게 문밖으로 발을 다시 내딛는 이유가 되었다.

문제는 이 장례식을 끝으로 다니엘의 "신부 놀이"는 끝을 맺는다는 점이다. 진짜 토마시 신부가 나타나 다니엘을 꾸짖고 예정되어 있던 다니엘의 송별 미사를 직접 집전하겠다고 나선다. 가석방 중이었던 다니엘은 소년원으로 당장 돌아가야 했다. 이 마지막 미사에서 그는 사제복을 벗고 상의가 드러나는 맨몸으로 나타나 사람들에게 검게 새긴 문신을 드러내보였다. 그것은 그가 하려던 어떤 설교보다 강렬한 메시지가 되어 신도들의 마음에 닿았을 것이다. 눈물을 흘리던 리디아는 다니엘에게 축복의 말을 건넨다. 용서를 가장 강하게 거부하던 리디아에게도 치유가 임하고 있었다. 이후로 에바와 리디아는 함께 미사에 참석하고 둘은 눈인사를 나눈다.

3) "그리스도의 몸"이 이룬 일

영화 〈문신을 한 신부님〉은 이렇게 해서 사제가 될 수 없었던 소년원 출신 청년이 잠시 "짝퉁" 신부 노릇을 했지만 그것이 한 공동체를 회복시키고 신앙의 본질을 건드렸다는 이야기가 되었다. 잠적했다가 다니엘이 떠난 후 다시 나타난 주임 신부는 이 영화의 의미를 잘 설명해준다. "모든 비극은 우화입니다. 우리가 하나님을 떠난 일에 대한 우화죠. 저 자신도 우화입니다." 한데 거꾸로 말해—화해와 치유의 서사에도 불구하고—이 우화가 "비극"인 이유는 다니엘이 가해자를 용서하지 못했던 마을의 피해자 유족들에게 용서와 화해를 선사하고 떠났지만 정작 다니엘 자신은 용서받지 못한 것처럼 보이기 때문이다.

다니엘이 돌아간 소년원에는 다니엘이 죽였던 친구의 형, 즉 피해자 유족인 보누스가 기다리고 있었다. 다니엘에게 복수하려고 일부러 죄를 짓고 들어온 것이었다. 보누스의 복수에 모든 재소자가 동조하고 공모하여 다니엘은 집단 구타를 당한다. 혼란 중에 불타는 소년원을 뒤로하고 뛰쳐나오는 다니엘의 얼굴은 이제 비은혜와 폭력으로 피투성이가 되어 있다. 영화는 이 얼굴 이미지로 끝이 난다.

〈문신을 한 신부님〉의 원제는 "코르푸스 크리스티"(*Corpus Christi*), 라틴어로 "그리스도의 몸"이라는 뜻이다. 로마 가톨릭에서 지키는 "성체 축일"을 가리키는 명칭이기도 한데, 앞서 보았듯이 그리스도의 몸을 기념하는 이 성체 축일 행사를 다니엘은 가해자에 대한 용서와 그의 장례식을 위한 전례로 삼았다. 이곳에서 엘리자는 다시 노래하기 시작했고 사람들은 가해자를 애도하기 위한 헌금을 바쳤다. 다니엘이 사제복을 벗고 문신을 드러내 보이기 전에 성당에 걸린 그리스도의 성화를 의도적으로 올려다보는 순간이 있다. 다니엘의 시선 덕에 우리가 주목하게 되는 이 몸은 유난히 희고 밝고 매끄러우므로 검은 문신이 가득한 다니엘의 몸을 더욱 낯설게 만든다. 앞서 미사 장면에서는 그리스도의 몸을 기념하는 성찬 떡이 동그랗게 화면 가득 등장하기도 했는데, 오늘날 우리가 기억하고 나누는 그리스도의 살은 너무 하얗고 매끄러운 것은 아닌지, 그리스도의 피로 마시는 포도주는 너무 달콤하기만 한 건 아닌지 영화가 묻고 있는 것처럼 보인다.

마음으로는 용서할 수 없는 분노를 품을 채 가능한 한 상처가 보이지 않는 매끄러운 몸을 묵상하며 고통을 통과하고 싶었을 마을 사람들에게 한때 살갗을 긁어내는 "상처"였을 다니엘의 문신은 충격이었다. 하지만 우리가 보았듯이 다니엘이 이 마을에 문신을 한 몸으로 신부가 되어 갑자기 등장한 "사건"은 이 마을 구성원들 모두에게 기회이고 은총이었다. 가장 먼저 마음이 심각하게 병들어 있는 늙은 주임 신부에게 그랬고, 이해가 되지도 않고 화가 나지만 신의 뜻이라고 믿으라고 애도를 완성하지 못하고 우울에 빠진 유가족, 친구들을 잃은 마을 청년들은 말할 것도 없었다. 가해자인 남편을 애도하지 못하게 하는 마을 사람들의 증오와 스스로의 죄책감으로 고립되었던 에바에게도, 그뿐만 아니라 목공소를 확장하고 부와 권력을 축적하면서 마을에 말썽거리를 만들지 않는 일에만 관심 있었던 시장에게도 꼭 필요한 사건이었다.

주임 신부가 자신이 치료받아야 하는 환자인 것을 인정했듯이 사람들도 자신들이 병들었음을 인정하는 과정이 반드시 필요했음을 그 몸은 알려주었다. 비록 다니엘은 왔던 곳으로 다시 돌아가 죗값을 치르고 문신보다 포악하고 고통스러운 복수의 흔적을 얼굴에 더 깊이 새기게 되었으나 은총과 공동체의 치유를 경험한 다니엘의 삶이 이전과 반드시 똑같을 것 같지는 않다. 이제 그는 바울처럼 말할 수 있지 않을까. "이후로는 아무도 나를 괴롭게 하지 마라. 내가 내 몸에 예수의 흔적을 지녔노라!"(갈 6:17)

3. 진실한 예배가 있는 열린 공간: <매스> (2021)

1) 가해자와 피해자의 부모가 만났다

프랜 크랜즈의 연출 데뷔작 <매스>는 미국의 성공회 교회가 화해의 장소가 되어 용서와 치유의 문제를 내밀하고 깊숙하게 파고든다. 성직자가 등장하지 않는 "교회" 영화인 이 작품에서 교회는 마땅히 할 일을 성실하고 꾸준히 하는 중에 상처입고 무너진 사람들에게 신중하고 사려 깊은 만남의 현장이 되어줄 것을 요청받는 공간이다. 사실 어느 정도는 그 일을 잘하고 있어서 신뢰할 수 있는 장소로 선택된 곳이기도 하다.

주일을 앞둔 토요일 오후, 아늑하고 아담한 성공회 교회에서 한 모임이 준비되고 있다. 켄드라(미셸 N. 카터)가 도착해 이것저것 점검을 하고 간섭하는 중에 집사인 주디(브리다 울)는 긴장하고 뭔가 쩔쩔매는 모습이다. 켄드라는 오늘 네 명이 올 것이고, 티슈가 준비되어 있으면 좋겠는데 탁자 중앙보다는 눈에 띄고 손이 닿는 어딘가 놓여 있었으면 좋겠다고 했고 외부 소음이 잘 들리지 않도록 해달라고 주의를 준다. 그에게는 아이들이 유리창에 그린 스테인드글라스의 문양조차도 신경이 쓰인다. 이어 게일(마사 플림프턴)과 제이(제이슨 아이작스) 부부가 먼저 도착했으나 이들은 선뜻 교회로 들어가지 못하고 주변을 배회한다. "내가 할 수 있을까?" "당신이 할래?" 게일은 주저하고 망설이고 두려워한다. 그녀는 지금 용서를 결심하고 어려운 발걸음을 움직여 여기까지 왔다. 긴장하고 있는 것은 주디와 켄드라뿐이 아니었던 것. 하지만 어쩌면 이들 모두보다 더 무겁고 떨리는 마음으로 이곳에 나타난 사람들은 린다(앤 도드)와 리처드(리드 버니) 부부일 것이다.

켄드라와 주디가 이들을 맞아 준비된 장소로 안내하고 곧 자리를 피하고 네 사람이 둥근 테이블에 둘러앉아서 "꽃을 좀 가져왔어요. 저의 새로운 취미예요." "이걸 잠시 치워놓아도 될까요?" "아이의 어릴 때 사진을 가져왔어요. 보실래요?" "그 애는 결혼해서 정착했어요" 등등의 이야기를 나누면서 어색함을 풀어나간 지 한참이 지나서야 우리는 이들이 가해자와 피해자의 부모들이며 가해자와 피해자 양쪽 다 세상을 떠났다는 것, 린다와 리처드의 아들 헤이든이 에번이 다니던 고등학교에서 친구들을 살해한 총기 살해범이라는 것을 비로소 알게된다. 이런 종류의 만남은 이토록 말 꺼내기가 어려운 법이다.

이들은 이전에 법정에서 만난 적이 있다. 린다와 리처드가 죄인 아닌 죄인의 신분으로 말 한마디 반응 하나도 신중하고 숨소리마저도 조심해야 했다면, 게일과 제이는 아들의 죽음이 헛되지 않도록 총기 규제 등 정부와 학교 당국의 책임 있는 조치를 요구하며 앞장서서 싸워왔다. 리처드와 제이의 언행과 차림새와 연령 등을 보건대 두 부부는 서로 다른 정치적 입장과 생활 환경을 갖고 있는 것 같다. 자칫 정치적 논쟁이나 비난과 공격으로 흐를 수 있는 위태로운 순간과 감정의 폭발을 최대한 피해보려 했으나 잘 되는 것 같지는 않다.

이 만남을 원했던 것은 게일이었다. 게일은 수년간 상담을 받으면서 상담 선생이 권하는 대로 린다에게 여러 차례 편지를 보냈다. 드디어 만난 가해자와 피해자의 부모는 서로 무슨 말을 할 수 있었을까? 그들은 과연 용서와 화해에 이를 수 있을 것인가.

2) 고통의 기억을 말하고 듣기

이미 기사와 재판 기록을 통해 알고 있는 사실이라도 게일과 제이는 가해자 부모의 입을 통해 직접 듣고 싶었다. 그것이 얼마나 고통스러운 일인지 알려주고 그들도 과연 자신들만큼 고통스러운지 확인하고 싶었을 것이다. 게일과 제이는 리처드 부부가 변호사에게 모든 것을 맡겨두고 책임 있는 태도나 사죄의 모습을 보이지 않았던 것처럼 느껴왔던 것 같다.

그래서 게일은 리처드와 린다에게 헤이든에 대해 이야기해달라고 요청했다. 상담사의 조언대로 앙심을 품지 않고 절제하려고 애썼으나 여전히 점잖게 "우리 아이는 조금 외로웠을 뿐이고 그래서 게임에 빠져 지냈지만 그건 역할극 게임이어서 폭력적이지 않았고 헤이든은 문제를 해결하는 법을 알아내는 아이였고…걱정되어 상담 치료를 하면서 지켜볼 수밖에 없었어요." "내 아이는 감정이 풍부했고… 사이코패스가 아니었어요"라고 말하는 리처드 부부의 태도에 결국 제이는 폭발하고 만다. 특히 사제 폭탄을 제조한 사건에 대해 리처드가 애초에 큰 문제로 여기지 않았을뿐더러 "고통을 줄 피해자를 특정해서 폭탄을 던진 건 아니었어요. 타겟을 정한 것이 아니고…"라고 말했을 때 제이는 급기야 고함을 치고 말았다. "당신은 내 아들이 어떻게 죽었는지 모르잖아!!"

바로 이 지점에 영화는 철조망에 달린 붉은 리본이 바람에 팔랑거리는 샷을 삽입해 보여주었다. 제이와 게일이 교회에 들어가지 못하고 밖에서 잠시 기다릴 때 백미러로 제이가 노려보던 바로 그 이미지였다. 실내극 양식으로 교회 안쪽에 마련된 방에서 거의 모든 일이 벌어지고 대사가 많은 비중을 차지하는 이 영화에서 인서트 샷이 사용되는 것은 드문 일이다. 그러고서 제이는 에번이 그날 오후 어떻게 사망했는지, 살해 위치는 물론 부상 후 고통스럽게 에번이 이동한 거리와 분초 단위 움직임까지 상세히 말하며 절규한다. 그리고 그가

"에번은 죽었어요"라고 이 묘사를 마무리하는 지점에서 화면이 암전된 후 다시 한번 철조망의 리본이 삽입되었다. 바람에 팔랑거리던 붉은 리본이 이번에는 미세하게 흔들릴 뿐 거의 움직이지 않는다. 이 슬픈 아버지는 철조망에 매인 이 붉은 리본에서 폭탄 피해로 부상당했다가 고통 중에 6분 동안 발버둥 치던 아들이 마지막으로 가해자의 총을 맞고 결국 숨을 거두는 모습을 보고 있었다. 숨죽여 그를 보고 듣던 우리도 그렇다. 1시간 52분의 러닝 타임 중 1시간 10분 지점에서 만나는 고통이다. 이 지점에서 넷이 둘러앉아 있던 둥근 테이블을 떠나 게일이 방 뒤편의 의자로 자리를 이동하는데, 이는 곧 이들의 관계가 전환기를 맞게 될 것에 대한 힌트일 것이다.

제이의 절규를 듣고 난 리처드는 열 명의 피해자가 어떤 모습으로 어떻게 사망에 이르렀는지 조용히 읊조린다. 게일과 제이의 생각과 달리 리처드와 린다는 참사의 현장을 방문했고 그들 각자의 이름과 나이와 죽음의 과정과 사연을 모두 알고 있었다. 언론과 여론이 희생자 열 명을 애도할 때 그들은 열 한 명을 애도했다고 리처드는 말한다. 그들은 정말 외로웠다. 〈문신을 한 신부님〉의 가해자 부인 에바처럼 리처드와 린다는 외로움 속에서 고립되고 교회들의 거절과 외면으로 장례도 겨우 못자리만 얻어 조용히 치러야 했다. 어쩌면 그 애는 태어나지 않았어야 했는지 모른다고 리처드는 말했고, 린다는 그 아이가 없었다면 세상은 더 평화로웠겠지만 자신은 안 그랬을 거라고 말했다. 게일은 린다의 말이 옳다는 것을 마음으로 알았다. 어떤 생명이 가치 없는 삶이었다고 누가 감히 말할 수 있겠는가. 하물며 지극한 사랑으로 키운 자기 자식이야 오죽할까?

3) 놓아줌: 자유를 가져다주는 용서

헤이든의 삶이 가치 없다고 믿어보려 했지만 엄마인 자신까지 그럴 필요는 없지 않느냐고 묻는 린다의 말에 뜻밖에 게일이 반응한다. 게일은 에번의 죽음을 가치 있게 만들겠다고, 다시는 그런 일로 희생자들이 생기는 일이 없도록 세상을 바꾸겠다고 에번에게 약속했다고 했다. 린다는 "하지만, 왜요?"라고 물었다. 세상을 바꾸어야만 에번의 삶이 가치 있는 것은 아니지 않느냐는 뜻이었으리라. 그리고 에번에 대해 아무 이야기나 해달라고 요청했다. 이야기를 듣고 나서 린다는 말한다. "그게 에번의 삶의 의미네요. 이젠 놓아줘요. 세상을 바꾸지 않아도 돼요."

"놓아줌"은 용서를 결심한 게일 자신에게도 가장 필요한 일이었다. 게일은 이제 준비가 되었다며 리처드와 린다를 용서했다고 선언했다. 그리고 놀랍게도 아들을 살해한 헤이든도 용서한다고 말했다. 그 애가 힘들어했다는 것을 자기 마음은 알고 있다며, "이렇게는 더 이상 못 살겠어요. 더는 여기 매달릴 수 없어. 잠도 못 자고 숨도 못 쉬고…바뀌지 않는 과거에 붙잡히는 건 너무 힘든 일이에요"라고 게일은 말한다. 필립 얀시는 "왜 용서인가"라는 질문에 대한 첫 번째 답으로 바로 "자유"를 언급했다. 신약성서에 가장 빈번히 사용된 "용서"라는 그리스 단어는 문자적으로 "자신을 풀어주다, 멀리 놓아주다, 자유케 하다"라는 뜻이라고 그는 지적한다.[3] 간절하게 자유를 원했던 게일은 마침내 에번을 놓아주고 헤이든과 린다와 리처드를 놓아주었다.

---

3   필립 얀시, 앞의 책, 98.

잠시 침묵이 흐르고 이 자리를 이쯤해서 마무리하는 것이 좋겠다고 생각한 그들은 손을 잡고 기도를 드린다. 용서가 화해를 낳는 이 현장이야말로 영과 진리로 드리는 예배(Mass)가 아니고 무엇일 것인가. 영화의 제목 "매스"(Mass)는 총기 난사(mass shooting)를 가리키기도 하지만 동시에 "미사"(예배)의 의미이기도 하다.

4) "EXIT"

교회의 작은 방에서 내밀하게 이루어진 용서와 화해는 네 사람 중 게일에게 가장 의미 있는 만남이었음에 틀림없다. 그렇다면 나머지 세 사람에게는 어땠을까? 확실히 은혜는 이미 이 작은 방을 넘어서 흐르고 있었다. "오늘…" 헤어지며 뭔가 말하려던 리처드는 먼저 자리를 뜨고 이어서 린다가 교회를 나섰지만 린다는 곧 다시 돌아와 게일과 제이에게 미처 하지 못했던 고백을 남긴다. 헤이든과 고성으로 다투던 어느 날 린다는 그 아이의 분노와 폭력성을 보았다. 그때 문을 걸어 잠그지 않고 맞서서 아들이 때리는 대로 맞았어야 했다고, 그랬다면 그 아이의 실체를 알았을 거라고 말하며 린다는 울었다. 게일은 린다를 꼭 안아주었다. "우린 아이들이 그리운 거예요." 게일의 말이다.

아들들이 그리운 두 엄마는 그렇게 완전한 치유와 화해를 경험했고 집사 주디와 교회 직원인 청년 앤서니는 그들을 말없이 지켜보고 있었다. 그리고 제이는 비로소 이 용서에 동참한다. 그들은 여기서 다시 "놓아줌"을 언급했다. "우리 이제 두 분을 놓아드리자." "그래." 게일의 놓아줌과 자유에 이어 린다도 스스로의 놓임을 인정하고 자유를 얻게 될 것이다. 무언가 말하려다 아직 차마 입을 뗄 수 없어 머

뭇거리다 떠났던 리처드에게도 이 자유가 머지않아 힘을 발휘할 것이라는 기대도 남는다.

이 모든 일의 끝에서 제이는 찬송 소리를 듣는다. 눈물을 흘리며 "아름답다"고 말하는 제이의 귀에 들리는 가사는 "천국의 교제"를 노래하는 내용이었다. "주 믿는 형제들 사랑의 사귐은 천국의 교제 같으니…하나님 보좌 앞 다 기도드리니 우리의 믿음 소망이 주 안에 하나라.…또 이별할 때에 마음은 슬플지라도 주 안에 교제하면서 또다시 만나리."

노래가 흐르는 동안 엔딩 이미지는 교회의 전경을 보여주고 다시 철조망에 달린 리본 샷으로 건너갔다. 이번에는 저녁이 되면서 멀리서 조명이 켜지고 카메라는 뒤로 물러선다. 이제 불빛만 남은 어두운 화면이 암전이 되면서 영화는 끝이 났다. 아들의 죽음과 고통을 표상하던 철조망(갇힘)과 붉은 리본은 이제 후경의 빛에 자리를 내어주고 시야에서 사라졌다. 세상에서 가장 슬프고 외로웠던 부모들의 애도와 용서는 그렇게 완결되었다고 보아도 좋겠다.

이들에게 교회는 어떤 곳이었는가. 영화에서 가장 흥미로운 기호 중 하나는 주디가 서 있는 곳에서 머리 바로 위쪽 배경에 커다란 글씨로 자꾸 나타나는 "EXIT"였다. 이 글씨는 빨간 네온사인으로 되어 있고 반복해서 등장하므로 놓치기가 쉽지 않다. 필립 얀시는 "용서는 탈출구를 제공한다"[4]고 썼다. 솔제니친을 인용하며 그는 사고력이 아니라 회개와 용서의 능력이 인간을 인간되게 한다고 했는데, 오

---

4   같은 책, 102.

래전 시작된 사슬로부터 벗어나는 길임과 동시에 관계를 다시 설정하고 새롭게 출발하는 것을 가능케 한다는 점에서도 그것은 탈출구다. 우리가 보았듯이 교회에서의 만남은 각자의 슬픔과 상처 안에 고립되어 있던 린다와 리처드와 게일과 제이를 한자리에 불러들임으로써 고립과 자아의 굴레에서 빠져나오게 했다.

따라서 이 "EXIT" 사인은 세상을 향해 열려 있는 통로이기도 하다. 스스로 고립되어 있지 않고 누구에게나 개방되어 있으면서 내밀한 고백과 치유가 필요한 이들을 위해서는 언제든 가장 조용한 방을 내어주고 필요하다면 "와이파이가 잘 되는" 목회자의 사무실까지도 개방하는, 사람들의 필요에 아주 구체적으로 반응하는 공간. 그 공간을 필요로 하는 사람이 자기 교구 사람이나 잠재적 "교인" 또는 "회원"이 아닐 때조차도 기꺼이 환대하는 곳이다.

이를테면 멋진 설교도 감동적인 기도도 목사의 등장마저도 없었던 이 교회에서 누군가는 동네 꼬마에게 피아노를 가르치고 있었고, 누군가는 다음날 예배에 쓸 주보를 접고 있었으며, 누군가는 아름다운 목소리로 하나님을 찬양하고 있었고, 누군가는 어렵게 용기를 낸 사람들이 앉을 자리와 눈물 닦을 티슈를 준비했다. 주디의 지나가는 말을 통해 우리는 이 교회에서 평소에 알코올 의존증 환자 모임(AAA)이 있고 앤서니처럼 돌봄이나 배려가 필요한 사람들을 고용한다는 것도 알 수 있다.

김현경은 환대란 "타인에게 자리를 내어주는 것 또는 그의 자리를 인정하는 것"이라고 말했다. 그것은 그가 편안하게 "사람"을 연기할 수 있도록, 그래서 사회 안에 자리를 가질 수 있도록 최소한의 무대 장치와 소품을 제공하는 것이다.[5] 다시 말하자면 주디의 교회는 특별한 이벤트나 다른 무엇이 아니라 그들이(교회가) 마땅히 해야 할 일, 즉 하나님을 예배하고 찬양하며 늘 하던 일을 하고 있었던 것인데 그것으로 이 교회는 사람을 사람답게 하는 환대의 건강한 모델이 되었다.

　　가장 먼저 용서를 결심한 게일은 이 공간의 힘을 정확하게 인지하고 있었다. "공간도 내주시고 대접해주셔서 감사해요." 주디가 답했다. "치유받는 곳이니까요. 여기는 안전해요, 어디서 오셨든지요."

4. 예배당을 넘어서, "광장으로" <나의 올드 오크> (2023)

1) 닫힌 곳과 열린 곳

"어디서 오셨든지" 환영받고 안전한 공간이 잉글랜드 북부의 폐광촌인 이 마을에도 하나 있었으면 어땠을까. T. J. 발렌타인(데이브 터너)이 오래된 작은 펍 "올드 오크"를 운영하고 있는 더럼 인근의 탄광 마을은 주민들이 떠나면서 빈집이 늘고 집값이 떨어지며 실업과 빈곤이 낳은 우울감에 깊이 젖어 있다. 영화가 주목한 이 마을 주민들의 갈등은 직접적인 가해와 피해의 구도로 설명하기 곤란함에도 불구하고 정작 거기 속한 이들은 서로를 가해자로 오인하거나 쉽게 약자들을 희생양으로 삼는다는 점에서 용서와 화해가 필요한 공동체의 전

5　　김현경, 『사람, 장소, 환대』(문학과지성사, 2015), 191.

형이다.

이곳에 정부가 정착을 허락한 시리아 난민들을 태운 버스가 한 대 도착한다. T. J와 구호단체 사람들은 어떻게든 이들을 돕고 싶어 하지만 마을 사람들의 적대감과 혐오는 쉽게 사그러들 것 같지 않다. 자기 가족도 병들고 아이들이 굶주리다 픽픽 쓰러지는데 시리아 난 민 가족에게만 음식과 생활필수품이 배분되는 것도 못마땅하고 학교 에 외국인 아이들이 늘어 아랍어 선생을 들여야 할 정도라는 소식도 달갑지 않다. 동네 아이들은 난민에게 제공되는 물품들을 보며 "나도 자전거 갖고 싶은데"라며 시샘하고 어른들은 매일 저녁 T. J의 주점 에서 한탄을 늘어놓는다. 정부는 난민들을 런던에 정착시키는 법이 없고 이곳처럼 만만한 동네에 그들을 떨궈놓은 후 주민들이 불평하 면 인종 차별주의자라고 몰아세운다고, 모순을 분석해 내놓기도 한 다. 이들 중에는 T. J와 학창 시절부터 친구인 찰리(트레버 폭스)도 있 었다.

영국의 노장 켄 로치의 스물여섯 번째 작품이며 어쩌면 은퇴 작이 될 〈나의 올드 오크〉는 그의 전작 중 공간이 주제인 〈지미스 홀〉(2014)과 많이 닮았다. 아일랜드 내전이 종료된 지 10년쯤 후 마을 을 떠났던 지미가 돌아와 이전에 마을 사람들이 함께 춤추고 노래하 며 사랑과 우정을 나누었던 마을 회관을 되살리려고 애쓰는 이야기 였다. 서로 미워하고 경계하느라 오히려 힘든 사람들에게 쉼이 되는 평화의 공간이 필요하다는 생각은 오늘날까지 켄 로치의 작품에서 변함이 없는 것으로 보인다.

T. J의 낡은 주점 올드 오크도 그런 공간이었다. 대처리즘이 정점

이던 1980년대 중반 탄광이 폐쇄된 이래 마을 회관과 교회가 차례로 문을 닫았고 이제 올드 오크는 이 마을 사람들에게 유일한 아지트이 자 공적 공간의 역할을 하고 있었다. 사고로 아버지를 잃고 아내와 이 혼하고 아들과 소원해지고 비뚤어진 간판을 수리하거나 보험료를 낼 만한 재정적 여유도 없었지만, 40년째 주점을 닫지 않고 버티고 있는 것만으로도 그는 충분히 최선을 다하고 있는 것으로 보인다. 게다가 죽음을 결심했을 만큼 힘든 순간을 이겨내고 지금은 이방인들에게까 지 친절을 베풀고 있지 않은가. 그런데 켄 로치의 영화는 "선을 행하 다가 낙심한" T.J에게 위로를 건네면서도 그것으로 충분한가 넌지시 묻는다. 그에게는 아직 열지 않은 공간이 하나 남아 있지 않은가 하고 말이다.

올드 오크 안쪽에는 한때 마을 사람들이 모였던 연회실이 있었 다. 어느 날 올드 오크에 망가진 카메라를 들고 찾아온 시리아 소녀 야라(에블라 마리)를 돕기 위해 T.J는 20년 동안 잠겨 있던 이 방의 문 을 열었다. 이 일은 찰리 일당에게 상처가 된다. 찰리가 이방인들에 대한 대책 회의를 하기 위해 이곳을 단 하루만 열어달라고 요청했을 때 T.J는 오랫동안 관리되지 않아 위험하다는 이유로 매몰차게 거절 했기 때문이다. 설상가상으로 구호 봉사를 하는 로라(클레어 로저슨)의 제안을 받아들인 T.J는 야라와 함께 시리아 공동체와 마을의 빈자들 을 위해 이 연회실에서 식사를 제공하겠다며 연회실을 수리하기 시 작한다. 화가 난 찰리는 T.J에게 40년 단골이자 오랜 친구인 우리냐 새 친구인 저들이냐 선택하라고 다그친다. 이 연회실은 찰리가 아내 와 약혼한 곳이기도 해서 찰리에게는 중요한 의미가 있는 공간이기도 했다. 찰리는 이곳을 낯선 자들에게 빼앗기기 싫었고 상처를 준 T. J에게 복수하고 싶었다.

2) 광산촌 파업과 난민촌, 그들 공통의 기억

T. J는 왜 이 낡은 공간을 다시 열기로 했을까? 삼촌이 남긴 카메라를 보여주려고 처음 야라를 이 방에 들였을 때, 야라는 벽에 걸린 사진들에서 광산 마을의 역사를 보았다. 1951년 이징턴 참사와 1984년의 파업과 더럼 광부 축제의 열기가 고스란히 새겨진 기록이었다. 그들의 마음을 하나로 이어준 것은 특히 "우리는 함께 먹을 때 더 단단해진다"는 광산 파업 당시의 슬로건이었다. 야라는 그것이 무엇을 의미하는지 단번에 알아보았다. 전쟁을 피해 고향을 떠나 머물던 난민촌에서 2년 동안 음식을 나누며 모두 함께 단단해졌던 기억이 떠올랐기 때문이다.

  하지만 단지 그뿐만은 아니다. 로라가 처음 연회실에서 식사를 제공하자고 제안했을 때는 발끈했던 T. J가 마음을 돌이킨 것은 그의 유일한 가족인 강아지 마라가 맹견의 "테러"에 의해 죽음을 맞았을 때, 야라와 그의 모친이 상심한 T. J의 닫힌 마음의 공간에 음식을 들고 들어섰을 때였다고 보아야 할 것이다. 야라의 통역으로 전해들은 모친의 말은 "말 대신 음식이 필요한 순간이 있어요"였다. 자신이 도와야 할 난민들의 도움을 받으니 T. J는 부끄러워졌다. 야라 엄마는 또 말한다. "사랑에 부끄러움이라뇨."

  그날 이후 연회실은 모두에게 활짝 열린 공간이 되었다. T. J가 찰리의 거짓 질문에 말려들지 않은 것은 지혜롭고 고마운 일이다. 야라와 시리아 공동체를 위해 방을 여는 것이 마을 사람들과 친구들을 버리는 일이 아님을 그는 알고 있었다. 폭력을 부르는 부당한 요구는 단호하게 거절해야 한다는 것을 말이다. 나냐 너냐가 아니라 실상 그것은 절망이냐 희망이냐의 선택이었다. 난민들뿐 아니라 은둔 중인 청소년과 밥을 굶으며 차라리 난민들을 부러워하는 마을의 가난한 아이들에게도 "T.J의 홀"은 활짝 열려 있었기 때문이다.

시리아 공동체 사람들은 옛날 광부들의 축제에서 사용되었던 것과 같이 "용기-연대-저항"이 새겨진 엠블럼 깃발을 마을에 선물했다. 고향에서 아버지로부터 받은 야라의 소중한 카메라는 마을 사람들과 시리아인들로 이루어진 새로운 공동체를 기록하는 사진을 남겼고 이곳에서 슬라이드 쇼로 상영되었다. 현실에서 켄 로치의 카메라가 우리에게 그렇듯이 〈나의 올드 오크〉에서 야라의 카메라가 남긴 예술과 기억의 이미지는 그들에게 새로운 시작과 연대 그리고 희망의 매개체가 되었다.

3) 두 개의 "교회"와 그 너머

T.J에게 20년 만에 올드 오크의 연회실을 열어야 할 이유가 나눔이고 "희망"이었다면, 그곳은 오늘날 교회가 꿈꾸는 여러 이름 중 하나일 것이다. 흥미롭게도 영화의 공간 중에는 진짜 교회가 있다. 천년을 살아남은 더럼 대성당의 예배당에 앉아 야라는 울면서 T.J에게 말했다. "너무 아름다운 곳이어서 다시 희망을 품게 돼요." 하지만 그 아름다움이란 천 년 후를 보장할 수 없이 파괴되어버린 고향 땅의 풍경과 유산, 그 상실을 떠올리게 하는 것이어서 슬프고 애잔하다.

전쟁과 폭력과 현실 사회의 온갖 갈등 중에도 교회가 예배와 아름다움을 지켜내는 것은 그 자체로 놀랍고 위대한 일이다. 병든 세상에서 종교가 할 수 있는 대단히 중요한 일이기도 할 것이다. 하지만 어떤 이들에게는 그 세계의 웅장함과 범접할 수 없는 "경건의 모양"이 또는 예컨대 관광객들을 위한 "공개 연습 시간"이 오히려 상처일 수 있다는 것까지도 한 번쯤 떠올려볼 수 있을까? 대성당의 위엄 있는 아름다움도 올드 오크의 소박한 환대도 모두 "희망"이지만 야라와 같은 타자에게 어떤 쪽이 더 사려 깊고 다정한 것일지 알아채는 것은 어렵지 않다.

수십 년 만에 교회보다 더 교회 같은 공간을 다시 열고 T. J는 한동안 행복했을 것이다. 하지만 그들의 새로운 공동체는 다시 폭력에 노출되고 만다. 복수심에 굴복한 찰리가 전기 설비를 고장 내 다시 올드 오크의 연회실을 닫을 수밖에 없게 되었기 때문이다. 분노한 T. J는 찰리를 찾아가 말한다. "시리아인들이 오기 전부터 우린 망가지고 있었어. 삶이 힘들 때 우리는 희생양을 찾아. 우리보다 약한 사람들. 얼굴에 낙인을 찍기가 쉬우니까. 난 알아, 찰리. 안다고." 다만 T. J는 찰리에게 복수하지는 않았다.

이때까지만 해도 용서라는 무슨 숭고한 의미로 T. J가 복수를 포기했던 것은 아니다. 그는 단지 모든 의욕을 잃었을 뿐이다. 수년 전 사람들을 돕느라 제 가정을 소홀히 해서 아내와 아들을 잃었을 때 깊이 숨어들었던 것처럼 그는 다시 선을 행하다 낙심한 상태가 되었다. 이번에는 반려견 마라도 곁에 없었다. 하지만 이번에는 야라와 그 가족이 있었다.

T. J가 절망에서 또 한 번 일어설 수 있었던 것은 야라 아버지의 죽음 때문이었다. 시리아 어느 수용소에서 비참한 모습으로나마 살아 있던 야라의 부친이 결국 유골이 되어 돌아왔다. 그런데 야라네 집의 장례식은 야라와 T. J는 물론이고 마을 전체에 또 다른 의미의 희망이 되었다. 시리아인들과 마을 사람들이 너나 할 것 없이 꽃과 인형을 들고 모여들기 시작했다. 찰리와 그의 아픈 아내와 딸도 찾아왔다. T. J는 찰리에게 복수하지 않았지만 그것이 오히려 찰리에게 부끄러움이 되어 용서와 화해의 시작이 되었다는 것을 우리는 이 대목에서 확인하게 된다.

닫힌 광산으로 인해 고립된 마을과, 시리아인들이 수년간 갇혀 있던 난민 캠프와, 집밖으로 나오지 않고 스스로 갇히기로 한 청소년들과, 오래전 문을 닫은 교회와 마을 회관처럼, 닫힘과 열림의 이미지를 따라 〈나의 올드 오크〉를 다시 보며 오늘날 교회가 무엇을 위해 어디를 어떻게 열고 닫아야 할지 생각한다. 다만 교회라 해도 좋을 그 상징적인 공간이 올드 오크의 연회실로 다시 "닫히지" 않고 온 마을이 환대의 공간으로 활짝 열리는 마지막 축제의 행진까지 우리는 시선을 놓지 않아야 한다. 같이 밥을 먹고 한데 뭉쳐 "단단해지는" 것도 중요하지만 그보다 지금 그들에게 필요한 것은 말랑하고 느슨하게라도 함께 걷는 일이 아니었을까? 야라 아버지의 추모객들이 야라네 거실을 넘어 집 앞 거리를 가득 채운 것처럼 "우리"의 공간 또는 물리적인 공간으로서의 교회에 제한되지 않는 희망이야말로 모두에게 진짜다. 희망은 언뜻 눈에 보이지 않는 것이어서 우리에게는 서로의 얼굴에서 발견할 빛이 필요하다.

『광장에 선 기독교』에서 미로슬라브 볼프는 그리스도인의 정체성에 대해 말하면서 모든 개별적 정체성에서 경계가 반드시 필요하지만 통과할 수 없는 것이어서는 안 된다고 말했다. 즉 투과성을 전제로한 경계는 "그것을 사이에 두고 서로 배우고 가르치고 스스로 풍성해지고 또 상대를 풍성하게 하며 새로운 합의에 이르거나 옛것을 더 강화하고, 새로운 가능성을 꿈꾸고 새로운 경로를 탐색하게 한다. 종교적 개인과 공동체가 서로 접촉하는 상황에서 이 같은 투과성은 기본적으로 타자에 대한 적극적인 태도를 전제하는데 이는 이웃을 사랑하라는 계명과 특히 원수를 사랑하라는 명령과 일치하는 것이다."[6] 같은 맥락에서 교회에 대해서 이렇게 말할 수 있을 것이다. 교회는 진리의 경계와 신앙의 중심을 지키고 그 안에 머무는 누구에게나 안전한 곳이어야 하지만, 거기 단단하게 둘러앉아 이미 꽤 높아진 문턱을 넘어오는 사람들을 반갑게 맞이하는 것만으로는 충분치 않다.

5. 용서의 경험이 향하는 곳

대한민국 음지의 한 사이비 종교 집단으로부터 짝퉁 사제가 낯설고 신선한 바람을 일으킨 폴란드 시골 성당과 환대를 실천하는 미국의 작은 교회를 거쳐 영국 폐 탄광촌의 작은 주점에 이르는 이 여정의 종

6 　미로슬라브 볼프, 김명윤 역, 『광장에 선 기독교: 공적 신앙이란 무엇인가?』(IVP, 2014), 186.

　제3부　실천적 담론

착지는 결국 "광장"이다. 이 네 편의 영화는 용서와 회개와 그에 따른 구원이 개인의 자유함과 홀로 맘 편한 상태에 머물러서는 안 된다고 이야기하고 싶었던 것 같다.

각기 다른 나라들의 사연인데 이 영화들을 곱씹고 있자니 한국 교회에 대한 한국 사회의 가슴 아픈 냉소와 아직도 이해 불가한 상태로 남아 있는 세월호와 이태원의 참사와 그들을 기억하는 노란 리본과 보라색 리본들, 인천 공항과 제주도에서 꽤 오랜 기간 "있으나 없는" 존재였던 시리아와 예멘의 난민들, 힘써 광장으로 나와 "믿음"과 한국교회의 이름으로 태극기와 이스라엘 국기를 동반한 채 외치는 혐오 발언 앞에서 부끄럽고 혼란했던 기억들이 기어이 떠오르고야 만다. 어쩌면 이리도 닮았는가.

실은 그렇기 때문에 이 영화들이 각자 특별한 방식으로 용서와 화해가 가져올 변화의 가능성과 희망에 대해 이야기하고 있는 것이 더욱 반갑고 고마웠을 것이다. 천국에 가기 위해 어쩔 수 없이 용서를 구하는 것 말고, 용서하는 자로서의 우월하고 우아한 지위와 특권을 고수하기 위해 나와 공동체의 잘못을 은폐하는 것 말고, 너도 나만큼 고통받는다면 나도 내 고통을 잊겠다는 조건부 용서 말고, 나의 공동체 먼저 살리고 나서 생각해보겠다는 순차적인 환대 말고… 다 함께 동시에 살아나는 회복과 치유가 가능하다고 상처로 가득한 세계에 시선을 둔 오늘날 대중 영화들은 우리에게 말을 건네 온다. 용서하는 자가 이미 값을 지불해서 더 이상 값을 길이 없는 용서를 이미 경험한 사람들로서 평화와 화해의 몸으로 이 땅에 오신 그리스도의 제자들이라면 새겨듣고 응답할 만하지 않겠는가.

더 읽어볼 책

김현경,『사람, 장소, 환대』, 문학과지성사, 2015.

미로슬라브 볼프, 김명윤 역,『광장에 선 기독교: 공적 신앙이란 무엇인가?』, IVP, 2014.

미로슬라브 볼프, 박세혁 역,『배제와 포용』, IVP, 2012.

필립 얀시, 윤종석 역,『용서: 은혜를 시험하는 자리』, IVP, 2023.

"용서와 화해 그리고 치유"를 위한 기독교적 시선

통일 분야

정지웅

I. 들어가며

조선 후기 한반도에 본격적으로 전래된 기독교는 일제 시대를 거쳐 오늘날까지 한국 사회에서 중요한 역할을 수행해오고 있다. 무엇보다도 한국교회가 통일 문제에 깊은 관심을 기울이고 민족 통일 운동에 본격적으로 뛰어든 것은 1980년대부터다. 1990년대를 거쳐 오늘날에는 진보와 보수할 것 없이 한반도의 평화와 통일을 위해 깊은 관심과 노력을 기울이며 북한 돕기에도 적극적이다.

한국교회가 통일 운동을 포함한 민족 문제에 관여하게 된 데는 역사적 맥락이 있다. 수용 초기에 기독교는 반봉건 개화 운동과 반침략 자주 독립 운동을 전개했고, 일제 강점기에는 국권 회복 운동과 근대 국가 수립 운동에 일정하게 참여했다. 해방 후 한때 정경 유착(政經癒着)으로 교계가 역사 의식을 상실한 적도 있지만, 1960년대 이래 계속된 군부 통치하에서 처음에 인권·민주화 운동을 일으킨 그리스도인들은 1980년대에 들어서서는 통일 운동에 본격적으로 나서게 되었다. 인권·민주화 운동이 군사 정부의 안보 논리에 의해 한계에 부닥치자 안보 논리의 근거가 되는 분단 상황을 극복하는 것이 곧 인권·민주화 운동을 강력하게 추진하는 관건이 된다는 것을 깨닫고 통일 운동에 적극 나서게 되었던 것이다.[1]

한편 북한 당국은 2024년 신년사를 대체한 당 중앙위원회 제8기 제9차 전원회의 결정서에서 "북남 관계는 더 이상 동족 관계, 동질 관계가 아닌 적대적인 두 국가 관계이자 전쟁 중인 두 교전국 관계로 완전히 고착되었다"라고 명시하며 남북 관계의 본질적 변화를 추구하고 있어 큰 우려를 자아내고 있다.

이런 상황 아래에서 이 글은 한국 기독교 내의 다양한 대북한 시선을 살펴보고 어떠한 관점을 취하는 것이 가장 지혜로운지, 그리고 기독교의 핵심 사상인 사랑을 통일 문제에 어떻게 녹이려고 노력했는지, 그리고 용서를 통해 어떻게 고통을 치유하고 극복했는지, 그뿐만 아니라 화해를 위한 기독교의 노력은 어떠한 영향을 가져왔는지 살피고 첨예하게 대립하고 있는 현재의 남북 상황에서 기독교와 그리스도인이 어떤 역할을 해야 하는지 고민해보고자 한다.

---

1   이만열, "한국교회, 남북문제를 어떻게 볼 것인가?"(「제3회 한민족 열린포럼」, 2005년 10월 28일), 3.

II. 북한에 대한 한국 기독교의 다양한 시선

1. 교리나 신조 수준의 반북

과거 천주교가 구소련을 위시한 공산주의 자체에 대해 교황의 회칙으로 반공을 선언하고 사제 서품 시에 "반공 선서"를 하게 한 일이 있으며, 통일교 교주 문선명이 1970년대 초반 반공을 중요한 교리 중하나로 강조한 바 있다[2]. 또한 이단 종파로 알려진 "새일 교단"은 십자가와 "멸공 진리"라는 문구를 자동차에 새기고 명동이나 종로에서 확성기로 "성서의 예언대로 북한의 재남침이 가까워 왔다"며 "전도 활동"을 하고 있다[3]. 그러나 천주교나 이단으로 지목된 교회들 못지않게 반공이나 반북이 거의 교리 수준에 와 있는 교회와 목회자도 상당수 있는 것이 현실이다. 이런 인식의 당연한 귀결로 이들은 북한과의 어떠한 타협도 반대하며 전쟁을 불사하더라도 북한을 타도해야

---

2   김성수, "함석헌의 생애와 사상에 관한 연구"(4)(사단법인 함석헌선생 기념사업회, http://www.ssialsori.net).

3   새일 교단(http://www.saeil.org/); 새일중앙교회(http://www.newthings.org/); 멸공진리운동본부(http://myulgong.org/); 새일 교단의 대표 이뢰자(李雷子/본명 이유성 1972년 사망)는 "미가서나 이사야서나 모든 전체를 보면 북방에 배도적인 세력이 극도로 강하게 일어났다가 하나님이 일어나 북방을 없이하는 데는 초인간적인 역사로써 북방을 없애되 북방 세력과 타협을 하던 시온과 이스라엘이 망할 것을 말했으니 우리가 멸공 진리 운동을 하는 것은 그 사상을 진리로 없애는 운동입니다. 아무리 공산 사상이 있던 자라도 이 진리를 알게 되면 자동적으로 그 사상은 없어질 것입니다. 또는 협상주의를 없애자는 것이니 이 진리를 알게 될 때 자동적으로 협상 사상은 없어질 것입니다"라고 했는데, 그의 사후 7-8개로 갈라진 새일 교단은 산발적으로 "멸공 진리"를 전도하러 다니고 있다.

하는 대상으로 본다.

2. 북한 주민과 정권의 분리 대응

이전까지 받아온 공교육 내의 반공 교육과 교회 내 설교 등을 통해 행해지는 반공 혹은 멸공 분위기의 영향으로 그리스도인들의 인식 속에 공산당과 북한 정권은 비난받아 마땅하고 지구상에서 사라져야 할 악으로 인식되어왔다. 따라서 북한을 지원하되 지원의 대상은 그 정권에서 신음하는 주민들이며 억압하는 정권을 지원할 수는 없다는 생각이 자리 잡게 된다. 이를 계기로 한국 사회와 교회에는 "억압하는 정권"과 "박해받고 신음하는 주민"을 분리 대응하려는 흐름이 뚜렷해졌다[4]. 그러나 탈북 난민을 지원할 때는 이러한 분리주의를 곧바로 적용할 수 있었지만 북한 내 주민에 대한 지원 혹은 교류협력의 단계에서는 이러한 원칙은 점점 모호해지는 것이 현실이다. 이는 북한의 체제가 남측의 그것과는 비교하기 어려울 만큼 획일적(monolithic)이라는 데서 기인한다. 흔히 남측의 민간 조직들이 상대하

---

[4] 선한 사마리아인의 비유(눅10:30-36 외) 중 북한 주민을 "강도 만난 자"에 비유함으로써 은유적으로 혹은 직접적으로 북한 정권은 "강도"로 규정되고 주민들에 대한 지원 의무를 부각시키는 설교와 기고가 설득력 있게 행해졌다. 일례로 2004년 9월 14일 탈북청소년을 위한 여명학교 개교식 전 예배에서 이철 목사(남서울교회)는 "우리는 강도와 같은 정권을 만나 고통받고 있는 북한 동포들에게 선한 사마리아인처럼 도와야 한다"며 "사마리아인이 강도 만난 자의 상처를 싸매줬을 뿐 아니라 끝까지 책임졌듯, 우리도 탈북 과정뿐 아니라 정착 과정까지 책임감을 느끼고 도와야 한다"고 말했다(www.christiantoday.co.kr).

는 북한의 민간 기구는 그들 나름대로는 민간 기구이기도 하지만 곧 정권의 하부 조직이기도 하기 때문이다.

3. 북한 정권 자체의 개혁·개방 가능성에 대한 시각차

지적할 만한 문제가 있다면, 교회와 목회자들, 영향력 있는 지도자들이 "북한"이라는 실체를 두고 고정된 시각과 평가를 고수하려는 경향이 강하다는 점이다. 앞서 언급한 대로 북한 정권을 "사탄"으로 규정하면 북한의 어떠한 변화도 변화로 인정하지 않겠다는 의미가 된다. 그러나 지금까지 남북 교류 역사를 보면 제한적이나마 북한 당국자들도 남측의 여론에 간접적 영향을 받는 모습이 있다. 정부 차원의 대북 협상에서도 남측 대중들의 여론이 변수가 되며, 민간의 인도적 구호 활동에 관련한 남북 간 협의에서도 북측의 "보여주기 싫은 자존심"이 남측의 "모니터링 요구"에 의해 조금씩 열리기도 한다. 남측의 정부와 민간이 북한의 폐쇄성을 조금이라도 완화시키려면 무제한의 신뢰도 부적절하지만 어떠한 협상도 하지 않겠다는 무조건적·극단적 반북 역시 아무런 도움도 되지 않는다. "교류 협력" 혹은 "긴장 유지"는 상황에 따른 정책적 판단일지언정 교리(敎理)나 신조(信條)는 아니기 때문이다.

4. 북한 교회 진위 논쟁

가짜 교회 주장에도 불구하고 남한과 해외 교회의 지원을 받아 봉수
교회는 재건축되었고 칠골교회는 리모델링되었다. 북한의 교회에 대
해 논쟁이 많은 것도 사실이다. 그런데 어떤 대상이 허위라고 주장하
기 위해서는 몇 가지 근거가 필요할 것이다. 서경석 목사가 열거한 가
짜 교회라는 근거는 신학교의 교육 과정이 부실하다(따라서 목회자의
자격이 정확하지 않다), 전도의 자유가 없다 등등이 그것이다. 그럼에도
강영섭 위원장(조선그리스도교연맹[이하 조그련]), 손효순 목사(봉수교회
담임), 장승복 목사(칠골교회 담임), 백봉일 전도사(조그련 선교 부장), 리
성숙 전도사(가정교회 담당) 등은 과거 남측 인사들 앞에서 자신들의
신앙을 "입으로 시인"했다.[5] 또 봉수교회에는 최소 20명 이상이 선대
신앙인들의 후손인 소위 그루터기 신앙인들이 있고, 칠골교회의 경
우 장로 3명, 권사 1명, 집사 3명 등은 그루터기 신앙인으로 구분할
수 있다.[6] 그 시인하는 입술을 대하면서 "당신들은 가짜지!"라고 말
하는 것이 과연 진정한 북한의 변화와 종교의 자유를 바라는 태도인
지는 쉽게 결정하기 어렵다. 따라서 우리는 북한 교회의 두 개 축과의
슬기로운 영적 연합과 동역이 한반도에 하나님 나라로서의 통일된
새 나라를 만들어나가는 출발점인 것을 인식할 필요가 있다.[7]

---

5   이만열, 앞의 글, 6-13 참고.
6   「모퉁이돌 정세분석」, 제35호, 21.
7   정지웅, 『통일과 한국기독교』(태민, 2020), 69-74.

5. 북한의 인권 문제에 대한 시각차

한국교회 내 북한 인권에 대한 입장은 2004년 10월 미 의회가 통과시킨 "북한인권법"을 가운데 두고 극명하게 갈렸다. KNCC를 중심으로 한 진보 측은 "미 정부가 정치 헤게모니를 위해 인권의 가치를 이용한 것"으로 규정했고 한기총은 "북한 인권 탄압 실상을 공개하며 인도적 차원의 대북 지원도 즉각 중단해야 한다"고 목소리를 높였다(이후 한기총은 대북 지원도 병행해야 한다는 것으로 입장을 수정했다).[8]

그런데 밖으로부터의 인권이나 민주화 압력이 특정 국가의 인권 향상이나 민주화에 부분적으로는 영향을 줄 수 있겠으나 실질적으로 사회 변화까지 이끌어낼 수 있을지는 의문이다. 이는 우리의 민주화 역사에서도 알 수 있다. 특히 북한이 코너에 몰린 지금의 상황에서 남한과 미국이 북한의 인권을 요구하는 것은 오히려 북한 체제의 단결에 기여할 수도 있다. 군사 독재 시절 북한의 매체가 연일 군사 파쇼 정권 타도를 외친 것이 남쪽의 민주화에 기여했는지, 그리고 북한의 선동 때문에 남한에서 인권이나 민주화 요구가 일어난 것인지 돌이켜볼 필요가 있다.

이상과 같이 기독교 내에서 북한을 바라보는 관점은 다양하고 또 차이가 존재한다. 이러한 차이는 기독교 종파에 따라 다르고 또한 개인의 경험이나 갖고 있는 세계관과 가치관, 정치적 견해에 따라 달

---

8 국민일보, "'북한인권법' 제정 배경과 교계 시각, 보-혁 엇갈려" 송세영 기자, 2005.5.31.

리 표출된다. 그런데 사실 기독교는 보수나 진보를 넘어서 초정파적으로 하나님 말씀에 서서 예언자적 정의를 호소해야 한다. 기독교는 성서에 근거하여 사회의 정의와 양심의 편에 서야 한다. 어떤 입장이 보다 성서적이며 북한 주민들의 삶과 한반도 평화와 통일에 도움이 되는지 한국 기독교는 방향을 잡아주어야 한다. 그리고 어떻게 그러한 입장 차이를 좁히고 현실적으로 적절한 대안을 찾아갈 수 있을지 함께 고민해야 한다. 기독교는 인간의 자유와 양심을 외면하고 윤리를 무시하며 공의와 정의를 악화시키는 부패한 정치에 대해서도 예언자적 소리를 내어야 한다. 그리하여 한국 기독교는 보다 좋은 사회와 정치 공동체를 만들기 위한 연구와 노력을 기울여야 한다. 그렇지만 교회는 정치 선전장이 되어서는 안 되고 오로지 사회에 맑은 생수와 진리를 끊임없이 흘려보내는 저수지가 되어야 한다. 이를 위해 기독교의 핵심 사상인 사랑과 용서 그리고 이를 통한 치유를 위해 한국 기독교가 노력한 흔적을 살펴보기로 하자.

III. 사랑으로 북한에 다가선 한국 기독교

1. 기독교의 핵심 원리인 사랑

기독교 사상은 ① 하나님에 대한 사랑과 ② 이웃에 대한 사랑을 근간으로 한다. 이를 기독교에서는 "황금률"이라 하는데, 이는 신약의 시작인 마태복음 22:34-40에 잘 나타나 있다. 한 율법사가 예수에게 율법(토라 혹은 구약)을 얼마나 잘 알고 있는지 "시험"하기 위하여 "선생님! 율법 중에서 어느 계명이 크니이까?" 하고 묻자 예수는 구약의 신명기 6:5의 "네 마음을 다하고 목숨을 다하고 뜻을 다하여 주 너의 하나님을 사랑하라" 하셨으니 이것이 크고 첫째 되는 계명이며, 둘째도 그와 같다고 하면서 구약의 레위기 19:18의 "네 이웃을 네 자신 같이 사랑하라" 하셨으니, 이 두 계명이 "온 율법과 예언자의 강령"이라고 대답했다.

같은 이야기가 마가복음 12:28-34에도 나온다. 그런데 여기서는 율법사가 아닌 서기관(teacher of the law)으로 번역된 사람이 묻는 것으로 나오며 예수가 하나님을 사랑하기에 앞서 "우리 하나님은 유일한 주"(신 6:4)라는 것을 먼저 밝히고 있다. 그러면서 마음(heart), 목숨(soul), 뜻(mind)뿐만 아니라 힘(strength)을 다하여 하나님을 사랑하는 것과 이웃을 사랑하는 것보다 "더 큰 계명이 없다"고 답했다. 그러자 이 서기관은 하나님은 유일신이므로 하나님 사랑과 이웃 사랑이 "모든 제물보다 낫다"고 응답했고, 이에 대해 예수는 그가 "지혜 있게" 답하는 것이 "하나님 나라에서 멀지 않다"고 말해주었다.

그런데 누가복음 10:25-28에는 동일한 이야기가 전혀 다른 형식으로 등장한다. 여기서는 율법사 대신 율법 교사(expert in the law)로 번역된 사람이 예수를 "시험"하기 위하여 묻는다는 점은 앞과 같은데 그 질문은 "어느 계명이 큰가?"가 아니라 "선생님 내가 무엇을 하여야 영생을 얻으리이까?"로 바뀐다. 그리고 이 질문에 대해 예수는 마태·마가복음과는 달리 거꾸로 "율법에 무엇이라 기록되어 있느나?"고 물어보고 율법 교사가 구약을 인용하여 하나님 사랑과 이웃 사랑을 행해야 한다고 답하는 것으로 나온다. 그러자 예수는 율법 교사에게 "네 대답이 옳도다. 이를 행하라! 그러면 살리라"라고 응답하는 것으로 마무리된다.

1) 기독교에서 말하는 사랑

고린도전서 13장에서 바울은 기독교의 사랑에 대하여 다음과 같이 정리한다. "내가 사람의 방언과 천사의 말을 할지라도 사랑이 없으면 소리나는 구리와 울리는 꽹과리가 되고, 내가 예언하는 능력이 있어 모든 비밀과 모든 지식을 알고 또 산을 옮길 만한 모든 믿음이 있을지라도 사랑이 없으면 내게 아무 유익이 없느니라. 사랑은 오래 참고, 사랑은 온유하며 시기하지 아니하며, 사랑은 자랑하지 아니하며, 교만하지 아니하며 무례히 행치 아니하며, 자기의 유익을 구하지 아니하며 성내지 아니하며 악한 것을 생각하지 아니하며, 불의를 기뻐하지 아니하며 진리와 함께 기뻐하고 모든 것을 참으며 모든 것을 믿으며 모든 것을 바라며 모든 것을 견디느니라. 사랑은 언제까지나 떨어지지 아니하되 예언도 폐하고 방언도 그치고 지식도 폐하리라. 그런즉, 믿음, 소망, 사랑 이 세 가지는 항상 있을 것인데 그중의 제일은 사랑이라"(고전 13:1-13).

그리고 마태는 마태복음에서 "둘째는 그와 같으니 네 이웃을 네 몸과 같이 사랑하라 하셨으니"(마 22:39)라고 함으로써 사랑은 인간관계에 대한 하나님의 율법의 완성임을 강조했다. 사도 바울은 로마서에서 "피차 사랑의 빚 외에는 아무에게든지 아무 빚도 지지 말라. 남을 사랑하는 자는 율법을 다 이루었느니라. 간음하지 말라, 살인하지 말라, 도적질하지 말라, 탐내지 말라 한 것과 그 외에 다른 계명이 있을지라도 네 이웃을 네 자신과 같이 사랑하라 하신 그 말씀 가운데 다 들었느니라. 사랑은 이웃에게 악을 행치 아니하나니. 그러므로 사랑은 율법의 완성이니라"(롬 13:8-10)고 말했다.

이와 같이 기독교에서 말하는 사랑은 대가를 바라고 계산적으로 하는 사랑이 아니라 자신을 헌신함으로써 타인을 만족시키는 이타적이고 무조건적인 사랑이다. 이러한 무조건적인 사랑은 예수에 의해서 완성된다.

예수가 이 세상에 온 이유가 자신의 희생을 통해 진정한 사랑을 가르치고 통합을 이루기 위해서이다. 성서는 여기에 대해서 이렇게 설명하고 있다.

그때에 너희는 그 가운데서 행하여 이 세상 풍조를 따르고 공중의 권세 잡은 자를 따랐으니, 곧 지금 불순종의 아들들 가운데서 역사하는 영이라. 전에는 우리도 다 그 가운데서 우리 육체의 욕심을 따라 지내며 육체와 마음의 원하는 것을 하여 다른 이들과 같이 본질상 진노의 자녀이었더니. 긍휼이 풍성하신 하나님이 우리를 사랑하신 그 큰 사랑을 인하여 허물로 죽은 우리를 그리스도와 함께 살리셨고 너희는 은혜로 구원을 받은 것이라. 또 함께 일으키사 그리스도 예수 안에서 함께 하늘에 앉히시니. 이는 그리스도 예수 안에서 우리에게 자비하심으로써 그 은혜의 지극히 풍성함을 오는 여러 세대에 나타내려 하심이라(엡 2:1-7).

우리는 그리스도 안에서 그의 은혜의 풍성함을 따라 그의 피로 말미암아 속량 곧 죄 사함을 받았느니라. 이는 그가 모든 지혜와 총명을 우리에게 넘치게 하사, 그 뜻의 비밀을 우리에게 알리신 것이요, 그의 기뻐하심을 따라 그리스도 안에서 때가 찬 경륜을 위하여 예정하신 것이니, 하늘에 있는 것이나 땅에 있는 것이 다 그리스도 안에서 통일되게 하려 하심이라(엡 1:7-10).

기독교의 "통합" 사상이 바로 사랑에 있다고 볼 수 있다. 즉 예수 그리스도의 "십자가 사랑"(헌신과 희생)으로 "하나님과 사람과 만유가 한마음과 한뜻이 되는 것" 그리고 이를 통해 "내 이웃"(나와 다르고 내 마음에 들지는 않지만, 내 곁에서 함께 살 수밖에 없는 사람들)을 "내 몸과 같이 사랑"(자비와 긍휼)하는 것이다.[9]

사회 구성원들이 이러한 사랑을 생활 속에서 실천해나간다면 그 사회 공동체는 견고하게 통합될 수 있을 것이다. 기독교의 사랑을 보다 구체적으로 아주 가까운 관계에 있는 사람들에 대한 사랑, 주변에 살고 있는 사람들에 대한 사랑, 그리고 적대 관계에 있는 사람들에 대한 사랑으로 구분하여 설명하고자 한다.

2) 사랑의 대상 1: 아주 가까운 관계에 있는 사람들

기독교는 가까이에 있는 형제부터 사랑할 것을 가르친다. 예수는 제자들에게 "새 계명을 너희에게 주노니 서로 사랑하라. 내가 너희를

---

9   권성아(2015), 5.

사랑한 것같이 너희도 서로 사랑하라. 너희가 서로 사랑하면 이로써 모든 사람들이 너희가 내 제자인줄 알리라"(요 13:34-35)라고 강조했다. 예수는 "너희 중에 누구든지 으뜸이 되고자 하는 자는 너희의 종이 되어야 하리라. 인자가 온 것은 섬김을 받으려 함이 아니라 도리어 섬기려 하고 자기 목숨을 많은 사람들의 대속물로 주려 함이니라"(마 20:27-28)라고 말하면서 제자들에게 자기를 낮추어야 함을 가르쳤다.

한편 베드로는 형제 사랑과 관련하여 "너희가 다 마음을 같이 하여 동정하며 형제를 사랑하며 불쌍히 여기며 겸손하며, 악을 악으로, 욕을 욕으로 갚지 말고 도리어 복을 빌라. 이를 위하여 너희가 부르심을 받았나니 이는 복을 이어받게 하려 하심이라. 그러므로 생명을 사랑하고 좋은 날 보기를 원하는 자는 혀를 금하여 악한 말을 그치며 그 입술로 거짓을 말하지 말고, 악에서 떠나 선을 행하고 화평을 구하며 그것을 따르라. 주의 눈은 의인을 향하시고 그의 귀는 의인의 간구에 기울이시되 주의 얼굴은 악행하는 자들을 대하시느니라"(벧전 3:8-12)라고 하면서 가까운 사람을 사랑하고 불쌍히 여기는 긍휼함을 가질 것을 주장했다.

사도 바울도 "내게 주신 은혜로 말미암아 너희 각 사람에게 말하노니 마땅히 생각할 그 이상의 생각을 품지 말고 오직 하나님께서 각 사람에게 나누어 주신 믿음의 분량대로 지혜롭게 생각하라. 우리가 한 몸에 많은 지체를 가졌으나 모든 지체가 같은 기능을 가진 것이 아니니 이와 같이 우리 많은 사람이 그리스도 안에서 한 몸이 되어 서로 지체가 되었느니라. 우리에게 주신 은혜대로 받은 은사가 각각 다르니 혹 예언이면 믿음의 분수대로, 혹 섬기는 일이면 섬기는 일로, 혹

가르치는 자면 가르치는 일로, 혹 위로하는 자면 위로하는 일로, 구제하는 자는 성실함으로, 다스리는 자는 부지런함으로, 긍휼을 베푸는 자는 즐거움으로 할 것이니라. 사랑에는 거짓이 없나니 악을 미워하고 선에 속하라. 형제를 사랑하여 서로 우애하고 존경하기를 서로 먼저 하며 부지런하여 게으르지 말고 열심을 품고 주를 섬기라. 소망 중에 즐거워하며 환난 중에 참으며 기도에 항상 힘쓰며, 성도들의 쓸 것을 공급하며 손 대접하기를 힘쓰라"(롬 12:3-13)라고 강조하면서 사회와 조직체가 마치 유기체와 같이 통합되어 있다고 설명했다.

이와 같이 기독교는 사회를 사랑의 공동체로 파악하고 있으며 그 바탕에는 가까운 형제에 대한 사랑이 깔려 있다.

3) 사랑의 대상 2: 주변에 살고 있는 사람들

이웃에 대한 사랑이 가장 분명하게 드러나는 예수의 가르침은 "착한 사마리아인의 비유"일 것이다. 어느 날 한 명의 율법 교사가 예수를 시험하여 이러한 질문을 한다. "선생님, 내가 어떻게 하여야 영생을 얻을 수 있습니까?" 여기에 대한 대답으로 예수는 "율법에 무엇이라 기록되었으며 네가 어떻게 읽느냐"라고 되묻는다. 여기에 대해서 그 율법 교사는 "네 마음을 다하며 목숨을 다하며 힘을 다하며 뜻을 다하여 주 너의 하나님을 사랑하고 또한 네 이웃을 네 자신같이 사랑하라 하였나이다"라고 응답한다. 예수는 마지막으로 "네 대답이 옳도다, 이를 행하라 그러면 살리라"라고 말했다. 이에 대해 율법 교사는 "내 이웃이 누구니이까?"라고 묻는다. 여기에 대한 예수의 대답이 바로 "착한 사마리아인의 비유"다.

어떤 사람이 예루살렘에서 여리고로 내려가다가 강도를 만났는데, 강도들이 그의 옷을 벗기고 때려 거의 죽은 그를 버리고 갔다. 마침 한 제사장이 그 길로 내려가다가 그를 보고 피하여 지나가고, 또 이와 같이 한 레위인도 그곳에 이르러 그를 보고 피하여 지나가되, 어떤 사마리아 사람은 여행하는 중 거기에 이르러 그를 보고 불쌍히 여겨 가까이 가서 기름과 포도주를 그 상처에 붓고 싸매고 자기 짐승에 태워 주막으로 데리고 가서 돌보아주었다. 그다음날 그는 주막 주인에게 돈을 내어주며 그 사람을 돌보아주라고 부탁한다. 이 이야기를 마치고 예수는 그 율법 교사에게 이 세 사람 중에 누가 강도 만난 자의 이웃이냐고 묻는다. 그러면서 "가서 너도 이와 같이 하라"(눅 10:25-37)고 명령한다.

기독교는 사랑의 종교로서 그리스도인들에게 어려움에 있는 이웃을 둘러보고 관심을 기울이며 자신이 가진 것을 나누어줄 것을 요구한다. 이러한 정신이 사회 통합에 기여한다.

4) 사랑의 대상 3: 적대 관계에 있는 사람

기독교는 형제, 이웃 그리고 원수도 사랑하도록 요구한다. 예수는 십자가 위에서 스스로 그 모범을 보여주었다. 그는 십자가에 달려 고통을 겪는 가운데서도 고통을 안겨준 사람들에 대하여 저주나 원망하지 않고, "아버지, 저들을 사하여 주옵소서. 자기들이 하는 것을 알지 못함이니이다"(눅 23:34)라고 말했다.

예수가 제자들에게 직접적으로 원수를 사랑하라고 가르쳤다. 그 내용은 다음과 같다. "눈은 눈으로, 이는 이로 갚으라 하였다는 것을 너희가 들었으나 나는 너희에게 이르노니, 악한 자를 대적하지 말라! 누구든지 네 오른편 뺨을 치거든 왼쪽도 돌려 대며, 또 너를 고발하여 속옷을 가지고자 하는 자에게 겉옷까지도 가지게 하며, 또 누구든지 너로 억지로 오 리를 가게 하거든 그 사람과 십 리를 동행하고 네게 구하는 자에게 주며 네게 꾸고자 하는 자에게 거절하지 말라! 또 네 이웃을 사랑하고 네 원수를 미워하라 하였다는 것을 너희가 들었으나, 나는 너희에게 이르노니 너희 원수를 사랑하며 너희를 박해하는 자를 위하여 기도하라! 이같이 한 즉 하늘에 계신 너희 아버지의 아들이 되리니, 이는 하나님이 그 해를 악인과 선인에게 비추시며 비를 의로운 자와 불의한 자에게 내려 주심이라. 너희가 너희를 사랑하는 자를 사랑하면 무슨 상이 있으리요, 세리도 이와 같이 아니하느냐. 또 너희가 너희 형제에게만 문안하면 남보다 더하는 것이 무엇이냐. 이방인들도 이같이 아니 하느냐. 그러므로 하늘에 계신 너희 아버지의 온전하심과 같이 너희도 온전하라"(마 5:38-48).

예수는 원수를 단순히 마음으로 사랑하는 정도가 아니라 그들의 필요를 충족시켜주는 정도까지 사랑할 것을 강조했다.[10]

---

10 정지웅 외, 『남북한 사회통합 방안 연구』(한국학중앙연구원출판부, 2018), 98-104.

2. 사랑의 원자 폭탄: 손양원 목사

손양원 전도사는 목사도 아닌 상황에서, 이 땅에서 가장 낮은 자리에 처한 나환자들을 "내 몸과 같이 섬기며" 즉 "이웃 사랑"을 몸소 실천하며 살았다. 그리고 해방을 맞은 한국의 기독교는 남과 북 모두에서 김재준 목사와 한경직 목사 등을 통해 "기독교 사회 민주주의"라는 이름으로 이 땅에 하나님 나라를 구현하려는 새로운 통합 사상을 내놓았다.

그리고 남과 북에 서로 이념을 달리하는 정부가 들어서면서 여순 반란 사건이 일어나자 좌익 학생들은 친구나 다름없는 오직 "하나님 사랑"으로 살아가는 손양원 목사의 두 아들을 "친미주의자"라 하여 죽이고 만다. 또한 6·25 전쟁이 일어나자 북쪽의 공산당이 아닌 남쪽의 공산주의자들이 9·28 서울 수복으로 자신들의 생명이 위험해지자 손양원 목사도 죽이고 만다. 그리고 북쪽에서도 유엔군이 평양에 들어오는 것을 두려워한 공산당원들이 조만식 선생을 죽이고 중국으로 피신한다. 손양원 목사 가족은 "죽음보다 강한 십자가 사랑"을 실천했지만 그리스도인들은 "공산주의 = 원수"라는 공식을 성립시킨다. 그러면서 기독교의 통합 사상 또한 사라지게 된다. 손양원 목사 가족처럼 어떠한 상황에서도 온 마음과 뜻과 정성을 다하여 하나님을 사랑하고, 하나님을 사랑하는 그 마음으로 이웃을 "자비와 긍휼로 섬길 때" "진정한 통합"이 이루어지는 것이다. 더욱이 내가 "생명"에 위협을 느끼는 순간에도 "죽음"을 두려워하지 않고 "목숨"을 내놓는 "십자가 사랑"이 아니고서는 "하나님 나라"를 성취할 수 없는 것이다.

따라서 첫째, 하나님 나라에는 예수의 십자가 사랑을 통한 하나님과 나 그리고 이웃 간의 통합만 있을 뿐 일체의 "이념 분쟁"은 있을 수 없다. 오직 하나님만 제대로 믿고 그분의 말씀만 시대 상황이 어떠하든지 그리고 자신의 처지가 어떠하든지 따를 뿐이지 인간이 만들어낸 공산주의나 민주주의가 좋다 혹은 나쁘다고 말할 필요가 없다. 나의 문제는 "형제의 눈 속에 있는 티"가 아니라 "내 눈 속에 있는 들보"(마 7:3)를 보지 못하는 것이다. 그리스도인이 스스로 하나님 앞에서 아직도 신사 참배, 친일, 이념 논쟁을 "진정으로 회개"하지도 않고 하나님 나라를 이 땅에 이루겠다고 말하는 것은 모순이다. 한국 사회의 "통합"과 남북 "통일"을 논하기에 앞서 "그리스도인의 화해와 일치"를 먼저 이룰 수 있어야 한다.

둘째, 손양원 목사는 아들을 죽인 원수가 "좌익"이라는 것을 전혀 문제 삼지 않았다. 단지 그를 아들로 삼는 "참사랑"을 베풀어 "참된 용서"를 보이고자 했을 뿐이다. 그런데 한국의 그리스도인들은 같은 기독교에 대해서도 파가 다르거나 하면 "이단"으로 몰거나 그리스도인이 아닌 사람들은 "이방인"이라 하여 상종조차 하지 않으려고 하며, 더 나아가 북한은 아예 "원수"로 여기고 있다. 예수는 "원수를 사랑하라"(눅 6:27-28)고 하셨는데 전쟁을 일으킨 북한을 어떻게 사랑하느냐고 묻는다. 우리가 북한을 "이웃"으로 여기고 "내 자신과 같이 사랑"하기 전에는 이 나라에 통일과 통합이 주어지지 않을 것이다.

셋째, 손양원 목사는 언제나 이 땅에 "하나님 나라"가 이루어지길 원했다. 그리고 그것은 어떤 상황에서든지 "예수의 십자가 사랑으로 하나님과의 진정한 관계가 회복될 때" 이루어질 수 있는 것으로 보았다. 이런 관점에서 "통일"은 "십자가 사랑으로 하나님과 하나 됨"[11] 즉 "온전한 사랑으로 모든 관계가 회복되는 통합"이라고 볼 수 있다. 그런데 십자가 사랑에는 언제나 "헌신과 희생"이 요구된다. 따라서 선한 사마리아인처럼 우리가 북한 주민을 위해서 진정으로 무엇인가 헌신과 희생할 수 있을 때, 우리에게는 "남북 통일"보다 더 귀한 "민족의 통합"이 하나님의 선물로 주어질 것이다.

IV. 용서로 이룬 치유를 보여준 한국 기독교

1. 기독교에서의 용서의 의미[12]

예수의 가르침 중에서 기독교의 용서를 가장 분명하게 드러내는 부분은 마태복음 18:21이다. "그때에 베드로가 나아와 이르되 주여, 형제가 내게 죄를 범하면 몇 번이나 용서하여 주리이까? 일곱 번까지 하오리이까?" 이 질문에 대해서 예수는 "네게 이르노니 일곱 번씩 아니라 일곱 번을 일흔 번까지라도 할지니라. 그러므로 천국은 그 종들과 결산하려 하던 어떤 임금과 같으니 결산할 때에 만 달란트 빚진 자

---

11 권성아, "하나님의 통일일꾼: 홍익인간과 왕 같은 제사장의 만남", YWAM-AIIM · 평화한국 · 부흥한국, 「2010 통일비전캠프」(2010. 1.), 53.

12 권성아 박사 자문회의 발표문(2015년 9월 19일).

하나를 데려오매 갚을 것이 없는지라. 주인이 명하여 그 몸과 아내와 자식들과 모든 소유를 다 팔아 갚게 하라 하니, 그 종이 엎드려 절하며 이르되 '내게 참으소서 다 갚으리이다' 하거늘, 그 종의 주인이 불쌍히 여겨 놓아 보내며 그 빚을 탕감하여주었더니, 그 종이 나가서 자기에게 백 데나리온 빚진 동료 한 사람을 만나 붙들어 목을 잡고 이르되 '빚을 갚으라 하매!' 그 동료가 엎드려 간구하여 이르되 '나에게 참아주소서 갚으리이다.' 하되, 허락하지 아니하고 이에 가서 그가 빚을 갚도록 옥에 가두거늘 그 동료들이 그것을 보고 몹시 딱하게 여겨 주인에게 가서 그 일을 다 알리니 이에 주인이 그를 불러다가 말하되 '악한 종아 네가 빌기에 내가 네 빚을 전부 탕감하여 주었거늘, 내가 너를 불쌍히 여김과 같이 너도 네 동료를 불쌍히 여김이 마땅하지 아니하냐?' 하고, 주인이 노하여 그 빚을 다 갚도록 그를 옥졸들에게 넘기니라. 너희가 각각 마음으로부터 형제를 용서하지 아니하면 나의 하늘 아버지께서도 너희에게 이와 같이 하시리라"(마 18:21-35)라고 대답했다.

이와 같이 성서는 그리스도인들에게 하나님의 사랑으로 모든 죄를 용서받고 구원받은 것에 대한 감사함으로 형제와 이웃의 잘못을 용서해줄 것을 당부하고 있다. 즉 아무런 대가 없이 용서해준 하나님의 은혜에 감사함으로 아무런 대가나 보상 없이 용서해주라고 하는 것이다. 바울은 이것에 대해서 "서로 친절하게 하며 불쌍히 여기며 서로 용서하기를 하나님이 그리스도 안에서 너희를 용서하심과 같이 하라"(엡 4:32)고 설명한 바 있다.

2. 기독교에서 용서의 호혜성

사도 바울은 골로새 교회에 그리스도인의 거룩한 삶의 자세를 설명하면서 용서의 의미를 강조했다. 그는 "너희는 하나님이 택하사 거룩하고 사랑받는 자처럼 긍휼과 자비와 겸손과 온유와 오래 참음을 옷 입고, 누가 누구에게 불만이 있거든 서로 용납하여 피차 용서하되 주께서 너희를 용서하신 것 같이 너희도 그리하고, 이 모든 것 위에 사랑을 더하라. 이는 온전하게 매는 띠니라. 그리스도의 평강이 너희 마음을 주장하게 하라. 너희는 평강을 위하여 한 몸으로 부르심을 받았나니 너희는 또한 감사하는 자가 되라. 그리스도의 말씀이 너희 속에 풍성히 거하여 모든 지혜와 피차 가르치며 권면하고 시와 찬송과 신령한 노래를 부르며 감사하는 마음으로 하나님을 찬양하고 또 무엇을 하든지 말에나 일에나 다 주 예수의 이름으로 하고 그를 힘입어 하나님 아버지께 감사하라"고 강조했다.

한편 예수는 제자들에게 기도에 관하여 가르치면서 "오늘 우리에게 일용할 양식을 주시옵고, 우리가 우리에게 죄 지은 자를 사하여 준 것 같이 우리 죄를 사하여 주시옵고, 우리를 시험에 들지 말게 하옵시고 다만 악에서 구하시옵소서"(마 6:11-13)라고 간구할 것을 당부했다. 또한 "너희가 사람의 잘못을 용서하면 너희 하늘 아버지께서도 너희 잘못을 용서하시려니와 너희가 사람의 잘못을 용서하지 아니하면 너희 아버지께서도 너희 잘못을 용서하지 아니하시리라"고 가르쳐주었다.

기독교에서 용서는 통합의 정신으로서 타인의 잘못을 기꺼이 수

용하는 이타적인 측면과 함께 자신의 잘못도 용서받게 된다는 호혜적인 의미를 갖고 있다.[13]

3. 서광선 목사의 용서와 치유 사례

서광선 목사만큼 "공산당이 싫다"고 절절히 외칠 사람도 없을 것이다. 공산당을 반대한 그의 부친 서용문 목사는 6·25 발발 직후인 1950년 7월 인민군에게 끌려갔다. 4개월 후 이승만과 맥아더가 평양에 입성하자 교인들이 대동 강변 갈대밭에서 아버지의 주검을 찾아냈다. 다섯 명이 굴비처럼 함께 묶여 있었기에 주검이 갈대밭에 걸려 바다로 쓸려 내려가지 않았다. 서광선 목사가 시신을 찾았을 때 아버지의 얼굴을 비롯한 온몸에 총 자국이 선명했다. 서 목사는 아버지의 기막힌 일생 때문에 더욱 서러웠다. 그의 할아버지는 조선조 말 무과에 급제해 함흥을 지키던 장군이었다. 그는 일제의 강압에 의해 을사조약이 맺어지자 의병을 결성해 저항하다 순국했다. 그러자 할머니는 "나라 잃은 노예로 사느니 죽는 게 낫다"며 자식에게 차례로 극약을 먹이고 자신도 자결했다. 그러나 5남매 중 막내에겐 차마 약을 먹이지 못했다고 한다. 마을 사람이 이 아이를 거둬 자강도 강계에 시집

---

13 한국 기독교 부흥의 역사는 세계를 놀라게 하기에 충분했다. 일부는 사회 참여도 하고, 산업화와 경쟁 사회 속에서 사람들에게 안식을 제공하기도 했지만 기복 신앙과 대부분 개인 구원에 머무르는 한계를 노정하기도 했다. 정지웅 외, 『남북한 사회통합 방안 연구』(한국학중앙연구원출판부, 2018), 105-107.

가 살던 장군의 여동생에게 보냈다. 그 두 살배기가 서 목사의 선친 서용문이었다. 서용문은 한 여자 전도사의 손에 이끌려 미션 스쿨인 영실학교를 거쳐 평양신학교에서 공부해 목사가 되었다. 예수교장로 회의 근본주의적 신학을 지향하는 평양신학교에서 공부한 서용문은 평북과 간도 일대에서 수많은 교회를 개척했다. 그는 1937년 일제의 신사 참배를 거부해 경찰서에 붙들려가 모진 구타를 당하기도 했다. 그런 어려운 전도 생활 중 아내(서광선 목사의 어머니)는 32살의 나이로 병이 들어 사망했다. 부친이 공산당에게 죽임을 당할 당시 19세 청년이었던 서광선 목사는 "이 철천지원수를 기어코 갚고야 말겠다"며 울부짖었다. 그가 비슷한 피해를 입은 "한국 전쟁 월남인"들처럼 남에서 공산주의자 단속의 선봉장이 된다 해도 전혀 이상할 것이 없는 삶이다. 그러나 그는 유신에 반대하며 민주화 운동에 나섰고 통일 운동에 앞장섰다. 그는 미국 유학 당시 백인 학생들과 함께 흑인 교회에 가서 봉사하면서 아버지의 원수를 갚는 것은 "상대를 죽이는 것"이 아니라 이처럼 "다양성을 인정하고 서로 존중하고 평화로워지는 것"이라고 생각했다. 공부를 통해 예수의 정신인 사랑과 정의를 이 세상에 구현하기 위해선 "내 (개인적) 역사의 감옥"으로부터 나와 자유로워져야 한다는 것을 깨달았다. 그러던 차에 1986년 제네바에서 남북한과 독일, 미국, 러시아 교회 지도자들의 회의가 열린 적이 있다. 그때 북한에서는 김일성의 스승이자 외당숙뻘인 강양욱 목사의 아들인 조선그리스도교연맹 위원장 강영섭 목사가 왔다. 서광선 목사의 부친인 서용문 목사와 평양신학교 친구였던 강양욱은 김일성의 친척으로 조그련을 창설하여 공산당을 지지하며 서광선 목사의 부친 서용문을 죽이는 데 일조했다. 그런데 그 원수의 아들 강영섭 목사가 서 목사에게 통역해달라고 부탁했다.[14] 그때는 시절이 시절이니만큼 이적 행위로 귀국하자마자 잡혀갈 수 있는 일이었다. 더구나 아버지를 죽인 자들의 편에 선 강양욱 목사의 아들이 아닌가. 그들과 한 테이블에 앉는다는 것 자체도 아버지에게 미안했다. 그래서 그는 그날 밤을 새워 기도했다고 한다. 기도를 통해 아버지와 이야기했다. 그리고 다음 날 강영섭의 통역을 해줬다.[15]

　　그리고 이것이 인연이 되어 그는 2004년 전 아시아기독교 고등교육재단 부총재 자격으로 평양을 방문해 봉수교회에 가서 인사말을 했다. "모란봉도 그대로 있고, 대동강물도 그대로인데, 사람만이 변했다"는 말에 봉수교회 신도들이 많이 울었다고 한다. 새까맣게 그을린 얼굴 위로 눈물이 쏟아졌다. 인간의 마음은 서로 통하는 것이 아닌가? 서 목사는 또한 이렇게 말한다. "구약을 보면 모세가 이집트를 탈출해 고생했지만, 하나님은 새로운 세상을 새로운 세대인 여호수아에게 맡겼다. 옛 세대가 가고 자신의 과오를 다음 세대까지 전가하지 말아야 한다."[16] 서광선 목사는 원수에 대한 미움을 통일이라는 큰 용

14　서광선 목사는 사석에서 말씀하시길 당신의 통역관이 있는데 왜 나에게 부탁하느냐고 물었더니 강 목사가 말하기를 "그 통역관은 사실 감시하는 사람이고 통역 실력도 좋지 않다"고 답변했다고 했다.

15　조현, "아버지 죽인 원수 용서한 서광선 목사"(한겨레신문, 2014년 1월 21일). 서광선 목사는 원수의 아들을 만나기 전날 밤, 도저히 잠을 이룰 수 없었다고, 그야말로 원수를 외나무다리에서 만났다고 사석에서 말씀했다. 필자는 그의 개인사 전체 얘기를 아주 감동적으로 들으면서 통일을 위해서는 한국의 그리스도인들에게 이러한 자세가 필요하다고 생각했다.

16　위의 기사, http://well.hani.co.kr/447033. (검색일: 2022년 3월 15일).

광로에서 녹이고 있다. 서 목사의 사례는 전쟁을 치르고 극심한 이념 대결의 와중에 있는 우리에게 진정한 포용이 진정한 평화를 가져올 수 있음을 보여준다.[17]

V. 화해를 위한 한국 기독교의 교류 노력과 그 시사점

남북 교류에 대해서 남북한의 인식은 다르다. 우리는 남북한이 상호 이해와 신뢰를 축적하여 양측 간의 이질성을 극복하고 나아가 평화 적인 민족 통일을 이루는 데 기여할 것이라고 기대한다. 그러나 북한 은 남북 교류를, 통일 전선 구축을 모색한 과거에는 대남 적화 통일 에, 수세에 몰린 지금은 체제 생존 전략에 이용하려 한 측면도 있다. 이처럼 남북 종교 교류에 대해서도 남북한은 서로 동상 이몽의 목표 를 가지고 있었다.

그런데 한편으로는 북측 종교 단체의 실망적인 언행이 있었다 할지라도 시간의 흐름과 함께 기능주의적 통합 이론에 입각한 우리 의 기대가 상당 부분 열매를 맺어온 것도 사실이다. 현행 북한 헌법은 종교 건물 신축과 종교 의식 허용 등 종교의 자유를 구체적으로 명시 하고 있으나 실제로는 당과 국가의 엄격한 통제로 내면적인 신앙과 관련된 종교의 자유는 철저히 제약되고 있다. 이로 인해 당의 조종하

---

17   정지웅 외, 『남북한 사회통합 방안 연구』(서울: 한국학중앙연구원출판부, 2018), 152-154.

에 있는 조선그리스도교연맹, 조선불교도연맹, 조선가톨릭협회 등과 같은 종교 단체의 존재와 활동이 부각되게 마련이다. 이는 물론 북한이 현재 위기에 노출돼 있다는 점에서 종교가 체제 방어적 차원에서 통일 전선 구축에 이용되고 있다는 사실을 잘 보여주는 것이기도 하다.[18]

그렇지만 이러한 가운데서도 과거 남북 간 종교 교류가 이루어질 때 북한의 종교 현상은 종전과는 조금씩 다른 양태를 보였다. 특히 1990년대 후반 이후에는 식량난 등 경제 상황이 악화 일로에 이르자 이를 극복하기 위해 종교 단체들이 남북 간 종교 교류에 보다 적극적으로 임했는데, 이 과정에서 남측 종교인들의 빈번한 방북은 물론, 공식적인 종교 의식 거행, 종교 시설 건립 및 복원 등 비록 제한적이기는 하지만, 북한 종교의 질적인 변화까지도 일부 나타나고 있음을 감지할 수 있었다. 그러나 북한이 과감한 체제 변화를 모색하며 진정한 개혁·개방의 길로 나서지 않는 한 북한의 종교 개방은 미온적인 양상을 띨 수밖에 없다. 그렇다고 체제 붕괴 위기를 불사하고서라도 북한 스스로가 종교 개방에 적극 임할 것이라고 기대하는 것은 순진한 발상이다. 바로 이 점에서 비록 더디기는 하겠지만, 한국의 기독교계는 남북 종교 교류의 활성화를 위한 제반 방안들을 모색하고 이를 꾸준히 실천에 옮겨야 할 필요가 있다. 북한은 체제의 속성상 종교 개방을 추진하는 데 주저하지 않을 수 없는 입장이지만, 경제 난국 속에서

---

18 정지웅·오일환·신효숙, "주체사상, 김일성·김정일 어록, 북한의 학교문화 및 교과서 분석을 통한 선교용 「대화자료집」 개발", http://blog.daum.net/signerky/3. (검색일: 2022년 4월 5일).

남한의 인도적 지원이 필요한 상황이기 때문에 한국의 기독교계는 이 점을 잘 고려해야 한다. 이와 관련해 남북 간의 긴장이 해소된다면 각 교단의 대북 인도적 지원 사업이 보다 체계적이고 지속적인 계획에 의해 추진될 수 있도록 목표를 조정하고 교단 간의 연대 협력을 통한 효과 극대화 방안에도 힘을 모아야 한다. 북한이 아무리 체제 수호를 제일의 목표로 삼으며, 아직은 종교 개방에 따른 후유증을 최소화하기 위하여 통일 전선 전술을 적극 활용하고 있다고 하더라도 교류 협력의 일정 단계에 이르면 이 전술은 한계 상황을 맞이하게 될 것이다. 바로 이 점에서 한국의 기독교계는 때로는 실망스럽더라도 북한 주민에 대한 사랑의 마음을 가지고 남북 기독교 교류 사업을 지속적으로 확대시켜나갈 필요가 있다. 현 단계에서 각 교단이 선교 차원에서 체제 붕괴를 염려하고 있는 북한 당국을 압박하게 되면 이는 오히려 역효과를 가져올 수 있음을 잊어서는 안 된다. 먼저 사랑을 베풀때, 그들은 심리적 무장 해제를 하게 될 것이며, 그러한 연후에 선교 활동은 보다 자유로워질 것이고 효과 또한 훨씬 배가될 것이다.[19]

남북한 기독교 교류를 활성화하기 위해서는 무엇보다도 성령의 역사하심을 기도함과 아울러 남북한 기독교 단체의 안정된 교류·협력 관계를 유지하기 위한 틀이 필요하다. 그것은 곧 남북 기독교 교류의 제도화를 의미한다. 이러한 제도화를 위해서는 우선 남한의 기독교 교단 간 협의체를[20] 구성하여 힘을 모을 필요가 있다. 지금 남북한

---

19 위의 글, http://blog.daum.net/signerky/3. (검색일: 2022년 4월 5일).
20 https://peacecorea.tistory.com/9. (검색일: 2019년 9월 10일).

사이의 교류가 많이 제한되어 있지만 언젠가는 봇물 터지듯 남북한 간 교류가 이루어지도록, 그리하여 사실상의 통일로 갈 수 있도록 함께 노력해야 한다.

"네 원수를 사랑하라"는 예수의 가르침은 인간 사회에 존재하는 모든 적대적 관계를 청산할 것을 지시한 것이다. 그런데 북한에 대해서 그리스도인은 이러한 가르침을 진정으로 따르기가 쉽지 않다. 원수 사랑은 고사하고 북한과의 한판 전쟁도 불사하겠다는 분들은 독재 체제 유지에 정신없고 인권 탄압이 심각한 북한 정부와 무슨 교류와 대화를 하는가?라는 반론을 편다. 그렇게 생각할 수 있다. 그래도 북한 주민들은 사랑해야 하고 북한 정부는 제대로 된 길을 가도록 기도해야 한다. 북한 정부를 사랑하는 것 까지 어렵다면 북한 정부는 원래 그렇다고 생각하고 관계를 시작하는 아량이 필요하다. 아량까지 어렵다면 북한 정부에 대해서는 애초에 진정성을 기대하지 말고 관리해야 한다는 전략을 세우는 현실 감각이 필요하다. 장기적 관점으로 볼 때 북한과의 교류를 통한 통일로의 출발 속에 핵문제 해결을 포함한 모든 문제의 답이 있다.

VI. 나가며

우리는 앞서 북한에 대한 한국 기독교의 다양한 시선을 살펴보고 기독교의 사랑과 용서 개념 그리고 화해를 위한 노력에 대해 살펴보았다. 이러한 관점에서 볼 때 통일 문제와 관련하여 북한 인권 문제를 비난의 소재로 삼기보다는 우리 문제로 인식하고 어떻게 하면 실질적인 개선이 가능할 것인지를 고민하는 것이 중요하다. 예수는 뱀같이 지혜롭게 행동하라고 하셨다. 또한 원수를 사랑하라고 하셨다. 북한의 인권 개선이 구호가 아니라 실효성을 가지려면 남북한의 화해협력과 평화 통일 실현이 병행되어 추진되어야 할 것이다. 전략적 측면에서 민간에서는 북한 인권에 대한 실상을 제대로 파악하고 또 인권에 대한 다양한 의견이 자연스럽게 표출되어 북한에 전달되도록 하되, 정부는 북한과의 관계 개선을 통해 북한 주민의 실질적인 인권이 개선될 수 있도록 노력하는 뱀같은 지혜가 필요할 것이다. 현 정부가 북한 인권 문제에 발 벗고 나서고자 하는 것은 충분히 이해가 되나 이것 때문에 남북 관계가 경색되면 남북 이산가족조차 만날 수 없는 것이 남북한의 현실이고, 북한 주민들의 인권이 더욱 열악해질 수 있는 것이 북한 인권 문제가 가지는 딜레마다. 정부는 민간의 북한 인권 문제 지원과 운동에 대해 적극 지원하되 유엔에서 북한 인권 문제를 발의하는 일 등을 했었는데, 그렇게 나서지 말고, 민간은 정부의 지원을 받되 남북한 간의 특수성을 인정하여 우리 정부가 나서서 외치기보다 외국의 정부나 민간 단체와 적극 협력 교류하여 문제를 제기해야 한다. 남한 정부가 앞장서서 북한 정부를 압박하여 북한의 인권을 향상시키고자 노력한다면 공개 처형의 숫자는 줄일 수 있을지 모르나 그야말로 북한 정부로 하여금 식량 제공이나 비료 제공을 거부하게 만들어 굶어 죽는 북한 주민이 더욱 늘어날 수 있는 현상을 직시할 필요가 있다. 쌀이 어떤 경로이건 북한으로 유입되어 시장에서의 쌀 가격이 안정되어 북한의 식량난 해소에 도움이 되게 해야 한다.

이는 북한에 인권 문제가 없다거나 인권 문제를 제기해도 크게 변화가 없을 것이라는 인식의 발로가 아니다. 북한 인권 운동가들이 주장하는 북한 인권 문제의 제기를 막으려는 친북적 발상은 더더구나 아니다. 북한 인권 문제만큼 심각하고 엄중한 문제는 없다. 그러나 한편으로 북한만큼 독재가 철저히 관철되고 식량난이 심각한 국가도 없다. 그러므로 김정은 정권이 밉더라도 정치적 인권은 차치하고 인질처럼 잡혀 있는 북한 주민들의 당장의 생존권적 인권을 담보하고, 그나마 이산가족(국군 포로, 납북자들도 이들 사이에 끼어서 만나더라도)이라도 상시적으로 만나게 하려면, 울며 겨자 먹기식이라도 어쩔 수 없이 더욱 전략적인 지혜가 필요하다.

북한과의 통일 관련 문제에 대한 의견에 있어서 한국 기독교 내에서 통합까지는 아니더라도 협력이 이루어지지 않는다면, 그리고 교회가 회복되어 사회의 등불이 되지 않는다면, 당신의 자녀를 늘 기준으로 삼으시는 하나님이 과연 우리에게 통일을 허락하실까 하는 생각을 필자는 간혹 한다. 그러나 손양원과 서광선의 정신으로 이를 행한다면 통일이 언젠가는 이루어질 것으로 믿어 의심치 않는다. 그러므로 우리 그리스도인은 북한과 통일 문제에 있어서만큼은 기독교 사랑의 정신을 바탕에 깔고 남남 간, 남북 간 합의를 이루는 데 힘을 보태야 한다. 이를 위해 한국 그리스도인은 교회 내부적으로는 교회 회복 운동을 벌이고, 국내적으로는 공의 운동을 펼치며, 북한에 대해서는 적대적 관계 해소 운동을 펼치고, 국제적으로는 평화 운동을 펼쳐야 한다.

에스겔서는 분단된 국토에서 살고 있는 그리스도인들에게 분명한 통일의 비전을 주고 있다. 하나님은 "유다와 그 짝 이스라엘 자손"이라 쓴 막대기와 "요셉과 그 짝 이스라엘 온 족속"이라고 쓴 막대기를 서로 합하여 하나가 되게 하라고 명하신다. 그리하면 "내 손에서 둘이 하나가 되리라"(겔 37:16-23)라고 약속하신다. 이 말씀이 북한 선교를 향한 한국교회의 열정과 구체적인 행동으로 우리 민족의 역사 안에서도 꼭 이루어지기를 소망한다. 한국교회가 간절히 기도하고 말씀에 바로 서서 영적 지도력을 회복할 때 하나님은 "마른 뼈"로 뒤덮인 "골짜기"인 북한 땅에 생기를 불어넣으시며 우리에게도 이스라엘을 회복시키신 동일한 축복을 허락하실 것이다.

"세상을 변화시키는 것은 위대한 사람들이 아니라 위대하신 하나님의 손에 붙들린 약한 사람들이다."

참고문헌

권성아, "하나님의 통일일꾼: 홍익인간과 왕 같은 제사장의 만남" YWAM-AIIM. 평화한국. 부흥한국, 『2010 통일비전캠프』(2010.1.).

권성아, 『남북한 사회통합 방안 연구』 자문회의 발표문(2015년 9월 19일).

모퉁이돌 정세분석, 제35호

송세영, "'북한인권법' 제정배경과 교계시각, 보-혁 엇갈려" 국민일보, 2005. 5.31.

이만열, "한국교회, 남북문제를 어떻게 볼 것인가?" 2005년 10월 28일, 제3회 한민족 열린포럼.

정지웅, 『통일과 한국기독교』, 태민, 2020.

정지웅 외, 『남북한 사회통합 방안 연구』, 한국학중앙연구원출판부, 2018.

조현, "아버지 죽인 원수 용서한 서광선 목사" 한겨레신문, 2014년 1월 21일.

김성수, 『함석헌의 생애와 사상에 관한 연구(4)』(사단법인 함석헌선생 기념사업회, http://www.ssialsori.net).

정지웅·오일환·신효숙, "주체사상, 김일성·김정일 어록, 북한의 학교문화 및 교과서 분석을 통한 선교용 〈대화자료집〉 개발", http://blog.daum.net/ signerky/3, (검색일: 2022년 4월 5일).

http://blog.daum.net/signerky/3 (검색일: 2022년 4월 5일).

http://myulgong.org/, http://well.hani.co.kr/447033 (검색일: 2022년 3월 15일).

http://www.newthings.org.

http://www.saeil.org.

https://peacecorea.tistory.com/9 (검색일: 2019년 9월 10일).

www.christiantoday.co.kr.

더 읽을 자료

강종일 외,『한반도 중립화』, 들녘, 2023.

구영록,『한국의 국가이익』, 법문사, 1995.

김광수, "북 노동당 전원회의 통일정책 분석", 통일뉴스 2023.12.31.

김병로, "평화통일과 북한복음화를 위한 한국교회의 과제", 평화한국 발기인대회
　　　발표논문, 2006.12.13.

＿＿＿,『북한 종교정책의 변화와 종교실태』, 통일연구원, 2002.

김석향,『남북한 주민 간 갈등 양상과 기독교인의 대응 방안에 관한 연구』, 기독교
　　　북한선교회, 2006).

서재진,『북한 주민들의 가치의식 변화: 소련 및 동구와의 비교 연구』, 민족통일연
　　　구원, 1994.

신일철,『북한 주체철학 연구』, 나남출판, 1993.

안정수, "민주 헌정 국가의 정체성",『자유 민주주의의 본질과 미래』, 을유문화사,
　　　1992.

안찬일,『주체사상의 종언』, 을유문화사, 1997.

오성훈,『하나님의 눈으로 북한 바라보기』, 포앤북스, 2011.

오일환,『북한의 종교 실상과 남북 종교교류 전망』, 통일부 통일교육원, 2006.

윤영관,『외교의 시대』, 미지북스, 2015.

이봉철, "통일정책 추진과 국민합의",『한국의 통일정책』, 나남, 1993.

이종석,『새로 쓴 현대 북한의 이해』, 역사비평사, 2000.

정영순, "한국근현대사에 있어서 주체성 문제 고찰",『백산학보』제70호, 백산학
　　　회, 2004.

정용길, "독일식 흡수통일, 한반도 적용 왜 불가능한가,"『사회평론』, 사회평론사,
　　　1991.

정지웅, "분단 70년, 한국교회가 해야 할 일",『주여 70년이 찼나이다』, 포앤북스,
　　　2015.

_____, "김일성 저작집을 통해 본 북한의 기독교 인식과 대응논리 연구", 『ACTS 신학저널 제40집』.

_____, "한반도평화지대 건설을 위한 생명공동체 방안", 『기독교와 통일』제12권 3호(2021.12).

_____, "힘의 상대적 변화와 남한의 통일정책", 『이화 사회학 지평』Vol. No.2 (1999).

주도홍, 『통일, 그 이후』, IVF, 2006.

채수일 편, 『희년신학과 통일희년운동』, 한국신학연구소, 1995.

평화와통일을위한기독인연대, 『하나님은 통일을 원하신다』, 아남카라, 2013.

허문영 외, 『한반도의 비핵화와 평화체제 구축전략』, 통일연구원, 2007.

고재백

총신대학교 학사(B.A.), 서울대학교 서양사학과 석사(M.A.), 동 대학원 박사 과정을 수료했다. 독일 지겐 대학교에서 서양사와 기독교 역사를 공부하고(Dr. phil.), 현재 국민대학교 교양대학에서 조교수로 재직하면서 서울대학교의 강사와 기독인문학연구원의 공동대표로 활동하고 있다. 서양사와 기독교 역사를 다룬 다수의 저서와 논문을 저술했다.

김상덕

학부에서 행정학을 공부했고, 영국 에든버러 대학교 신학대학원에서 "평화를 위한 언론사진의 역할에 관한 공공신학 연구"로 철학박사 학위를 받았다. 한국기독교사회문제연구원 연구실장으로 근무했고, 현재 한신대학교 연구교수로 재직 중이다. 공저로『정의로운 기독시민』,『평화개념 연구』,『대중문화와 영성』 등을 출간했다.

김회권

서울대학교 학사(B.A.), 장로회신학대학교 석사(M.Div.), 프린스턴신학원에서 성서학을 연구했다(Ph.D.). 현재 숭실대학교 기독교학과 교수로 재직 중이다. 주요 저서로는 하나님 나라 신학 강해 시리즈(『모세오경』,『여호수아, 사사기, 룻기』,『사무엘상,하』,『이사야 40-66장』,『다니엘서』,『요한복음』,『사도행전 1, 2』),『하나님의 도성, 그 빛과 그림자』,『성서주석 21: 이사야 I | 대한기독교서회 100주년 기념 성서주석』,『현대인과 성서』,『인문고전으로서의 구약성서 읽기』 등이 있다.

문우일

고려대학교에서 화학을, 서울신학대학교와 시카고 대학교에서 신약학을 공부했고, 미국 클레어몬트 대학원대학교에서 요한복음을 연구하여 박사 학위(Ph. D.)를 받았다. 현재 성결대학교 신학대학원에 재직 중이다. 저서로는 『참 쉬운 글쓰기』(2001), 역서로는 『알렉산드리아의 필론 작품집 I』 외 다수가 있다.

이도영

총신대학교와 총신대학교 신학대학원에서 공부했고, 성공회대학교 NGO대학원 NGO학과를 졸업했다. 안산동산교회의 부목사로 사역했고, 더불어숲동산교회를 개척하여 현재 "공교회성과 공동체성과 공공성을 회복하는 선교적 교회"라는 비전을 실천하고 있다. 현재 한국선교적교회네트워크(MCNK) 연구위원과 건강한 작은 교회 동역센터의 멤버, 생태마을공동체네트워크 실행위원과 생명신학포럼 회원으로 활동하고 있다. 주요 저서로는 『기적을 만드는 1%의 힘』, 『내 생에 가장 아름다운 용기, 고백』, 『페어 처치』, 『성자와 혁명가』, 『코로나19 이후 시대와 한국교회의 과제』, 『탈성장 교회』 등이 있다.

이희철

서울신학대학교에서 신학을 공부했고, 바이올라 대학교와 에모리 대학교에서 목회상담학 석사학위를 받았으며, 버클리 연합신학대학원(GTU)에서 목회상담학으로 철학박사 학위를 받았다. 현재 서울신학대학교 상담대학원에서 교수로 재직 중이다. 해외저널 *Pastoral Psychology*, *Journal of Pastoral Care and Counseling*, *Anglican Theological Review* 등에 기고했고, 주요 저서로 *The Changing Faces of Shame: Culture, Therapy, and Pastoral Theology*, 공저로는 『현대목회상담학자연구』, 『기독(목회)상담방법론』, 『예술신학 톺아보기』 등이 있고 역서로는 『앵그리 크리스천』이 있다.

정지웅

서울대학교에서 문학사 및 동대학원에서 정치학 석사와 박사 학위를 받았고, 뉴욕 주립대학교 스토니브룩에서 박사후 과정을 마쳤다. 현재 아신대학교 부교수로 재직 중이다. 주요 저서로는『동북아 바둑판: 한국의 새로운 접근 전략』, 『통일과 한국기독교』, 공저로는『한반도 중립화: 평화와 통일의 지름길』,『분단 재조명: 대립과 갈등을 넘어 통합·변영방안』,『남북한 사회통합 방안 연구』등이 있고 역서로는『북한 핵 프로그램』등이 있다.

차정식

서울대학교 국사학과(B.A.)와 미국 맥코믹 신학대학원(M.Div.)에서 공부하고 시카고 대학교 신학부에서 박사 학위(Ph.D.)를 받았다. 현재 한일장신대학교 신학부 교수로 재직 중이다. 주요 저서로는『예수의 신학과 그 파문』,『바울신학 탐구』,『묵시의 하늘과 지혜의 땅』,『신약성서의 사회경제사상』,『뒤집어 읽는 신약성서』,『무례한 복음』,『신약성서와 창의적 설교』,『예수 인문학』,『신학의 스캔들, 스캔들의 신학』,『예수와 신학적 인간학』,『거꾸로 읽는 신약성서』등이 있고 이 외에도 50여 권을 출간했다.

채영삼

연세대학교에서 철학을 공부했고, 미국 트리니티 복음주의 신학교에서 마태복음을 연구하여 박사 학위를 받았다. 현재 백석대 신학대학원에서 신약학을 가르치고 있다. 주요 저서로는 *Jesus as the Eschatological Davidic Shepherd*,『긍휼의 목자 예수: 마태복음의 이해』,『공동서신의 신학』등이 있다.

천종호

부산대학교에서 법학을 공부했고, 부산대학교 법대 법학과에서 박사 과정을 수료했다. 1994년 제36회 사법시험에 합격했고, 사법연수원을 제26기로 수료하고 1997년 판사로 임관되었다. 현재 부산지방법원에서 부장판사로 재직 중이다. 주요 저서로는 『아니야, 우리가 미안하다』, 『내가 만난 소년에 대하여』, 『천종호 판사의 선, 정의, 법』, 『천종호 판사의 예수 이야기』, 『천종호 판사의 하나님 나라와 공동선』 등이 있다. "학교의 눈물", "유퀴즈온더블럭" 등에 출연했다.

최은

한국외국어대학교에서 신문방송학을 공부했고, 중앙대학교 첨단영상대학원에서 영화이론 전공으로 석사와 박사 학위를 받았다. 영화평론가이며, 모두를위한기독교영화제 부집행위원장으로 활동하고 있다. 저서로 『제인 오스틴 무비 클럽』을 출간했으며, 공저로는 『퇴근길 인문학 수업: 멈춤』, 『청소년 인문학수업1』, 『교실밖 인문학 콘서트』, 『영화와 사회』, 『알고 누리는 영상문화』 등이 있다.

홍인식

파라과이 아순시온 대학교 경영학과와 장로회신학대학교 신학대학원을 졸업하고, 아르헨티나 연합신학대학원에서 박사 학위를 받았다. 대한예수교장로회(통합) 소속 목사로서 중남미 선교사로 25년간 사역했고, 아르헨티나 연합신학대학, 쿠바 개신교신학대학, 멕시코 장로교신학대학교에서 교수를 역임했다. 순천중앙교회 담임목사를 역임했으며, 현재 새길기독사회문화원(새길교회) 원장과 인터넷신문 에큐메니안 대표로 활동 중이다. 주요 저서로는 『홍인식 목사가쉽게 쓴 해방신학 이야기』, 『창세기로 예배하다』, 『이집트 탈출기』, 『엘 까미난떼』 등이 있고, 역서로는 스페인 신학자 호세 마리아 마르도네스의 『우리 안의가짜 하나님 죽이기』가 있다.

고재백

총신대학교 학사(B.A.), 서울대학교 서양사학과 석사(M.A.), 동 대학원 박사 과정을 수료했다. 독일 지겐 대학교에서 서양사와 기독교 역사를 공부하고(Dr. phil.), 현재 국민대학교 교양대학에서 조교수로 재직하면서 서울대학교의 강사와 기독인문학연구원의 공동 대표로 활동하고 있다. 서양사와 기독교 역사를 다룬 다수의 저서와 논문을 저술했다.

김상덕

학부에서 행정학을 공부했고, 영국 에든버러 대학교 신학대학원에서 "평화를 위한 언론사진의 역할에 관한 공공신학 연구"로 철학박사 학위를 받았다. 한국기독교사회문제연구원 연구실장으로 근무했고, 현재 한신대학교 연구교수로 재직 중이다. 공저로『정의로운 기독시민』,『평화개념 연구』,『대중문화와 영성』등을 출간했다.

문우일

고려대학교에서 화학을, 서울신학대학교와 시카고 대학교에서 신약학을 공부했고, 미국 클레어몬트 대학원대학교에서 요한복음을 연구하여 박사 학위(Ph. D.)를 받았다. 현재 성결대학교 신학대학원에 재직 중이다. 저서로는『참 쉬운 글쓰기』(2001), 역서로는『알렉산드리아의 필론 작품집 I』외 다수가 있다.

허고광

연세대학교 경제학과(B.A.), 미국 롱아일랜드 대학교 대학원(M.A.), 필리핀 산토 토마스 대학교 대학원(Ph.D.)에서 경제학을 공부했고, 백석대학교 대학원(Ph. D.)에서 기독교철학을 공부했다. 산토 토마스 대학원에서 강의했고, 연세대학교 경제대학원 겸임 교수로 재직했다. 한국은행 비서실장, 국제부장과 한국은행 금융경제연구소 소장, 한국외환은행 상임감사와 대한화재해상보험(주) 상임감사 및 동서에프인 대표이사 등을 역임했고, 현재 에이치투그룹주식회사 상근 회장으로 재직 중이다. 주요 저서로는 『새로운 금융시장』과 『새로운 경제정의』 가 있다.

용서와 화해 그리고 치유 2

신학적이고 실천적인 적용

Copyright ⓒ 이음사회문화연구원·미래사회연구원 **2024**

1쇄 발행 2024년 12월 27일

지은이 고재백 김상덕 김회권 문우일 이도영 이희철 정지웅
        차정식 채영삼 천종호 최은 허고광 홍인식
펴낸이 김요한
펴낸곳 새물결플러스

편 집 왕희광 정인철 노재현 이형일 나유영 노동래
디자인 황진주 김은경
마케팅 박성민
총 무 김명화 이성순
영 상 최정호
아카데미 차상희

홈페이지 www.holywaveplus.com
이메일 hwpbooks@hwpbooks.com
출판등록 2008년 8월 21일 제2008-24호
주 소 (우) 04114 서울특별시 마포구 신촌로28가길 29
전 화 02) 2652-3161
팩 스 02) 2652-3191

ISBN 979-11-6129-294-6 03300